我們凝煉知識　與您品味閱讀

五南文化事業機構　敬贈

歷史迴廊
009

金錢的歷史

Money:
A History

大英博物館 - 著

凱薩琳・伊格頓（Catherine Eagleton）、
喬納森・威廉斯（Jonathan Williams）撰寫，
喬・克里伯（Joe Cribb）、伊莉莎白・埃林頓（Elizabeth Errington）等協助

周全　譯

序言

本書初版時的目的，是為了配合大英博物館在一九九七年一月三十日「滙豐銀行錢幣展覽館」的正式揭幕。本修訂版則標誌出展覽館成立十週年紀念。迄今已將近有一千萬位來賓前往「滙豐銀行錢幣展覽館」參觀，而且該館繼續不斷為大英博物館吸引許多興致盎然的訪客。

這座展覽館提供獨特的機會來洞察人類歷史，可供探索世界各地的金錢現象，從金錢出現於書面紀錄的最早年代一直追蹤到今日。展覽館透過本身的結構，得以將全球不同地區的金錢歷史呈現為一個整體、並列展出同一時間範圍內的各種類似趨勢或分歧發展，而且對之進行比較：例如在同一個展品櫃內對照希臘、印度與中國錢幣體系的早期演變。本書則追蹤金錢在各地傳統中的進化過程及文化意涵，藉此對該館的展品做出補充說明：例如展示中國貨幣的連貫性，從出現於西元前第二千紀的最早證據，一直持續至其二十一世紀的現有形式。

金錢的外觀與功能仍然繼續改變，與此同時，文化上對金錢的態度取向也在不斷演化之中。本修訂版讓我們有機會使用最新資料來呈現金錢的歷史，並且為金錢的故事增添一些今日看來不應受到忽略的重要細節。

錢幣展覽館與本書的目的，皆在於協助不具備專業背景的訪客與讀者，熟悉自己日常生活最重要面向的歷史。金錢在我們生活中的地位已經變得一天比一天重要。它讓我們有能力面對一個日益複雜的社會，而且即便進行最基本的交易時，我們也需要金錢。就社會觀點而言，我們所擁有金錢的數量雖非快樂或成功的指標，但若無法獲得一定數額的金錢，便越來越難在現代社會中立足。本書旨在運用我們自己從生活中對金錢的認識，開啟一條通往過去的蹊徑。自從出現最早的書面記錄以來，金錢的歷史就涵蓋了整部人類的歷史，並讓我們得以從中觀察，人們在過去是以何種方式來處理今天我們日常生活中的事物。

在現代世界，大家習慣將金錢視為一種純粹的經濟現象——即便它也影響了我們其他的生活層面。金錢的歷史卻呈現出截然不同的金錢面貌。來自美索不達米亞、中國、印度與地中海世界的最古老證據已經顯示出來，金錢的早期發展深深根源於社會的範疇之內。非洲和大洋洲的「前現代」貨幣，也以類似方式表明金錢在社會機制中的焦點地位。這部歷史動感十足，鼓勵吾人重新評估金錢在我們自己社會中所佔有的位置。錢幣展覽館與本書都特別強調政治、社會、經濟、文化和宗教等方面的結構，在金錢領域內所產生的互動。金錢甚至還觸及身後之事，讓許多人留意於自己與超自然世界的關係，而這種觀點的最佳示例，便是中國向死者提供冥錢的悠久傳統。

金錢的歷史向我們透露許多訊息，說明了我們今日所處世界的情況，以及世界如何變得如此。或許當今最富戲劇性，並日益引起我們注意的歷史要素，就是金錢與貨幣機制在全球化時代所扮演的角色。從雅典帝國的「四德拉克馬」（Tetradrachm）銀幣，直到如今通行全球的美元，金錢始終是歷史演進過程中的重要因素。

在此呈現出來的全球金錢歷史，同時也反映於滙豐控股有限公司的發展。滙豐集團乃全球最大銀行及金融服務機構之一，其慷慨解囊促成大英博物館設立「滙豐銀行錢幣展覽館」並出版本書。其所提供的進一步支援將促進該展覽館持續不斷發展。大英博物館對此源源不絕的贊助至表感激。

喬・克里伯（Joe Cribb）
大英博物館
錢幣及徽章部門負責人

感謝詞

本書編輯小組與作者群謹在此向下列人士表達謝意，感謝他們對本書初版及再版工作所提供的協助：

大英博物館

錢幣及徽章部門：Richard Abdy, Philip Attwood, Annette Calton, Beverley Fryer, Ray Gardner, Alison Harry, John Hore, Molly Hunter, Shah Nazar Khan, Janet Larkin, Andrew Meadows, Caroline Meadows, Brendan Moore, John Orna-Ornstein, David Owen, Cathy Sheffield, Emma Smith, Luke Syson and Gareth Williams

典藏部門：Celestine Enderly

古埃及與蘇丹部門：Richard Parkinson

非洲、大洋洲與美洲部門：Ben Burt, John Mack, Shelagh Weir and Michael O'Hanlon

古希臘與羅馬部門：Lucilla Burn

亞洲部門：Robert Knox and Michael Willis

史前歐洲部門：Catherine Johns and Val Rigby

古代近東部門：Christopher Walker and John Curtis

大英博物館發展信託基金：Julian Marland and Frances Dunkels

大英博物館新聞部門：Teresa Francis, Emma Way, Catherine Wood, Julie Young, Beatriz Waters and Axelle Russo

英格蘭銀行博物館：John Keyworth

皇家造幣廠博物館：Graham Dyer, Kevin Clancy

密德蘭銀行檔案室：Edwin Green and Sarah Kinsey

牛津阿什莫爾博物館：Luke Treadwell

美國錢幣學會：Michael Bates

其他：Maggie Clarinbull, Howard Simmons, Michael O'Grady, Bernhard Rieger, John Kent

匯豐銀行錢幣展覽館

專案經理：Andrew Burnett

館長：Joe Cribb

助理館長：Alison Harry

部門協調者：Barrie Cook, Virginia Hewitt and Andrew Meadows

設計師：Jonathan Ould and Ann Lumley

展覽館編輯：Gill Hughes

展場企劃經理：Sat Jandu

工作人員：Graham Allen and John Foster

目次

導言

描寫金錢是比賺錢簡單的事情；會賺錢的人則大肆嘲笑只會描寫金錢的人。

——伏爾泰，《哲學辭典》（1764）

「描寫金錢」說不定會成為一個危險的舉動，並讓人一腳踏入危險的領域。在人類歷史上，難得有任何現象能夠不斷成為這麼多人熱烈矚目的焦點、惹來這麼多道德上與宗教上的非難，以及導致這麼多國與國或人與人之間的暴力衝突和角逐傾軋。本書旨在描述此事如何發生，同時說明之所以變得如此的理由。

我們該如何面對這個高難度的題材？說不定我們可以一開始先泛論人類的天性，從人類學觀點來檢視金錢在不同文化和社會中的角色。要不然我們就把它看成是經濟學方面的課題，著眼於一些統計數字和通用理論（亦即經濟學家與經濟史家的基本工具）。然而在此切入的角度卻既非人類學亦非經濟學，而是歷史學。但本書不僅僅是一部從「起源」談到當下，具有傳統風貌的金錢歷史。它其實是由許多部歷史共同組成。那些歷史大致按照年代順序排列，逐一探討金錢在不同文化中的情況，而且各文化之間可出現極大差異——例如古代印度與現代歐洲。

全書各章節中所描述的金錢樣式繁多，勢必衍生出有關通用定義的問題。就抽象的層次而言，「金錢」往往主要被定義為「一種交易媒介」；在具體的層面，這個字眼意謂「普遍使用於發揮此種功能的物品」。然而本書即將顯示出來（第八章尤其如此），那一類的定義多半用處不大，因為它們只不過反映出現代西方式的觀點。金錢的歷史意涵其實更加豐富，並非僅僅侷限於買賣東西。

本書各章節之作者皆為大英博物館錢幣與徽章部門的主管，分別專精於錢幣與紙鈔歷史上的特定領域及年代。他們的職責範圍包括管理與展示館內的藏品，以及購置取得重要的新品。但是展品維護工作（亦即照顧那些表面上只會讓古物研究者和收藏家感興趣的古代遺物），在背後隱藏著特殊的歷史關聯性。而金錢在功能和材質上令人目眩的多樣性，便源自這些歷史關聯，並可從中得到解釋。於隨後的章節中，我們所關心的將不只是展品本身，而是人在歷史上如何處理金錢、對金錢的想法如何，以及金錢對人產生了什麼影響。雖然書中也將出現統計數字，甚至出現與錢幣學有關的事物，但真正的金錢歷史不在於統計數字和錢幣學，而繫乎人的態度與行為。

以圖三的畫作為例。它由法蘭德斯畫家

〔圖1〕
「香港上海匯豐銀行」發行的伍拾元紙鈔（1934）
該行自從一八六五年創辦以來，就一直是主要的港幣發行銀行。關於引進西方現代銀行業務這方面，它也在許多東亞國家扮演了先驅的角色。今天它是匯豐控股有限公司的子公司。

昆丁・馬西斯完成於一五一四年左右。畫中的主角是一對夫婦。丈夫是一名放債者，坐在桌旁仔細鑑定一堆錢幣。妻子則坐在丈夫的左手邊，也將精神集中於那筆處理中的交易，同時心不在焉地用手指撥弄一本半開半闔、平放在她面前的宗教讀物。畫面中還出現了第三名參與者，他被以藝術手法隱藏起來，呈現為映照於桌上立鏡中的人影。我們推測他應該就是那位放債者的客戶，過來正準備完成一筆買賣。

從表面上看來，這幅畫只不過觀察入微地呈現出十六世紀初葉的尼德蘭日常生活情景，而當時商業蓬發展，低地國的商人富甲歐洲。但如果再

〔圖2〕
好萊塢歌舞片《一九三三年淘金客》的場景
琴姐・羅傑斯（Ginger Rogers）曾參加該片演出。直線排列的隊伍齊聲高唱一首著名流行歌曲《我們在錢堆內》，演員身上的服裝很相稱地以美元銀幣做為裝飾。千百萬人在一九三〇年代全球經濟大蕭條時期的夢想，由電影這種大眾傳播工具表達得淋漓盡致。

〔圖3〕
《放債者與其妻》(1514 年前後)
繪製者為昆丁・馬西斯(Quentin Matsys, 1464/5-1530),現藏於巴黎羅浮宮。

仔細瞧一眼，我們也可以把它當作一個故事，看成是金錢歷史上一個戲劇化的敘事場景。那整幅畫的動作焦點與關注重心何在？畫中的夫婦彼此之間，以及他們與我們這些觀眾，並沒有出現明顯的互動關係。這幅畫最主要的著眼點並非人際關係。每個人的目光，包括我們自己的目光在內，都凝聚於桌上正在被計算的錢幣。金錢顯然就是畫中人類世界的焦點。身為焦點所在，金錢似乎正與當時歐洲社會的另外兩個核心價值進行競爭：此即宗教（妻子怠忽了手頭的祈禱書），以及婚姻聖事（桌上的錢幣轉移了夫婦二人對彼此的注意，以致相互冷漠以對）。

我們或可從這種詮釋方式得出結論如下：馬西斯的用意是要讓我們曉得，這幅畫在道德上對金錢做出了相當直接的攻擊，批判它對人類價值所造成的毀滅性效應。但這幅畫作或許不僅僅是利用線條和色彩來進行說教而已。它實際的意涵應該還要微妙許多。畢竟那位女性可能只是暫時將目光從祈禱書那邊移開，並未完全放棄閱讀，同時她還沒有分心到打算離開丈夫的地步。對這幅作品更進一步的詮釋或許可以表明，畫家意圖呈現出金錢、宗教和家庭在真實世界（即歷史的世界）之中並行不悖的共存方式，而非打算運用簡化的指桑罵槐或道德說教，來描繪介於由財富所構成的物質世界，與精神生活和感情生活所構成的更高尚領域之間的衝突。

畫中主角們凝視一些堆積起來的具體物品，而那些物體在他們眼中就意味著金錢。對十五世紀早期的歐洲人來說，金錢多半就等於金幣或銀幣，而且這是一個重要的事實。其他以金錢為主題的歷史著作，或許會很不幸地出於歷史學家和錢幣學家在態度上的分歧，而傾向於不仔細觀察所涉及的物品。在本書當中，錢幣和其他相關物件卻往往是主角。因為若無它們的話，對金錢歷史的描述將不夠完整。

類似本書這樣的讀物無法內容完備，但本書亦未武斷地挑選題材。各章將依據所討論時代與文化的性質，分別強調不同的重點，同時每一章將設法說明該時代在文化上有何獨特之處，以便刻畫出金錢歷史所涵

〔圖 4〕
一美元紙鈔（2003）
喬治．華盛頓的肖像從一八六九年開始出現於一美元紙鈔上。「聯邦準備銀行」則在一九六三年首度發行一美元紙鈔，此後即未曾更改設計。一美元紙鈔每天都使用於世界各地，其平均壽命只有二十二個月。

〔圖 5〕
赫克托．布里茲繪製的漫畫（《衛報》，一九九六年一月九日）
漫畫中諷刺的對象，是英國為慶祝一九九六年歐洲盃足球賽而設計的二英鎊硬幣。昔日的硬幣設計通常反映出重要歷史主題或事件，於是成為公眾激烈爭議的焦點。今日的硬幣設計則往往紀念五花八門的事件，不過它們就像漫畫中所諷刺的那般，難得引起大家注意。

蓋的巨大地理空間與時空差距。書中的前半段追蹤金錢在「西洋」傳統中的發展，以埃及與美索不達米亞文化做為起點（因為在當地發現了有關金錢交易與商業活動的最早書面記錄），接著邁向希臘人的愛琴海文明、羅馬帝國的地中海世界與大陸世界，以及中世紀的歐洲。隨即出現的章節則矯正「歐洲中心論」，從三個不同的歷史焦點來看待一般人可能比較不熟悉的伊斯蘭世界、印度和中國，外加一個探討非洲與大洋洲原住民錢幣的章節。

然而在以現代世界為觀察對象的最後一章，卻很難避免不以幾乎完全西方式的觀點來探討主題。其中最合情合理的解釋是，歐洲文化和美國文化相繼對整體世界歷史產生了不斷增加的影響力，而且在金錢歷史那方面尤其如此。殖民化的進程、兩次世界大戰，以及通訊與科技的發展，再再使得世界經濟日益「全球化」。這甚至使得此種偏袒方式變得無可避免，因為上述不同的因素似乎多半都源自西方。現代金錢實務深深植基於「西洋」傳統，以致即便是太平洋盆地擁有各種悠久傳統的東方國家，亦已採用西式貨幣，將之做為必備工具來發展自己日益壯大的經濟實力。若說金錢就是形塑現代人類世界最具影響力的因素之一，那麼現在正是特別適合我們回顧金錢歷史的時刻。

第一章　美索不達米亞、埃及與希臘

有些米甸的商人，從那裡經過，哥哥們就把約瑟從坑裡拉上來，講定二十塊銀錢，把約瑟賣給以實瑪利人，他們就把約瑟帶到埃及去了。

——〈創世紀〉37:28（一六一一年欽定本）[1]

在金錢的歷史上有一條非常重要的線索，其特徵就是貴金屬被普遍使用為貨幣，而與此有關的最早記錄可回溯至西元前第三千紀的美索不達米亞與埃及。此後數千年內，使用貴金屬貨幣的實務曾經不斷沿續下去——起先隨著錢幣的傳播而盛行於歐洲、中東和南亞，而後經由西方國家的殖民主義與全球各地現代工業社會的興起，普及到全球各地。這或許是金錢歷史上最為突出的傳統，然而我們切不可將相關的最早書面記錄，與金錢本身的起源混為一談。

[1] 譯注：現代版基督教《聖經》譯本通常將「二十塊銀錢」改譯成「二十舍客勒銀子」，因為人類在〈創世紀〉的年代尚未使用錢幣。「舍客勒」（Shekel）的重量因時代而變化（8.4-12公克），在舊約聖經的年代，二十「舍客勒」等於一六八公克。

美索不達米亞與埃及

現在讓我們從古代的美索不達米亞和埃及出發，在本章的結尾部分，我們所抵達的歷史時間點將是西元前二五〇〇年前後。到了那個階段，以金、銀、青銅等金屬製作的錢幣已經廣泛出現，成為地中海世界、近東和印度大多數地區最常見的金錢形式。雖然錢幣遲至西元前七世紀末葉才首度現身，使用貴金屬的傳統，尤其是將銀子使用為通貨的傳統，卻帶領我們一直回到西元前二十四世紀時的美索不達米亞。

本章扉言引述自〈創世紀〉的那筆交易，使用了特定數量的銀子來交換一名奴隸，這相當吻合聖經故事為約瑟設定的歷史時代背景（西元前第二千紀的早期階段）。然而其中出現一個有待斟酌之處：十七世紀的英國聖經譯者誤以為那段文字談到了硬幣（「二十塊銀錢」）。關於金屬在美索不達米亞和埃及被使用為貨幣的情形，我們最需要記住的重點是：通貨的形式並非硬幣，而是按重量計價的塊錠，因此每

〔圖6〕
底比斯埃及古墓的壁畫（約西元前十四世紀）
圖中出現正放置於天平上秤重量的金環。目前仍不清楚古埃及人是否確實將金環使用為貨幣，抑或畫中的表現方式只是慣用的藝術手法而已。

次付款時都必須分別用天平來衡量所使用金屬的價值〔圖6〕。同樣重要的是，我們應該把金錢現象成形的經過，納入古代近東與埃及經濟生活的整體脈絡之中，而其公認的特色就是一種稱作「集中再分配」的體系。這個技術用語道出了在百姓之間分配商品的主要方式。其間的通路並非市集上的活動，反而似乎是由官府、王室與神廟將工藝品和農產品從百姓那邊徵集過來，然後依據人們的身分與職業重新加以分配。

儘管中央權力在那些古代社會當中多方面主宰了我們習稱的「經濟生活」，銀子顯然還是以各種不同的方式被使用為貨幣。在該地區各城邦的王室檔案處或神廟資料庫內，有一些保存於楔形文字泥板或石碑銘文之上的早期文獻記載了美索不達米亞的法律與司法原理。它們為我們提供若干有關當地社會架構的證據，顯示貴金屬如何在其中被使用為貨幣。那些「法典」旨在宣示國王維護正義的角色，而非實用的法律條文；它們還依據各式各樣的付款項目，將特定重量的銀子明列為支付金額。有

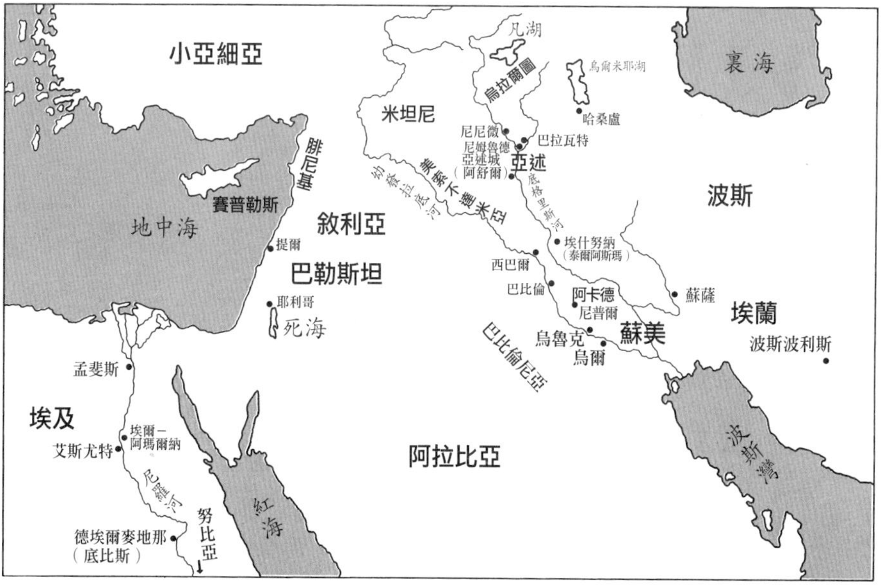

〔圖7〕 古代的近東與埃及

些法典並將國王視為標準重量的制定者，而且一些保存至今的砝碼上面還留有國王的稱號，為此提供了證據。

對他人人身或財物造成傷害者所應繳納的罰金，通常是以白銀來計算。例如依據美索不達米亞北部「埃什努納」國王的法典（西元前第二千紀初葉），咬傷他人鼻子的罰金為一「彌納」白銀（約合半公斤，為數非常可觀）；掌摑他人臉部的罰金則為十個「舍客勒」，相當於上述金額的六分之一。[2]同一部法典也制訂出常用商品的理想價格表，藉此展現國王的正義所帶來的福祉與繁榮，並且按重量和體積列出價值等於一「舍客勒」銀子的九種商品。這些具有法典性質的文獻甚至還規定了利率。《埃什努納法典》與更加著名、大約出現於兩個世紀之後的《漢摩拉比法典》〔圖8〕，皆曾提及以白銀進行借貸時的利率為百分之二十。二者均顯示，借方缺乏銀子時亦可按照白銀與穀物的折算率，以穀物連本帶利償還債務。

按體積計價的穀物似乎亦曾適時發揮過貨幣功能——例如支付給農業工人。《埃什努納法典》並使用具體數字，同時以穀物與銀子（十二「瑟」[se]，約合半公克）列出收割者理想的每日工作所得。那些文獻也以穀物來標明食品的價格，銀子則被更廣泛地用於表達多種商品的價值，所涵蓋的範圍從金屬到油類、從豬油到羊毛都有。在美索不達米亞南部的「烏爾」（Ur）城邦，當地同時代資料中所包含的商人流水帳已經證明，各法典關於將銀子與食物使用為貨幣的記載，大致反映了日常生活的實況。許多性質類似的文獻也顯示出來，按重量計價的白銀已成為估算各種商品價格的標準，而且在進行商業交易的時候，銀子往往與大麥共同被使用為付款工具。

這種銀本位體系如何運作？當甲方無論出於何種理由將白銀交付給乙方時，都遵循法律規定用天平秤出銀子（例如繳納罰金或支付買賣雙方事先同意的交易金額）。考古學家在美索不達米亞和伊朗發現的庫存白銀已經顯示出來，銀子被製作成大錠、切成碎塊或抽成細絲，以便使用時較易秤出正確的重量。銀線也製成環形，並且有文獻資料表示，它們往往按照固定的重量來製作。

在美索不達米亞各地的城市，神廟於我們習稱的「金融圈」內扮演了關鍵性的角色。神廟很可能就是官定重量的守護者，而且通常對白銀體系的調控產生了重大意義。神廟既是地位尊崇、具備讀寫能力的機構，又是擺滿黃金和白銀的寶庫，同時亦為集中撰寫保管各種付款記錄與借貸憑據的地點。有一份來自西元前一八二三年的文獻（大英博物館編號：WA 82279），便記載了西巴爾城的太陽神「沙瑪什」神廟所貸出的一筆金額：

〔圖8〕
巴比倫國王漢摩拉比（西元前1792-1750）的石碑
出土於蘇薩（位於伊朗南部），它在西元前一一五七年被帶往該地做為戰利品。此處的石碑頂端細部圖描繪出站立著的國王，以及坐在國王對面、頭戴角狀飾物的太陽神。石碑的前後兩面以大約三千五百行楔形文字鐫刻出一部「法典」，藉由不同重量的銀子來説明各種付款項目的金額。《漢摩拉比法典》被繼續使用和拷貝了長達千餘年之久（現藏於巴黎羅浮宮）。

[2] 譯注：「彌納」（mina）是人類已知最早的重量單位，合六十「舍客勒」，而當時一「舍客勒」等於八點四公克。

> 蒲祖隆，伊利卡達里之子，已從沙瑪什神明領取三十八又十六分之一舍客勒白銀。他將依照沙瑪什訂定的利率付息，並於收割時將本銀與利息一併償清。

銀子是古代美索不達米亞通用的支付工具。國王與神廟則制定重量標準，並以碑文公佈特定商品換算成白銀後的價值（但無法確定這在多大程度內代表了官定價格），此外還針對一些特定情況——例如支付罰金、利息和工資等等——條列出法定所需的白銀數量。然而各主管當局未曾更進一步關切應如何向大眾提供白銀。看來將銀塊使用為「流通貨幣」的做法只是社會上約定俗成的習慣，並在某種程度內受到國王與神廟調節，但未曾直接受其控管。白銀必須從周邊地區輸入，並多半由國王、貴族和神廟加以動用——實際上是透過稅賦、進貢、掠奪等方式將之囤聚起來。銀子因而成為一種極其珍貴、具有強烈象徵意涵的物資，代表著王位、財富與權勢，而且主要是未被封存在寶庫內的剩餘銀子，才有可能被使用為通貨。

古埃及雖然同樣缺乏本地的銀礦，卻可從努比亞取得大量黃金，並且因為尼羅河每年的定期泛濫而農產豐饒。米坦尼王國的圖什拉塔國王（約西元前 1390-1352）即曾致函法老王阿孟霍特普三世（現藏於大英博物館），表示埃及「黃金多於塵土」。在稍後的新王國時代（約西元前 1295-1069），各種文獻當中經常提及一些標準重量單位——例如折合九十一公克的「德本」（deben），以及等於十分之一德本的「基特」（kite）。按照那些單位秤出重量的金屬，就以類似美索不達米亞的方式被使用為貨幣，或者直接當作付款工具，要不然就成為以物易物交換各種商品時的計價標準。

一份保存至今的新王國時代文件，記錄了一個名叫「阿蒙美斯」的警員，如何以五十德本的紅銅（約合四點五五公斤），從一個名叫「裴納蒙」的工匠那邊買來一頭公牛，但實際上僅僅支付了五「德本」紅銅。不足的金額則以其他日用品替代，而且那些物品的價值同樣是以若干德本的紅銅來標示，例如脂肪（三十德本）、油類（五德本）和衣物（十德本）。那份文件來自底比斯（Thebes）附近一個名叫「德埃爾麥地那」的村落，村內居民是手藝純熟的工匠，負責建造帝王谷內的法老王陵寢。這個具有高度讀寫能力的社區，遺留了許多性質相似的記載。從字裡行間可以發現，經常有人按照那種模式來做買賣，而且銀子是付款時最常被使用於表達單位價格的金屬。事實上，古埃及文「銀子」（hedj）一字似乎含義甚廣，已經有了「金錢」的意味。從一份來自「德埃爾麥地那」的文獻即可看出此點，文字中記錄了償還「銀子」的經過（換句話說，就是還「錢」的意思）——借貸總金額為七十六德本的紅銅，借方名叫「謝迪丹都阿特」，貸方名叫「潘努依特」。其中五十四德本已經償還，因此借方有二十二德本的餘額尚待支付，「以便補足『銀子』的數量」。

儘管總金額是以若干「德本」的紅銅來標示，實際償還債務時卻可使用各種不同商品。但每當有銀子可用的時候，白銀顯然一直是極受歡迎的支付工具，而且埃及大量出土了埋藏的黃金和白銀塊錠（圖一〇）。埋藏的地點之一，發現於挖掘

〔圖 9〕
雷赫密爾的墓室壁畫
雷赫密爾（Rekhmire）是西元前十五世紀法老王圖特摩斯三世（Thutmose III）的宰相。畫中有一人肩扛銅錠過來呈獻貢品。

〔圖 10〕
古埃及墓室壁畫（約西元前十四世紀）
呈現王國南部的努比亞人如何以金環及其他物品納貢。

〔圖 11〕
發現於埃及「埃爾－阿瑪爾納」的貴金屬物品之一部分
出土的銀棒、銀條與銀塊，在西元前十四世紀被埋藏於一個陶罐內

「埃爾—阿瑪爾納」之際——它是法老王埃赫那頓（約西元前1352-1336）的城市。出土物的一部分現藏於大英博物館，其中包括了金錠、銀錠和切割成小塊的銀子，它們多半製成環形，但也有一尊小銀像。某些金錠和銀錠的重量，似乎分別為一「德本」的倍數或幾分之一。那整批埋藏的寶物展現出來，各式各樣的貴金屬碎塊如何先被秤出重量，而後在一個通常取決於貴金屬價值的付款體系中，在埃及來回易手。

正如同在美索不達米亞一般，埃及貨幣實務的相關證據當然只限用於百姓中的識字菁英，以及有辦法聘請抄寫員提供服務的人士。或許我們不應該將他們的日常實務，拿來代表全體古埃及人的生活。「德埃爾麥地那」的工匠們固然通曉複雜的會計體系，但為數眾多的文盲農民群眾在日常生活中是否也是如此，那就頗值得懷疑了。在埃及或美索不達米亞，由於當地較偏重「再分配模式」而非私人經商，因此不易確定貴金屬本位制究竟順著社會階梯向下延伸了多遠。然而貴金屬本位制是王室、教士與貴族優勢文化內的一環，它的存在因此對我們產生了重要意義，有助於評估那些古代社會。

錢幣與貴金屬塊錠

美索不達米亞與埃及的社會雖然在許多方面相當不同，但我們仍可觀察出若干基本的相似之處。兩地所制定的價值標準，都是以穀物的體積或貴金屬的重量來表達。尤其美索不達米亞所使用的重量單位（如「舍客勒」和「彌納」），不但普遍流傳於地中海世界，更在西元前第一千紀之初被希臘人採用。遠距離貿易應該在貴金屬被使用為通貨的過程中扮演了重要角色，因為商人亟待進行的工作，就是將自己的貨物銷售至地中海沿岸各地。即便交易的方式多半是以貨易貨，黃金和白銀之類的金屬仍曾多次轉手。那些貴金屬本身就

〔圖 12〕
尼姆魯德一座方尖碑的細部（約西元前 865）
尼姆魯德（Nimrud）即《聖經》中所稱的「迦拉」（Calah），位於今日伊拉克北部。方尖碑的鑲板描繪出人向亞述國王撒縵以色三世（Shalmaneser III）進貢銅錠，以及銅錠放置於天平上秤重量時的情景。

〔圖 13〕
青銅裝飾長條（約西元前 845）
來自伊拉克北部尼姆魯德（Nimrud）附近，位於巴拉瓦特（Balawat）一棟王室紀念建築物的木製大門上。畫面中出現腓尼基人向亞述國王進貢時的情景（貢品或許為銅錠）。

是高價值的物品，因而很容易即可受人珍視並被使用於交換其他商品。由於各種貴金屬不會在短時間內朽壞，其供應量也不像穀物那般逐年波動，這個事實一定讓貿易商覺得它們特別有用。如此一來，即便是數量再少的金子或銀子，也都可以成為實際付款時的有效工具，不論那是商業、法律或社會方面的支付項目。

限制使用貴金屬的最大問題，就在於供應量有限——雖然這正是那些金屬之所以貴重的主要原因之一。擁有黃金和白銀礦源的地區故可優先坐享財富，往往更可進而取得政治權力。像小亞細亞西部呂底亞王國的情況就果真如此。以該國末代國王克羅索斯為例，其權勢與財富已然成為上古時代的傳奇（波斯人在西元前五四七年前後征服其王國，終結了他的政權）。呂底亞統治者除了從臣民那邊聚斂大量錢財外，據悉還從當地的「帕克托洛斯河」與礦區汲取財富——二者都為他們提供「琥珀金」（electrum），亦即天然出產的金銀合金。以這種金屬製造出來的物件，通常被視為西方傳統上最早的錢幣，雖然西元前六〇〇年前後，黑海地區似乎亦已將箭狀的青銅製品使用為原始錢幣〔圖16〕（事有湊巧，中國人也在大約同一時期開發出青銅「硬幣」）。呂底亞的錢幣大致呈橢圓形，因此外觀類似天然金塊，但其重量有固定的系統可循，從各式大型的錢幣（分別重達十七點二公克、十六點一公克、十四點一公克）一直延伸至重量僅為大型錢幣九十六分之一的小錢幣。在現存的物件當中，輕重量的錢幣佔了很大比例。這個事實顯示出，當地社會習慣以高精密度來處理小重量。

那些「硬幣」在一面敲打出一個或多個標記；在另一面雖然時而為一片空白或簡單的平行線條，但大部分都出現經過設計的圖案，而且往往是單一動物圖像（例如獅子、雄鹿或公羊）。此類千變萬化的圖樣仍未被充分理解，以致難以判定當初造幣的機構。獅頭與獅爪通常被歸納到呂底亞名下，因為它們酷似當地後來的錢幣圖案。有些圖案則被劃歸給諸如「米利都」和「福西亞」之類的小亞細亞城邦，即便錢幣上面未曾列出人名或地名。不過少數琥珀金錢幣仍然刻有錢文，然而所提及的似乎是人名而非國名或城市名。其中兩枚顯然出現了呂底亞的人名，分別是使用呂底亞字母拼出的「維爾費爾」和「卡里爾」〔圖17〕。另一種使用希臘文的硬幣則含義比較明確，其內容為：「吾乃法涅斯之標記」，在較小件物品上面只寫出「法涅斯的」。那些錢文都提到了「法涅斯」（Phanes）這個希臘名字，而硬幣上的「吃草雄鹿圖案」或許即為其個人標誌。

同時代的圖章或戒指上面，也出現了使用於琥珀金錢幣的圖案。它們明顯都屬於私人物品，這不禁令人懷疑，某些個人是否即為若干早期琥珀金錢幣的發行者。但他們到底是些什麼樣的人呢？他們是平民百姓、富裕的個體、地方上的統治者，抑或呂底亞王國的政府高官？這是一個重要的問題，有助於瞭解錢幣的發展經過，然而依據我們現有的資訊，「究竟是誰製作了那些早期錢幣」仍然是個懸而未決的問題。

〔圖 14〕
亞述國王撒縵以色三世「黑方尖碑」的細部
方尖碑出土於尼姆魯德，約完成於西元前八二五年。此場景呈現《聖經》中的以色列國王「耶戶」(Jehu)所獻上的一部分貢品。依據圖案上方以楔形文字做出的解釋，進貢給亞述國王的物品當中包括了金、銀、金杯、金桶和錫。右側的人物似乎在頭上頂著金屬錠。

〔圖 15〕 青銅或紅銅條錠（西元前八世紀至七世紀）
出土於伊朗西北部的「哈桑盧土丘」，其長度介於二十至二十八公分，寬度介於一點五至二點五公分之間。

〔圖 16〕
青銅「海豚」
西元前五世紀製作於黑海北岸的奧爾比亞(Olbia)。以青銅鑄成的箭頭狀或海豚狀物體，似乎曾經在這一帶地區被使用為貨幣。

我們能否從琥珀金錢幣出土地點的一鱗半爪，拼湊出證據來？最著名的發現，來自於開挖以弗斯「阿爾忒彌斯神廟」的時候。其間在神廟下方找到九十三枚琥珀金錢幣和七枚無紋飾的銀塊〔圖18〕，顯示出它們當初是做為宗教獻祭品而被埋藏於此。薩摩斯島上或許也生產過類似的錢幣，但整體而言，我們可以表示此類物品僅僅製作於小亞細亞西部，即便一些周邊地區也發現了這種錢幣——例如鄰近黑海的赫勒斯滂。如此看來，它們在當地的製造與使用都受到相當限制，而且從錢幣的小尺寸便不難發現一個事實：其製作的目的並非為了頻頻轉手，也不是為了進行遠距離貿易而流通。那麼為什麼要製造它們呢？這裡面存在著一連串與商業無關的可能性：或許它們被運用為個人向神明呈獻祭品的新方式，要不然就是賞賜給臣民的厚禮。

希羅多德記載道，克羅索斯為了表示謝意，曾經贈送二「斯塔特」（stater）金幣給每

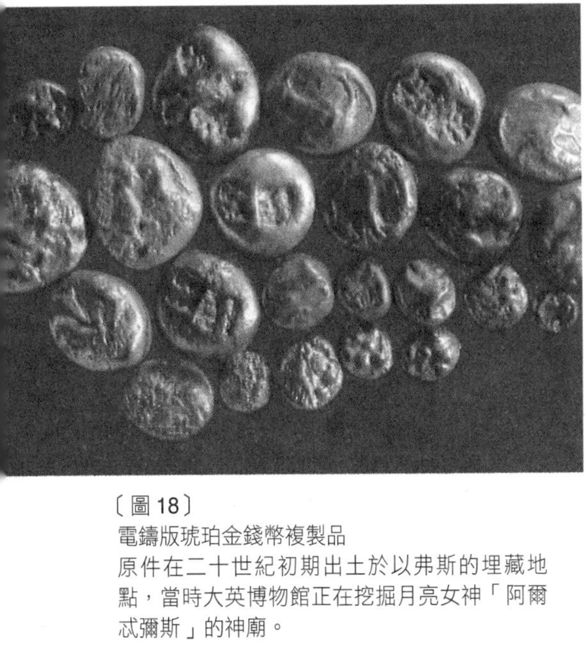

〔圖 18〕
電鑄版琥珀金錢幣複製品
原件在二十世紀初期出土於以弗斯的埋藏地點，當時大英博物館正在挖掘月亮女神「阿爾忒彌斯」的神廟。

〔圖 17〕
呂底亞的琥珀金錢幣（西元前七世紀）
最初的硬幣是以琥珀金（天然金銀合金）製成，其色澤呈淡黃色。早期錢幣的正面具有一個或多個敲打壓印出來的粗糙區塊，在另一面則為經過設計的圖案。像這枚錢幣就出現獅子的頭部和頸部，其左側以呂底亞字母呈現「維爾費爾」（Valvel）一字的縮寫。那是一個人名，指的或許是負責製作這枚錢幣的人。

一位希臘德爾菲城內的居民（著名的阿波羅神諭即宣示於德爾菲），因為他誤以為神明做出了正面的回應（見《歷史》，I.54）。[3] 雖然這段插曲只可能發生在第一批琥珀金錢幣出現很久以後，但不難想像的是，設計得如此具有吸引力的物品很適合拿來當禮物送人。這些物品本身就具有高價值，因此無疑能夠像珠寶或象牙一般在交易活動中來回轉手；但這未必足以表示，當初製造它們的主要目的就是為了促進貿易。

除此之外，我們若從上述觀察古代美索不達米亞使用貴金屬的角度，來看待早期的琥珀金製品，那麼引進各式壓印圖案和特定重量標準的做法，未必稱得上是特別重大的改變。因為就琥珀金製品本身而言，我們不清楚是否可立即從尺寸與直徑來判定其價值，於是很難想像它們如何能夠有別於銀錠，在使用時無需以天平秤重量。問題的重要關鍵在於，琥珀金是否和後來的希臘錢幣一樣，具有可被辨識並受到承認的「面額」，而非如同之前一貫的實務那般，是按照貴金屬塊錠的重量來判定價值。但無論如何，若從日後錢幣的角度觀之（而且這是我們從此開始的著眼點），那麼琥珀金錢幣在西元前七世紀晚期出現於小亞細亞西部一事，便意味著金錢歷史上的劃時代改變。

銀子的時代

琥珀金錢幣在六世紀中葉以後停止製造，而且我們在許多地區發現，取而代之的主要是銀幣，偶爾則為金幣。少數一些城市（庫齊庫斯、蘭薩庫斯、福西亞、萊斯沃斯）仍繼續製造琥珀金錢幣〔圖 19〕，但是與西元前六世紀末和五世紀時位居主流的銀幣相形之下，它們僅可看成是例外情況。琥珀金為何遭棄？如同我們已經看見的，銀子長期以來始終是古代近東的首要金屬通貨，因此銀幣繼續蔚為主流並不令人驚訝。更何況琥珀金主要是兩種金屬的天然合金（但裡面也包含了鉛和其他雜質），而合金中的黃金含量可嚴重影響幣值，於是琥珀金的價值判定不易。

最早的金幣與銀幣均製作於呂底亞王國〔圖20-21〕，時間或許是在克羅索斯執政時期（約西元前560-547）。那些錢幣通常發現於小亞細亞西部，上面刻劃出一隻獅子和一頭公牛的前半身。其他的銀幣則製作於卡里亞地區以及小亞細亞的其餘部分，大致是在希臘本土開始出現錢幣的同一時候。埃伊納，（阿提卡）海岸的一座島嶼）〔圖33〕、雅典與科林斯，是率先自行製造錢幣的希臘城邦國家〔圖34〕。雖然銀幣在最早期階段的製造技術和圖案設計與琥珀金錢幣極為類似，但二者之間還是存有巨大差異。首先就地理範圍而言，製作銀幣的地區比琥珀金廣大許多：它打造於希臘大陸部分的許多地點〔圖25〕（尤其是在馬奇頓），以及義大利、西西里、賽普勒斯（Cyprus）、愛琴海諸島〔圖26〕、昔蘭尼加（位於北非）、今日法國南部和小亞細亞。其次，銀幣的製造規模大了許多，而且銀幣似乎已傳播到地中海沿岸其他許多地區（如同我們即將在下面看見的，其中還包括了不生產錢幣的地方）。第三，已經發展出在銀幣上面壓印圖案或錢文的作風，藉此辨識製造銀幣的社群。

〔圖19〕
「斯塔特」琥珀金錢幣
或許在西元前四九五年前後，製作於「愛奧尼亞」、「小亞細亞」等地的城邦大規模起事時期。愛奧尼亞各城邦在「米利都」領導下，從西元前五〇〇年開始反抗波斯統治。某些琥珀金錢幣被認為來自那段反抗時期，縱使白銀在當時早已成為用於造幣的標準金屬。

[3] 譯注：呂底亞國王克羅索斯曾前往德爾菲徵詢神諭：是否應出兵討伐波斯國王居魯士？神諭表示：如果他越過界河的話，將「摧毀一個偉大的王國」。克羅索斯聞之大喜，於是在公元前五四七年攻打波斯，結果戰敗亡國。

銀幣受到青睞的理由則較難理解。為什麼某些國家到了某個時期，會想用這種形式推出銀子呢？早在上古時期，人們就已經開始討論這個問題。西元前四世紀時，哲學家亞里斯多德曾經在《政治學》那本政體專論的一個著名段落表示：人們之所以會壓製硬幣來取代按重量計價的銀塊，純粹是為了求方便的緣故，以避免進行每一筆交易時都必須很麻煩地秤銀子。添加上去的圖案則只不過是用於標明價值的符號（《政治學》，1257a）。這個解釋聽起來固然合情合理，卻無法回答一個問題：假若從金屬塊錠轉換至錢幣是如此勢在必行的話，為何沒有人在更早的時候就想出這種解決辦法？

我們或許可以表示，最顯而易見的解釋之一，就是製作銀幣乃出於經濟上的理由。早在西元前五世紀時，希羅多德即已如此認為（《歷史》，I.94），並且點出了錢幣與貿易在各個社群內部的關聯性。對外貿易也必須被看成是可能的一個因素。例如在埃及、近東或黑海地區發現了許多早期的希臘錢幣，顯示出那些錢

〔圖 20〕
呂底亞的「斯塔特」銀幣（小亞細亞，西元前六世紀中葉）
某些最早期的銀幣也製作於呂底亞，其圖案為雄獅與公牛各一。銀幣的背面繼續保留兩塊粗糙的敲打痕跡。

〔圖 21〕
呂底亞的「斯塔特」金幣（西元前六世紀中葉）
呂底亞的金幣和銀幣具有相同的雄獅與公牛圖案。一般認為此設計的引進者就是呂底亞末代國王克羅索斯（約西元前560-547）。希臘人將這種硬幣稱作「克羅索斯斯塔特」，雖然它們其實往往製作於波斯人征服呂底亞王國以後。

〔圖 25〕
雅典的「二德拉克馬」銀幣（西元前六世紀末葉）
最早期的雅典銀幣類似之前的小亞細亞琥珀金錢幣，但不同於其他的早期銀幣，上面缺乏文字而出現千變萬化的圖案，例如牛頭的正面圖像即為其中之一。那些圖案的實際意義不詳，它們或許是一些顯赫家族的徽章，但也可能涉及了對雅典娜女神的崇拜。

〔圖 22〕
「大流士花瓶」之上的圖像
「大流士花瓶」在西元前四世紀製作於義大利南部。花瓶是以圖中的主角來命名，而銘文顯示該人即為波斯國王大流士（西元前 522-486）。圖中一景描繪國王的大司庫如何坐在桌旁登錄裝袋繳納的貢品。桌上的希臘文字母所代表的價值，分別從一萬「舍客勒」至四分之一「舍客勒」不等。

〔圖 26〕
愛琴海納克索斯島的「斯塔特」銀幣（約西元前 500）
其上呈現一個葡萄酒杯，酒杯兩側是成串的葡萄，頂端則為一片葡萄葉。銀幣的背面仍然只有敲擊痕。

〔圖 27,28〕
雅典的「四德拉克馬」銀幣（西元前五世紀與西元前二世紀）
從西元前六世紀末開始，五花八門的雅典錢幣圖案已被標準圖案取代，此即雅典娜女神的頭像，以及她的聖鳥──貓頭鷹。西元前四八〇年前後對早期的圖案進行了修改，在雅典娜頭盔上增添橄欖葉，並在貓頭鷹背後加上一個小型的新月圖形。雅典的銀幣是以開採於「勞里厄姆」（Laurium）的白銀大量製作，它們產生了極為重大的經濟意義，以致古意盎然的錢幣風格歷經整個西元前第五和第四世紀一直保留下來，即便它在當時已經顯得非常老舊。西元前二世紀時開始採用新的設計，雖然繼續使用貓頭鷹圖案，但已被修改成站立於花環內的一個雙耳細頸瓶之上。

〔圖 23,24〕
波斯王國的「西格羅」銀幣與「大流克」金幣（西元前六世紀末至五世紀）
波斯人製作於小亞細亞西部的「雄獅與公牛」硬幣，如今已被重新設計過的硬幣取代──其上呈現一名跪地彎弓的射箭手（某些則手持長矛）。不過硬幣的背面仍然保留了較早期錢幣所使用的粗糙敲擊痕。銀幣的名稱是「西格羅」（sigloi），其意義與希伯萊語的「舍客勒」（shekel）相同。金幣則稱作「大流克」（daric），得名自開始製作這些錢幣的波斯國王大流士（Darius）。

幣曾被使用於遠距離貿易。雅典與希臘北部的銀幣經常在那些地區出土，表示白銀很可能是以硬幣的形式出口。在西元前四世紀的時候，來到雅典的商人若無回程貨物的話，大可用這種方式出口白銀。名作家色諾芬即曾在一篇專論中做出解釋：「出口銀子是一筆好買賣，因為不論他們（商人）銷往何方，都絕對有利可圖」（《方法與手段》，3.2）。在不同的埋藏地點可發現大量被切開的銀幣〔圖 29-31〕、銀錠或碎銀與銀幣混雜在一起，這意味著銀幣被當作塊錠看待，而非具有固定價值的錢幣。但難以理解的是，如果僅僅憑靠長途貿易的話，怎麼會有辦法促成錢幣的發展？因此我們還需要找出其他的可能解釋。

在社群內部進行涉及日用品買賣的小規模交易時，需要的是小額錢幣。雖然我們即將讀到，許多城市很早就已經使用低價值的錢幣，但我們很難據此判斷小額交易是否即為促成製造銀幣的主要理由。因為即便是半個「奧波勒斯」這種最小額的銀幣，恐怕也價值太高而不適用於日常的零售貿易。以雅典的陪審團成員為例，他們在西元前五世紀末葉的每日津貼為三個「奧波勒斯」，那或許大致相當於一整天的生活費用。

許多錢幣是由希臘的城邦或統治者所發行，而他們打造錢幣的目的應該是為了支付各種開銷。如同我們已經看見的，雅典公民參加陪審團或其他活動時（例如出席公民會議），可從政府那邊獲得津貼。軍事方面的支出，諸如艦隊划槳手或雇傭兵等人員的薪餉，同樣需要硬幣。無怪乎可以發現各城邦都喜歡發行錢幣，而且錢幣在希臘的政治生活當中，與國家和法律所日益扮演的重要角色具有密切關係。更何況國家有可能從錢幣製作中獲利：有些來自泛希臘化時代的證據顯示，銀幣在發行地區內的價值，高於造幣白銀原料的成本。如果之前幾個世紀的情況也是如此，那麼就可以合理解釋出來，為何有那麼多希臘城邦打造銀幣，以及銀幣的製作為何會在西元前六世紀末和五世紀時快速傳播。

國家只需要接管白銀的生產工作，並強制引進估價過高、由政府來調控流通的銀幣，即可獲享可觀的節

〔圖 29〕
愛琴海米洛斯島的「斯塔特」銀幣（約西元前 500）
其圖案為一顆石榴（希臘文稱之為「melon」），以雙關語點出錢幣的發行國是米洛斯。這枚銀幣出土於埃及「艾斯尤特」的一個埋藏地點。當初它與千百枚希臘硬幣一同從愛琴海地區進口過來。不少其他的硬幣也像它一樣被切掉了一小塊，這指出在當時尚未製造硬幣的埃及，它們都被當成銀塊使用。

〔圖 30〕
泰隆內（Terone）的「斯塔特」銀幣（北希臘，約西元前 500）
其圖案為一只雙耳酒瓶或儲物罐，表明該地區在葡萄酒貿易上的重要地位。這枚銀幣出土於「艾斯尤特」，當初曾經人被用鑿子劈開，或許為了檢查它是否以純銀製成。

〔圖 31〕
阿肯薩斯的「斯塔特」銀幣（北希臘，約西元前 500）
阿肯薩斯（Acanthus）錢幣上的圖案是一隻雄獅攻擊一頭公牛，並技巧十足地將整個構圖融入圓形畫面。它與許多希臘硬幣一同出土於尼羅河三角洲，曾經被鑿開檢查品質。

〔圖 32〕
雅典彩繪杯上與娼妓討價還價的男姓（西元前五世紀初）
圖左的男子準備將一小袋錢交給面前的女子。圖中的男子則或許正在跟另一名女子敲定價錢：他伸出三隻手指，她 卻伸出四隻。

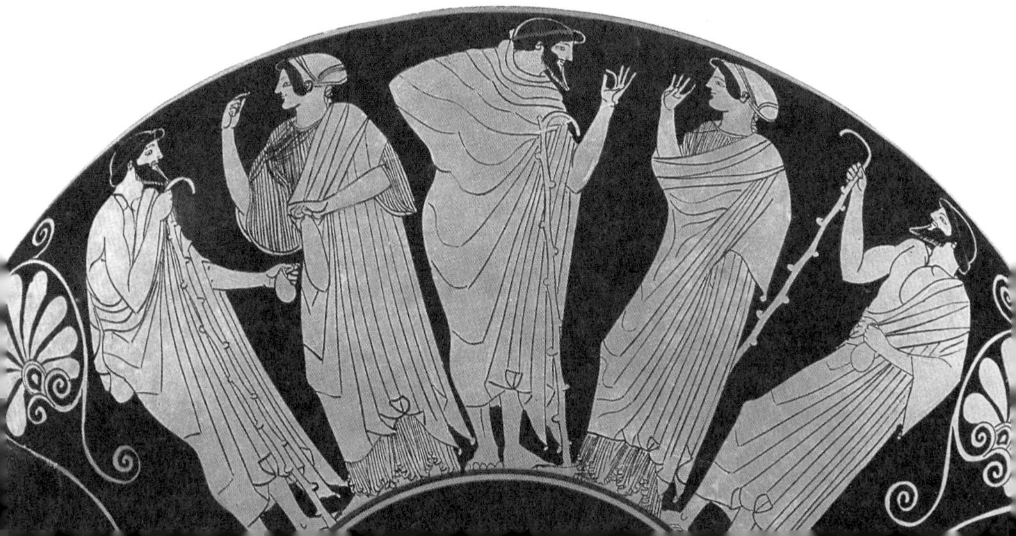

餘與收入。該體系如欲有效運作，就必須先滿足兩項條件。首先，執法機關必須做出相關規範，以便在使用法定銀幣付款時強制提高銀價。國家對此的介入事關重大，這也解釋了為何需要慎選圖案來象徵國家的幣值維護者角色。其次，強制推行銀幣體系的國家，必須對商人具有強烈的商業吸引力（不論他們所進行的是白銀交易還是其他商品的交易），否則收下估價過高的銀子之後所造成的損失，勢必將會令他們裹足不前。這或許也解釋了，為何銀幣都製造於享有大量「外貿盈餘」的國家，例如雅典〔圖 27-28〕或埃伊納〔圖 33〕。這兩國的銀幣都變成了國際貨幣，而且在地中海世界的許多地區皆可發現其蹤影。

我們或許也可以從某些古希臘的思想潮流當中，找到理由來解釋銀幣為何能夠在古代世界既快速又普遍地被當成金錢使用。西元前六世紀和五世紀時，希臘哲學家所關注的課題是法律以及如何推行法制。於是雅典政治家梭倫（他在西元前六世紀初葉改革了雅典的法律），曾在自己的著作中同時探討了邦國事務、財富、行政與法律。雅典開始使用銀幣的時間，固然略晚於梭倫那場令雅典國家與社會改頭換面的改革，但銀幣之傳播仍可視為那座希臘城邦整體發展脈絡當中的一個環節。希臘文對「錢幣」的稱呼之一是「諾米斯瑪」（nomisma），而它和「法律」（nomos）來自同一字根，這表示錢幣乃社會約定俗成下的產物。就我們所能掌握的雅典度量衡法令而言，來自西元前六世紀的文獻特別豐富，雖然其內容含糊不清，但一點也不令人驚訝的是，銀幣使用量的激增恰好發生在同一時期。

〔圖 33〕
埃伊納島的「斯塔特」銀幣（西元前五世紀）
埃伊納（Aegina）是率先製作銀幣的希臘城邦之一。在西元前五世紀的時候，該國早期錢幣上的海龜圖案被此處的陸龜所取代。

錢幣與城邦

希臘世界於西元前六世紀開始普遍採用銀幣之際，製造錢幣的各個城邦紛紛引進多種圖案與錢文，藉此展現自己的權威。各城邦運用公權力來擔保錢幣的質量與價值，並保護它們不致遭到濫用和偽造。

所選定的圖案用於象徵國家的權力，它們勾勒出本國的宗教崇拜和神話的過去，要不然就用雙關語來隱喻國名，並以錢文標明城市名稱。這個典型的模式從最早期的希臘錢幣開始，一直持續到五百年後「泛希臘化時代」製作的最後一批錢幣，即便後來的錢幣外觀與藝術風格已出現了極大的改變。

〔圖 34a〕
雅典的「四德拉克馬」銀幣（約西元前 510）
雅典所使用的圖案，乃戴頭盔的該城守護神雅典娜之頭像，以及雅典娜的聖鳥——貓頭鷹，結果這種錢幣的別名就叫做「貓頭鷹幣」。貓頭鷹身旁出現「Α」、「ΤΗ」（Θ）和「Ε」三個希臘字母，構成了希臘文「雅典人所有」一詞的開頭部分。該圖案自從在西元前六世紀末葉引進以來，一直是設計時的標準，直到雅典於西元前一世紀停止發行銀幣為止。

〔圖 34b〕
科林斯的「二德拉克馬」銀幣（約西元前 450）
希臘南部商業重鎮科林斯的標準錢幣圖案為飛馬「珀伽索斯」。依據希臘傳說，一位名叫柏勒洛豐（Bellerophon）的英雄曾在科林斯附近馴服了飛馬。

〔圖 34c〕
提爾的「斯塔特」銀幣（腓尼基，西元前四世紀）
呈現腓尼基主神麥勒卡特（Melqart）蓄留長鬚，騎乘長著翅膀的海馬，波浪下方並有一隻海豚。此設計反映出提爾（Tyre）是一座沿海貿易中心城市。

〔圖 34d〕
彌里納（Myrina）的「四德拉克馬」銀幣（小亞細亞，西元前二世紀中葉）
圖案為該城主神阿波羅戴桂冠的頭像。這枚錢幣厚度較薄、尺寸較大，呈現出西元前二世紀的典型特徵，這讓雕刻師處理圖案時有了更大的揮灑空間。

〔圖 34e〕
埃雷特里亞（Eretria）的「四德拉克馬」銀幣（西元前二世紀中葉）
該城市位於希臘的埃維亞（Euboea）島上，錢幣圖像為「阿爾忒彌斯」女神。

〔圖 34f〕
士麥那的「斯塔特」金幣（小亞細亞，西元前一世紀）
這枚非常罕見的錢幣呈現泰姬（Tyche）的頭像，她是城市幸福的擬人化象徵。泰姬戴在頭上的王冠為縮小版的城牆，應該就代表士麥那的城池。金幣背面出現一尊「阿佛羅狄忒·斯特拉托尼姬」的祭壇神像。[4]希臘錢文則點出城市名稱「Zmyrnaion」（意為「士麥那的」），以及該城負責製造此應急錢幣的「執行委員會」（prytaneis）──當時羅馬人正與本都（Pontus）國王米特拉達特斯六世（Mithradates VI）在小亞細亞作戰。

[4] 譯注：斯特拉托尼姬（Stratonice）是塞琉西德王朝建立者塞琉古一世（Seleucus I）之妻。公元前二九四年時，塞琉古的繼子安提阿古一世（Antiochus I）對繼母單戀成疾（他比繼母年長七歲），塞琉古於是將妻子「禮讓」給他。後來士麥那（Smyrna）立廟奉祀那位繼母，稱之為阿佛羅狄忒·斯特拉托尼姬（Aphrodite Stratonikis）──「阿佛洛狄忒」是希臘的愛與美之神！

〔圖 34g〕 希臘城邦

〔圖 35〕
西西里希臘城邦梅薩納（現稱梅西納）的「四德拉克馬」銀幣（西元前五世紀）
其圖案是一隻站在蚱蜢上方的兔子。亞里斯多德曾經談到這個設計，表示梅薩納（Messana）的暴君阿那克西拉斯（Anaxilas）當初下令將野兔引進西西里島。這或許可以說明它為何被稱作「野兔幣」，正彷彿雅典的錢幣被稱作「貓頭鷹幣」一般。

〔圖 36〕
義大利南部希臘城邦泰利那的「斯塔特」銀幣（西元前五世紀）
錢幣上長著兩個翅膀的女性人物，或許就是泰利那（Terina）城邦的擬人化造型，但其構圖具有多重含義。她和勝利女神一樣，也長了翅膀並手持花環。她坐在雙耳酒瓶上（應為當地泉水或河流源頭之象徵），另一隻手中拿著代表和平的「墨丘利的節仗」（caduceus）。

從之前的論述即可明白，關於銀幣的起源與傳播可以有各種不同解釋。然而一旦銀幣傳播到希臘世界各地的城市以後，它似乎快速成為該地區貴金屬錢幣的主要形式。在西元前五世紀的雅典文獻中，有許多證據顯示當時已廣泛使用錢幣。政府的財產清單和開支帳目（例如修建衛城上方「巴特農神殿」的費用），往往鐫刻於石上保存至今。從那些銘文可以清楚看出，銀幣是金錢的正常形式，即便銘文中也曾言及未打造成錢幣的銀錠或其他形式的貴金屬，而且在列出神殿所屬的資產時尤其如此。依據歷史學家修昔底德斯的記載，偉大的雅典政治家伯里克利斯曾於對抗斯巴達的「伯羅奔尼撒戰爭」（西元前431-404）爆發前夕發表演說，向雅典人提醒自己的雄厚財力（修昔底德斯，2.13）。他表示雅典每年從盟邦獲得的貢金高達六百「塔倫特」[5]，而國內的儲備包括了：

> 六千塔倫特銀幣……以及價值超過五百塔倫特，尚未打造成錢幣的黃金與白銀——其中包括私人及公共的捐獻、使用於慶典和競賽的聖物、掠奪自波斯人的戰利品和另外的物件。其他的神廟內也有巨款可供雅典人利用。假如這一切都告罄的話，他們還可以動用女神配戴的黃金（指的是衛城上方以黃金與象牙製成的巨大雅典娜神像）……但伯里克利斯也強調，假如雅典人為了自保而動用女神黃金的話，事後至少必須歸還同等數額。

這段文字顯示出來，無論就數量或功能而言，銀幣的地位都高於其他的財富形式：神廟中的寶物和其他物品雖可在緊急時加以動用，但事後必須償還。銀幣構成了城市財富的主體。然而「四德拉克馬」銀幣雖適用於官方業務或大宗付款，可是在西元前五世紀時，即便面額最小的銀幣依然價值過高，無法使用於日常的民間小額交易。即便如此，人們似乎還是習慣使用錢幣，而且面額最小的銀幣後來已被青銅幣取代。使用青銅這種廉價金屬來製作低面額錢幣的構想，似乎在西元前五世紀末葉起源自義大利南部的希臘城邦（圖39-40），而且它在西元前四世紀與三世紀時已傳遍希臘世界大部分的地區。從此以後，雅典與其他城市的任何市集交易皆可使用硬幣：因為青銅這種新的支付媒介提供了合用的低面額錢幣，例如價值等於八分之一個

[5] 譯注：一「塔倫特」（talent）等於六千枚「德拉克馬」銀幣，即二十六點二公斤白銀。塔倫特或譯為「他連得」。

〔圖 37〕
克里米亞半島希臘城市潘蒂卡皮翁的「斯塔特」金幣（黑海北岸，西元前四世紀末）
其上呈現牧羊神（Pan）的頭像，隱喻「潘蒂卡皮翁」（Panticapaeum）這個城市名稱。其他希臘城邦不常打造金幣，這枚金幣卻反映出該地區黃金供應無虞──例如當地斯基泰[6]統治者豐厚的陪葬品中，經常會大量出現的黃金製品。此處的牧羊神長著特色十足的尖耳朵和獅子鼻，頭上戴著用葡萄葉串成的花環。

〔圖 38〕
羅德斯島的「四德拉克馬」銀幣（西元前四世紀初）
羅德斯島是西元前四世紀和三世紀時最繁榮的希臘城邦之一，並且發行了許多錢幣。此處的阿波羅頭像幾乎完全由臉部構成，展現出沖壓模具雕刻師的嫻熟技巧。銀幣背面的玫瑰隱喻「羅德斯」（Rhodes），因為希臘語將玫瑰稱作「rhodos」。

〔圖 39〕
製作於西西里希臘城市阿克拉加斯（現名阿格里真托）的青銅「硬幣」（西元前五世紀中葉前後）
西西里島引進青銅錢幣之前，將鑄造成金字塔形狀的青銅塊使用為貨幣。此處的裝飾圖案為兩個老鷹頭，並以頂端的三個點狀物標示價值。

〔圖 40〕
阿克拉加斯的青銅幣（西元前五世紀末）
鑄造了類似圖 39 的青銅塊之後，該城邦以標準的打造硬幣方式製作青銅幣。這枚青銅幣呈現一隻螃蟹和其他的海洋生物，反映出該城邦的濱海位置。環繞著錢幣圖案的六個點狀物標明了它的價值。

「奧波勒斯」銀幣的「查柯」[7]（圖41）。

硬幣只是希臘世界金錢故事當中的一環，即便它是最重要的部分。雖然大多數的古代城市應該都使用了錢幣，但它們基於各種理由，在遠古及上古時期（約西元前600-320）多半並未自行造幣——有些城邦可能是因為無法取得銀子，有些則是出於政治上的理由。其中最著名的案例為斯巴達：該城邦直到西元前三世紀都不曾製造錢幣，而且斯巴達人或許是將鐵叉用作替代品。在他們眼中，擁有黃金和白銀一事非但違反斯巴達的戰士美德，並且代表著卑劣的商人心態，只會惹來斯巴達男子漢的鄙夷。儘管如此，斯巴達為了擊敗富裕的雅典人，還是必須在「伯羅奔尼撒戰爭」期間接受波斯國王提供的巨額錢幣補助，以便成立艦隊來挑戰雅典的海權。

金錢與貸款

國際戰爭迫使斯巴達面對新的挑戰，而若無外力協助，該國的原始貨幣體系勢必左支右絀。相形之下，其他希臘城邦是以較先進的方式來使用硬幣和金錢（雅典尤其如此）——例如透過銀行來進行。有關雅典銀行業的最早記載出現於西元前五世紀末，但是我們的相關證據多半來自西元前四世紀。我們不可把雅典的銀

【6】譯注：斯基泰人（Scythian）或譯為「西徐亞人」，是公元前七世紀至公元三世紀活動於阿爾泰山至黑海北岸之間，使用北伊朗語的民族（中國古籍稱之為「塞種」），以擅長製作金器聞名。

【7】譯注：「查柯」（chalkoi）青銅幣折合八分之一個「奧波勒斯」（obolus）銀幣，「奧波勒斯」折合六分之一個「德拉克馬」（drachma）銀幣，而「德拉克馬」等於四點四公克左右的白銀。

行想像成有如現代銀行那般複雜的金融機構，因為它們其實是外幣兌換處與當鋪的綜合體。銀行業者是以私人名義運作，不受任何官方規定的約束。它們最顯而易見的活動就是錢幣兌換，主要是向攜帶外幣來到雅典的外國人提供服務。據我們所知，錢幣兌換商就坐在擺放於「阿哥拉」（中央廣場）的桌子後面進行業務，於是即便時至今日，現代希臘語的「trapeza」一字仍然同時意謂「桌子」和「銀行」。銀行業者也接受存款，但看樣子完全不支付利息。他們所提供的服務實際上等於保管箱，這對那些在雅典無處放置貴重物品的外籍商人特別有用。但我們還聽說，有些雅典人也在「銀行家」那邊存錢。這或許是基於安全上的考量，但也可能是打算藏匿自己的財富，藉以避開稅吏虎視眈眈的眼睛。銀行家通常更按照百分之十二的年利率貸款給個人，除了貸出他們自己的金錢之外，也動用別人的存款。但人們當然寧願向親朋好友借錢，而且這是最主要的貸款方式。銀行業者因而往往只是無計可施時的借貸對象。

我們最耳熟能詳的銀行業者名叫帕西翁，他原本只是一位「銀行家」的奴隸，後來不但力爭上游取得銀行的掌控權，並獲得雅典公民資格。等到他在西元前三七〇年去世的時候，身價已超過六十「塔倫特」（三十六萬「德拉克馬」銀幣）。從一個對比即可看出他的個人財富多達何種地步：拜占庭那座富裕城市在西元前五世紀時，每年向雅典繳納的貢金為十六「塔倫特」。然而銀行業是個高風險的行業，像帕西翁剛展開事業生涯的時候，就因為遭到一名心生不滿的客戶控告，一度處於倒閉邊緣。而且我我們曉得有許多銀行業者果真走上破產之途。

在希臘人的世界沒有類似國家銀行的機構。雅典過剩的財富就存放於「衛城」接受雅典娜女神保護，而且它們在某種程度內被視為女神的財產，讓盜賊害怕褻瀆聖物而不敢放肆。如此一來，每當雅典人需要額外金錢來支付軍事行動之際，便向雅典娜「借貸」，並允諾在有能力時加以償還。當他們陷入財政危機的時候，甚至不惜熔毀祭壇上的女神黃金鑄像。我們還曉得，某些神廟也貸款給私人。西元前五世紀一座雅典鄉

【8】譯注：「柯利波」（kollyboi）等於半個「查柯」。

〔圖 41〕
西元前四世紀末的雅典青銅幣
這是雅典最早製作的青銅幣，其上出現一隻長著兩個身體的貓頭鷹，或許藉此表示它具有雙倍面額（二「查柯」或二「柯利波」[8]）。這種類型的錢幣曾被大量製造，而且在挖掘雅典「阿哥拉」中央廣場時，就出土了將近一千枚這種青銅幣。

〔圖 42〕
埃及國王托勒密二世（西元前 286-246）的青銅幣
埃及托勒密王國的錢幣體系旨在撙節白銀，以便與外國商人進行貿易，於是打造了大型青銅幣來滿足國內的需求。錢幣上呈現「宙斯－阿蒙」神明長出公羊角的頭像。

〔圖 43〕
大夏（今日阿富汗）國王阿加索克利斯的青銅幣（西元前二世紀初）
與其他位處更西邊的泛希臘化王國一般，大夏王國也製作青銅幣，但它們有時呈四方形，外觀類似印度錢幣。這枚青銅幣一面的錢文為希臘語，另一面則呈現手持蓮花的印度女神圖像，並使用印度文字（婆羅米文）。

間神廟鐫刻下來的帳目並且指出，貸款時的金額單位是二百或三百「德拉克馬」。

希臘的世界進行財務交易時完全使用錢幣現金，因為當時還沒有支票或可兌換債券。經濟的順利運作於是有賴於充足的錢幣流通量。我們在雅典發現，錢幣的製造越來越規律化，而且製造量大增。從喜劇之父阿里斯多芬尼斯的劇作中可以找到證據，顯示錢幣在西元前五世紀末葉已普遍使用於每日交易——劇中人物高談闊論如何在市場購買魚類和鐮刀，以及如何用自己的嘴巴來保管零錢！西元前四世紀諷刺作家泰奧弗拉斯托斯的小品文集裡面，已有許多段落述及錢幣，諸如購物、販賣或貸款。到了這個階段，雅典已開始製作低面額青銅幣供日常使用：在雅典「阿哥拉」進行挖掘工作時，總共出土了一萬六千枚硬幣，其中多半都是青銅幣，而且它們很可能是當初被遺落於此。出土的大量硬幣很鮮明地反映出來，當時錢幣已經普及到了何種地步。同樣明顯的是，古典時代末期大多數埋藏地點所擺放的物品，主要都是錢幣而非昔日的貴金屬塊錠。在使用貨幣的社會中，錢幣乃進行財務交易時的主要媒介，結果就是政府有必要採取各種方式來維護本國硬幣的信譽與價值。像雅典便嚴禁流通贗幣，西元前三七五年的一項法律更明文規定，錢幣必須由公家的奴隸進行檢查。

泛希臘化時代的錢幣人像

亞歷山大大帝（西元前336-323）的大規模征服行動，徹底改變了古代世界的面貌。介於希臘與印度之間的新疆域落入希臘統治者手中，希臘世界則從一個城邦國家的集合體轉型成為一系列的君主國，亦即今日所稱的泛希臘化王國。這些改變為錢幣帶來了深遠的影響。亞歷山大大帝死後不久，帝王的肖像開始出現於錢幣上，而希臘文化的東向傳播，同時意謂東方繼承亞歷山大帝國的各個王國也採用了類似的圖案設計。

由於大多數統治者希望模仿亞歷山大，或宣稱自己是亞歷山大的合法繼承者，他們的錢幣肖像通常也呈現出亞歷山大般的姿態，於是頭部抬起、目光上揚，並戴著一條用於象徵王權的白色頭帶。那些肖像在西元前一世紀隨著各獨立王國臣服羅馬而滅絕，可是有著截然不同肖像傳統的羅馬人，卻以深受泛希臘化時代各國國王影響的圖像來呈現羅馬帝國早期的統治者。

〔圖 44a〕
色雷斯（希臘北部）與小亞細亞國王利西馬科斯（Lysimachus, 西元前 305-281）的「四德拉克馬」銀幣
錢幣圖案為亞歷山大大帝，原因在於利西馬科斯意圖強調他是亞歷山大的合法繼承人，藉此鞏固自己的地位。圖像中出現典型的亞歷山大髮式，同時除了頭帶之外，頭上並飾以公羊角，這是「宙斯－阿蒙」神明的象徵，而亞歷山大大帝就自稱是祂的兒子。

〔圖 44b〕
埃及國王托勒密二世（西元前 286-246）及其第二任王后阿爾西諾伊的「八德拉克馬」金幣
希臘錢文──「Adelphon」（手足之情）──點出了一個事實，即托勒密二世（位於前側、頭戴帝王飾帶者）與王后同時也是親兄妹。這延續了之前埃及法老王的家庭慣例。

〔圖 44c〕
小亞細亞帕加馬國王尤米尼斯二世（西元前197-158）的「四德拉克馬」銀幣
帕加馬王國於尤米尼斯二世（Eumenes II）任內達到鼎盛期。尤米尼斯的錢幣使用「菲萊泰魯斯」（Philetaerus）生前的肖像──該人在西元前三世紀建立了帕加馬王朝。

〔圖 44d〕
敍利亞國王安提阿古六世的「四德拉克馬」銀幣（西元前二世紀中葉）
那位年輕國王頭戴王者飾帶和一頂由光芒構成的王冠。安提阿古自視為地上的神，而王冠即為神性的象徵。泛希臘君主肖象在西元前四世紀末葉至三世紀初期的特色，就是使用了代表神性的標誌。不過就後期的國王而言，像安提阿古六世這般將之使用於錢幣上的做法卻相當罕見。

〔圖 44e〕
本都（今日土耳其北部）國王米特拉達特斯二世的「四德拉克馬」銀幣（西元前三世紀中葉）
錢幣肖像本身與肖像上的君王頭帶均顯示出，亞歷山大大帝進行征服之後，希臘人的構想如何在其他地區受到非希臘裔王朝採用。

〔圖 44f〕
波西斯（今日伊朗西南部）祭司國王巴格達特的「四德拉克馬」銀幣（西元前三世紀末或二世紀初）
此處的人像雖然具有伊朗相貌、蓄留八字鬍並配戴耳環，但是使用統治者錢幣肖像的做法和這枚錢幣的製作風格，都衍生自亞歷山大大帝去世後的希臘實務。

〔圖 44g〕
大夏（今日阿富汗）國王德米特里一世的「四德拉克馬」銀幣（西元前二世紀初）
圖中的希臘裔國王配戴以大象頭皮製成的頭飾。亞歷山大大帝的某些肖像也使用了這種呈現方式，藉以象徵他對印度的統治權——依據希臘傳說，希臘神明迪奧尼索斯（Dionysus）乘坐象車征服了印度。

〔圖 44h〕
羅馬皇帝奧古斯都（西元前 31– 西元 14）的「奧里烏斯」金幣（Aureus）
西元前四十四年，凱撒率先於羅馬錢幣上使用在世人物的肖像，這從此成為羅馬帝國時代的錢幣特色。羅馬皇帝拷貝了泛希臘化時代的做法，不過他們避免使用諸如頭帶之類代表君權的物件，其自我呈現的方式為配戴象徵勝利的桂冠。

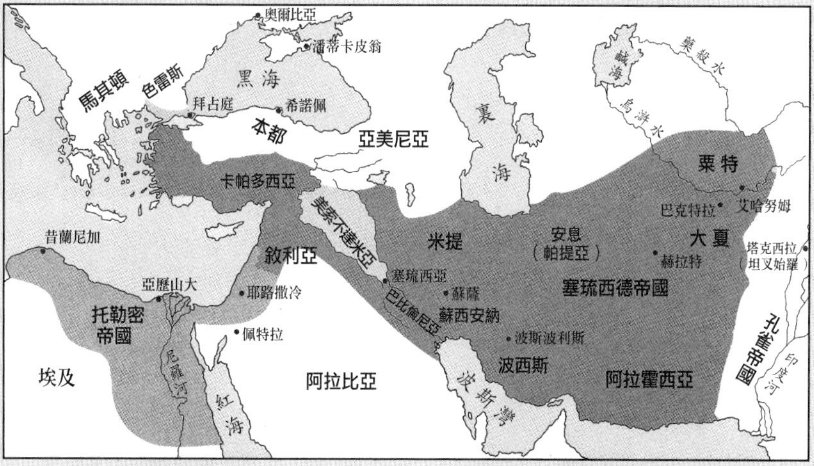

〔圖 44i〕 泛希臘化時代的各個王國（約西元前 275）

結論

馬其頓人在菲利普二世（西元前359-336）〔圖45〕及其子亞歷山大大帝（西元前336-323）〔圖46〕統治下，征服了希臘並擊敗強大富庶的波斯帝國，這個非凡成就背後的秘密之一，就在於他們所握有的黃金與白銀。菲利普二世奪取色雷斯的礦區之後，得以大量製造金幣、銀幣和青銅幣來支付自己的軍隊；亞歷山大對亞洲展開的征服行動，則讓他接收了波斯君主積聚的財富（據估計其總額高達十八萬「塔倫特」），隨後並將之悉數以錢幣或戰利品的形式分配出去。我們此前所見過的任何金額，都完全無法與之相提並論，[9]而且那預示了羅馬帝國征服地中海世界之後所將擁有的財富。到了泛希臘化時代，錢幣的製造規模益發擴大，而且流通於更加遼闊的地區，但基本的錢幣文化並未出現改變。

[9] 譯注：十八萬「塔倫特」約等於四七〇〇公噸白銀，或十億枚「德拉克馬」銀幣！

〔圖45〕
馬奇頓國王菲利普二世（西元前359-336）的「四德拉克馬」銀幣
馬奇頓王國在菲利普二世統治下開始擴張。菲利普征服了北希臘全部的獨立城邦，並且控制當地的金礦與銀礦。這筆財富是菲利普躍升為霸主的重要因素，而且他大量打造了錢幣。這枚銀幣呈現一名騎在巨大賽馬上的年輕騎士，紀念菲利普本人在西元前三五六年的奧林匹克運動會奪標。錢文以希臘字母寫出了國王的名字（Philippou）。騎士手持月桂樹枝，頭戴桂冠——二者都是勝利的象徵。

〔圖46〕
以亞歷山大大帝（西元前336-323）名義打造的「四德拉克馬」銀幣
西元前二八〇年打造於土耳其的庫齊庫斯。亞歷山大製作了大量的金幣和銀幣，用於資助自己的征服行動。那些打造於帝國境內許多個造幣所的錢幣具有相同的標準形式，例如銀幣上出現了大力神「赫拉克里斯」的頭像及「宙斯」的坐像。這些圖案設計在亞歷山大去世以後仍繼續被長期沿用下去。

第二章　羅馬的世界

（地中海）四周環繞著遼遠廣闊的大陸，無止境地將貨物傾注予妳（羅馬）。從每一處陸地和海洋輸入四季所孕育的各種事物，帶來所有國家、河流、湖泊的產品，以及希臘人和外國人的技藝……。無數的商船不分季節抵達於此，滿載著各地的貨物與各季的收成，使得羅馬城宛如世界共同的倉庫。

上述引文摘錄自一篇名叫《致羅馬》的演說詞，撰寫者埃利烏斯・阿里斯提德斯（一位西元二世紀來自小亞細亞的希臘雄辯家），在字裡行間頌揚了羅馬城的宏偉規模及其大帝國首都之地位。羅馬已躍升為一個居民或許超過百萬人的大都會，在十八世紀以前一直是歐洲有史以來最大的城市。伴隨著羅馬城與羅馬帝國的急劇成長，經濟的規模與金錢的使用亦與日激增，共同在古代世界的地中海沿岸與近東地區達到了前所未見的地步。

早期的羅馬

羅馬在埃利烏斯・阿里斯提德斯的時代之前，就已經擁有悠久的歷史——按照羅馬傳統的講法，它建城於西元前七五三年。羅馬在草創之初只是一個小城，起先受到國王統治，而後由貴族統治階級依據共和憲法加以治理。它在最初四百年左右的發展歷史中，只是義大利半島上一座地方色彩十足的城邦。從羅馬直到西元前三〇〇年前後都還缺乏錢幣一事，即可看出它在地理上與文化上的侷限性，因為錢幣早已在此前二百多年成為愛琴海希臘世界正常生活的一部分，而且在西西里島和義大利南部的希臘殖民地也是如此。

後世的論者認為，綿羊和牛隻是羅馬最初的金錢形式，因為他們推測拉丁文「金錢」（pecunia）一字的字根，就是「牲口」（pecus）。但是，羅馬固然有可能和古代世界的其他地區一樣，也曾經用牲畜的頭數來表達某些物品的價值，牲畜本身卻不太可能被當作付款工具。有更好的證據顯示，在古羅馬人和其他義大利原生民族那邊（包括伊特拉斯坎人在內），按重量計價的青銅塊錠曾經發揮過貨幣功能。

青銅是一種相對廉價的金屬，使用起來因而需要較大的數量：西元前一世紀的羅馬歷史學家李維曾述及一項傳統，表示共和時代初期的羅馬元老院議員必須用推車搬運自己的錢財（李維，4.60.6）。最早的粗鑄青銅塊貨幣便來自那個年代，今日分別稱之為「埃斯盧德」（aes rude）與「拉莫賽科」（ramo secco）——前者意為「未加工的青銅」；後者是以鑄銅或鑄鐵製成的錠狀物，名稱的意思是「乾樹枝」，因為其上的粗糙圖案狀似分叉樹枝〔圖48-9〕。那兩種貨幣皆非羅馬特有的樣式（而且「拉莫賽科」主要流通於義大利更北部），羅馬人只不過是把它們使用為珍貴的金屬塊錠罷了。但它們未曾按照固定的重量標準來製作，並經常被切割成較小的碎片。

這種青銅錠的實際使用方式為何？我們從羅馬最古老法典——西元前四五〇年的《十二銅表法》——留存至今的殘片可以曉得，針對各種犯罪行為訂出的罰金，是以特定重量單位的青銅來計算。或許就在同一時期前後，羅馬社會被組織成不同的階級，而同樣的青銅單位也被使用為按財富來劃分階級時的評估標準。軍餉（stipendium）——字面上的意思是「秤出的重量」——則引進於西元前四〇〇至三四〇年之間的某個時

〔圖47〕
羅馬共和時代鑄造的青銅錠貨幣（西元前三世紀）
其圖案為一個三腳台架（供宗教儀式使用的三足容器），而此設計亦出現於義大利南部希臘城邦的錢幣上。這枚青銅錠一八一九年出土於羅馬近郊的甘多爾福堡（Castel Gandolfo），地點在古代拉丁城市阿爾巴隆加（Alba Longa）附近。製作大型錠狀貨幣的構想源自較早期的義大利金屬錠。

〔圖48〕
義大利中部使用為貨幣的青銅碎片（西元前四至三世紀）
今日稱之為「埃斯盧德」，意為「未加工的青銅」。

間點；其金額似乎同樣以青銅單位做為估算標準，而且實際上或許就是用青銅支付。國家在付出青銅之前，一定會先想辦法把青銅收集過來，於是稅金很可能也是以青銅重量單位做為計算的標準。

在此背景下或許可以理解，為何最早期的羅馬錢幣（出現於西元前三〇〇年左右），是由兩個並行不悖而且顯然互不相干的元素共同組成：一方面是依照義大利本土傳統鑄造的大型青銅錠與厚重青銅圖盤〔圖47〕，另一方面則是打造出來的銀幣與青銅幣〔圖50〕。打造的錢幣直接參考了義大利南部的希臘式錢幣，有些甚至可能是由當地希臘城邦特地為羅馬製作的，像尼亞波里斯（今日的那不勒斯）或許即為其中之一。只有透過錢文才有辦法判定它們是羅馬人的錢幣〔圖50a〕。它們的圖案設計、重量標準、白銀成色、甚至製造技術，都直截了當抄襲自當時義大利南部的希臘城邦。就連厚重青銅條錠與青銅圓盤的裝飾形式也衍生自希臘人的圖像世界，而其三腳台架或海豚等圖案都直接模仿了希臘錢幣。

採納希臘人對錢幣的構想、拷貝希臘的模式〔圖50b〕，以及義大利錢幣形制的希臘化，這些做法恰好都發生於羅馬開始在地中海世界躍升為強權的階段。西元前二八〇至二七五年之間，羅馬人成功阻擋了希臘國王皮洛士的入侵行動，從此統治整

〔圖49〕
條錠狀青銅貨幣的斷片（義大利北部與中部，西元前五至三世紀）
對此類金屬條錠進行的成分分析顯示，其青銅的鐵含量頗高。這種合金乃昔日剛開始冶煉富含鐵質的銅礦砂時之典型產物。

個義大利半島。接著他們與迦太基人打了兩場曠日持久的仗（分別進行於西元前二六四至二四一年，以及二一八至二〇一年，後者即為著名的「漢尼拔戰爭」），獲勝之後進而成為主宰地中海西半部的強權。不令人意外的是，羅馬人引進錢幣的時間，也就是他們的許多文化領域（諸如藝術、建築與宗教），在主要來自希臘的外來影響下出現轉型的階段。羅馬人步入由希臘文化所主導的「文明」世界之初，所展現的特徵因而就是密集的希臘化，其中也包括開始使用硬幣。

羅馬幣制的早期發展

按重量計價的青銅似乎曾在早期的羅馬被使用為貨幣。出土於義大利的青銅條錠與青銅碎塊顯示，羅馬人的鄰邦已在西元前四世紀使用這種形式的金錢。羅馬人則在西元前三世紀初葉推出了自己的青銅錠。其中有些是長條狀，有些則呈現希臘錢幣的圓形，但後者的尺寸較希臘錢幣大上許多，並且採用了條錠的鑄造方式。與義大利南部和西西里島希臘城邦的接觸，促成羅馬拷貝對方的錢幣，也打造了銀幣和青銅幣。這些新錢幣的圖案設計洩漏出希臘對它們產生的影響。金幣的打造則只是偶一為之。在「第二次布匿克戰爭」（西元前二一八至二〇一年）的早期階段，羅馬對抗迦太基大將漢尼拔時的龐大作戰開銷迫使羅馬人整頓幣制。於是大約在西元前二一〇年有了以「德納留斯」（Denarius）為基準的新貨幣體系——「德納留斯」是銀幣，以一種名叫「阿斯」（as）的青銅單位來計價。「德納留斯」從此成為羅馬歷史最悠久的一個錢幣單位。

〔圖 50a〕
青銅幣（約西元前 300）
公牛半身圖像上方的希臘語錢文為「Romaion」，意思是：「羅馬人的」。此圖案設計拷貝自「尼亞波里斯」那座希臘城市（今日的那不勒斯）。

〔圖 50b〕
「二德拉克馬」銀幣（約西元前 300）
其上呈現羅馬戰神「馬爾斯」的頭像。

〔圖 50c〕
羅馬共和時代鑄造的「阿斯」青銅幣（西元前三世紀末葉）
其上呈現羅馬門神與新年之神「雅努斯」（Janus）的頭像。「雅努斯」的臉部同時面對前方和後方，是早期羅馬錢幣經常使用的圖案。此類製作成硬幣形狀的青銅錠現在通稱為「埃斯格拉維」（aes grave），意思是「重銅幣」。

〔圖 50d〕
「夸德里加圖斯」銀幣（約西元前 225）
夸德里加圖斯（Quadrigatus）得名自「四馬雙輪戰車」（Quadriga）的圖案。它在西元前二二五年左右成為羅馬人的主要銀幣，直到西元前二一〇年前後推出「德納留斯」為止。

〔圖 50e〕
「斯塔特」金幣（約西元前 215）
羅馬共和時代難得發行金幣，而且製作金幣通常是為了因應財政困境。例如發行這枚金幣的時候，羅馬正面臨漢尼拔在西元前二一八年入侵義大利之後所帶來的危機。圖案中出現兩名遵循傳統禮儀訂下誓約的戰士：二人分別以劍尖碰觸中央跪地者用雙手抱持的小豬。

〔圖 50f〕
「德納留斯」銀幣（約西元前 210）
在女神「羅馬」(Roma) 的頭像後側出現「X」字樣（羅馬數字的「十」），標明其價值折合十枚「阿斯」青銅幣。銀幣的背面為「狄俄斯庫里兄弟」(Dioscuri)，即「卡斯托耳」與「波魯克斯」(Castor and Pollux) 那對神話中的孿生英雄兄弟。

〔圖 50g〕
「奎那留斯」銀幣
(Quinarius)
相當於半個德納留斯，上面的羅馬數字「V」表明其價值為五「阿斯」。

〔圖 50h〕
「塞斯特爾提烏斯」銀幣（Sestertius）
相當於四分之一個德納留斯，其上的羅馬數字「IIS」意為二點五個「阿斯」——「S」代表「塞米斯」(Semis)，即半個「阿斯」。

〔圖 50i〕
「盎西亞」青銅幣（約西元前 210）
「盎西亞」(Uncia) 等於十二分之一「阿斯」。這枚打造的錢幣是以羅馬戰爭女神貝婁娜 (Bellona) 做為圖案，其下側僅僅用一個點狀物來標示價值。

〔圖 50j〕
「阿斯」青銅幣（約西元前 200）
這種打造出來的「阿斯」青銅幣尺寸較小、重量較輕，用於取代之前鑄造出來的「埃斯格拉維」大型青銅幣。這麼做的理由是，青銅幣與銀幣之間的比價已在「第二次布匿克戰爭」期間出現了改變。

〔圖 50k〕
勝利女神像銀幣（約西元前 200）
「勝利女神像銀幣」(Victoriatus) 的白銀成色低於「德納留斯」，曾經在推出「德納留斯」之後的最初幾十年間大量流通，但它與同時代其他錢幣之間的關係不明。其名稱得自長了翅膀的勝利女神，而女神正在給一個以武器構成的勝利紀念碑戴上花環。

羅馬的幣制起步發展了大約一個世紀以後，又因為羅馬長年與漢尼拔統率下的迦太基人作戰而在西元前二一二年遭到改革，藉以因應國家財政所面臨的空前需求。羅馬的貨幣體系從此完全依照希臘模式來打造銀幣與銅幣。這個新體系內的主要錢幣，就是「阿斯」青銅幣〔圖 50f, j〕與「德納留斯」銀幣（「德納留斯」得名的來由，是因為它最初的幣值等於十個「阿斯」[1]）。二者之間從此維持固定比率，於隨後四百年內只變更過一次，此即「德納留斯」的幣值在西元前一四〇年調升為十六「阿斯」。

西元前三世紀初期的時候，羅馬人還只擁有相當落後的幣制和國家財政，而錢幣在其中僅僅扮演了無足輕重的角色。對征服義大利來說，這還綽綽有餘；但如欲建立海外帝國，就必須做出更複雜也更穩當的安排。如今為了有效管理羅馬國政，錢幣已經不可或缺，看來羅馬社會應該就在這個時候，開始變得和當時地中海世界任何其他的主要城市一樣依賴錢幣。低面值銅幣的製造量更是急劇增加（部分原因在於必須支付軍餉），而且從近代出土的錢幣可以發現，錢幣流通的數量在西元前二世紀與一世紀時已出現轉變。

金屬	錢幣名稱	價值（西元前二一〇年後）	價值（約西元前一四〇年後）
白銀	德納留斯（denarius）	十阿斯	十六阿斯
白銀	奎那留斯（quinarius）	五阿斯	八阿斯
白銀	塞斯特爾提烏斯（sestertius）	二又二分之一阿斯	四阿斯
青銅	阿斯（as）	一阿斯	
青銅	塞米斯（semis）	二分之一阿斯	
青銅	特里恩斯（triens）	三分之一阿斯	
青銅	夸德蘭斯（quadrans）	四分之一阿斯	
青銅	塞克斯坦斯（sextans）	六分之一阿斯	
青銅	盎西亞（uncia）	十二分之一阿斯	

羅馬世界的錢幣

為了瞭解羅馬世界的百姓如何實際使用錢幣，我們必須求助於書面資料，例如現存的「羅馬埃及」紙草文書或各種文獻記錄。古代的文件多半不怎麼關心日常實務，但其中最顯著的例外是《新約聖經》的「對觀福音」（Synoptic Gospels），即〈馬太〉、〈馬可〉和〈路加〉三部福音。它們充滿了耶穌講述的寓言和其他故事，將巴勒斯坦社會較低層百姓的生活經驗使用為素材，而且往往涉及錢幣。三部福音中的許多故事都談到了付款金額：例如在「慈善的

〔圖 51〕
西元前三世紀的錢幣

[1] 譯注：拉丁文的「十」是「decem」，德納留斯（denarius）的拉丁文原意則是「包含十個」。

撒瑪利亞人」那則故事中，收容傷患的客店主人獲得兩枚「德納留斯」銀幣，做為許多天食宿開銷的頭款（〈路加福音〉10:35）。耶穌在其他的段落間接指出，葡萄園傭工的合理日薪是一個「德納留斯」（〈馬太福音〉20:1）。祂還在一則故事中問道：一名婦人有十個「德拉克馬」銀幣（希臘的德拉克馬等於羅馬的德納留斯），若遺失了一個，豈不會點燈來打掃屋子並細心尋找，直到找著為止嗎？她找到以後就請朋友和鄰人過來，向他們說道：「我失落的那塊錢已經找到了，你們和我一同歡樂吧」（〈路加福音〉15:9）。

對尋常百姓而言，一枚「德納留斯」銀幣顯然是非常貴重的物品。在另一則故事中（〈馬可福音〉12:42），耶穌稱讚了一個在奉獻箱投下自己所擁有全部金錢的窮寡婦——她投下了兩個「雷普頓」銅錢，而其幣值與「夸德蘭斯」相同（六十四「夸德蘭斯」等於一個「德納留斯」）。今日的以色列大量出土了小銅錢，而它們無疑就是那則故事中的「雷普頓」（或「寡婦的小錢」）〔圖52〕。福音裡面也談及高額金錢：例如耶穌的門徒認為需要花費二百個「德納留斯」銀幣，才有辦法購買足夠麵餅供五千人食用（〈馬可福音〉6:37）；至於「抹大拉的馬利亞」打破瓶子、倒在耶穌頭上的那種香膏，據估計可以賣得三百德納留斯銀幣（〈馬可福音〉14:5），[2]那顯然是一筆巨款。

〔圖52〕
羅馬屬地猶地亞的「雷普頓」青銅幣（lepton）希伯萊語稱之為「普魯他」（Prutah），即出現於《馬可福音》（12:42）的「寡婦的小錢」。這種以三根麥穗為圖案的錢幣製作於西元二十九年，乃猶地亞總督彼拉多[3]以羅馬皇帝提比留斯的名義所發行。

〔圖53〕
一個伊比利亞社區的「德納留斯」銀幣
西元前二世紀製作於羅馬統治下的西班牙。錢文以伊比利亞字母拼出該社區的名稱——「伊卡列斯肯」（Ikalesken）。其圖案是以羅馬德納留斯銀幣的「狄俄斯庫里兄弟」為基礎（圖50f），但省略了另一匹馬背上的騎士。

上述參考資料意味著，那些比較貧窮、過來聽耶穌講道的百姓，已將錢幣視為每日生活中司空見慣的事物。從「羅馬埃及」遺留至今的日常收據與信件，亦可看見非常類似的情況。它們也顯示出，即便進行小額交易時也普遍使用錢幣，而且還出現了更先進的轉帳行為，於是在付款時甚至無需真正使用錢幣。

即便使用錢幣一事似乎已在羅馬世界普遍成為常態（至少在地中海沿岸的省分如此），我們仍不可因此而誤以為，在遭到羅馬征服或臣服於羅馬的土地上，到處都存在著單一的貨幣體系。「德納留斯」只不過是製造於羅馬人所掌控地區內的各種銀幣之一而已。當羅馬人向地中海周邊地帶進行擴張時，通常會基於實用主義的觀點，在已具備錢幣傳統的國度允許現有貨幣繼續流通下去。羅馬人管理自己多文化帝國時的典型態度，通常是不干預既有的各種體系，否則就將之全盤融入羅馬體制，而非由中央強行施加齊一化的措施。行政與財政方面的組織亦然：既有的租稅制度在羅馬征服後繼續生效，而且通流中的幣制與金錢獲准繼續使用，與羅馬的錢幣並行不悖〔圖53-55〕。

例如羅馬人在兩個特殊的省分，保留了前任統治者獲利頗豐的封閉錢幣體系。它們分別是西元前一三三年被羅馬人征服的帕加馬王國（此後改稱亞細亞省），以及屋大維（即奧古斯都）在西元前三十年征服的埃及王國——二者所打造錢幣的銀含量，都比不上流通於周邊地區的同面額銀幣〔圖56-57〕。帕加馬國王和埃及國王都曾經做出規定，宣佈只有自己的銀幣可在本國境內合法流通，再加上他們重量太輕的銀幣無法被外國接受，政府因而可利用商人出入境時必須換錢的機會，趁機賺上一筆。羅馬人可不願意僅僅為了表面上的

【2】譯注：中文聖經和合本將「二百德納留斯」與「三百德納留斯」分別翻譯成「二十兩銀子」與「三十兩銀子」；天主教版則為「二百塊銀錢」與「三百塊銀錢」。

【3】譯注：猶地亞（Judaea）位於巴勒斯坦南部，而耶穌是在彭提烏斯·彼拉多（Pontius Pilatus）總督任內被釘死在十字架上——天主教會把他音譯成「班雀·比拉多」，基督教會則稱他為「本丟·彼拉多」。

帝國統一，而放棄那種有利可圖的做法。

縱使羅馬人面對新併吞地區的幣制時，通常做出的反應是維持現狀，但他們在極端情況下仍非常擅長採取斷然措施。例如在西元前一四六年，當第三次（和最後一次）對抗迦太基的戰爭結束以後，羅馬人呼應了加圖（Cato）「迦太基必須毀滅」那句響亮的口號，[4]不但徹底摧毀整座迦太基城，並採取收回熔毀的做法完全抹除了迦太基錢幣，因為它們曾經是迦太基權勢與財富的象徵，亦即羅馬全國一個多世紀以來苦難的根源。

〔圖 54〕
馬爾他島附近戈佐島的青銅幣
戈佐（Gozo）與馬爾他在西元前二一八年被羅馬佔領，隸屬於羅馬轄下的西西里省。戈佐當時名叫「高洛斯」（Gaulos），在整個西元前二世紀和一世紀製作了一些自用的青銅幣。這枚錢幣呈現腓尼基的月亮女神「阿斯塔爾特」（Astarte），反映出島上居民的腓尼基血統。

〔圖 55〕
羅馬皇帝奧古斯都（西元前 27– 西元 14）的青銅幣
製作於西班牙東部的厄里奇（Ilici）。該地在整個羅馬帝國時期，以奧古斯都及其後繼者的名義發行了地方性的銅合金錢幣。西元一世紀下半葉的時候，羅馬錢幣已在帝國西半部取代了地方錢幣。但在帝國的東半部，地方錢幣一直發行到西元三世紀末葉。

〔圖 56〕
羅馬皇帝內爾瓦（Nerva, 西元 96-98）的低成色「四德拉克馬」銀幣
製造於亞歷山大港，專供羅馬埃及流通使用。埃及擁有源自托勒密王朝的獨立幣制，而低成色的「四德拉克馬」銀幣始終是當地標準錢幣，直到戴克里先皇帝在西元二九四至二九六年之間改革幣制為止。

〔圖 57〕
羅馬皇帝戈爾迪安三世（Gordian III, 西元 238-44）的低成色「四德拉克馬」銀幣
製造於小亞細亞「卡帕多西亞」的凱撒利亞。卡帕多西亞（Cappadocia）在西元十七年成為羅馬帝國的一部分，而凱撒利亞（Caesarea）直到戈爾迪安三世在位時期一直是銀幣製造地。這種銀幣曾經大量打造發行，藉以支付對抗伊朗境內安息（帕提亞）國王的戰爭。

財富與腐敗

帝國境內五花八門的錢幣體系，最後還是不可避免地消失殆盡。這並非官方蓄意操弄下的結果，而是由於地方上的貴金屬大量湧入羅馬城所致——起先是透過征服時搜括戰利品的方式，後來則透過稅賦。時至西元前二世紀與西元前一世紀，戰績彪炳的羅馬軍團開始以前所未見的規模，從新征服的東方希臘地區將大批掠奪物運往羅馬。比方說，羅馬在西元前二九三年打贏一場主要的義大利戰爭、戰勝薩姆尼特人以後，所奪得的戰利品仍只有一八三〇羅馬磅（五九二公斤）白銀，那在當時是一筆巨款；然而一百二十年以後，羅馬人光是在西元前一六七年擊敗馬其頓王國時的戰利品，就多達七千五百萬「德納留斯」，大致相當於一百萬羅馬磅（三十二萬四千公斤）白銀。就羅馬陸續征服的各個泛希臘化王國而言，馬其頓還遠遠稱不上是最富庶的一個。

戰利品的增加，使得羅馬的財富在西元前二世紀呈倍數成長。從新疆域流入羅馬的財富，導致各個省分陷入貧乏——至少在貴金屬那方面如此。其結果就是未曾留下足夠的白銀供地方上製造錢幣。這促成本地銀幣逐漸從羅馬的各個行省消失，只剩下了羅馬打造的銀幣。雅典為數眾多的銀幣固然撐過了西元前一四六年羅馬征服希臘的行動，可是到了西元前一世紀已經日益枯竭。凱撒在西元前五〇年代征服高盧時，奪走了當地積存的黃金，使得高盧之前的金幣停止流通；銀幣則只多存活了一個世代的時間。即便在富裕的小亞細亞，當地希臘城邦接受羅馬的統治以後，幾乎也完全停止製造自己的銀幣。不過直到西元三世紀為止，仍有

---

[4] 譯注：加圖（Marcus Porcius Cato, 西元前 234-149）是羅馬共和時代著名的保守派政治人物。他每次在元老院演講時，不論主題為何，結論都是「迦太基必須毀滅」（Carthago delenda est）。

數百個社區繼續發行青銅幣，並使用了能夠反映地方認同感的錢幣圖案。

後世的評論者認為，西元前第二與第一世紀進行征服之後所湧入的極度財富，就是導致羅馬共和國公共道德淪喪的原因。西元前二世紀中葉的時候，希臘歷史學家波利比斯還曾經對羅馬人普遍較高的道德水準做出論述如下：

> 在希臘人那邊……政府官員縱使只被委託經管一個塔倫特的金錢，而且身旁有著十名謄寫員、數量相同的圖章和多達二十名見證者，照樣視信用如無物。相形之下，擔任地方行政官員和總督、掌管巨額金錢的羅馬人卻個個舉止端正，而那只不過因為他們曾經立誓信守承諾的緣故。在其他國度難得發現有人不染指公款，能夠有辦法在這方面保持乾淨記錄；羅馬人當中卻難得找到有誰從事此等勾當。
>
> ——波利比斯，6.56

〔圖 58〕
羅馬共和時代由執政官奧魯斯．曼利烏斯（Aulus Manlius）發行的「奧里烏斯」金幣（西元前 80）
錢幣圖案所呈現的騎士塑像，用於向西元前八十二至七十九年之間的羅馬「獨裁官」──即臨時國家元首──盧基烏斯．科內利烏斯．蘇拉（Lucius Cornelius Sulla）致敬。這是最早使用在世政治人物圖像的羅馬錢幣之一，標誌出國家權力在西元前一世紀時，已由貴族出身的元老轉移至功成名就的將領手中。

然而過了一百五十年以後，歷史學家李維已開始探討其間因為羅馬財富暴增而演成的道德淪喪：

> 從未有過更偉大的國家、從未有過更加正直或更加豐富的優良典範、從未有過這般遲遲不受貪婪與奢靡侵蝕的社會秩序，或者曾有任何國度在這麼漫長的時間內如此珍視謙卑與節儉。因為顛撲不破的真理是：人們擁有的財富越少，貪念也就越少。然而事到如今，財富已帶來貪婪……
>
> ——李維，〈序言〉，11

羅馬人往往將自己的道德水準低落，歸咎於跟腐敗的希臘人和其他東方人的接觸。李維繼續表示：

> 透過派駐於亞洲的部隊，外國的奢侈品開始傳入羅馬城。那些兵員首度把青銅躺椅、昂貴的床罩、床幔與其他織物（它們在當時都是豪華的家具），以及獨腳桌和餐具櫃帶往羅馬。
>
> ——李維，1139.6.7

如果我們相信歷史學家薩盧斯特的講法，那麼羅馬人在共和時代晚期的貪贓枉法，甚至已經引起外國敵手注意。據悉北非「努米底亞」的朱古達國王一度相信，他可以賄賂羅馬元老來避免戰爭，「因為他相信羅馬所有的東西都待價而沽」（薩盧斯特，《對抗朱古達之戰》，28）。羅馬人回顧導致西元前一世紀慘烈內戰的原因時，通常都會責怪過度財富所累積下來的各種效應，以及它們所帶來令人腐化的豪奢風氣。例如西元前五十八年一場所費不貲的馬戲競賽便被看成是轉捩點，標誌出羅馬人此後的道德敗壞（普林尼，《博物誌》，36.113）。詩人魯坎進而在西元一世紀寫道：

好運帶來過度的財富，而道德在資產面前崩潰；戰利品則鼓勵鋪張浪費……。這個民族無法對和平感到滿足，不願在自由之下心廣體胖並忘情於刀劍……。公共職務因賄賂而遭竊據，百姓則兜售自己的支持，年復一年配合致命的貪腐進行金權選舉。人們從高利貸賺取利息，藉貪婪來打發時間。信任已經蕩然無存，戰爭成為獲取金錢利益的泉源。

——魯坎，I.160-82

羅馬人不時通過法律，試圖限制可供消費於奢華生活的金錢數額，然而從未有人遵守過那些規定。普林尼告訴我們，在西元一世紀中葉的時候，每年有二千五百多萬「德納留斯」被使用於購買來自中國、印度和阿拉伯的奢侈品。我們無法斷定此數字的正確性如何，但無庸置疑的是，在印度經常可以出土許多羅馬錢幣。除此之外，最近在一艘曾經穿梭紅海和印度的古代貿易船上發現了繳稅憑證，而它顯示實際數字或許還超出了普林尼的陳述。

普林尼還記載道，馬爾庫斯·克拉蘇斯（與凱撒和龐貝三雄鼎立者）喜歡表示：「沒錢為自己養一個軍團部隊的人，就稱不上是有錢人」（《博物誌》，33.134）。此說法隱約點出了金錢與軍權之間的密切關係，而這個因素對西元前一世紀羅馬共和時代晚期的歷史產生了戲劇性的影響〔圖58-60〕。羅馬人或許只是憑空想像出自己的節約簡樸過去，因而在道德論述中做出了錯誤的說明，可是就新湧入的財富對社會與政治生活所帶來的巨大衝擊而言，他們的認知正確無誤。政治人物借貸巨款，以便在共和時代末期購買自己的仕途，目標是擔任高官大吏然後大撈一筆。有資料告訴我們，凱撒在西元前六十一年負債高達二千五百萬「德納留斯」，可是他從西元前五〇年代征服高盧的過程中，就賺了好幾倍的錢回來。貸款業與銀行業因而得以在羅馬攫取驚人的重要政治地位。

〔圖 59〕
專門為尤利烏斯．凱撒製作的「德納留斯」銀幣（西元前四十四年初）
拉丁語錢文「Caesar dict perpetuo」用於歌功頌德，意思是：「凱撒，終身獨裁官」。[5]
在羅馬的統治者當中，凱撒乃生前即有頭像出現於錢幣上的第一人。推出這種圖案設計意謂承認了凱撒的絕對權力──他雖然並非帝王，卻被呈現得宛如希臘錢幣上的亞歷山大大帝及其後繼者一般。

〔圖 60〕
羅馬將領馬爾庫斯．布魯圖斯（Marcus Brutus）製作的「德納留斯」銀幣（西元前 43-42）
羅馬歷史學家迪奧（Dio）寫道：布魯圖斯「在他打造的錢幣上壓印出自己的肖像、一頂自由之帽和二把匕首，藉此並透過錢文表示，他與卡修斯（Cassius）讓國家獲得自由」。
背面的錢文是「Eid(ibus) Mar(tiis)」，意為「三月的月圓之日」──此即布魯圖斯、卡修斯和其他共同起事者，在西元前四十四年聯手刺殺凱撒的日子。

[5] 譯注：「Dict」是「dictator」（獨裁者）的縮寫，而「perpetuo」意為「永久的」（perpetual）。凱撒「大帝」發行這枚錢幣幾個星期之後就被布魯圖斯與卡修斯等人刺殺（可參見圖60的說明文字）。

金錢能夠買來政治影響力，更可用於支付軍隊來奪取絕對權力。絕非偶然的事情是，當西元前四〇和三〇年代的內戰終結了羅馬共和之後〔圖61-63〕，身為勝利者的奧古斯都皇帝同時成為無可匹敵的帝國首富，力足以向整個羅馬世界施捨錢財與賞賜禮物。奧古斯都曾在以銘文撰寫的自傳中記載道，他捐贈給公庫、羅馬平民及退伍軍人的總金額多達六億「德納留斯」。這個巨大的金額之所以成為可能，純粹是因為只有他能夠掌控全帝國財富的緣故。從此以後，沒有任何人能夠在財富上與皇帝分庭抗禮，而這正是皇帝獨攬大權的主要憑藉之一。羅馬菁英所擁有的金錢不斷倍增，直到其中一人能夠以名副其實的皇帝作風來聚斂財物，然後把一個自由共和國轉變成君主政體。

〔圖61〕
呈現屋大維（後來改稱奧古斯都）及其養父尤利烏斯·凱撒的「德納留斯」銀幣
錢文稱凱撒為「尤利烏斯神」，把屋大維稱作「神的兒子」。屋大維將凱撒的圖像使用於自己的錢幣上，藉以合法化他的凱撒繼承人地位。

〔圖62〕
屋大維的「德納留斯」銀幣
勝利女神立於船首，象徵屋大維在西元前三十一年的亞克興（Actium）海戰中，擊敗安東尼與克利歐佩特拉的軍隊。

〔圖63〕
屋大維的「奧里烏斯」金幣（西元前28）
這枚罕見錢幣的背面圖案，呈現屋大維坐在執政官（羅馬共和國最高行政長官）專用的可折疊板凳上，拉丁語錢文則是「Leges et iura P〔opuli〕R〔omani〕restituit」（他重建了羅馬百姓的法律與權利）。這句響亮的口號有關屋大維在西元前二十八至二十七年之間採取的「第一步措施」：當時他宣稱自己於凱撒遇刺而爆發的慘烈內戰結束後，重建了羅馬共和憲法。

帝國時代

錢幣本身則表達出皇帝對金錢所抱持的新態度。錢幣不再以民選財政長官的名義發行，而且每一枚上面都出現皇帝的肖像，否則就是他直系家庭成員的圖像。光憑這個事實即可發出明確訊息，讓每一個接觸到錢幣的人曉得自己是羅馬帝國的臣民。從〈馬可福音〉裡面的一則故事，即可大致看出新錢幣產生的作用。耶穌曾被一些打算陷害他的法利賽人問道：猶太人向羅馬人付稅是否合乎律法（他們從未承認羅馬統治的正當性）？耶穌告訴他們說：

> 「拿一個銀錢來給我看。」他們就拿了來。耶穌說：「這像和這號是誰的？」他們說：「是凱撒的。」耶穌說：「凱撒的物當歸給凱撒，神的物當歸給神。」
>
> ——《馬可福音》12:15-17

奧古斯都死後一個世代之內，錢幣上面已有皇帝肖像做為帝王威權的象徵，可供耶穌借題發揮。

儘管錢幣圖案設計在意識型態上出現了根本的改變，承襲自共和時代的錢幣體系仍然大致維持原樣。主要的貨幣單位——「德納留斯」銀幣——基本上依舊按照同樣的尺寸與重量來打造。在西元前一世紀幾乎已停止製造的青銅幣，現在以新的形式復活〔圖 64-65〕。「阿斯」的製作原料改為純銅，昔日以白銀打造的「塞斯特爾提烏斯」，從此則改用黃銅。金幣也成為羅馬幣制的固定成員：新推出的金幣名曰「奧里烏斯」（aureus），價值等於二十五枚「德納留斯」。固定製作這些新型高價值錢幣一事，或許反映了奧古斯都的

「新黃金時代」在黎明期的和平、法治與繁榮；但絕對可以確定的是，那些高價值錢幣標誌出金錢流通量的急劇增加。事實上有一個獨特的證據來源顯示，當時所流通金幣的價值，超過了銀幣及賤金屬錢幣總和的兩倍——那個證據來源就是發現於龐貝古城的錢幣（該城在西元七十九年被維蘇威火山毀滅）。以「塞斯特爾提烏斯」做為計價標準，可將發現於龐貝城的錢幣價值估算如下：賤金屬錢幣為二三一二、銀幣為二二三〇二，金幣則為五四八〇〇塞斯特爾提烏斯。

這些數字顯示了新式金幣的重要性，並反映出羅馬帝國貨幣經濟與貨幣資源的規模，如何已達到了古代地中海世界前所未見的地步。羅馬幣制純粹是藉由空前的規模，使自己有別於昔日希臘世界與泛希臘化世界的各種幣制。例如羅馬在西元三世紀與四世紀時打造了數十億枚硬幣，而且那種驚人的產量一直要等到近代時期才盛況重現。

正因為帝國幅員遼闊，才需要天文數字般的硬幣製造量。據估計羅馬帝國在西元二世紀中葉時的預算，每年高達二億二千五百萬「德納留斯」左右（或九百萬枚「奧里烏斯」金幣）。其中的四分之三或許撥給軍方（軍隊的總員額超過四十萬人）；剩餘金額則使用於公共事務、建築計畫、攏絡帝

〔圖65〕
提圖斯皇帝的「塞斯特爾提烏斯」黃銅幣（西元79-81）
錢幣圖案為「福雷維安圓形劇場」，即羅馬的大競技場。它在提圖斯即位後興建完畢，啟用於西元八十年。

〔圖64〕
尼祿皇帝的「阿斯」銅幣（西元54-68）

國四方邊境的敵人，以及其他的支出項目。每年的巨額開銷則由帝國徵集的稅金來支撐，所憑藉的是一套由土地稅、租稅和各種稅捐所構成的龐雜體系，供帝國和皇帝推展由中央主導的行動。

羅馬的經濟規模與錢幣製造量日益增長的同時，錢幣在地理上的擴散與之齊頭並進。地中海世界早在羅馬人過來之前，即已受到希臘和迦太基的影響而對錢幣十分熟悉。包括不列顛人在內的歐洲北部居民，在被羅馬人征服之前亦已開始發行錢幣〔圖66〕。羅馬人進行統治以後，錢幣也快速普及於帝國的內陸地區，而那主要是透過軍隊的媒介。例如在「哈德良長城」附近、位於帝國最邊陲的文德蘭達要塞，出土過一封完整保存於木版上的西元二世紀初期信函（現藏於大英博物館），生動地記錄了當時軍方人員用錢幣進行的商業活動〔圖67〕。那些交易顯然都涉及了大筆金錢往來：

> 屋大維致其兄康迪篤斯的信函：向你問好。我會結清馬里努斯交付的一百磅牛筋。自從你發函向我提及此事以來，他甚至還沒有跟我談過這方面的問題。我曾經多次寫信給你，表示已訂購了大約五千「摩第烏斯」[6]的穀物，因此我急需現金。除非你寄一些錢過來給我（至少五百德納留斯），否則我將損失大約三百德納留斯的預付款，並且陷入窘境。……請向特提尤斯追討八又二分之一德納留斯。他從法塔里斯那邊收到了這筆錢，卻不曾轉入我的名下。

對不列顛與高盧等省分的經濟活動而言，錢幣已變得如此不可或缺，導致偽造的錢幣開始泛濫於克

---

[6] 譯注：「摩第烏斯」為羅馬固體容量單位（八點七五公升），其拉丁文名稱是「modius」（複數：modii），或譯為「羅馬斗」、「模狄斯」、「摩第」……。前述的牛筋使用於製作投射武器的弓弦。

勞狄烏斯皇帝在位時期（西元41-54）〔圖69-70〕。接著在二七〇年代、三四〇年代和三五〇年代，當官方版錢幣短缺之際，再度出現贗幣大行其道的現象。它們多半是劣質的硬幣，恐怕騙不了多少人。但它們可彌補官方造幣不足對錢幣供應帶來的限制，並滿足地方經濟對錢幣日增的需求。

考古學能夠向我們提供許多資訊，說明硬幣與金錢在羅馬經濟中的實際情況。以不列顛為例，雖然自從西元四十三年羅馬人展開入侵行動以來，羅馬的錢幣即固定流入這個省分，但它們只出土於隨後兩個世紀內的一

〔圖66〕
廷科馬魯斯(Tincomarus)國王的銀幣（不列顛南部，西元十年前後）
雖然羅馬人此時尚未征服不列顛，某些不列顛國王的錢幣已深受羅馬影響：這枚銀幣的人像頭戴花冠，似乎拷貝自製作於「盧格杜蒙」（今日法國里昂）一枚錢幣上的奧古斯都肖像。

〔圖68〕
羅馬共和時代包銀的「一德納留斯」贗幣（西元前85）
表面的銀層已經部分脫落，露出底下的青銅核心。偽造錢幣是羅馬共和時代普遍發生的現象，情況就像後來一般。流傳至今的錢幣往往出現鑿切過的痕跡，表示曾有人鑑定其真偽。

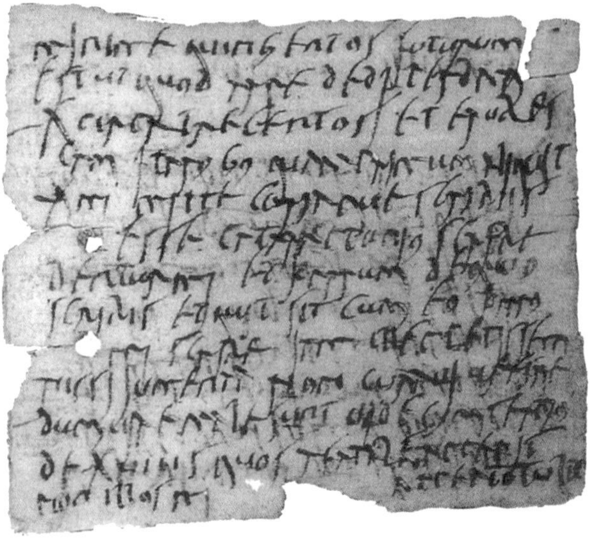

〔圖67〕
記載金錢交易的信札（西元二世紀）
信札書寫在木版上，發現地點為英格蘭北部哈德良長城的「文德蘭達」（Vindolanda）要塞。

些考古遺址，而且那些地點可辨識為昔日的大型城鎮或軍事前哨站。在那個階段，「羅馬不列顛」本地的鄉間人口——亦即島上大多數的居民——似乎根本不使用錢幣。這個很有用的事實可協助我們證明，金錢曾經在羅馬世界中出現過斷層。但是到了西元三世紀中葉已有大量低價值的錢幣進入不列顛，而且它們看來已被廣泛使用，因為其出土遺址遍佈各地，甚至還包括了之前似乎從未流通過錢幣的鄉間聚落。錢幣的使用量在西元二六〇年以後不斷增加，並顯然在整個西元四世紀都維繫不墜，直到羅馬人在西元四〇〇年之後不久撤出不列顛為止。

〔圖 69,70〕
克勞狄烏斯皇帝的「阿斯」青銅幣及其私製版（左圖為正版）
羅馬轄下的高盧省與不列顛省也面臨了青銅幣不足的困境，於是和義大利一樣透過民間複製來解決困擾。

〔圖 71〕
諾伊馬根的羅馬古墓浮雕（西元二世紀）
諾伊馬根（Neumagen）即羅馬時代的「諾維歐馬古斯」（Noviomagus），位於德國特里爾附近的摩澤爾河畔。浮雕上面呈現佃戶支付租金時的情景。

金錢與通貨膨脹

西元三世紀中葉以後不列顛錢幣使用量的增加，或多或少受惠於同一世紀內錢幣製造量的暴增。與此同時出現並使之成為可能的發展，就是銀幣成色標準的低落。四個多世紀以來，以「德納留斯」為基礎的錢幣體系一直維持不變。然而自從尼祿接掌權之後（西元54-68），銀幣的成色便持續逐漸降低，然後「雷迪埃特」在西元二六〇年代中葉取代了「德納留斯」。「雷迪埃特」的面額雖然被提高一倍，銀含量卻不超過百分之二或百分之三〔圖72〕。到了泰特里庫斯「皇帝」時期（他曾在西元二七一至二七四年之間統治過高盧和不列顛），「雷迪埃特」的價值已跌到最低點〔圖73〕。這種銀幣的銀含量已低於百分之零點五，因而得以大量製造。

該時期發行的錢幣造成了信心危機。從一份保存於莎草紙上、來自西元三世紀中葉的埃及官方命令，便不難看出此事：

> 俄克喜林庫斯省首席行政長官奧瑞利烏斯·托勒密——亦名「內梅西安努斯」——特此宣佈：鑒於公務官員遍來於會議中，譴責各兌換銀行承辦人員閉門謝客、拒不接受皇上發行的神聖錢幣，如今有必要頒布訓示，勒令各銀行所有人重新開門營業，並接受及兌換一切非仿冒或偽造之錢幣。除上述人等外，涉及任何商業交易形式之人亦須了然於心，凡違抗此強制令者，將依據（埃及）總督閣下之前為此訂定的罰則一概嚴加懲處。
>
> ——《俄克喜林庫斯紙草文書》（Oxyrhynchus Papyri），XII.1411

西元三世紀時銀幣成色的急劇下降，似乎主要是因為白銀來源枯竭所致，而且某些西班牙的銀礦顯然已在西元二世紀後走上末路。但真正雪上加霜的因素，卻是不斷爆發的邊境戰爭日益對帝國財政造成的負荷，因為有一波又一波的蠻族試圖武裝入侵帝國繁華地區。錢幣製造量的增加，因而導致白銀庫存量日益減少。其結果就是銀幣成色降低與物價上揚：簡言之，那叫做通貨膨脹。此事清楚反映於西元二〇〇年以後羅馬兵團士兵軍餉金額的快速增加（見下圖）。

通貨膨脹同時意味著，製造低面額的青銅幣越來越不合乎經濟效益。最後它們在加列努斯皇帝任內停止生產（圖74），其情況相當類似英國在二十世紀下半葉停止流通「法辛」（四分之一便士）與「半便士」銅幣

〔圖72〕
卡拉卡拉皇帝（Caracalla, 212-217）的低成色「安東尼尼安」銀幣
皇帝頭戴一頂放射光芒狀的皇冠（radiate crown）、被呈現為太陽神阿波羅的模樣，藉以標明此銀幣與「德納留斯」的差別（後者的皇帝圖像頭戴花環）。今日或依據其錢幣圖案而稱之為「雷迪埃特」（Radiate），否則就按照馬爾庫斯·奧瑞利烏斯·安東尼努斯（Marcus Aurelius Antoninus）皇帝的名號，稱之為「安東尼尼安」（antoninianus）——「卡拉卡拉」是那位皇帝的綽號。【7】

〔圖73〕
泰特里庫斯一世（Tetricus I, 272-274）的低成色「安東尼尼安」銀幣
泰特里庫斯一世是所謂「高盧帝國」的統治者。該政權分離自羅馬帝國，下轄高盧、不列顛及西班牙等地。西元二六〇年代時，「安東尼尼安」已取代「德納留斯」成為羅馬主要的貨幣單位，然而其成色不斷降低，以致銀含量低於百分之十。

【7】譯注：「卡拉卡拉」是一種高盧式的斗篷。那位以殘暴出名的羅馬皇帝因為喜歡穿著這種斗篷而得此綽號（他是北非與敘利亞阿拉伯人的後裔，但出生在高盧）。

一般。這個發展過程同時終結了帝國東部城市地方版的青銅幣。甚至連金幣也失去穩定，不但打造時的重量標準變化多端，而且黃金的成色降低。從當時的狀況看來，昔日金幣與銀幣之間的固定比率亦已崩解。

資源匱乏與烽火連綿所造成的問題，影響所及遠遠超出了錢幣體系的範圍。事實上，羅馬帝國的整個架構幾乎已遭摧毀。帝國已有大片土地脫離出去：就西方而言，西班牙、高盧與不列顛落入分離主義的「羅馬高盧皇帝」手中，從西元二六〇至二七四年長達十五年之久；就東方而言，敘利亞和埃及全境在西元二六一至二七一年之間，先後被「巴爾米拉」的統治者奧登納圖斯、瓦巴拉圖斯、潔諾比雅等人接管。後來一位精力充沛的皇帝，奧勒利安（270-275）〔圖75-6〕，拯救了羅馬帝國。然而帝國內部根深蒂固的種種問題絕非單獨個人所能有效解決，於是戴克里先（284-305）提出了形式上由多位皇帝共同治國的構想。他將帝國分割成東西兩半，並建立一套權力分享體系，其成員包括分別統治半個帝國的兩位主皇帝，以及日後將繼承其職務的兩位副皇帝。這種「四帝共治」體系表面上已隨著戴克里先退位而告結束，然而即便君士坦丁大帝（306-337）歷經漫長內戰〔圖77-8〕，為自己建立起羅馬世界主要統治者的地位之後，由多位皇帝共同治國的原則已經積重難返，最後導致羅馬在西元三九五年正式

統治者名稱	***每人每年軍餉總額***
尤利烏斯・凱撒 (Julius Caesar, 西元前 46 前後)	二二五德納留斯
圖密善 (Domitian, 西元 81-96)	三〇〇德納留斯
謝普提米烏斯・塞維魯斯 (Septimius Severus, 西元 193-211)	六〇〇德納留斯
卡拉卡拉 (Caracalla, 西元 211-217)	九〇〇德納留斯
馬克西米努斯 (Maximinus, 西元 235-238)	一八〇〇德納留斯

分裂成東西兩個帝國。

一點也不偶然的是，奧勒利安與戴克里先這兩位竭盡全力解決帝國軍事問題的皇帝，也設法處理有關本國錢幣與行政的事宜〔圖80〕。戴克里先繼續推動了西元三世紀已展開的整頓地方工作，同時二人都嘗試進行貨幣改革。我們不完全清楚相關細節，但其中最具決定性的改變就是將金幣的價值鬆綁，使之和低成色的銀幣脫鉤。從三世紀的某個時間點開始（或許是在加列努斯或奧勒利安的統治時期），金幣不再維持與其他錢幣的固定比率，而且金幣的價值從此等同於本身的黃金重量。

〔圖74〕
羅馬皇帝加列努斯的金幣
呈現加列努斯（Gallienus, 253-68）裝扮成大力神「海克力斯」的模樣，手中持著那位神明的棍棒，身上披著祂的獅皮斗篷。

〔圖75〕
羅馬皇帝奧勒利安（Aurelian, 270-75）的低成色銀幣
製作於安提阿（Antioch）的造幣所，錢背頭像屬於瓦巴拉圖斯──他是敘利亞境內「巴爾米拉」的國王。瓦巴拉圖斯在西元二七〇年與奧勒利安達成協議，由後者授予羅馬執政官的頭銜。瓦巴拉圖斯的肖像出現於錢幣上，表示他已經被默認為奧勒利安非正式的副皇帝。

〔圖76〕
羅馬皇帝奧勒利安的「奧里烏斯」金幣
雖然奧勒利安在現代世界比較不出名，他實為西元三世紀最成功和最有衝勁的羅馬皇帝。他先後收復了落入「高盧帝國」與「巴爾米拉帝國」手中的失土，並對錢幣進行改革。

我們曉得戴克里先執政時的情況正是如此，因為他曾在《物價詔令》中明文規定，無論是金幣還是金錠，黃金的價格都必須相同〔圖80g〕。金幣「浮動計價」之後，由於金幣視同金錠〔圖79〕，必將對羅馬世界的錢幣使用造成深遠影響。現存的西元四世紀埃及紙草文書顯示，金幣的價值（亦即金幣與其他賤金屬錢幣之間的比率）甚至可逐月改變。

〔圖77〕
君士坦丁大帝（307-337）的「努姆斯」[8]青銅幣
其圖案為一面刺穿蛇身的「拉布蘭旗」（頂端飾以基督教會「凱樂」標誌的軍旗）。[9]這是最早出現基督教象徵的錢幣之一。

〔圖78〕
君士坦丁大帝的索利都斯（solidus）金幣
根據優西比烏斯（Eusebius, 260-340）這位主教兼教會歷史學家的報導，君士坦丁率先成為信奉基督教義的皇帝以後，「下令將自己的肖像壓印於金幣之上，其目光向上揚起，擺出向神祈禱的姿勢」。此種類型的錢幣肖像衍生自亞歷山大大帝及其後繼者。

〔圖79〕
鑄造於赫爾莫波利斯（Hermopolis）的金條（埃及，西元三世紀）
此金條製作用於控管方面的用途，印有兩枚戳記。較小的戳記分別以希臘文與拉丁文寫出城市名稱的縮寫；較大且紋飾較多的戳記則標示金條品質檢驗者的姓名：一個名叫阿庫埃普斯（Accueppus）的官員。

西元三世紀末至四世紀初的錢幣改革

西元三世紀時，來自通貨膨脹與政治危機的雙重壓力，已逐漸拖垮了羅馬的傳統貨幣體系。三世紀晚期終於有兩個強有力的人物真正出面解決問題，他們分別是奧勒利安（270-75）與戴克里先（284-305）兩位皇帝。奧勒利安改革了成色極低的「安東尼尼安」銀幣，公開保證其銀含量為百分之五。此外他重建了金幣的高品質，並再度引進「德納留斯」銀幣，或許「阿斯」青銅幣也恢復使用。

然而奧勒利安的改革並不完全有效，於是過了二十年以後，戴克里先在西元二九四年推出一種新的銀幣──「阿根泰烏斯」（argenteus）──以及各種面值的青銅幣。他還設立了一個遍佈全國的網絡，透過十五座舊有和新建的造幣所來打造自己的新錢幣。戴克里先在經濟、行政與軍事等方面都廣泛進行改革，但他的貨幣改制並不比奧勒利安來得成功，於是西元四世紀時繼續多次出現改革。其中最主要的改變就是，君士坦丁大帝（307-337）在三〇九年前後推出了重量較輕的金幣──「索利都斯」。「索利都斯」與之前的羅馬金幣不同，很快就變成貴金屬錢幣的重要元素，並且被日後的拜占庭帝國沿用為主要貨幣單位。除了「索利都斯」之外，還相繼出現各式小型銀幣與銅幣。

【8】譯注：「努姆斯」（nummus）在拉丁文意為「錢幣」，與希臘文的「錢幣」（nomisma）和「法律」（nomos）系出同源（可參見本書第一章）。今日各種西方語言的「貨幣學」「錢幣學」（numismatics）一詞即衍生於此。

【9】譯注：「凱樂」（chi-rho）是一個象徵符號，由希臘文X（chi）與P（rho）兩個字母重疊組成，用於代表耶穌基督（ΧΡΙΣΤΟΣ）。「拉布蘭旗」（labarum）則為君士坦丁大帝引進的新軍旗。

〔圖 80a〕
奧勒利安的「安東尼尼安」低成色銀幣
錢背以羅馬數字「XXI」標示出來，改革後的銀幣成色標準為：二十份紅銅比一份白銀。

〔圖 80b〕
奧勒利安的「德納留斯」低成色銀幣

〔圖 80c〕
奧勒利安的「阿斯」（？）青銅幣

〔圖 80d〕
戴克里先的「阿根泰烏斯」銀幣
這種新制銀幣在背面以羅馬數字「XCVI」標明：一羅馬磅白銀打造九十六枚「阿根泰烏斯」銀幣。[10]

〔圖 80e〕
戴克里先的「努姆斯」青銅幣
此為戴克里先引進的新制青銅幣。

〔圖 80f〕
戴克里先的「雷迪埃特」青銅幣

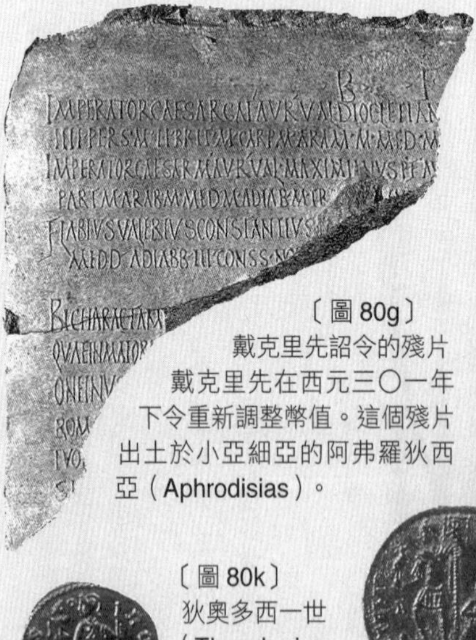

〔圖 80g〕
戴克里先詔令的殘片
戴克里先在西元三〇一年下令重新調整幣值。這個殘片出土於小亞細亞的阿弗羅狄西亞（Aphrodisias）。

〔圖 80h〕
君士坦提烏斯二世（Constantius II, 337-61）的「米利阿倫西斯」銀幣（miliarensis）

〔圖 80i〕
君士坦丁大帝的「西利夸」銀幣（siliqua）

〔圖 80j〕
君士坦提烏斯二世的「努姆斯」青銅幣
背面的拉丁語銘文為「Fel(icium) temp(orum) reparatio」（重建幸福時光），或許用於紀念羅馬在西元三四八年建城一千週年。

〔圖 80k〕
狄奧多西一世（Theodosius I, 379-95）的「西利夸」銀幣

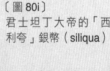

羅馬帝國末期

金幣按照重量來計價一事，可以解釋為何我們發現從西元三世紀中葉開始，貴金屬圓盤及首飾日益具有錢幣的功能。此時金幣的價值完全取決於本身的重量和黃金的時價；金幣的貨幣功能，實際上已經和其他任何形式的貴金屬物品沒有兩樣。我們曉得，西元四世紀的羅馬官吏支領薪俸時，除了錢幣之外也會收到貴金屬製品。此類物件有些流傳至今，其中包括一枚收藏於大英博物館的銀碟，上面出現慶祝李錫尼皇帝（Licinius, 308-324）登基十週年的銘文——它想必是配合此項節慶而致贈給高官的。在類似情況下，那個時代的貴金屬錢幣貯藏庫經常也擺放首飾和貴金屬片，這顯示它們與錢幣共同發揮了貨幣的功能〔圖 81-84〕。西元四世紀與五世紀錢幣的另一種特殊形式，就是大而華麗的金牌與銀牌。它們或許被使用為饋贈物，由皇帝在各種紀念日當天賞賜出去。

到了這個時候，金幣的流通價值是以黃金原料的價格為準。金幣可以自由升值，以致整個錢幣體系更容易受到通貨膨脹傷害，而通貨膨脹在西元三世紀後期不斷加速，並且一直延續到四世紀。不難想想的是，通膨肆虐帶來了嚴重的經濟與社會壓力。我們從戴克里先頒布於西元三〇一年的《物價詔令》即可對此有所體會〔圖 80〕，其序言慷慨激昂地表示：

[10] 譯注：一羅馬磅等於三二七公克，因此一枚「阿根泰烏斯」的重量為三點四公克。「阿根泰烏斯」在公元三二〇年被「西利夸」銀幣取代（重二點二公克）。

〔圖 81〕
君士坦提烏斯二世皇帝的金質獎章
打造於安提阿，圖案為君士坦提烏斯二世（337-361）從馬車上進行賞賜。所分送的物品則標示於馬車下方。獎章本身無疑也供使用於類似的賞賜場合。（柏林，國立博物館錢幣展覽室）

〔圖 82〕
「神聖（即帝國）大賚長官」（Comes Sacrarum Largitionum）的官銜標誌
描繪於《百官志》（Notitia Dignitatum），即完成於西元四〇〇年前後的羅馬帝國文武百官編制圖。這個官職在帝國晚期負責造幣工作。圖中除了錢幣之外，還出現皮帶扣及其他各種可供使用於支付的貴金屬飾品（牛津，博德利圖書館）。

〔圖 83〕
戴克里先皇帝的金質獎章（284-305）
此頭像為極佳的例證，可說明該時期如何以去人格化的肖像來展現皇帝威權。這面巨大金牌的重量相當於十枚「奧里烏斯」金幣。

〔圖 84〕
普里斯庫斯．阿塔盧斯的銀幣
普里斯庫斯．阿塔盧斯（Priscus Attalus）在西元四〇九年被哥德國王阿拉里克（Alaric）指派為羅馬皇帝，統治了六個多月。西元四一四年，他在高盧重新被哥德人擁立為帝，但其政權僅僅延續至四一六年。他所打造的巨大銀幣重達四分之一羅馬磅，與「索利都斯」金幣等值。

天下誰人不知，無論我國軍團奉派前往何處維護公共安全，皆有厚顏貪利之徒暗中傷害公眾福祉，非但於城鎮鄉村如此，在各地道路亦然？誰人不知，彼等哄抬商品價格，不以提高四倍或八倍為滿足，以致其需索無度遠非言語所能形容？尤有甚者，單獨一筆零售交易往往即可將一名士兵之犒賞及軍餉剝奪殆盡。……上述情事令朕赫然起而採取公正合宜之措施……決意必須為各種販售商品確立最高價格。

戴克里先的詔令實乃誤入歧途的嘗試，以為僅需將通貨膨脹非法化即可加以遏阻。《物價詔令》試圖在羅馬帝國全境，為各種商品及服務項目訂出最高合法價格，例如：

一個軍規「摩第烏斯」（約合一「蒲式耳」）的小麥：一百德納留斯
一個義大利「賽克斯塔留斯」（約合半公升）普通葡萄酒：八德納留斯
一個義大利賽克斯塔留斯「法勒納斯」葡萄酒：三十德納留斯
一義大利磅牛肉（約三二五公克）：八德納留斯
一義大利磅豬肉：十二德納留斯
一羅馬磅黃金（約三二五公克）：七萬二千德納留斯
一羅馬磅白銀：六千德納留斯
一羅馬磅紅銅（倒數第二便宜的種類）：六十德納留斯
農業勞動者每日工資（含食宿）：二十五德納留斯
烘烤師傅每日工資：五十德納留斯
男性每人理髮費用：二德納留斯

書記人員每抄寫一百行文字的收費：二十德納留斯

物價管制也是某些現代政治人物喜歡採取的措施，但西元三〇一年所做出的嘗試與一九七〇年代同樣徒勞無功：人們乾脆將手頭的貨物惜售不賣，不管官方再怎麼威脅恫嚇，都擋不住通貨膨脹所帶來的壓力。

即便通貨膨脹至少部分出自錢幣體系在性質上的變化，它也對錢幣本身造成了嚴重影響。黃金貨幣因為享有浮動價值，當然得以免受其害。金幣繼續依據從前的方式製造，但它們相對於「德納留斯」和其他賤金屬錢幣的價值急劇增加（「德納留斯」當時已成為虛擬計價單位，不再是實際的錢幣名稱）。各種拯救賤金屬錢幣的辦法紛紛出爐，然而全部都徒勞無功。例如我們從西元三〇一年殘存的一件銘文可以看出，賤金屬錢幣的重量被減輕、面值被提高。但兩種對策都撐不過幾年的功夫。西元四世紀時的羅馬金錢體系

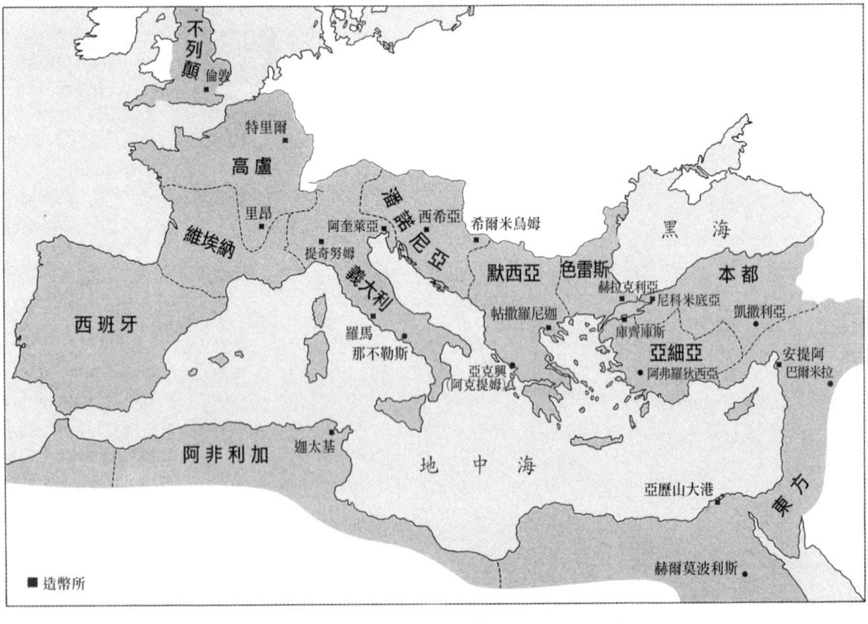

〔圖 85〕 戴克里先時代的造幣所與主教轄區（西元 284-305）

每隔幾年就會遭到打斷，經歷一次翻天覆地的改造。之前所有的賤金屬錢幣都停止流通，由全新的體系加以取代，但新幣制也只能繼續向通貨膨脹屈服。

羅馬帝國晚期幣制內在的不安定性，與共和時代及帝國早期的恆常性形成強烈對比。但說來矛盾的是，早期錢幣所具有的多樣化特徵，到了西元三世紀和四世紀已被全國一致的外觀與質量所取代。從戴克里先的統治時期開始，羅馬錢幣製作於十幾個遍布帝國全境的造幣所〔圖85〕。它們都按照同樣的尺寸和金屬標準來打造，而且在羅馬世界的歷史上，首度出現了相同的圖案設計。錢幣上的皇帝肖像也變得更加統一，並降低了個人化的色彩。皇帝的肖像已經變成帝國威權的表徵，而非只是一個圖像而已。錢幣上的其他圖案設計也採取相同原則。例如有一種類型刻畫出一座城堡〔圖86〕，但那座城堡並不代表任何具體的建築結構。它其實是皇帝本人的隱喻象徵，展現他在捍衛帝國安全上所扮演的角色。

羅馬帝國晚期同時也是錢幣在整部羅馬歷史上傳播最廣、使用最頻繁的時代。或許直到十九世紀為止，錢幣在歐洲西部地區都不再扮演如此重要的角色。可是羅馬的幣制已在內部深陷兩極化，而且政府無力維護只流通於富裕階層內的高價值金幣，與賤金屬錢幣之間的關係。結果帝國在這個至關緊要的行政領域內失去了內在的凝聚力。

〔圖86〕
君士坦丁大帝的「福利斯」青銅幣（follis）
拉丁語錢文為「Providentiae Augg」，意思是「皇上（奧古斯都）深謀遠慮」。錢幣圖案則是一座堡壘，用於展現皇帝的帝國捍衛者角色。

結論：演變與延續

帝國西部居民的貧富階層之間或許同樣缺乏凝聚力，最後導致皇權崩潰和西羅馬帝國覆亡。希臘化的帝國東部則在財政和社會兩方面都比較穩定，得以在羅馬人的掌控下演變成拜占庭帝國（圖 87）。其間產生了重大意義的轉捩點，就是歷經四世紀和五世紀的混亂之後，由阿納斯塔修斯皇帝（491-518）對賤金屬錢幣進行的改革。阿納斯塔修斯嚴格控管財政收支，去世時在國庫內留下三十二萬羅馬磅（十四萬公斤）的黃金結餘，為帝國的安全未來奠定了基礎。

西羅馬帝國的社會結構在西元三世紀與四世紀出現劇變。城鎮已趨於沒落，富人則退居位於鄉間的別墅與莊園，顯然已遠離了公共生活與帝國的防衛。財富與資產日益集中在極少數人手中，同時基督教會也從民間大量取走了可資利用的錢財，因為富裕的基督徒寧可向教堂和修道院做出捐獻，也不願將財物使用於公共建設或施捨給自己的公民同胞。我們即將在下一章看見，後帝國時代的各個西方王國如何放棄了羅馬的市民文化。而人們於西羅馬帝國實際淪亡之前，早已預料到此事必將發生。

〔圖 87〕 帝國東半部統治者，阿卡狄烏斯皇帝（Arcadius, 383-408）的「索利都斯」金幣
這種穿著戎裝的正面肖像，後來成為東羅馬帝國的錢幣特徵。帝國西半部在西元四八〇年正式滅亡之後，類似的帝王圖像繼續使用於帝國東半部，亦即後世所稱的拜占庭帝國。

第三章　中世紀的歐洲

講述形形色色蹂躪法蘭克百姓的內戰，讓我心中鬱悶不樂。……你們到底打算做什麼？你們已經擁有自己想要的一切！……在你們的藏寶庫內，金子和銀子堆積如山。你們只缺少了一樣東西：你們無法維護和平，這表示你們不曉得神的恩寵。

——圖爾主教格雷戈里（Gregory of Tours, 539-94），《法蘭克人史》（5.1）

中古的世界仍生活在昔日羅馬帝國殘留的長影之下，就歷盡滄桑的西歐而言，情況尤其如此。西羅馬帝國的覆亡，使得羅馬世界所熟悉的公共機制多半跟著消失，其中包括了貨幣體系，以及維護錢幣發行與錢幣流通的國家財政。日耳曼國王們征服了羅馬帝國的西半部以後，對複雜的稅賦體制無甚需求——當初羅馬帝國曾經靠著它們來支撐昂貴的公共建設和常備軍，可是那兩樣東西都不存在於日耳曼人的社會。在「後羅馬世界」的王公貴族眼中，貴金屬繼續具有至高無上的意義。然而與羅馬時代不同的地方是，黃金和白銀不再流通於政治實體之內，反而開始被堆積在國王和主教們的私人藏寶庫裡面。歐洲要等到過了許多個世紀以後，才重新建立起類似古羅馬中央集權化的複雜錢幣體系。

羅馬帝國衰頹後的金錢：約西元四五〇至七五〇年

在西元最初幾個世紀內，鄰近羅馬帝國的蠻族部落似乎主要將錢幣看待成金銀錠，不過他們無論在概念上或實務上都已經熟悉了金錢的功能。與萊茵河及多瑙河邊界接壤的地區，到處都發現過羅馬帝國的錢幣，而且就連在遙遠的北方也不例外。蠻族往往把羅馬的金銀幣鑲嵌為首飾來象徵身分地位，或者熔鑄成其他的奢侈品，但那些物件依舊保留了若干金錢原有的功能。在和平時期，帝國邊境兩側出現活絡的商業行為；許多交易固然採取以物易物的方式，但金幣與銀幣仍被拿來填補差額，並使用於購買諸如皮貨和奴隸之類的高價商品。比較依附羅馬的蠻族部落酋長，會從皇帝那邊收到錢幣或金銀盤做為禮物，藉以表彰野蠻人昔日擔任盟友時的價值，或消弭其成為未來敵人的潛在威脅。例如西元四五一年時，羅馬大將埃提烏斯曾送給西哥德國王一個重達五百羅馬磅（一六二公斤）的巨大金盤；相形之下，一些輾轉流落到「薩頓胡」一位七世紀英格蘭國王墳墓中的二手銀碗，就顯得非常寒酸了。[1]

羅馬人並經常向自己的蠻族鄰居支付大筆貢金和補助金，藉此保護帝國不受更加兇殘、來自更北方和更東方的部落侵襲。不少文獻記載了帝國財政為此而日漸枯竭的現象，許多在羅馬帝國境外發現的錢幣貯藏地點亦可對此做出證明。以西元四二二至四三七年之間每年支付給匈奴人的津貼為例，其數額從三五〇羅馬磅（一一三公斤）暴增至二一〇〇羅馬磅（六八〇公斤）黃金。但即便如此耗費重金，仍無法阻止阿提拉在四五二年入侵義大利。相較於之前棲息於歐洲北部、曾打造自用錢幣的克爾特部落，各日耳曼蠻族王國遷移到同一地區後，皆未曾正式製造錢幣。一直要等到他們在西元五世紀攻佔羅馬帝國的歐洲心臟地帶，並且定居下來以後，情況才有所改變。

奧多瓦卡在義大利首開風氣之先（圖88）。他是一位哥德血統的羅馬將領；在西元四七六年終結了帝國西部的皇朝世系。奧多瓦卡曾製作一系列沿襲帝國時代名稱的金幣、銀幣與青銅幣，成功地維繫了他所繼承的貨幣經濟。他的東哥德接任者繼續推行由三種金屬構成的多面值錢幣體系，一直沿用到西元六世紀（圖94c）。查士丁尼在五五二年重建拜占庭對義大利的控制權以後，羅馬與拉文納[2]恢復打造帝國的金幣，外加少量的銀幣和青銅幣。繼承羅馬帝國的其他蠻族政權當中，開始仿照羅馬風格製造錢幣者包括了：最後在北非安頓下來的汪達爾人；在義大利北部建立王國，在義大利南部擁有「貝內文托公國」的倫巴底人[3]；起先滯留高盧南部，而後遷移至西班牙的西哥德人；定居高盧接受墨洛溫王朝統治的法蘭克人（圖89）；以及法蘭克東部邊境的另一支日耳曼民族——布根地人。如此一來，昔日西羅馬帝國的全部地區都繼續製造錢幣，只有不列顛除外。不列顛在西元五世紀初期即已停止流通羅馬錢幣，而且當地從此不再打造硬幣，直到盎格魯撒克遜人於西元六〇〇年前後開始造幣為止。

儘管具備這種地理上的延續性，西歐的幣制仍在羅馬統治結束後出現劇烈變動。義大利境外各個蠻族王國的錢幣幾乎完全是金幣。高價值錢幣蔚為主流的理由，主要是因為錢幣的使用方式已經不同於羅馬帝國末期。經濟活動的重心已逐漸從城市轉移到鄉下，以鄉間的大莊園做為根據地。昔日羅馬的稅賦體系已經成效不彰或土崩瓦解；國際貿易雖仍繼續進行，但其規模大為縮小，而且錢幣的流通更加停滯。在此情況下，小

---

[1] 譯注：埃提烏斯（Aetius, c.396–454）是西羅馬帝國末期的名將和「岳飛」，曾在高盧打敗日耳曼部落，並擊退「上帝之鞭」阿提拉。薩頓胡（Sutton Hoo）位於英格蘭東部的薩福克郡，是著名的古日耳曼人（盎格魯撒克遜）船葬地點。

[2] 譯注：拉文納（Ravenna）位於義大利東北部，是西羅馬帝國末期、奧多瓦卡時代，以及東哥德王國的首都。

[3] 譯注：拜占庭控制義大利的時間相當短暫。查士丁尼大帝死後不久，倫巴底人就在五六八年入侵義大利建立王國，然後法蘭克人（查理曼大帝）在七七四年取而代之。

面額錢幣的需要量降低，可是對金幣的需求依舊存在，因為它適合支付日耳曼社會特有的各種法律糾紛賠償金、用於賞賜、支付軍餉，並且為各種大規模作戰行動進行補給。

在剛開始的時候，各個蠻族統治者都認為自己的疆土實際上仍位於帝國境內，於是以當代君士坦丁堡前後任皇帝的名義來打造自己的金幣〔圖90-91〕。這些通常被稱作「偽帝國幣」的金幣，往往只是在設計風格上有別於帝國的原型，其品質未必一直比不過官方版，但總是具有不一樣的獨特風味。如果那些蠻族統治者也製作銀幣和青銅幣的話，此類低面額錢幣上面則越來越普遍出現他們自己的姓名縮寫或全名。隨著他們與帝國的關係日漸減弱，最後所有的錢幣都以各地發行當局的名義來打造了。

六世紀後期與七世紀時出現了變化。在比較不中央集權的法蘭克王國，造幣所已經四處擴散，而且從古羅馬沿襲下來由統治者壟斷錢幣製造的傳統，更因為以教會高層為主的其他人士僭

〔圖89〕
法蘭克國王提奧德貝爾特一世（Theodebert I, 534-48）的「索利都斯」金幣
提奧德貝爾特是第一個在「索利都斯」金幣上面打出自己名號的蠻族統治者。這種妄自尊大、僭越帝權的做法，曾令同時代的拜占庭歷史學家普羅科皮烏斯（Procopius）大不以為然，撰文加以譴責。

〔圖88〕
奧多瓦卡掌權之初以自己名義打造於拉文納的「半西利夸」銀幣（half siliqua）
奧多瓦卡（Odovacar, 476-493）展示出他在東羅馬皇帝眼中的正確職稱：他雖然在義大利被「羅馬」軍方的蠻族部隊擁立為王，卻並未在錢幣上使用國王稱號，也沒有戴上象徵王權的頭帶，而只是被呈現為「軍事長官」（magister militum）。

越了造幣權，開始出現鬆動的跡象。也就在這個時候，向東方購買奢侈品而持續出現的貿易逆差，以及富豪與教會喜歡囤積財富的傾向，使得金幣的耗損量增加。不斷萎縮的黃金庫存卻無法從新來源得到補充，那一則是因為西歐沒有大型貴金屬礦區的緣故，再加上拜占庭帝國停止支付補助款，導致「索利都斯」金幣不再固定流入。由於造幣原料嚴重短缺，各個蠻族王國日益將黃金集中使用於製作面額較小的錢幣，即「特雷米西斯」金幣（價值相當於三分之一個「索利都斯」）。從一開始就很明顯的是，他們金幣的重量和成色低於舊帝國的標準，而且此趨勢愈演愈烈。但這個變化過程的發展速度和程度，也會隨著每一個後繼王國各自的環境而有所不同。

隨著錢幣需求量的大增，上述問題益形嚴重。功成名就的蠻族王朝儘管相互爭戰殘殺，還是創造出較穩定的條件和更發達的財政體系，促進了商業生活與錢幣使用。除此之外，在新近獲准成立的市場與集市上，需要價值不像「特雷米西斯」金幣那般高昂的錢幣。此時基督教會日增的影響力也變得非常重要：一方面是因為教會將金幣改鑄成金盤和裝飾品，使得貴金屬原料益發枯竭；在另一方面，教會所扮演的各種角

〔圖 90,91〕
拜占庭皇帝查士丁尼一世（Justinian I, 527-565）的「特雷米西斯」金幣打造於君士坦丁堡；下圖是同時代西哥德人以他的名義在西班牙打造的「特雷米西斯」金幣（tremissis），其主要區別在於胸前的十字記號。

色——諸如賑濟品的募集者與施捨者、工匠的贊助者，以及商業復興的參與者——則促進了錢幣的流通。

那些發展在墨洛溫王朝時代的法蘭克王國特別明顯〔圖92〕。例如七世紀上半葉的時候，當地的「特雷米西斯」和較罕見的「國王索利都斯」金幣，就因為攙雜了銀子而快速變得越來越蒼白。經過短暫的重疊期之後，它們在西元六七五年左右被銀幣取代，而且某些銀幣還打出了「德納留斯」的字樣。那些銀幣的尺寸和重量大致與「特雷米西斯」金幣相同。盎格魯撒克遜時代的英格蘭仰賴歐陸供應造幣原料，等到墨洛溫王朝的錢幣標準崩潰以後便無法繼續發行金幣，於是大約在同一時期轉軌到銀幣〔圖93〕。不過金屬材料的來源頗成問題，因為白銀本來就很稀少。庫存已久的銀盤無疑發揮了舒緩作用，而且當時似乎已可獲得新開採的白銀，來源地極可能是法國西部的梅勒地區——該地銀礦的產量日後還會大為增加。這些小而厚的西歐銀幣，被後人以不合乎歷史背景但相當有用的方式稱作「謝特」：那是一個古英文字眼，意為「寶物」。[4]

弗里西亞人則在西元七〇〇年前後商業活動的振興，以及錢幣使用量的增加等方面，扮演了主導者的角色。他們以尼德蘭為根據地，除了販賣奴隸之外，也用北方的商品交換南方的奢侈品。弗里西亞人的「謝特」很快便成為歐洲北部的主要貨幣。八世紀初期另一個系列的「謝特」，則被認為來自丹麥南部的里伯，

〔圖 92〕
法蘭克墨洛溫王朝的「特雷米西斯」金幣
由製幣者羅伯辛篤斯打造於西元六〇五至六一五年之間。錢文是「Racio Dom(in)i」（國王之寶）。

〔圖 93〕
約克大主教艾格伯特（Ecgberht, 737-58）與諾森伯里亞國王伊德伯特（Eadberht, 732/4-766）的銀便士
呈現大主教的全身圖像。基督教會自從進入英格蘭以來，便參與製造錢幣的工作。

但此說尚無定論。該城鎮位於北海沿岸，是那個貿易體系的重要前哨站。

在西元八世紀的第二個二十五年期間，「謝特」的重量減輕，成色降低得尤其嚴重。英格蘭發行的最後一批「謝特」含銀量極低，以致有些看起來簡直像是銅幣。造成錢幣標準崩潰的原因非常複雜。貴金屬供應不足和貿易逆差固然都產生了影響，但最重要的理由，或許還是因為獨立的弗里西亞異教徒王國，已被信仰基督教義的法蘭克加洛林王朝征服。

金錢的使用

對遷徙到昔日西羅馬帝國境內的各個日耳曼民族而言，採用錢幣一事使得他們的社會制度（尤其是各種犯罪行為的賠償金，以及貴族賞賜禮物的做法）實行起來更加便利，而他們的社會制度又促進了錢幣的使用。向部隊發餉、購買奢侈品與房產、向教會捐獻，再再都需要使用錢幣。雖然以物易物的做法繼續盛行，但金錢也被運用於商業。各個後繼王國地位鞏固之後，已逐漸發展出賦稅制度、通行費及關稅，於是金錢即便尚未達到不可或缺的地步，至少也已經使用得日益頻繁。進行此類金錢交易時，所需要的是以金幣為主的高價值錢幣。在依然使用銀幣的地區，就連銀幣的幣值也相當高。只有北非和義大利繼續打造低價值的青銅幣，以便在城市經濟範疇內進行小規模的集市交易。

[4] 譯注：「謝特」（sceat, 複數為 sceattas）源自荷蘭文的「寶物」（Schat）一詞。那些小銀幣在十七世紀才被稱作「謝特」。它們在七世紀末葉名叫「便士」——古英文稱之為「pennige」（penny），等於德文的「芬尼」（Pfennig）。

〔圖 94a〕
以黃金與石榴石製成的盎格魯撒克遜十字胸飾出土於諾福克郡的威爾頓，其上鑲嵌赫拉克留斯與赫拉克留斯．君士坦丁「兩帝共治時期」（613-32）的「索利都斯」金幣一枚。這件飾物沿襲了異教徒時代將錢幣使用為首飾的傳統，並被轉用於新近改信基督教義後的祈禱用途。

〔圖 94c〕
東哥德國王提奧達哈德在羅馬打造的「福利斯」銅幣（折合四十「努姆斯」）提奧達哈德（Theodahad, 534-536）頭上戴著一頂用寶石裝飾的「夾盔」（Spangenhelm），亦即日耳曼國王狀似頭盔的「王冠」。

〔圖 94b〕
羅馬執政官奧雷斯特斯（Orestes, 530）雙聯象牙雕畫的頁扇
執政官坐在擬人化的羅馬與君士坦丁堡之間，頂端分別為東哥德國王阿塔拉里克（左）及太后阿瑪拉松塔（右）的圓形圖像。[5] 畫面下方的僕人從袋中倒出錢幣，象徵執政官喜好向平民做出賞賜，並表示日耳曼國王承襲了羅馬的傳統（倫敦，維多利亞和艾伯特博物館）。

〔圖 94d〕
教宗格雷戈里三世的四分之一「西利夸」銀幣以格雷戈里三世（Gregory III, 731-41）和拜占庭皇帝利奧三世的共同名義打造於羅馬。教宗的姓名縮寫字母圖案出現在銀幣背面。這枚錢幣顯示出來，羅馬的實權已從名義上仍統治該地的拜占庭皇帝轉入教宗手中。

〔圖 94e〕
青銅雙盤天平與使用為
砝碼的羅馬錢幣
出土於多佛地區一名盎格魯
撒克遜異教徒戰士的墳墓（西元六世紀）。
當時尚未製作盎格魯撒克遜錢幣，此類設
備供使用於秤量小塊黃金和外國金幣。

〔圖 94f〕
《埃德溫聖詩集》一幅插畫的細部圖
原件在西元八二〇年前後完成於烏特勒支，《埃德溫聖詩集》（Eadwine Psalter）則是十二世紀中葉的英格蘭複製版。此處繪出〈聖經詩篇〉第一二三篇：「看哪，僕人的眼睛怎樣望主人的手……」。圖中的國王正在監督兩名僕人將錢幣從麻袋倒到桌上，另一名僕人則為等待中的士兵秤量出每人所應支領的金額（收藏於劍橋大學三一學院）。

〔圖 94g〕
一百枚法蘭克與盎格魯撒克遜的「特雷米西斯」金幣
它們在西元六四五年前後，與其他裝飾品一同被埋藏於漢普郡的克隆達爾（Crondall）──此為電鑄版複製品，原件收藏於牛津「阿什莫爾博物館」。一百「金先令」這個整數應該代表了「贖殺金」（Wergeld），即人命賠償金。

〔圖 94h〕
一百一十八枚盎格魯撒克遜和歐陸的銀便士（「謝特」）
西元七三〇年前後埋藏於艾塞克斯郡的「伍德漢姆華爾特」（Woodham Walter）。出土地點位於一條從「莫爾登」港口通往內陸的街道旁邊，其中埋藏許多來自萊茵河口一帶的弗里西亞錢幣，表示這些金錢原先被使用於貿易。

[5] 譯注：阿瑪拉松塔（Amalasuntha）是東哥德國王提奧多里克（Theodoric the Great）之女。其父在四九三年誘殺奧多瓦卡，從此統治義大利。阿瑪拉松塔於其子阿塔拉里克（Athalaric）夭折後，在五三四年成為女王，並邀請自己的表哥提奧達哈德（圖 94c）共同治國。結果提奧達哈德在五三五年謀害阿瑪拉松塔，導致東羅馬出兵攻佔義大利。

與此同時，西班牙的西哥德人製作成色更低的「特雷米西斯」金幣來充場面（而且不打造銀幣），直到他們於西元八世紀被阿拉伯人征服之後才停止發行。在義大利，倫巴底人的金幣成色同樣嚴重降低，並發行少量銀幣配合使用。位於義大利南部，似乎從七世紀末葉即已開始造幣的貝內文托公國，則將品質低劣的「索利都斯」和「特雷米西斯」金幣一直維持到九世紀——不過後來受到加洛林王朝統治者丕平在七五五年進行的改革影響，同時也使用了種類繁多的銀便士。

在那幾個世紀裡，與西歐金錢歷史齊頭並進的發展，就是從大一統帝國過渡至林立的蠻族後繼政權。他們雖然共同分享了羅馬的傳承，卻各自具有獨樹一幟的鮮明色彩。

便士的時代：約西元七五〇至一一五〇年

在加洛林王朝的黎明時代，歐洲的金錢正處於轉型期：退化後的羅馬幣制和稅制還在南方掙扎求生，繼之而興的中世紀架構卻已經在歐洲西北部準備就緒。新秩序所特有的地方分權傾向，則即將暫時遭到扭轉。此演變過程的先發事件，就是西班牙在七一一至七一五年之間落入阿拉伯人手中。整個伊比利半島遂成為伊斯蘭世界的一部分，採用了「倭馬亞王朝」哈里發轄下其他地區所通行的錢幣體系，而其適用範圍從印度河一直延伸至大西洋〔圖 134c〕。之前西哥德時代的八十多個造幣所，裁減到只剩下位於哥多華的那一座，負責製造西班牙全境所需的錢幣。後羅馬帝國時代的西方蠻族世界與伊斯蘭世界，於是在幣制上形成了強烈的對比。

法國出現改變的訊號，就是活力充沛的加洛林王朝開國者推翻了積弱不振的墨洛溫王朝末代君主。加洛林王朝的第一任國王，「矮子丕平」，在七五五年前後徹底改革錢幣，恢復使用原先重量較大、白銀成色較高的便士。新錢幣還因為尺寸較大、厚度較薄，在外觀上與舊便士有所不同，從此成為中世紀歐洲的標準銀幣單位。錢幣改革同時也強化了王室對造幣工作的控制，其具體象徵就是每一枚錢幣上面都出現國王的姓名縮寫，或者是名號與頭銜。造幣所的數目遭到縮減，而且很快就打造出設計一致的錢幣，供法蘭克國王或皇帝所統轄的地區使用——其中也包括從阿拉伯人手中奪回的西班牙北部，以及北義大利昔日的倫巴底王國。加洛林王朝的錢幣製造量極大，使之得以維繫不墜的因素除了財政及商業上的成功之外，特別是因為有效開採了法國西部的梅勒銀礦區〔圖96〕。

英格蘭南部的政治局勢也有利於促進中央集權，以及用國王的名義推出錢幣。之前泰半發行者不明的「謝特」，現在已被受到加洛林王朝影響的便士取代。後者的尺寸較大、恢復了原先的重量與成色，並以亨伯河以南的英格蘭共主，麥西亞國王奧發（Offa, 757-96）的名義打造。大尺寸便士在全盛期的發行量比「謝特」來得少，而且即便把新錢幣本身較高的價值一併列入考慮，白銀的總流通量仍然比較小。這種數量上的減少，延續了進行錢幣改革很久之前即已出現的趨勢，而其中的解釋理由或許在於貿易逆差，以及無法取得

〔圖95〕
普羅旺斯行政長官內米菲迪烏斯的低成色「德尼厄爾」銀幣
約在西元七〇〇至七一〇年之間打造於馬賽。墨洛溫王朝積弱不振，使得普羅旺斯行政長官的獨立性日增，以致他們在錢幣上用自己的姓名取代了國王的名號。

〔圖96〕
法蘭克皇帝「虔誠的路易」（814-840）的「德尼厄爾」銀幣
西元八一九至八二二年之間打造於亞奎丹的梅勒。錢背的造幣所名稱「Metallum」，在拉丁文意為「礦山」，表示當地的白銀蘊藏量非常豐富。

足夠的白銀原料來彌補赤字。就英格蘭北部的地方性錢幣而言，缺乏貴金屬原料的問題甚至更加明顯，不過當地銀幣的成色儘管一直降低，卻仍足以滿足本地蓬勃發展的經濟活動之各項需求。每當他們需要高成色的金屬錢幣時，便使用英格蘭南部與加洛林王朝的硬幣。然而諾森伯里亞王國在西元八六七年被入侵的斯堪的那維亞人征服之後，當地的錢幣製造曾經中斷了一個世代之久。

在西元九世紀的歐洲，維京人所帶來的威脅是一個重要性日增的因素〔圖97〕。它同時促成西歐金錢供應的擴大與弱化。像加洛林王朝增設了許多新的造幣所，以便支付入侵者需索的大量貢金。就英格蘭南部而言，自從當地再度陷入政治分裂以後，所製造錢幣的數量也急劇增加。而更加事關重大的是，維京人的活動擾亂了鄉間與城鎮的生活，以及國內和國際的貿易，但那正是之前賴以繁榮的基礎。儘管負擔非常沈重，加洛林的錢幣體系由於握有較大的儲備量和新的白銀補充來源，可以表現得比英格蘭好，不像後者的幣制幾已崩潰——其便士的銀含量只有百分之二十五或更少。

維京人並且在同一世紀東向拓展貿易路線，穿越俄羅斯來到君士坦丁堡以及伊斯蘭的哈里發帝國。這種商業活動主要有賴於販售奴隸，藉以換取阿拉伯的「迪拉姆」銀幣（dirham），然後把它們大量帶回北方〔圖97a〕。維京人於西元九世紀晚期在英倫三島建立的固定聚落，則見證了他們貿易網絡的西向擴張已經跨越北海和愛爾蘭海。同時維京統治者很快就開始製作自己的錢幣，而且其錢幣的用途無異於比他們更早定居當地的鄰居和昔日的敵人。[6]

西歐大部分地區的貨幣體制雖然出現了根本的變化，但自從羅馬帝國末期以來，習慣使用錢幣的地區在地理範圍上幾乎沒有改變。錢幣的製作很早即已傳播到弗里西亞，並隨著加洛林王朝的征服行動傳播至某些日耳曼地區，就連斯堪的那維亞半島也偶爾發行錢幣。到了十世紀初，當日耳曼的統治權轉入以巴伐利亞為根據地的薩克森王朝手中之後，錢幣的製作進而快速向東方擴展。同一世紀中葉，薩克森戈斯拉爾附近的哈次山脈發現了大銀礦，為這個政治上的轉變提供了助力。錢幣的使用與錢幣的製造，更因為「日耳曼人的帝國」東方和北方的民族相繼在波希米亞、匈牙利、波蘭和斯堪的那維亞等地建國，於是進一步傳播開來——他們起先還使用外國錢幣，但後來都發現了自行造幣的好處〔圖98〕。而那些國家改信基督教義一事，也有助於金錢的使用與製造。

西元一〇〇〇年時，從都柏林到基輔都在打造錢幣〔圖97〕，惟獨蘇格蘭要過了一個多世紀以後才開始擁有自己的錢幣。這些早期的錢幣多半發行量很小，並且只是斷斷續續地製造，目的往往在於分送而非實際流通；滿足日常金錢需求的方法，則是使用透過貢金或貿易所獲得的外國錢幣。東歐的國家錢幣在十一世紀以後發展得比較完全，可是與那些更加發達、握有礦源的西歐國家相形之下，東歐的錢幣發行規模通常還是相當有限。

維京人

傳統觀點認為，維京人在八世紀至十一世紀的金錢歷史上扮演著掠奪者與敲詐者的角色，為了滿足自己對銀子的飢渴，於是肆無忌憚地向經濟更發達的社會劫掠財富。新近的學術研究則強調他們在此範疇內比較正面的事蹟，尤其是他們對城鎮和貿易的發展所做出的貢獻。在這兩種對立觀點之間很難取得平衡，而且二者都只

〔6〕譯注：盎格魯撒克遜人的老家在丹麥南部和德國北部，維京人（及日後諾曼人）的老家則在丹麥和斯堪的那維亞半島。他們都是日耳曼人，先後入侵了英倫三島。

代表了真相的一部分，同時彼此互為因果。西歐徵收各種稅賦（gelds），以便籌款來孝敬維京人，結果促使維京人的受害者發展出錢幣經濟，而且維京人在榨取貢金的同時，並不排除商業上的往來。維京人更穿越波羅的海東岸，開拓通往基輔、俄羅斯和中亞的貿易路線，但他們主要的獲利來源，還是銷售於突襲行動中擄獲的奴隸。

維京人在所征服的地區內建立聚落定居下來以後，便接收了原有的錢幣體系，否則就像在都柏林那般一切從頭做起，而且他們通常利用本地或從國外招募的專家來管理錢幣。其最初的動機也許在於維護統治者的威望或者進行賞賜，但適用於日常財務或商業用途的錢幣往往很快也跟著出現。維京人在自己的故土通常卻只愜意於使用外國金錢，很晚才推出純粹供本地使用的錢幣，因為他們需要花時間來建立足以讓金錢體系順利運作的機制。可是等到經濟穩定下來以後，好戰成性的維京人仍未受到馴服，其進行擴張的欲望亦未遭到遏阻——他們的後代將以更加令人畏懼的「諾曼人」之名，繼續靠戰爭來奪取土地和財富。

〔圖 97a〕
哈里發穆塔米德（AH 256-79, AD 870-92）的「迪拉姆」銀幣
回曆二七七年（890-91）打造於亞美尼亞，出土地點是蘭開郡「丘爾戴爾」（Cuerdale）一個埋藏於西元九〇五年的寶物堆（見卷頭插圖）。在英國出土的伊斯蘭錢幣，當初是由維京人長途跋涉從哈里發帝國攜帶過來，途中經過由俄羅斯河道網構成的貿易路線，以及斯堪的那維亞半島。

〔圖 97b〕
基輔大公「智者雅羅斯拉夫」（1015-54）的「斯列布廉尼克」銀幣（srebrennik）
斯堪的那維亞人的後裔在聶伯河畔的基輔定居了下來，而該地在西元九世紀時，曾經是維京人與君士坦丁堡和東方進行貿易的根據地。其錢幣名稱和圖案設計深受拜占庭影響（收藏於斯德哥爾摩「國立金錢歷史博物館，王家錢幣展覽室」）。

〔圖 97c〕
都柏林國王奧拉夫．古德弗利德松（939-41）的銀便士
打造於約克，其上呈現異教徒的渡鴉圖案。西元十世紀時，維京人曾經時斷時續地控制了約克，並全力介入該城的貿易活動與錢幣製造。幫他們打造錢幣的人，通常就是之前盎格魯撒克遜國王的造幣者。

〔圖 97d〕
都柏林維京國王「銀鬚」希特里克三世（993/4-1042）的銀便士
由一個名叫法斯托夫（Fastolf）的鑄幣者打造於西元九九七年前後。這個版本模仿了英格蘭國王艾特爾雷德二世的十字圖案便士，成為愛爾蘭錢幣製作的濫觴。維京時代的都柏林是一個重要的貿易中心。

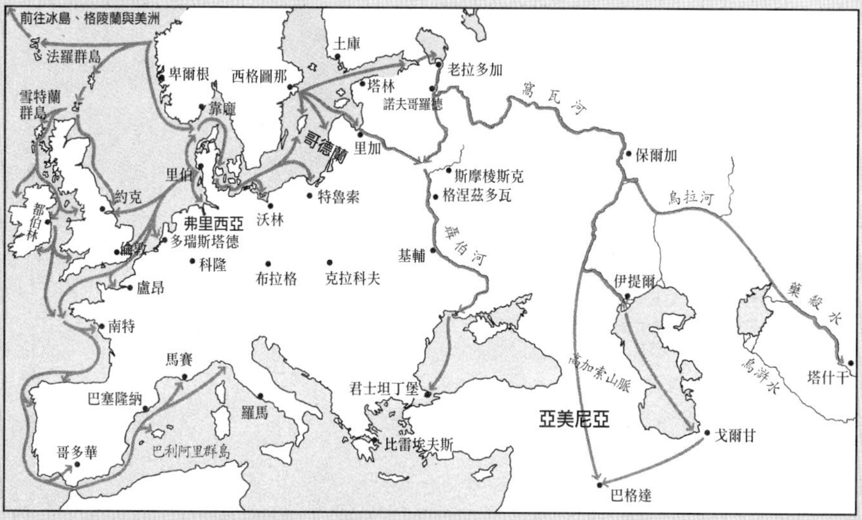

〔圖 97e〕維京人的主要貿易路線

〔圖 97f〕
瑞典國王奧洛夫．舍特康努格 994-1022）的銀便士
西元九九五年打造於西格圖納。最早標示出瑞典、丹麥和挪威國王名號的錢幣大約也出現於同一時期。它們全部都拷貝了英格蘭國王艾特爾雷德二世的十字圖案便士，而那些便士當初曾被大量支付給來自斯堪的那維亞的入侵者。

〔圖 97g〕
英格蘭丹麥國王克努特（1016-35）打造於倫敦的銀便士
克努特在一〇一八年開徵稅金，藉以補償其入侵艦隊的支出。大量的英格蘭錢幣便以這種方式流入斯堪的那維亞。它們在當地往往像這枚錢幣一般被「啄穿」，亦即用刀尖挑開進行檢驗。

〔圖 97h〕
奧圖三世皇帝的「芬尼」銀幣（pfennig）
來自奧圖三世擔任德意志國王、由其祖母阿德海特攝政的時期（983-96）。這枚錢幣使用了拉默爾斯貝格礦區的金屬原料，在九九一年以後打造於戈斯拉爾。它曾經被「啄穿」並流通於斯堪的那維亞。許多德意志錢幣曾透過貿易流向北方，但其中也涉及貢金與劫掠。

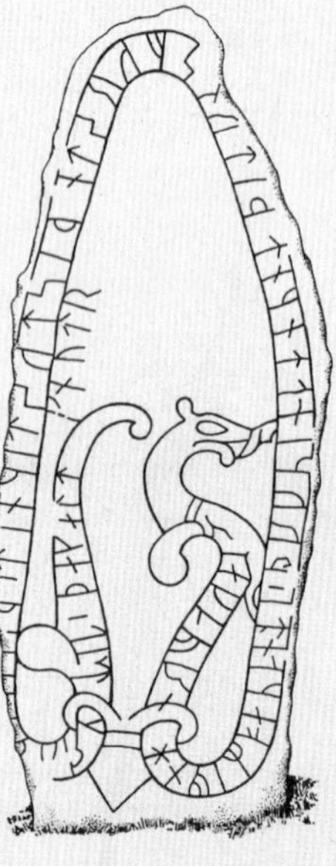

〔圖 97i〕
裕特葉爾德地方的石碑
石碑位於瑞典烏普蘭，一〇二〇年製作用來表彰「波瑞斯塔的烏爾夫」之事蹟。其盧恩碑文[7]寫道：烏爾夫「在英格蘭取得三筆貢金。其一由托斯提支付。其二由托爾凱支付。其三由克努特支付。」

從十世紀至十二世紀初，法蘭西與德意志的地方分權趨勢進一步遭到強化。繼法蘭西國王之後，德意志皇帝也將造幣權賞賜給教會和俗世的權貴，結果其財富與勢力日增，侵奪了中央的掌控權。最強勢諸侯所發行的錢幣（例如圖爾大修道院、安茹伯爵、香檳伯爵或科隆大主教的硬幣）〔圖 99-100〕，甚至在自己疆域之外的廣大地區也成為主要貨幣。為了維護信譽及可接受度，許多錢幣變得「固定下來」——也就是說，它們的基本圖案和錢文在許多年內繼續維持原樣。

在這個階段的初期，錢幣的使用、通貨的數量以及流通的速率，都在不斷增加之中。雖然維京人捲

[7] 譯注：盧恩（Rune）是古日耳曼人的文字，或譯為「如尼」。德語稱之為「魯能」（Runen）。

〔圖 98〕 波希米亞公爵波列斯拉夫二世（967-99）的銀便士
打造於布拉格。其正面圖案為上帝之手，拷貝自英格蘭國王艾特爾雷德二世在九八〇年代初期製作的錢幣。盎格魯撒克遜的錢幣經由貿易來到波希米亞，不過這種圖案設計或許也反映出政治上與宗教上的關聯性，因為波列斯拉夫之妻（艾瑪）很可能是英格蘭人。

土重來的活動對此造成了若干影響，但錢幣的擴張主要還是因為庫存的白銀能夠得到補充，以及一些重要的集市（例如舉辦於香檳地區的商展）促進了國內與國際貿易。然而到了十一世紀中葉，薩克森的戈斯拉爾礦區已經枯竭，因而導致新白銀的短缺，使得全歐洲的造幣量和錢幣供應量下滑。與此

〔圖 99〕
香檳伯爵提波二世（1125-52）的低成色「德尼厄爾」銀幣
打造於普羅旺。香檳區國際商展所帶來的收益，使得這種錢幣大獲成功。

〔圖 100〕
科隆大主教西格溫（1079-89）的「芬尼」銀幣
科隆的錢幣起先由德意志國王發行，接著改成以皇帝與大主教的共同名義打造，而後就像這枚銀幣一般僅僅列出大主教的名號，顯示錢幣製造權已經旁落。

〔圖 101〕
「征服者」威廉一世（1066-87）的銀便士
由一位名叫奧德里克（Ordric）的造幣者打造於格洛斯特。錢背出現了沿襲自盎格魯撒克遜人的管制措施，藉以維護錢幣的高品質。上面的錢文標示出造幣者與造幣所的名稱，可在錢幣重量或成色不足時追究製造者並加以懲罰。

〔圖 102〕
麥西亞國王奧發（757-96）的「第納爾」金幣（dinar）
拷貝自阿拔斯王朝哈里發曼蘇爾在回曆一五七年（773-4）打造於巴格達的「第納爾」金幣。奧發打造金幣的初衷或許在於履行七八六年所做出的承諾，每年向教宗致贈禮物。但這枚錢幣的保存狀況顯示出來，它曾經被使用於商業。

有關的傾向，就是新發行錢幣的重量與成色降低。英格蘭的錢幣製造量雖然也降低，卻仍可維持錢幣的質量標準〔圖 101〕，那有一部分是由於貿易出現順差的結果——或許是因為已開始出口羊毛的緣故。除此之外，英國與歐洲其他地區不同的發展趨勢是，造幣所的數目從十一世紀末期以來便不斷減少。英國既未發展出可與法國相提並論的封建諸侯錢幣，同時西撒克遜王朝所建立由君主壟斷造幣的做法，在丹麥人與諾曼人相繼進行征服之後依舊延續下去。即便有少數的教會要員與俗世權貴保留了造幣權，但他們的硬幣在各方面都符合王室的金錢標準。惟有在一一四〇年代的內戰時期，英國才出現了由封建貴族自行打造的錢幣，但它們於和平重返之後即告消失。

此際歐洲北部大多數地區的唯一錢幣還是銀便士。由於集市交易變得更加普遍，對小面額錢幣的需求隨之增加。九世紀中葉因此開始打造圓形的半便士錢幣，但只是間歇性地加以製造，而且滿足需求的辦法往往是把一便士硬幣切成兩半或四半——在東歐甚至還可以切得更小。打造金幣則幾乎只是為了儀式上的用途，即便拜占庭與阿拉伯的金幣會不時流入西北歐，成為當地製作錢幣的原材料。

在義大利北部和中部地區，金錢的發展主要遵循了歐洲北方的路線，是以銀便士做為標準貨幣單位。錢幣仍然由加洛林王朝的統治者加以壟斷，而後由其德意志的皇位繼承者接手。其他的權貴要等到十二世紀才獲得造幣權，由熱那亞市政當局在一一三八年首開其端。教廷在八世紀至十世紀後半葉之間，以現任教宗與加洛林皇帝的共同名義發行銀便士，但規模一向不大。義大利南部和西西里島的金錢繼續自外於歐洲通行的幣制，同時使用往往模仿自阿拉伯或拜占庭的金幣與銅幣，反映出該地區做為伊斯蘭世界與拜占庭帝國接觸點的特殊地位。十一世紀在那裡開疆闢土建立諸侯國的諾曼人，則延續了當地發行金幣與銅幣的傳統，但也將一種低成色的銀幣納入自己的錢幣體系。

十世紀與十一世紀時，阿拉伯在西班牙的勢力已趨沒落。當地的阿拉伯人先是與哈里發的權力中樞分道揚鑣，而後又分裂成許多小邦，其中某些邦國發行了錢幣，但數量通常都非常有限。他們在十一世紀末葉投靠北非「阿爾摩拉維德王朝」的統治者，重新活絡了金幣與銀幣的製作發行。此時西班牙北部已被基督徒的邦國奪回，衍生出萊昂、亞拉岡與那瓦爾等王國；昔日隸屬於加洛林王朝的巴塞隆納地區，如今亦已在一個強勢的伯爵家族主導下獲得獨立。這些邦國依據法國的模式製作了銀便士，但其中某些國家也打造金幣，所參考對象則為他們透過正常貿易程序或進貢，從阿拉伯鄰邦那邊獲得的錢幣。

到了十二世紀中葉，西歐貨幣的衰退階段即將被一個大規模擴張期取代。其原因是麥森所屬的弗賴貝格發現了大銀礦，不斷為錢幣體系注入新的白銀。然而在繼續講述這個故事以前，我們必須暫時將目光轉向既悠久又重要的東羅馬帝國之歷史。而那個以君士坦丁堡為核心的國家，就是歷史學家習稱的拜占庭帝國。

拜占庭

它在世界的各個盡頭之間廣被接受。每個人和所有的王國皆對之讚譽有加，因為沒有任何王國的通貨可與之相提並論。

——「航海前往印度者」科斯馬斯，西元六世紀

許多個世紀以來，拜占庭帝國位於中世紀歐洲與伊斯蘭世界之間的樞紐地帶，憑藉自己的偉大文明發揮了影響力並進行交流。拜占庭的錢幣成為楷模，供各個鄰國及其後繼者在發行獨立貨幣之初做為參考對象。

與此同時，拜占庭幣制的基石——「索利都斯」或「諾米斯瑪」金幣[8]——以地中海世界主要貿易貨幣的

身分君臨天下長達五百多年之久，以致有「中世紀的美元」之稱。拜占庭金幣並以「貝占特」（bezant）之名，在歐亞兩洲更遼闊的地帶廣為人知。每當西方的國王將金幣使用於宗教奉獻時，都會採用「貝占特」。

「拜占庭」之名究竟始於何時，至今仍無定論。但就錢幣而言，六世紀時的一連串發展共同構成了一個很有用的里程碑。西元四九八年前後，阿納斯塔修斯皇帝推出一系列的大型銅幣，替換了羅馬帝國末期的小銅幣。諸如天使和十字架之類的基督徒標誌，在金幣背面取代了異教徒的勝利女神圖案；皇帝的全正面胸像，則成為金幣正面的標準君主圖樣，而且裝飾華麗的長袍已取代軍裝，變成了帝王慣常穿著的服飾。在西元七世紀漫長的轉型過程中，錢幣上的拉丁文字樣被希臘文取代，而這種做法最顯著的結果，就是皇帝的頭銜從「奧古斯都」變更為「巴西琉斯」。

自從君士坦丁大帝率先引進「索利都斯」以來，拜占庭的金幣在許多世紀內都維持相同標準，非但成為「安定」一詞的代稱，而且看似可以永遠大量供應無虞〔圖 103〕。拜占庭金幣的成色在十一世紀中葉嚴重降低，以致地位一度動搖，但亞歷克修斯一世·康姆尼努斯於一〇九二年重建金幣水準，使之得以在十三世紀以前維持舊有的聲譽。

拜占庭的金幣就如同之前的羅馬金幣一般，存在之目的或許主要出自國家的需要，而非源於商業上的考量。持續流通價值穩定的金幣以後，即可讓國家順利運作並透過稅收來積聚現金，以便支付常備軍、公

〔圖 103〕
拜占庭皇帝君士坦丁七世及其子羅曼努斯二世的「諾米斯瑪」（索利都斯）金幣
二人共治期間（945-59）打造於君士坦丁堡，其圖案為耶穌基督。九世紀中葉以降，宗教色彩十足的圖像日益主宰了拜占庭錢幣。耶穌的形象成為錢幣正面最常使用的圖案，皇帝的肖像則移至背面。

[8] 譯注：索利都斯（Solidus）是那種金幣的拉丁語名稱（意為「硬幣」）；諾米斯瑪（Nomisma）則是它的希臘語名稱（意為「錢幣」）。

務人員、建築工程、典禮儀式、資助外國，而其中僅僅軍隊一項可能即已固定耗費國家一半以上的歲入。與同時代的西歐相形之下，拜占庭國家稅收與國家開支的規模都極為可觀。土地稅是整個體制的基礎，而地主為了繳納田賦，便銷售自己多餘的農產品——往往是直接賣給國家，用於向軍方單位、行政機關和帝國驛站提供補給。

使用金幣而非以實物來納稅，非但簡化了稅款的徵收和分配，同時也有助於充實國庫。國庫的儲備非常重要，由於拜占庭帝國缺乏可協助紓困的賒欠和借貸對象，皇帝在時機緊迫的時候只能依靠皇權、教會或達官貴人來度過難關。

即便金幣存在的目的是為了滿足國家需求，它所扮演的角色仍不可避免地超出此範圍，而進入日常生活的領域。除了金幣之外，還有面額較小的錢幣（多半為銅幣）提供助力，使得小規模金錢交易得以進行。無論如何，這種幣制有助於將國家掌握的財富最大化：稅賦必須以金幣繳納，但國家支付開銷時卻可使用銅幣（包括以金幣納稅後的找零）。

雖然起初有過許多種面額較小的拜占庭金幣和銅幣，可是從八世紀中葉開始，唯一固定流通的小錢只剩下了「福利斯」銅幣。位居金幣和銅幣中間的銀幣只是間歇性地製造，不過「米拉雷西翁」（十二分之一「諾米斯瑪」）在九世紀與十世紀時仍可充分供應。整個帝國大致還處於以鄉間活動為主的農業社會，一離開君士坦丁堡和其他幾個中心城市之後，商業活動就只侷限於農產品或低層次的交易，而且很可能具有高度的季節性。商人的地位不高，並接受國家控管。從七世紀至十世紀之間相對缺乏低面額的錢幣一事，即可看出城市經濟所受到的限制。

亞歷克修斯一世在一〇九二年進行改革，推出經過重新整頓的金幣（「希佩培隆」）〔圖104〕，並以各種琥珀金幣、低成色銀幣和銅幣來加以支撐，擴充了現有錢幣的性質。然而在拜占庭帝國江河日下的最後一些年

拜占庭帝國的主要貨幣單位

五至八世紀

金幣	銀幣	銅幣
索利都斯 諾米斯瑪（solidus/nomisma）	六克錢（hexagram）	福利斯（follis）：四十努姆斯
塞米西斯（semissis）：二分之一諾米斯瑪		半福利斯（half-follis）：二十努姆斯
特雷米西斯（tremissis）：三分之一諾米斯瑪		十努姆斯（decanummium）
		五努姆斯（pentanummium）

八至十二世紀

金幣	銀幣	銅幣
諾米斯瑪（nomisma）	米拉雷西翁：（milaresion）十二分之一諾米斯瑪	福利斯：（follis）二八八分之一諾米斯瑪

十二至十三世紀

金幣	琥珀金幣	低成色銀幣	銅幣
希佩培隆（hyperperon）	阿斯普隆特拉奇（aspron trachy）：三分之一希佩培隆	特拉奇（trachy）：四十八分之一希佩培隆，後改為一二〇分之一希佩培隆	四分幣（tetarteron）：價值不確定
			半四分幣（half tetarteron）：價值不確定

〔圖 104〕
拜占庭皇帝亞歷克修斯一世．康姆尼努斯（1081-1118）的「希佩培隆」金幣

打造於一〇九二年進行錢幣改革之後。十一世紀時，古老的「諾米斯瑪」金幣已變得比較寬闊，而且形狀明顯凹陷。其成色於十一世紀中葉不斷嚴重降低，直到亞歷克修斯一世在一〇九二年推出名叫「希佩培隆」的新型金幣為止。它保留了「諾米斯瑪」貶值後的凹陷形狀，但成色已回復至高水準（二十又二分之一K）。

頭，從一二六一年收復君士坦丁堡直到一四五三年被鄂圖曼土耳其攻陷，昔日強勢的「貝占特」已經永遠消失，被劣質的銀幣與銅幣取代。

中世紀後期的西歐：約西元一一五〇至一四五〇年

人類是如此靈巧，有辦法將金錢設計成交換自然財富的工具；但惟有自然財富本身才可滿足人類的需求。……因為金錢無法直接滿足生活中的需求，而是一種人為發明的工具，用於讓自然財富更容易交換。但不辯自明的是，金錢對民間社群非常有用，對國家事務而言則非常便利，甚至不可或缺。

——尼古拉斯．奧雷姆（c. 1320-82），《論金錢的起源、本質、法則與變革》

時至十二世紀，錢幣發行已成為歐洲大部分地區的常態，而且造幣工作變得越來越中央集權化。較晚開始造幣的國家（例如斯堪的那維亞和東歐的各個王國），在錢幣供應上維持更加中央集權的作風，王室實際上已壟斷錢幣製造；一些西班牙基督徒王國向阿拉伯人的疆域進行擴張時，也採取了相同的做法。在一直由王室主導錢幣的英國，造幣所的數目逐漸減少，最後只剩下受到倫敦控管的少數幾座。在法國，昔日不具重要意義的王室錢幣已經大幅擴充功能，變成了全國性的貨幣；封建諸侯的錢幣已遭到排擠，流通的地區只侷限於發行者自己的疆域內。在神聖羅馬帝國的各個領地（義大利、德境及尼德蘭），錢幣發行者的數目則繼續增加，但許多最重要和最具影響力的發行者已經根基穩固。

〔圖 105〕

貪婪（摘錄自一份中世紀手繪稿）

與金錢有關的圖像，尤其是囤聚和檢查金錢時的情景，在基督教藝術中具有濃厚的負面意涵。在「七宗罪」當中，守財奴更特別成為貪婪的傳統象徵。[9]例如這份手繪稿所呈現的畫面是：惡魔飄浮在守財奴身旁，不但激起貪念，同時也反映出黃金之誘惑所產生的精神破壞力（收藏於大英圖書館）。

[9] 譯注：天主教會的七宗罪（Seven Deadly Sins）分別是：傲慢、妒忌、暴怒，懶惰、貪婪、貪食及色慾。

十二世紀時各地對掌控錢幣製造所展現出來的高度興趣，反映出金錢正在歐洲社會中扮演更加重要的角色。值此人口增加、鄉鎮與城市成長、國內和國際貿易持續擴大的階段，幣制必須滿足人們對錢幣與日俱增的需求。新的白銀來源不僅有助於整體提高錢幣供應量，並使得諸如北義大利和尼德蘭之類經濟進步最快速的地區，有能力恢復發行相當高價值和高成色的銀幣。

新銀幣傳播出去的時候固然會隨著各地幣制不同而產生變化，但一開始就出現了一個強烈的傾向，將新銀幣的價值設定為十二個本地的便士（或者是十二的分數或倍數），藉以配合通用的計算系統：十二「德納留斯」（便士）等於一「索利都斯」（索爾多、蘇、先令），二十「索利都斯」等於一「磅」（里弗爾、鎊）。這套系統構成一個貨幣計價體制，而且在中世紀後期發揮過至關重要的作用——它除了計算方便之外，並於歐洲幣制日益多樣化和複雜化之際，成為價值不斷改變中的各種錢幣之公約數。[10]

在十三世紀和十四世紀初期，價值為舊便士倍數的大型銀幣，已經普及於歐洲大多數的錢幣體系，其名稱通常衍生自義大利語的「格洛索德納羅」（grosso denaro）或「格洛索」（意為「大型便士」）——例如它在英格蘭的名稱是「格羅特」（groat）。威尼斯率先於一二〇二年推出「格洛索」〔圖107〕，其價值等於二十四個當地的「德納羅」。但無論是威尼斯的「格洛索」，還是價值折合十二個「德納羅」的佛羅倫斯「格洛索」，其重量都只比同時代的英國便士多出一點點而已。法國在一二六六年推出的「圖爾格羅」（gros tournois）〔圖111〕，價值等於十二個「圖爾德尼厄爾」（或等於一個「蘇」）〔圖106〕，但其重量高達義大利「格洛索」的兩倍。至於英格蘭的「格羅特」，其尺寸雖與「圖爾格羅」相似，價值卻只等於四便士，而且一三五一年以後只能在英格蘭幣制的夾縫中求生存。

使得這種新型錢幣〔圖108〕能夠發展下去的白銀，來自一系列發現於十二和十三世紀的新礦區。首先是薩克森的弗賴貝格在一一六〇年發現銀礦，接著是位於義大利、波希米亞和阿爾卑斯山區的其他地點〔圖

109〕。最後的新礦區在一二九四年發現於波希米亞的庫特納霍拉，其十四世紀初期的白銀年產量高達二十至二十五噸（二〇，三〇〇—二五，四〇〇公斤）。

新銀礦對歐洲的貨幣供應產生了巨大影響。比方說，據估計英國在一三〇〇年所流通錢幣的數量，要等到一六〇〇年前後才被重新趕上。但儘管有了新的銀幣，進行高價值的交易時往往仍求助於銀錠。銀錠有時還打上戳記，標明它們嚴格遵守特定銀幣的成色標準——例如威尼斯的「格洛索」或英國的「斯特林」[11]便士。以「盎斯」計算重量的密封袋裝金屑，很可能也在地中海周邊國家發揮過同樣的功能。錢幣兌換商的業務項目，往往涉及

[10] 譯注：以古代法國為例，「里弗爾」（livre）等於二十個「蘇」（sou/sol）；「蘇」等於十二個「德尼厄爾」（denier）。「里弗爾」相當於羅馬磅（libra）或英鎊；「蘇」相當於「索利都斯」或先令；「德尼厄爾」相當於「德納留斯」（德納羅）或便士。現代英國貨幣單位的縮寫仍反映出那些名稱：鎊（£）、一九七一年以前的先令（s）和便士（d）。

[11] 譯注：斯特林（sterling）是白銀含量至少為「九二五」（92.5%）的銀合金。

〔圖 107〕
威尼斯的「格洛索」銀幣
發行者是威尼斯「統領」吉亞科莫·提耶波羅（1229-49）。錢幣圖案呈現他從聖馬可（威尼斯的守護聖人）手中接過一面旗幟。十二世紀末葉的北義大利佔地利之便，很容易取得新的白銀，非但商業高度發達而且已城市化。可是該地區的錢幣卻完全是低成色的小型「德納羅」銀幣。威尼斯在一二〇二年前後率先推出的「格洛索」則是高成色銀幣，其尺寸大於古典時代以來的任何歐洲銀幣，價值相當於二十四個當地的「德納羅」。

〔圖 106〕
法國國王腓力二世奧古斯都（1189-1223）的「圖爾德尼厄爾」銀幣（denier tournois）
其圖案為一座象徵性的城堡。圖爾的「聖馬丁修道院」是法國西部重要的錢幣發行者。腓力奧古斯都在一二〇四年接手發行該修道院普受歡迎的錢幣，而且它與「巴黎德尼厄爾」（denier parisis）共同成為法國王室的正式銀幣。除此之外，它也是法國計價貨幣的基礎。

了本地錢幣與「有標記的銀錠」或「以盎斯計價的黃金」之間的兌換。要等到金幣重現江湖以後，這種交易方式才逐漸遭到取代。

進行較低層次的交易時，或許也不常使用到錢幣。物物交易或小規模的債務抵銷，據推測應該就是地方社區內的常態，並且在很長的時間內繼續如此下去。然而零錢的供應還是受到新型銀幣的影響。貨幣供給量的增加，讓使用錢幣的做法更加令人熟悉，成為更普遍的習慣。時至中世紀晚期，小面額錢幣的短缺已不時引發民怨，那是因為市場需求和造幣所之間出現了矛盾——各造幣所無意多花功夫來打造這種勞力密集、利潤微薄的貨幣。那些抱怨之聲或許在某種程度內，也源自人們對金錢功能的更多期待。很可能出現過的情況是，人們

〔圖 108〕
科隆大主教菲利普一世（1167-91）的「芬尼」銀幣
隨著弗賴貝格銀礦的開採，科隆在一一七〇年代擴大錢幣製造量，從幾乎不造幣增加至每年生產二百萬枚以上的「芬尼」銀幣。科隆「芬尼」遂成為德境最重要的錢幣之一，在整個十三世紀都被廣泛使用於萊茵地區和境外。

〔圖 109〕
十世紀至十六世紀的歐洲礦區

轉而求助於私造的賤金屬代幣，藉此彌補官方版小額硬幣的短缺，不過在中世紀時期缺乏足夠的相關資料來證明此事。

相當於舊型銀便士的各種錢幣卻逐漸降低銀含量，而且在許多地區，它們與高成色銀幣之間的比價持續下跌。其成分中的銅銀比例則不斷提高，以致得到「黑錢」這個渾名。此情況可能對物價上揚產生了推波助瀾的作用，因為那些錢幣往往都是計價貨幣的基本單位；但這個發展過程同時也促成錢幣被使用於更小額的交易。等到低成色銀幣貶值到不堪使用的時候，它們就完

〔圖 110〕 薩爾茲堡大主教的「芬尼」銀幣（弗里薩赫造幣所，1216〔？〕-87）
其圖案是一個位於穹頂之下的天使。弗里薩赫從一一九五年左右開始密集製造錢幣一事，反映出當地銀礦的產能。在一二三〇年代以前，弗里薩赫與鄰近的造幣所一直維持驚人的高產量。在十三世紀的時候，「弗里薩赫芬尼」主導了阿爾卑斯山東麓至喀爾巴阡山之間的貨幣。

〔圖 111〕 法國國王路易九世（1226-70）的「圖爾格羅」銀幣
這是第一種出現在阿爾卑斯山脈以北的大型倍數銀幣，價值折合十二個「圖爾德尼厄爾」。它大獲成功並成為國際間通行的錢幣，尤其在是萊茵地區和尼德蘭。

〔圖 112〕 英國國王愛德華一世（1272-1307）的銀便士
出口貿易成為英國順利取得造幣原料的保障。十二世紀末期以後，英國貨幣體系隨著白銀供應量的增加而擴大規模。愛德華一世推出的錢幣類型不但長時間延續下去，並且在國際廣受歡迎。

〔圖 113〕 埃諾伯爵，尚．德．阿凡的「斯特林」銀幣
圖案為頭戴玫瑰花冠的埃諾伯爵，尚．德．阿凡（Jean d' Avesnes Count of Hainaut, 1280-1304）。英國的「斯特林」便士大量流入尼德蘭之後，當地諸侯為了維護或擴大本地造幣所的收益，也紛紛推出自己的版本。一二九〇年代的時候，歐洲大陸或許總共發行了九千萬枚「斯特林」；相形之下，英國只打造了九百萬枚。

全消失，由一種倍數錢幣來取代它們在通貨體系中的地位。有些國家和英國一樣，繼續用純銀來製造面額最小的硬幣——如「半便士」和「法辛」（四分之一便士）。那些錢幣的尺寸雖已縮小到使用不便的地步，卻仍然保有可觀的購買力。

就提供高價位錢幣那方面而言，新型的倍數銀幣只能部分解決問題。下一個步驟就是重新引進金幣，並且建立複本位的金屬貨幣制度（金幣、銀幣，往往再加上低成色銀幣），藉此涵蓋一系列的面值。金幣體系要能夠派上用場，就必須有充足的黃金來配合。歐洲自有的黃金來源相當有限，最重要的金礦都附屬於匈牙利，其中的佼佼者是位於今日斯洛伐克境內、自一三三〇年代開始量產的「克雷姆尼察」（Kremnica）。更重要的供應來源則是義大利的貿易城市（尤其是熱那亞、佛羅倫斯和比薩），因為它們在十三世紀日益壟斷了與北非的黃金交易。其黃金原產自蘇丹西部或非洲西海岸，而後穿越撒哈拉沙漠被轉運到北非的伊斯蘭國度。

一二五一和五二年之交，熱那亞與佛羅倫斯都推出了金幣，分別稱之為「熱那維諾」（genovino）和「弗羅林」（florin）〔圖 114-115〕。後者將在下一個世紀對國際貿易產生極為重大的意義、使得金幣的構想遍及全歐，並促成各地紛紛仿造。例如亞拉岡的「弗羅林」是地中海西部地區的重要貨幣；呂北克的「弗羅林」雄霸波羅的海沿岸的各個漢撒同盟城市；以「弗羅林」為基準的「古爾盾」（gulden），則是萊茵地區許多邦國的共同貨幣。「弗羅林」最強勁的對手——威尼斯首創於一二八四年的「杜卡特」（ducat）——則成為地中海東岸貿易的主角。由於金幣的熟悉度越來越高，西方各國的統治者紛紛在十四世紀採納了這種新構想。然而他們往往必須歷經無數次錯誤的嘗試之後，才製造出能夠充分反映金銀比價的錢幣，讓金幣和銀幣得以維持固定的兌換率繼續有效流通下去。

庫特納霍拉是中世紀中期最後一個大型的貴金屬產地，其餘波所及，促成波希米亞在十四世紀初葉推出歐洲東部的倍數銀幣——「布拉格格羅申」（praguergroschen）〔圖 120〕。它在東歐地區與「杜卡特」金幣一同廣受使用，而後者的製造原料來自匈牙利國王位於克雷姆尼察的金礦〔圖121〕。波希米亞與德境的白銀同時流向東方和西方，並在威尼斯主導下外銷到伊斯蘭世界。但威尼斯的錢幣也在巴爾幹半島廣為流傳，而且在十三世紀的時候，被新成立王國、剛開始發行本國錢幣的塞爾維亞和保加利亞加以拷貝。威尼斯的「杜卡特」金幣還傳播到地中海東岸，不但受到當地各個拉丁王國仿造，進而在埃及和敘利亞與伊斯蘭的「第納爾」分庭抗禮。就東北方而言，錢幣的製作在十四世紀末葉開始擴及俄國，而當地在十二和十三世紀時仍

〔圖 114〕
腓特烈二世皇帝以西西里國王身分（1197-1250）發行的「奧古斯塔里斯」金幣
西西里曾經是伊斯蘭世界的一部分，使用一種名叫「塔里」（tari）的小金幣，後來被諾曼人繼續沿用下去。腓特烈二世皇帝在一二三一年接著推出了「奧古斯塔里斯」（augustale）。這種金幣採用拜占庭「希佩培隆」（hyperperon）的標準，製造材料為來自非洲的二十又二分之一K黃金。它也是義大利所熟悉的對象，促成了金幣在西方的復甦。

〔圖 115〕
佛羅倫斯市的「弗羅林」金幣（1252-1307）
圖案為佛羅倫斯的百合花市徽。一二五二年時已有足夠的非洲黃金流入佛羅倫斯，供該市發行自己的金幣。「弗羅林」以純金製成，最初的價值相當於一個佛羅倫斯「里拉」。它在國際間具有重大的意義，無論在近東或西歐皆然。

〔圖 116〕 威尼斯統領喬凡尼·丹多洛（1279-89）的「杜卡特」金幣
呈現丹多洛跪在地上，從聖馬可手中接過一面旗幟。威尼斯直接涉入北非黃金買賣的程度較低，而且可能還繼續使用了拜占庭的金幣。威尼斯要等到一二八四年才開始製造自己的金幣，其標準與「弗羅林」相仿，顯然主要是供國際貿易使用。

使用名叫「格里夫納」或「盧布」（ruble）的銀錠，以之做為貴金屬的主要流通形式〔圖117〕。

發展出比較穩固的國際貿易網絡之後，便逐漸形成一個體系，讓人們在移動資金時無需大量搬運錢幣，得以避開風險和不便。例如在

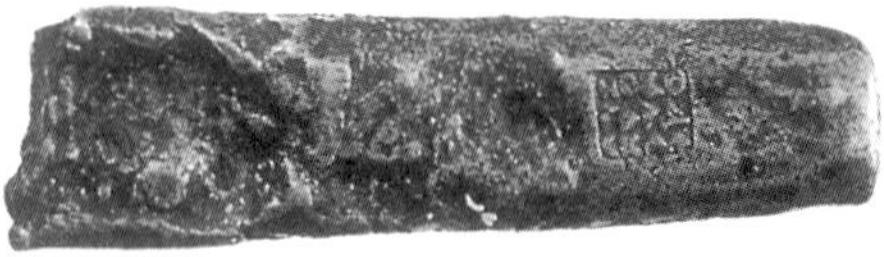

〔圖117〕
俄羅斯諾夫哥羅德式樣的「格里夫納」銀錠（grivna）
貿易順差使得歐洲白銀經由諾夫哥羅德大量流入俄羅斯的各個公國。銀幣重新熔鑄成銀錠後，在十一至十四世紀之間被使用為俄羅斯主要的交易工具。當地一直要等到十四世紀後期才開始製作並使用錢幣。

〔圖118〕
《七宗罪》手稿中的熱那亞銀行家（十四世紀末葉）
隨著匯票的發達，義大利北部的銀行家可透過國際網絡來提供服務，在遠距離轉帳時無需移動錢幣。保存至今的熱那亞帳冊記載了這個實務在十二世紀末葉的源起，以及在十三世紀繁茂發展的經過。熱那亞也是地方性銀行業務的先驅，使得金錢可在同一銀行之內或不同銀行之間的戶頭轉帳。熱那亞的銀行家並開發出有息存款帳戶。（收藏於大英圖書館）

「聖殿騎士團」或倫巴底商人家族那邊存放金錢以後，便獲得一紙賒欠憑證。憑此可在同一機構設有分行的其他地點，以指定的貨幣形式提領同等金額（須扣除手續費）。如此一來，大規模的交易體系得以在儘量不運送現金的情況下順利運作。法國北部香檳地區舉辦的商展，扮演了主要國際票據交換所的角色，可供使用於結清法蘭德斯和義大利之間的債務。但必須在此強調的是，這個網絡所涵蓋的範圍相當有限，而且其核心城市不超過十二個左右。呂北克和德境北部的漢撒同盟城市，在十五世紀以前都不是其中的一員。

托斯卡納與倫巴底的富商家族，對形塑中世紀的金錢做出了重要貢獻，即便他們必須設法規避教會對「高利貸」行之有年的禁令——因為有息貸款被視為違反了神聖的律法。尼古拉斯·奧雷姆（卒於一三八二年）曾在《論金錢的起源、本質、法則與變革》一書中，簡單扼要地勾勒出意識型態如何約束了中世紀官方對金錢的態度：

> 有三種做法可讓人藉金錢牟利，而無需將金錢使用於其自然的目的：之一是錢幣兌換商、銀行業或匯兌業等方式，之二是高利貸，之三是變造錢幣。第一種做法可鄙，第二種做法惡劣，第三種做法更糟。

但義大利人還是開發出銀行存款及匯票等業務，讓銀行業可以遠距離轉帳。他們並且擴大信貸業務的規模，令之前在中世紀早期主宰了貸款行業的猶太人遠遠瞠乎其後。透過長途貿易所使用的匯兌契約，他們可以用風險來將收費合理化，藉此掩飾諸如貸款之類的行為。於是匯票既可代表一筆單純的匯款，也可能意謂一宗投資交易。

困境能夠讓人擺脫許多顧忌，而教宗、國王及其他統治者便將未來的收益做為貸款抵押，於是更有辦法進行日益昂貴的作戰行動與外交工作。此時義大利各城邦也推出發行公債的做法，成為銀行史及公共財政史上的重大創舉。一三〇三至一四〇〇年之間，佛羅倫斯市的公共債務已從五萬攀升到三百萬「弗羅林」金幣。義大利銀行家們〔圖118〕允許透支貸款的金額超出銀行存款總額，得以運用「品質管理」的方式來增加貨幣供給量，突破了千百年來由錢幣實際流通量所造成的限制。然而義大利的大型銀行金融家族最後多半都透支過度（往往必須歸咎於他們難以拒絕的王室貸款），結果因為國王們拖欠償債而紛紛倒閉。

〔圖119〕
「維埃納多芬」[12]洪貝爾二世（1333-49）的「弗羅林」金幣
維埃納在一三二七年開始仿造「弗羅林」，這表示隆河河谷地區早已流通義大利的金幣。教宗駐錫亞維農以後，促成了此事發生——亞維農教廷變成一個稅收體系的中心，使得整個基督教世界的貴金屬流向該地。

〔圖120〕
波希米亞國王瓦茨拉夫二世（1278-1305）的「布拉格格羅申」銀幣
「布拉格格羅申」是歐洲東部所熟悉的銀幣，但波希米亞的白銀多半在製作成錢幣之前即已向東方與南方輸出。

〔圖121〕
匈牙利國王拉迪斯拉斯五世（1453-57）的「杜卡特」金幣
呈現「聖拉迪拉斯」手持「王權寶球」與戰斧。一三二八年時，克雷姆尼察已出產足夠的黃金供使用於發行金幣。匈牙利在中世紀後期一直維持很高的金幣製造量，主導了中歐的錢幣供應，以致匈牙利的「杜卡特」長期成為中歐優先使用的付款工具。

其中英國國王和法國國王在一二九四年導致盧卡的里卡爾迪家族破產。英國國王愛德華三世相繼於一三四三和一三四六年拖垮了佛羅倫斯的佩魯奇與巴爾迪家族。梅迪奇雖然是中世紀後期銀行家族的佼佼者，但就連他們也在一四九四年大跌一跤：那一方面是因為長期的貿易失衡將其資金套牢在義大利境外，同時他們又在佛羅倫斯面臨強大的政治壓力。無論他們在銀行業務和巨額融資上的技巧再怎麼高超，所有的差額最終還是必須用黃金和白銀償付結清。

整體來說，金錢在政府和社會都扮演了更加重要的角色。統治者日益向臣僕支付薪資，而非賜予土地。他們停止依賴老式的封建徵兵制，由於各種傳統與先例已讓舊制變得既繁雜又缺乏彈性，因而改以現金來補給和支付軍隊。大規模的軍事衝突，例如進行於英法之間的「百年戰爭」（1337-1453），更令人有必要向盟友提供資助，以及支付巨額的贖金與撫恤金。十字軍東征和長途跋涉的朝聖之旅，同樣使得大規模的金錢輸送成為必需。

封建佃戶日益用貨幣地租來取代勞役地租，他們的佃主則越來越仰賴現金付款，甚至更直接地積極介入田莊的開發利用，以便生產更多可供出售的剩餘農作物。從十三世紀開始，各種每週一次的集市已促成小額金錢交易深入城鎮以外的地區。物價雖然時而全面上揚（但從未接近現代的水準），不過工資通常亦可同步調升——儘管有些人希望從固定的地租獲益，並執著於「正義價格」和「正義工資」等概念。金錢供應量的不斷增加固然是促成物價上漲的原因之一，但還需要其他的因素來配合。例如黑死病在一三四六至四七年肆虐之後，人口驟減所導致的勞力短缺促成了工資提高。

---

[12] 譯注：「多芬」在法文意為海豚，是隆河谷地「維埃納伯爵」的正式頭銜（其家族標誌為海豚）。洪貝爾二世「多芬」在一三四九年將自己原屬神聖羅馬帝國的邦國賣給法國國王腓力六世，成為法國太子的領地。法國王儲從此稱作「法蘭西多芬」（Dauphin de France）——法國「海豚」。

但我們不可過度高估當時錢幣被普遍使用的程度。與中世紀早期相形之下，儘管當時大多數人已經對錢幣更加熟悉，可是在社會的許多方面仍未每日使用金錢。鄉間地區的日常生活多半是以自給自足和小規模的物物交易為基礎。人們只有在出售剩餘農產品的時候，才偶爾賺一些錢幣，而且同樣只是偶爾將錢幣使用於繳納稅金、租金、貢賦、罰金，或者在更罕見的情況下支付特殊商品與服務所需的費用。這些開銷項目固然會隨著改用現金支付佃租，因而變得更加頻繁和重要，不過錢幣的使用很容易就會演變成具有季節性，發生

〔圖 122〕
那不勒斯國王查理二世（1285-1309）的「吉利亞托」銀幣（gigliato）
它是較大型的「格洛索」銀幣，尺寸為義大利早期「格洛索」的兩倍，在中世紀後期主導了義大利的銀幣。薩丁尼亞島上的銀礦為那不勒斯的「吉利亞托」提供原料，使之成為地中海沿岸的主要貿易錢幣，不但與威尼斯的「格洛索」互爭高下，並且在一三三〇年代取而代之。

〔圖 123〕
法國國王腓力六世（1328-50）的「帕維雍」金幣（pavillon）
圖案是位於華蓋之下的國王，並以鳶尾花做為裝飾。法國是以漸進的方式引進金幣。之前雖曾發行過幾次金幣，但法國的經濟體系一直要等到一三三〇年代，才擁有足夠黃金來維護金幣與銀幣之間的合理比價。法國早期發行的金幣具有相當高超的設計，為其他西方統治者樹立了典範。

在收割農作物以後。這反映於約定俗成的繳納稅賦和租金的固定日期，例如「萬聖節」（十一月一日）和「施洗者約翰節」（六月二十四日）。手頭較寬裕的百姓固然積蓄了較多財富，而且更經常接觸到金錢，但硬幣的供應量依然對金錢的使用造成了相當限制。

貨幣流動性因而很可能成為嚴重的問題。進入十四世紀以後，歐洲未曾發現新的銀礦，而舊礦區的產量卻不斷降低，造幣原料的供應量也隨著貴金屬銷往全歐和歐洲境外而減少。以銀幣或銀錠等形式流向近東的白銀，是歐洲的主要出口品之一，用於交換各種香料（讓冬季的食物變得比較可口），以及西方人迫切需要的其他東方貨物；貴金屬的外流，則讓諸如威尼斯人之類的中間商，以及白銀生產商本身有機會大賺一筆。

〔圖 124〕
英國國王愛德華三世（1327-77）的「諾伯」金幣（noble）
圖案為國王手持寶劍和盾牌立於船上。英格蘭在一三四〇年代已經熟悉外國金幣，而且國王在議會支持下，也發行了本國的倍數金幣與銀幣。「諾伯」是以英國的兩種計算單位來估價，折合半個「馬克」[13]或三分之一鎊。

〔圖 125〕
西西里國王查理一世（1266-85）的「薩魯托」金幣（saluto）
圖案為「聖母領報」（Annunciation）：天使長加百列走向聖母瑪利亞，他們中間隔著一束百合花。宗教性的圖像經常出現於中世紀的錢幣設計。

[13] 譯注：此處的「馬克」（mark）為中世紀英國計價單位（但非錢幣名稱）。一馬克合一百六十便士或三分之二英鎊。

如果一地的造幣價格缺乏競爭力，或者一地的產品乏人問津的話，那麼地方上經常容易短缺貴金屬。金銀複本位制（亦即在貨幣體系內同時使用金幣和銀幣的做法），使得問題益形嚴——由於某些統治者試圖以不切實際的方式訂定金銀之間的比價，導致定價過低的金屬流向出價較高的造幣所。十五世紀進而長期出現極度短缺錢幣的現象，即所謂的「貴金屬荒」，以致削弱了商品交易和其他的經濟活動，而且就連大量擁有資產和其他貨物的人也深受其害。如此一來，一個已經習慣於錢幣，而且往往實際需要錢幣的經濟體系，面臨了嚴重的現金短缺。

各地統治者的造幣所競相取得餘剩貴金屬的同時，也出現了壓力，讓人們必須連結不同的貨幣來促進發展中的商業。十四世紀的時候，萊茵地區的諸侯已簽訂一連串的協議來結合彼此的貨幣，他們並同意按照相同標準來打造金幣〔圖126〕，有時一部分的銀幣也如此處理。從十四世紀中葉開始，一些加入漢撒同盟的波羅的海沿岸城市也依據共同標準，在「文德錢幣同盟」的架構下推出了「威騰」銀幣[15]〔圖127〕。十五世紀許多規模較小的義大利錢幣發行者，則是根據威尼斯標準來製作「杜卡特」金幣。

這種趨勢更因為政治上的發展而獲得助力。例如布根地的統治家族取得了尼德蘭大多數俗世諸侯國的控制權（荷蘭、法蘭德斯、埃諾、布拉班特及盧森堡），於是在該地區引進了共同貨幣〔圖128〕；伊比利半島的各個王國（葡萄牙除外）落入單一統治家族手中以後，卡斯提爾的錢幣旋即在一四九〇年代成為西班牙的國幣；而法國國王分佈各地的造幣所非但強化了全國錢幣的一致性〔圖130〕，並且在歷盡「百年戰爭」的磨難之後，重建了穩定的國家貨幣。

〔圖126〕
美因茲大主教阿道夫二世（1461-75）的「古爾盾」（gulden）金幣
圖案為萊茵地區四個選帝侯的徽章，他們分別為美因茲、科隆、特里爾三地的大主教，以及巴拉丁伯爵。[14]這些諸侯在一三八五年成立「萊茵貨幣同盟」來協調彼此的錢幣，往往並採用相同的設計。此處的圖案代表該同盟在一四六四年簽訂的第十八次協定，有效期限為二十年。

到了十五世紀中葉，「貴金屬荒」所導致的通貨緊縮開始得到舒緩，而那是陸續發現了新的銀礦區，以及採礦技術改進後的結果。之後美洲新的貴金屬來源所造成的衝擊，更促成歐洲的金錢在中世紀以後全面改觀。

〔圖 127〕
呂北克的「威騰」銀幣（約 1366-80）
貨幣協定將漢撒同盟的各座城市連結起來。先是由呂北克與威斯瑪締結盟約，而後漢堡和呂內堡等地亦紛紛加入。漢撒同盟的第一屆「協議會」在一三七九年召開，此後的許多類似協議以「文德錢幣同盟」之名，在一五六九年以前共同規範了德境北部的貨幣。

〔圖 128〕
布根地公爵「善良的腓力」的金獅幣
發行於腓力兼任法蘭德斯伯爵期間（1419-67），得名自圖案中央位於華蓋之下的獅子。尼德蘭各大諸侯國落入布根地公爵手中之後，在一四三四年首度發行統一的貨幣（適用地區包括法蘭德斯、布拉班特、埃諾、荷蘭）。一四五四年進行幣制改革後，金獅幣成為當地的主要金幣。

[14] 譯注：神聖羅馬帝國最初共有七位選帝侯：美因茲、科隆、特里爾三地的大主教，以及巴拉丁伯爵、薩克森公爵、布蘭登堡邊區伯爵、波希米亞國王。

[15] 譯注：「文德錢幣同盟」（Wendish Monetary Union）得名自「文德人」（Wenden），即居住在德國易北河東岸的西斯拉夫民族——該同盟之主要城市皆位於易北河以東。「威騰」（Witten）在低地德語意為「白幣」。

〔圖 129〕
教宗英諾森八世（1484-92）的「殿內杜卡特」金幣
圖案為聖彼得捕魚。教宗的錢幣在中世紀晚期才開始廣為發行，時間是在駐錫亞維農之際。十五世紀教宗國恢復秩序以後，在義大利繼續擴大金幣發行量。教宗國大量打造了兩個系列的杜卡特金幣，其中之一是以威尼斯的金幣為基準，另一個系列──「殿內杜卡特」（Ducato di camera）──則重量較輕。

〔圖 130〕
法國國王路易十一（1461-83）的「太陽埃居」金幣（écu au soleil）
此錢幣名稱得自其圖案設計：飾以王冠的法蘭西盾牌（écu）位於太陽（soleil）之下。「埃居」是一三八五年至近代早期的主要法國金幣，其間只出現過少許變動。每一枚錢幣皆以暗號標示出法國不同的造幣地點，例如此處在拉丁文「路易」（Ludovicus）一字的「V」下方出現一個小型環狀物，[16]表示它打造於土魯斯。

[16] 譯注：環狀物出現在這枚錢幣兩點鐘的位置。

第四章　伊斯蘭諸國

我們的社會裡面有兩隻餓狼，即金錢與地位。

——伊本·罕百里，卷三，頁四五六

西元七世紀初葉，伊斯蘭教義在麥加被啟示給先知穆罕默德，而麥加自古以來就是聖地和阿拉伯半島的主要貿易城市之一。伊斯蘭曆法——或「希吉拉曆」——將西元六二二年訂為元年，此即先知穆罕默德「聖遷」之年。當時他與麥加的統治菁英陷入衝突，於是帶領自己的追隨者逃往麥地那，並在當地組織了第一個穆斯林社群。麥地那率先修築清真寺，軍事征服行動亦從該地展開，進而建立起穆斯林帝國。

七世紀初期的時候，即將歸屬穆斯林帝國的地區仍分別受到兩大強權支配：拜占庭帝國控制了地中海沿岸各國，波斯的薩珊王朝則統治伊朗與伊拉克。二者接壤於底格里斯河與幼發拉底河之間的「傑吉拉」地區，即所謂的「島嶼」。阿拉伯人的擴張行動進展得極為快速，以致到了七世紀中葉，穆斯林已在敘利亞和埃及擊敗拜占庭帝國、推翻了薩珊王朝，並於隨後五十年內繼續向前挺進，征服了西班牙至印度之間風土民情差異甚大的遼闊疆域。

宗教與金錢的力量

伊斯蘭既是一種宗教信仰，同時也是一個政治體系。在隨後許多世紀內，即便穆斯林帝國歷經多次興衰、不同的伊斯蘭宗派與學派相繼成立，伊斯蘭教義的本質——信仰獨一無二的真神，相信其使者穆罕默德是「先知的封印」[1]——仍跨越時空維繫了教內的團結。在剛開始的時候，伊斯蘭哈里發必須設法調解真主的要求與塵世所關心事物之間的對立，而這種緊張關係也反映於伊斯蘭看待金錢的態度和處理錢幣的方式。那是因為伊斯蘭所建構的倫理體系，必須遷就世俗的需要和國家對金錢的需求，諸如有效徵收稅賦、成功組織商業生活等等。

從伊斯蘭時代肇始之初的情況已可清楚看出，金錢的力量造成了某種不安。像《古蘭經》便一再對金錢的虛幻本質做出警示：「傷哉！每個誹謗者，詆毀者，他聚積財產，而當作武器，他以為他的財產，能使他不滅」（《古蘭經》，一〇四章〈誹謗者〉，一至三節）。更何況金錢誘人偏離「真理之路」的潛伏傾向也帶來了焦慮：「財產和後嗣是今世生活的

〔圖 131〕
「迪拉姆」銀幣（dirham）
或許在西元六九〇年前後打造於大馬士革。薩珊王朝錢幣原件上面常見的「火之祭壇」與祭司，已被「米哈拉布」（mihrab）的圖案取代（此即清真寺內面向麥加的祈禱壁龕）；圖案中央是「阿那扎」（anaza），亦即麥地那清真寺內豎立於禮拜者面前的先知矛杖。矛杖兩旁以阿拉伯文「庫法」字體寫出「穆民的長官」、「真主的使者」，以及「願真主賜予勝利」（收藏於紐約「美國錢幣學會」）。

裝飾；常存的善功，在你的主看來，是報酬更好的，是希望更大的」（《古蘭經》，十八章〈山洞〉，四十六節）。據悉先知穆罕默德本人亦曾表示：「金錢正在考驗我的社群」（伊本．罕百里，卷四，頁一六〇）。

金錢的力量所造成的不安是如此根深蒂固，使得宗教主動設法限縮金錢的影響力，並規定穆斯林可於特定條件下既擁有金錢又合乎倫理。先決條件就是繳納「扎卡特」，亦即按照個人財富的固定比例計算出來的「天課」，而且它被列為伊斯蘭教徒的「五功」之一。[2]除此之外，《古蘭經》更明文禁止高利貸（riba）：

〔圖 132〕
打造於敘利亞的「第納爾」金幣（695-696）
呈現身穿傳統阿拉伯長袍、手握寶劍的「倭馬亞王朝」哈里發，阿卜杜勒．馬利克（Abd al-Malik）。邊緣環繞的錢文乃《清真言》（Shahada）：「萬物非主，唯有真主；穆罕默德，真主使者」。錢背圖案是一個修改過的拜占庭十字架，兩側以阿拉伯文寫道：「奉真主之名打造於七十六年」。這種樣式的硬幣（銅幣也使用相同造型）打造於阿布杜勒．馬利克進行錢幣改革之前不久。它們反映出拜占庭的錢幣原型已被阿拉伯化。

〔圖 133〕
北非阿拉伯人打造於回曆九十七年的「第納爾」金幣（715-716）
北非從六九〇年代初期開始仿造迦太基的拜占庭金幣。阿拉伯仿製品上面的錢文包含了《清真言》的拉丁文翻譯。這枚金幣在正面以阿拉伯文寫出《清真言》的前一半：「萬物非主，唯有真主」，以拉丁文寫出打造地點及日期。背面則是《清真言》的後一半：「穆罕默德，真主使者」，並以拉丁文寫出「真主獨一」。

[1] 譯注：《古蘭經》將穆罕默德稱作「先知的封印」（Seal of the Prophets），即「最後的先知」之意。

[2] 譯注：伊斯蘭教的「五功」分別為「念功」（念《清真言》）、「拜功」（每日祈禱五次）、「課功」、「齋功」（於齋戒月禁食）、「朝功」（前往麥加朝聖）。其中的「課功」（天課）即「扎卡特」（Zakat）——穆斯林必須每年捐獻自己收入的四十分之一，用於施捨及修築清真寺等等。

「吃利息的人，要像中了魔的人一樣，瘋瘋癲癲地站起來……真主准許買賣，而禁止利息」(《古蘭經》，第二章〈黃牛〉，二七五節）。

儘管有這些規範存在，穆斯林教徒還是開發出許多金融手段，而且禁止收取利息一事，並未對買賣業或銀行業造成障礙。金融業務所引發的倫理顧慮，導致各主要伊斯蘭城市設立「穆哈泰希卜」這個職務。「穆哈泰希卜」（市場監督官）乃國家官吏，而被指派擔任這個職務的人，至少在理論上是因為他們道德高尚並精通伊斯蘭律法（「沙里亞」）的緣故。其職責是確保「沙里亞」在一切商業領域內都被貫徹執行。於是他們檢查度量衡，甚至查驗偽幣。他們確定商人未曾索取利息，並嚴厲處罰囤積居奇的行為。這個實務雖招致不滿，但顯然有各種理由促成此事發生。從十三世紀一則來自葉門亞丁的故事，即可看出恪遵教規的伊斯蘭信徒面對手頭的金錢時，如何在道德上對其來源深感不安。在那則故事中，一名法學家拒絕與某人做生意。他認為該人未能信守「沙里亞」，因此其金錢在道德上已受污染。他害怕自己也受到污染，於是刻意將自己的錢幣與該人的錢幣分隔開來。

伊斯蘭硬幣的錢文同時包含了宗教性與世俗性的訊息，反映出這兩個要素在伊斯蘭社會與金錢文化中所佔有的地位。那麼伊斯蘭色彩鮮明的錢幣傳統又是如何形成的呢？

錢幣與早期的伊斯蘭

阿拉伯人進行征服的時候，繼承了兩大錢幣體系。在西方是拜占庭帝國金本位的幣制，其最主要的錢幣為「索利都斯」〔圖 134-b〕。在薩珊王朝的伊朗則是銀本位的幣制，其最主要的銀幣為得名自希臘的「德拉克馬」（圖 134f-i）。據悉麥加的商人在伊斯蘭創教之初，已經使用了「索利都斯」、薩珊王朝的「德拉克馬」，以及衣索比亞的硬幣。西邊的穆斯林先是沿用拜占庭的錢幣，而後加以仿造，但把它修改成符合伊斯蘭教義的模樣，移除了諸如十字架之類特定的基督徒符號（圖 134a-e）。東邊的穆斯林打造「迪拉姆」時，則繼續遵循薩珊王朝的銀幣形式。薩珊王朝統治者的肖像，以及瑣羅亞斯德教的「火之祭壇」圖案仍被保留，但添加了阿拉伯語的錢文：「bismillah」（「奉至仁至慈的真主之名」），並以中古波斯語「巴勒維語」或雙語寫出伊斯蘭總督的名號（圖 134f-g）。

伊斯蘭錢幣的起源

最早期的伊斯蘭錢幣拷貝自拜占庭帝國的金幣和銅幣，以及薩珊帝國的銀幣——那兩國的錢幣曾在先知穆罕默德死後數十年內流通於阿拉伯人征服的地區。阿拉伯的「第納爾」金幣（dinar）和「法勒斯」青銅幣（fals），[3]分別得名自拜占庭的「德納留斯奧里烏斯」（denarius aureus, 即「索利都斯」金幣）和「福利斯」（follis）。「迪拉姆」銀幣（dirham）則得名自薩珊王朝的「德拉克馬」（drachm）。那些早期的硬幣被稱作「阿拉伯－拜占庭」或「阿拉伯－薩珊」錢幣，藉以反映出它們的起源。從以下的圖解可以看出那些錢幣如何遭到修改，例如移除了基督徒的圖像或者加上了阿拉伯語的錢文。

[3] 譯注：「法勒斯」在阿拉伯語的複數形式為「fulus」，因此某些中文古籍稱之為「甫嚕斯」。

〔圖 134a〕
拜占庭皇帝赫拉克留斯（610-41）的「索利都斯」金幣
正面呈現皇帝及其二子，背面圖案則是豎立於三個台階之上的十字架。這是曾經被穆斯林模仿的拜占庭錢幣之一。

〔圖 134b〕
模仿自「索利都斯」的「第納爾」金幣
或許在西元六九一和六九二年之交打造於大馬士革，時間是倭馬亞王朝哈里發阿卜杜勒．馬利克任內（685-705）。所進行的修改包括移除了帝王頭帶上方的十字架、將錢背的十字架變更成一根柱子，並以「庫法體」環繞金幣邊緣寫出《清真言》：「奉至仁至慈的真主之名。萬物非主，唯有真主；穆罕默德，真主使者」。

〔圖 134c〕 倭馬亞帝國

〔圖 134d〕
拜占庭皇帝君士坦斯二世（641-48）的「福利斯」銅幣
錢面圖案為皇帝手持十字架與「王權寶球」，錢背出現「M」這個希臘數字，標明其面值為四十「努姆斯」。「阿拉伯－拜占庭」錢幣模仿了這些細節。

〔圖 134e〕
模仿自君士坦斯二世「福利斯」的「法勒斯」青銅幣
打造於敘利亞的荷姆斯。拜占庭帝國在西元七世紀初葉關閉了敘利亞製作銅幣的造幣所，但阿拉伯人加以重新啟用，打造出一系列的「甫嚕斯」銅幣（「甫嚕斯」是「法勒斯」的複數形式）。這枚錢幣也許製作於六八〇年代以後，或者是在六九六年進行貨幣改革之前。有些「阿拉伯－拜占庭」的仿製品就像此處的範例一般，與原件非常類似，此外也出現過許多不規則的版本，以及加蓋印記的錢幣。

〔圖 134f〕
薩珊皇帝庫薩和二世（590-628）的「德拉克馬」銀幣
西元六二六年打造於伊朗的畢沙普爾。錢面呈現統治者的肖像，錢背則為祆教的「火之祭壇」與祭司。庫薩和二世的錢幣是「阿拉伯－薩珊」仿造版的主要參考對象。

〔圖 134g〕
「迪拉姆」銀幣
以倭馬亞王朝時代伊斯蘭東部地區權傾一時的總督──哈查只．伊本．優素福──之名義打造於畢沙普爾。它具有改革前的典型錢幣特徵，在正面是薩珊王朝庫薩和二世的胸像，並加上了總督的名字以及用「庫法體」阿拉伯文寫出的《清真言》。背面環繞「火之祭壇」和祭司的錢文則使用巴勒維語（中古波斯語），寫出了造幣所的名稱縮寫「ＢＹＳＨ」（畢沙普爾）與製造年份：回曆七十六年（695-6）。

〔圖 134h〕
伊朗北部塔巴里斯坦地方領袖胡爾希德的「迪拉姆」銀幣
打造於回曆一二三年（740）。薩珊帝國向伊斯蘭臣服之後，塔巴里斯坦這個省分（北伊朗）在「伊斯帕巴德家族的達布伊德王朝」統治下，仍然長年保持獨立。伊斯帕巴德家族沿襲薩珊王朝的風格來打造錢幣，但尺寸只有原先的一半。塔巴里斯坦在西元七六一年遭到穆斯林攻佔後，阿拔斯王朝哈里發任命的總督繼續使用當地錢幣，直到西元八世紀末為止。

〔圖 134i〕
阿拔斯王朝布哈拉總督的低成色「迪拉姆」銀幣

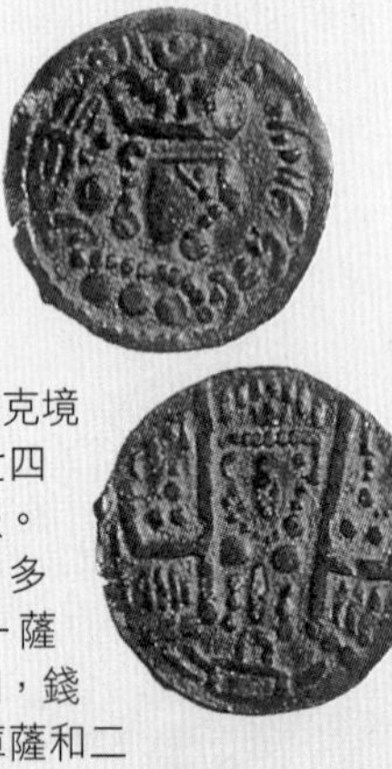

布哈拉位於粟特那個省分，地處今日的烏茲別克境內，在西元六七四年被穆斯林征服。這枚錢幣與大多數的「阿拉伯－薩珊」仿製品不同，錢面的人像並非庫薩和二世，而是巴赫拉姆五世（420-38）。巴赫拉姆從白匈奴手中奪得粟特之後，他的錢幣就在當地流通。這枚銀幣上的文字，分別以「庫法體」阿拉伯文寫出阿拔斯王朝哈里發馬赫迪（775-85）的名號，以布哈拉文寫出巴赫拉姆五世。

隨著回曆七十七年（西元六九六年）進行錢幣改革，薩珊王朝的風格已大致消失，但是過了約莫一個世代以後，它又在伊斯蘭世界的東部省分重新出現〔圖 134h-i〕。改革帶來了嶄新而造型明確的伊斯蘭錢幣。新引進的「第納爾」金幣和兩年以後接著推出的「迪拉姆」銀幣，結束了之前對形象圖案所做的試驗，從此選用的錢幣設計只出現文字〔圖 135-6〕。

一般認為改革錢幣的主要理由有二。首先，有資料顯示阿卜杜勒·馬利克執政的時候，那位伊斯蘭哈里發與拜占庭皇帝查士丁尼二世之間爆發了爭執。西元九世紀的阿拉伯歷史學家拜拉祖里記載道：哈里發開始在埃及運往拜占庭的阿拉伯莎草紙上面寫出有關「真主獨一」的字句。查士丁尼二世怒曰：「你們的題詞令我們不快。除非你們罷手，否則就會在我們的『第納爾』上面發現有關你們先知的字眼，讓你們看得不高興。」阿卜杜勒・馬利克對此威脅做出的反應，就是決定改造錢幣。其次，或許更重要的原因在於，穆斯林教士對官方或宗教領域內的人物圖像反感日增，而且越來越盛行的觀點是，錢幣上出現統治者肖像的做法很不恰當。

新式的錢幣設計也帶來了新的阿拉伯黃金重量標準。拜占庭金幣的四點五五公克標準重量，現在被調整為二十個阿拉伯「開」（carat），即四點二五公克——這個重量單位也稱作「密斯卡爾」（mithqal）。就銀幣而言，雖然各地出現了不同的「迪拉姆」標準，但早期所發行各種銀幣的平均重量都在二點八到二點九公克之間。銅幣也受到改革波及，上面的錢文僅僅壓印出一段《清真言》的文字（見下）。不過新規矩並沒有被嚴格遵守，因為某些造幣所在八世紀時使用了五花八門的標誌，像是棕櫚樹、燭台等圖樣，甚至諸如大象〔圖138〕和跳鼠之類的動物形象。

負責執行錢幣改革的人，是阿卜杜勒・馬利克手下位高權重的總督，哈查只・伊本・優素福。他同時掌管伊拉克和伊朗，而且一般認為西元七〇二和七〇三年之交，他在瓦西特創辦了第一座阿拉伯造幣所。拜拉祖里對此的記載是：「哈查只查明波斯人製作『迪拉姆』的方法之後，便設立造幣所並徵集人手前往打造銀幣。而且他在造幣工人手上刺青或烙印做為標記」。從許多文獻資料可以看出，造幣所員工和錢幣兌換商的確隨時受到嚴密監視，藉以避免出現造假情事。涉嫌偽造者可被判處砍手之刑以示懲罰。

即便隨後幾個世紀內出現了許多改變，但伊斯蘭錢幣的主要特徵如今已然成形。通常被稱作「正面」的部分，用錢文表明真主獨一無二。「背面」的文字則起初用於反駁基督教義的三位一體說。此做法在七五〇年遭到替換，更改為陳述穆罕默德的真主使者身分——那些字眼被稱作《清真言》或「凱里麥」（Kalima）。大多數錢幣上面並以文字標示製造地點及年份。

下一回合的重大改革，則發生於阿拔斯王朝哈里發馬蒙（813-33）在位時期，而自從他統一錢幣樣式以後，便如此延續了數百年之久〔圖139〕。在阿拔斯哈里發的領地內，世俗統治者直到十一世紀都保留同樣的錢幣類型，伊朗和伊拉克甚至保留到十三世紀中葉，藉此表示他們依然擁戴阿拔斯王朝的哈里發，承認其伊斯蘭宗教領袖的地位。[4]那是因為即便各省分已相繼落入獨立的世襲統治者手中，使得哈里發握有的土地所剩無幾，哈里發仍在數百年的時間內繼續享有重要地位，能夠以「真主在大地上的助手」之身分，讓伊斯蘭世界的統治者們獲得正統性。各地的統治者通常也就行禮如儀，形式上由哈里發授予統

〔圖135〕
或許製作於大馬士革的「第納爾」金幣（696-697）
這枚缺乏圖像設計的錢幣打造於回曆七十七年，是阿卜杜勒．馬利克進行貨幣改革時最先推出的版本。其錢文道出了伊斯蘭教義的要旨。錢面為：「萬物非主，唯有真主；沒有任何物可以做祂的匹敵」。「穆罕默德是真主的使者。祂曾以正道和真教的使命委托祂的使者，以便他使真教勝過一切宗教」。錢背為：「真主是獨一的主，真主永生不滅，祂沒有生產，也沒有被生產」。在邊緣則是：「奉真主之名，此第納爾打造於七十七年」。這枚新式「第納爾」的標準打造重量為四點二五公克，亦即一個名叫「密斯卡爾」的重量單位。

〔圖136〕
回曆七十九年打造於大馬士革的「迪拉姆」銀幣（698-699）
改革後最早出現的銀幣便來自這一年。打造時使用了「庫法體」錢文，並列出造幣所的名稱。

〔圖137〕
打造於黎巴嫩巴爾貝克的「法勒斯」青銅幣
這枚改革後發行的銅幣列出了《清真言》及造幣所的名稱。其上雖無日期，但目前普遍認為，這個批次的錢幣是在西元六九六／六九七年引進改革後的十年之內，由倭馬亞哈里發打造的。

〔圖138〕 打造於敍利亞荷姆斯的「法勒斯」青銅幣（七世紀末至八世紀初）
正面出現一頭大象和《清真言》的開頭部分，然後在背面續完。倭馬亞王朝進行改革後，仍有一些「甫嚕斯」保留了圖像設計，這枚青銅幣即為其中之一。

治權，並且在錢幣上同時打出哈里發和自己的名號〔圖140〕。

伊斯蘭世界的錢幣雖然主要用於發揮貨幣功能，但它們也是政治上和宗教上的重要文獻，在錢文中包含了一些複雜的訊息。錢幣的打造，即「希卡」（sikka），以及在星期五「聚禮日」講道的時候——「呼圖白」（khutba）——稱頌統治者的名字，分別成為伊斯蘭君權的兩大公開象徵。統治者往往以自己的名義來打造錢幣，藉此展現他們已經大權在握，而且在征服了新的土地之後也會這麼做。錢文亦可用於點出統治者的宗教路線。比方說，遜尼派的王朝繼續沿用錢幣改革之後引進的宗教訊息；什葉派的王朝，例如法蒂瑪王朝（909-1171），卻刻意使用「阿里是真主之友」之類的字句來歌頌先知的女婿阿里，因為他們將阿里視為什葉派的第一代「伊瑪目」。[5]一些強調自己與先知家族的淵源、意圖藉此來鞏固政權的統治者，則會採取類似

〔圖139〕
阿拔斯王朝哈里發馬蒙的「第納爾」金幣
回曆二一二年（827-8）打造於「和平城」，即巴格達。馬蒙曾經強制統一了阿拔斯王朝早期各式各樣的金幣與銀幣。

〔圖140〕
西班牙倭馬亞王朝的「迪拉姆」銀幣
回曆一五四年（770-71）打造於安達魯斯，即哥多華。當時的統治者是阿卜杜勒·拉赫曼一世（756-88）。西班牙的倭馬亞王朝在西元七五〇年自立門戶，統治了三個世紀。

[4] 譯注：阿拔斯王朝（Abbasids）是穆罕默德叔父的後代，在西元七四九年取代倭馬亞王朝（但西班牙與埃及不承認其統治權），從十世紀前後開始積弱不振，一二五八年被蒙古人消滅。

[5] 譯注：阿里是穆罕默德的堂弟、女婿和第一個回教信徒，「伊瑪目」（Imam）則是回教什葉派政教合一的最高領袖。

孟加拉的阿拉伯統治者侯塞因・沙赫（1494-1519）之做法，在錢幣上自稱為「瓦拉德・薩伊德・艾爾—穆爾西林」（walad sayyid al-mursilin），意思是「先知與領袖的苗裔」。

除了錢幣之外，伊斯蘭統治者還運用各種方法來自我標榜。一些自視為穆斯林社群領袖的人——像是倭馬亞王朝、阿拔斯王朝、法蒂瑪王朝、栽德王朝等等的統治者——給自己冠上了諸如「伊瑪目」、「哈里發」、「穆民的領袖」之類的頭銜。至於一般世俗的統治者，他們名義上是哈里發的代理人，所採用的頭銜則為「馬利克」、「沙赫」（國王）或「蘇丹」（最高統治者）。這些頭銜往往並飾以「偉大的」或「最榮耀的」之類的形容詞。大多數統治者在道出正式職稱的同時，還使用不傳給下一代的個人「別號」，例如「穆斯坦綏爾」、「扎希爾」等等，結果「別號」通常變成了他們在歷史上留下的名字。[6]正如同在歐洲那般，一位統治者擁有一大堆頭銜是很正常的事情，但錢幣上面的空間只容納得下其中一小部分。

〔圖 141〕
阿爾圖格王朝統治者努爾丁・穆罕默德（1167-85）的銅幣
回曆五七八年（1182-83）打造於今日土耳其東部的希森凱法。其圖案為一個戴上帝王飾帶的頭像，拷貝自敘利亞希臘裔國王塞琉古斯二世（西元前 246-226）的錢幣。十二與十三世紀時，阿爾圖格王朝是土庫曼人在「傑吉拉」地區建立的許多王朝當中，運用各式圖像來打造錢幣者之一。那些類型的錢幣或許展現了當時對古代文明的懷舊之情。

〔圖 142〕
阿爾圖格王朝統治者胡薩姆丁・尤魯克・阿爾斯蘭（1184-1201）的銅幣
打造於回曆五九六年（1199-1200）。其上呈現一個頭戴帽盔、手持人頭的趺坐人物形象。據判斷那顆人頭應該是火星的象徵，乃「傑吉拉」地區在十二世紀下半葉引進的一系列黃道帶標誌之一。

雖然從七世紀末葉開始不鼓勵使用具像圖案，但只有在宗教的領域內（如清真寺或《古蘭經》的圖解），或者是在官方製作的物品上面（如印信和錢幣），才會嚴格執行相關禁令。即便如此，錢幣上還是出現了不少有趣的例外，這顯示伊斯蘭統治者很難完全按照字義來遵守教規。在那些例外出現的圖像當中，有許多正是當時常見的伊斯蘭藝術圖案，設計出來專供使用於世俗的範疇（如金屬製品和陶藝品）。

舉例來說，十二和十三世紀的時候，在相當於今日敘利亞北部、伊拉克北部和安那托利亞東部一帶的地區，有一些土庫曼裔的王朝運用取材自不同來源的圖像設計，打造了一系列引人入勝的獨特青銅幣。他們最早期的錢幣呈現拜占庭式樣的基督徒圖案，像是坐在寶座上的耶穌基督和聖喬治屠龍。從十二世紀中葉開始，更平行出現了使用泛希臘化和薩珊王朝時代古典人物頭像的錢幣，此外有些錢幣還刻畫出不同的占星學標誌〔圖 141-3〕。各種原型的錢幣往往被仿造得唯妙唯肖，表示沖壓模具的雕刻師很容易即可取得那些錢幣，雖然其中只有拜占庭的原型錢幣曾經在當地實際流通過。

此類錢幣的出現（至少是那些模仿自古代原型的錢幣），或可證明該地區基於政治上的考量，對當地已消逝的古文明產生了懷舊之情。例如安那托利亞的塞爾柱王朝（1077-1307）於凱胡斯勞二世統治時期（1237-46），在自己的銀幣上面使用獅子與太陽圖案（占星學的獅子座標誌），以及古代的波斯人名——這些做法顯示出來，當時的宮廷重新對古波斯產生了興趣。更後來的伊朗王朝，諸如「卡扎爾王朝」和「巴勒維王朝」，也設法利用錢幣及其他各種非常公開的方式，泡製出自己與前伊斯蘭時代（尤其是古波斯）昔日榮光的關聯性。結果獅子與太陽圖案被繼續沿用為革命之前的伊朗國徽〔圖 144, 146〕。

【6】譯注：「穆斯坦綏爾」（al-Mustansir）意為「求助於真主者」，「扎希爾」（al-Zahir）意為「顯赫者」。阿拉伯人在近代以前沒有姓氏，其人名非常複雜，依序可包括：「暱稱」（如「阿布·阿里」：阿里之父）、「本名」、「別號」、「父名」（如「伊本·阿里」：阿里之子），以及職業名稱、族名和祖籍等等。由於名字太過繁複，最後往往只強調「別號」。

〔圖 143〕
阿爾圖格王朝統治者法赫爾丁·卡拉·阿爾斯蘭（1144-67）的銅幣
圖案為耶穌手持書本的坐像，這是十世紀和十一世紀拜占庭後期錢幣經常使用的圖像。「傑吉拉」地區所打造的人物形象錢幣，有些也出現了基督教會的圖案，而當地百姓之前主要就是使用拜占庭的銅幣。

〔圖 144〕
呈現獅子與太陽圖像的瓷磚馬賽克壁板
位於撒馬爾罕「希爾多爾神學院」的入口，完成於一六一九至一六三六年之間。

〔圖 145〕
蒙兀兒皇帝賈汗季（1605-27）用於賞賜的「莫乎爾」金幣（mohur）
回曆一〇二三年（1614-15）打造於印度北部的阿傑梅爾。圖案為賈汗季趺坐在寶座上，右手舉起一個高腳杯。波斯語的錢文表示：「此金幣在正面以美麗裝飾圖案，呈現出阿克巴·沙赫之子，努爾丁·賈汗季的形像。」

〔圖 146〕
卡扎爾王朝統治者納西爾丁·沙赫（1848-96）的五「克蘭」銀幣（kran）
回曆一二九七年（1879-80）壓製於德黑蘭的機器造幣廠。獅子與太陽是很受歡迎的黃道帶標誌，它在十九和二十世紀成為伊朗國徽，之前曾經被中世紀的伊斯蘭王朝加以使用——例如安那托利亞的塞爾柱王朝。

蒙兀兒印度皇帝賈汗季（1605-27）也曾發行過一系列引人注目的錢幣，同樣使用了伊斯蘭世俗藝術常用的黃道帶標誌和人物圖像。由於那些錢幣僅供賞賜而不實際流通，使用此種圖像因而是可被接受的事情。更何況當時正處於宗教寬容的階段。賈汗季的父親，阿克巴大帝，已逐步發展出自己的「神聖宗教」，並且在一五八二年公佈實施，希望藉此融合帝國境內的各種不同信仰。賈汗季的錢幣則顯然源自一個怪念頭。他曾在日記中寫道：「在此之前的錢幣製作規則是，他們在金屬的正面印出我的名字，在背面是製作的地點和年號。時至今日，我心中的想法是：他們應該用每月所屬的星座圖案來取代月份名稱。」賈汗季和他的父親並且打造了用於賞賜的錢幣，上面出現他們的肖像。賈汗季所打造的一種錢幣甚至呈現他手持美酒一杯〔圖145〕，而那在正常的伊斯蘭範疇內實屬難以想像。伊朗卡扎爾王朝的統治者法塔赫・阿里・沙赫（1797-1834）也打造過肖像錢幣，其圖案為坐在寶座上的全身人像，呈現出那個時代的「沙赫」（伊朗國王）和波斯貴族的油畫像風格。

書法與裝飾藝術

開發出阿拉伯字母的理由，主要是為了滿足早期穆斯林的需求，以便抄寫在七世紀初葉口頭啟示給先知穆罕默德的《古蘭經》。從右向左書寫的阿拉伯文共有二十九個字母，是以拿巴提文字（Nabatean script）為基礎發展而成。它與《古蘭經》的關聯性使得人們煞費苦心來美化字體，而且傑出的書法家至今仍在伊斯蘭世界備受尊崇。既優雅又稜角分明的「庫法體」，乃抄寫《古蘭經》和打造錢幣時慣用的字體，直到它在十三世紀失去主流地位為止。此後它純粹被保留供裝飾用途使用。

各種草書體的字母從早期伊斯蘭時代以來即已有人使用，主要出現在莎草紙文件上；但是要等到書法家伊本·穆格拉（886-940）進行改革之後，它們才定型下來。「謄抄體」是最常使用的草寫字體之一，從十二世紀開始在錢幣上出現。其他的草寫字體，諸如「印度花押體」和「波斯體」，也被發展出來並使用於錢幣設計。

〔圖 147a〕
「第納爾」金幣
打造於回曆九十三年（711-12）。錢文使用早期的「庫法體」，展現其既優雅又稜角分明的字體特徵。「庫法體」的發展，與伊拉克的庫法那座城市具有密不可分的關係。

〔圖 147b〕
阿拔斯王朝哈里發木司塔辛[7]（1242-58）的「第納爾」金幣
人們想出許多不同的方法來裝飾「庫法體」，譬如在這枚錢幣上，字母的尾端被拉長而成為葉狀。

〔圖 147c〕
蒙古伊兒汗國統治者不賽因（1317-35）的「迪拉姆」銀幣
以「庫法體」寫出的《清真言》呈正方形，一般認為這種風格受到了中國印章格式的影響。環繞《清真言》出現四位「正統哈里發」的名字，分別為阿布·巴克爾、奧馬爾、奧斯曼與阿里，所使用的字體則為草書「謄抄體」。

〔圖 147d〕
北非哈夫西德王朝統治者阿布·宰卡里亞·葉海亞二世（1277-9）的「第納爾」金幣
在方格中出現的「庫法體」錢文，是北非和西班牙所開發「馬格里布字體」的極佳範例。

〔圖 147e〕
敘利亞與埃及阿尤布王朝統治者卡米勒（1218-38）的「第納爾」金幣其錢文首開先河使用了草書「謄抄體」。

〔圖 147f〕
埃及墓碑
製作於回曆三五六年(967)，
以經過裝飾的「庫法體」陽文
雕刻出：「奉至仁至慈的真主之名」。

〔圖 147g〕
伊朗薩非王朝統治者侯賽因一世（16941722）用於賞賜的銀幣
錢文使用了波斯書法家在十六世紀開發出來的草書「波斯體」。

〔圖 147h〕
鄂圖曼土耳其蘇丹艾哈邁德三世的「西昆」金幣（Sequin）
以「花押體」列出艾哈邁德三世（1703-30）的名號及各種頭銜。此字體最早出現在十五世紀的錢幣上，但一直要等到十八世紀才普遍使用於鄂圖曼帝國的各種錢幣。

〔圖 147i〕
印度江浦爾蘇丹，贍思丁·易卜拉欣（1402-40）的金幣
錢文使用草書「印度花押體」，十五世紀由江浦爾和孟加拉率先引進。

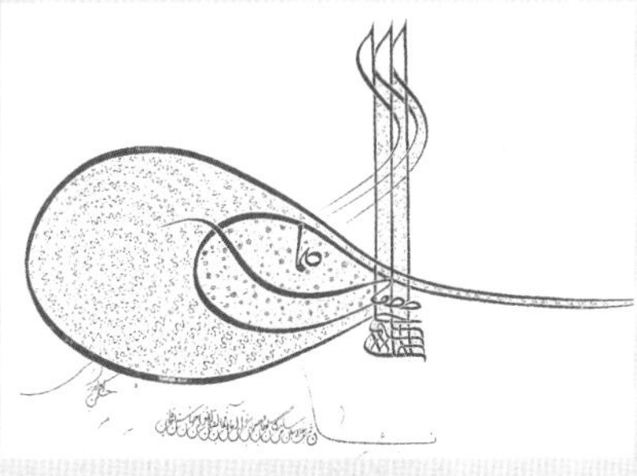

〔圖 147j〕
鄂圖曼蘇丹蘇萊曼大帝（1520-66）的花押
西元一五五〇年前後製作於伊斯坦堡。金黃色與天藍色的環狀物，是由各字母延伸出來的部分所構成，而其中最豪放的字母，就是「可汗」（khan）頭銜當中的「努尼」。[8]「花押」用於確認統治者的詔令，起先只出現在書面文件上，後來才擴充到封印、錢幣、圖章、石碑銘文等用途。有各種不同理論認為，它象徵著穆拉德一世蘇丹用墨水蓋出的手印形狀，或者呈現出傳說中的「圖格里鳥」（tughri bird），亦即鄂圖曼人之先祖──「烏古思」部落──的圖騰。

[7] 譯注：木司塔辛（al-Musta'sim, 1213-1258）是阿拔斯王朝末代哈里發，被旭烈兀（伊兒汗國的建立者）所殺。

穆斯林相信阿拉伯語是真主選定的語言，用於向先知穆罕默德傳達啟示。因此阿拉伯文字極受尊敬，阿拉伯書法家備受推崇〔圖147〕。伊斯蘭錢幣非常重要的一個特點，就是錢文經常改變字體；而錢幣是印有日期的物品，可同時反映出其他碑銘材料的發展，於是成為我們研究阿拉伯銘文時的珍貴資料來源。錢文字體的好壞當然有賴於造幣所的控管水準。早期的伊斯蘭錢幣使用「庫法體」阿拉伯字母，它得名自一個名叫「庫法」的伊拉克城市，字體特色為稜角分明的形狀。一直要等到十二世紀後期的阿尤布王朝時代，草書「謄抄體」才被使用在錢幣上。那個系列的銘文勻稱典雅，往往被配置在星形或方形的邊框內。

〔圖148〕
安那托利亞塞爾柱統治者乞立赤·阿爾斯蘭四世[9]的「迪拉姆」銀幣回曆六四六年（1248-9）打造於土耳其中部的錫瓦斯。「四葉飾」邊框之內出現一個騎馬彎弓人像。銀幣邊緣圍繞圖案的文字，道出了這位蘇丹的全名及各種富麗堂皇的稱號：「偉大的蘇丹、世界與宗教的支柱、乞立赤·阿爾斯蘭、凱胡斯勞之子、穆民領袖的同伴」（「穆民的領袖」即巴格達哈里發）。

草書字體又衍生出許多種不同的形式，其中有些也被使用為錢文。例如優雅的「波斯體」，從十七世紀開始出現在薩非王朝和蒙兀兒帝國的錢幣上。印度的江浦爾以及孟加拉的伊斯蘭蘇丹國，在十五世紀引進了以瘦長字母為特徵的「印度花押體」。鄂圖曼帝國則採用一種精緻的「花押」草書體，讓統治者名號的「交織字母」成為鄂圖曼官方文件上的美麗裝飾圖案。由於蘇丹不在詔令上簽字，花押就是最終的確認。從艾哈邁德三世統治時期（1703-30）開始，它成為鄂圖曼錢幣上面最常使用的字體。

【8】譯注：「努尼」（Nun）是阿拉文的第二十五個字母（ن），相當於「N」。

【9】譯注：「乞立赤・阿爾斯蘭」（Qilij Arslan）在突厥語是「刀獅」的意思（可參見：圖146）。

伊斯蘭世界的造幣原料

真主創造了黃金和白銀這兩種珍貴金屬，用為衡量一切商品價值的標準

——伊本・赫勒敦

伊斯蘭錢幣使用金、銀、銅三種金屬。歷史學家拜拉祖里記載道：哈里發奧馬爾・伊本・哈塔布（634-44）曾經表示，不妨拿駱駝皮來製作錢幣。於是有人告訴他，假如果真這麼做的話，駱駝將會絕種！對最初幾任伊斯蘭哈里發而言，如何取得黃金是一大問題。倭馬亞王朝剛開始進行統治的時候，主要黃金供應來源是拜占庭的金幣和充公的珍寶。麥地那東南方的「漢志」有過一座金礦，曾經在西元八世紀短暫加以開採〔圖 150〕，但伊斯蘭世界最重要的黃金來源地還是非洲。九世紀時已可看出，所取得非洲黃金的數量正逐漸持續擴大，因為在原先只打造銀幣的穆斯林帝國東部地區，已有越來越多的造幣所製作「第納爾」金幣。但直到北非的「阿爾摩拉維德王朝」在一〇六二年展開入侵行動為止，跨越撒哈拉沙漠的黃金交易主要都掌握在迦納王國手中。除了有少量黃金在廷布克圖熔鑄成錠之外，大部分原料是以金粉的形式運往北非各造幣所，然後製作成「第納爾」金幣。北非與穆斯林西班牙等地區的城市，因為黃金交易的擴大而受惠最多。到了西元十世紀末，地理學家伊本・豪卡勒（Ibn Hauqal）估算出來，在西北非貿易路線的樞紐城市西吉爾馬薩（Sijilmasa），其統治者每年的收益可多達四十萬「第納爾」（一點七公噸黃金），其中大部分就來自黃金交易。

埃及在法蒂瑪王朝統治下（909-1171）變得十分富裕，主要就是因為他們容易取得非洲的黃金，並且在

〔圖 149〕
法蒂瑪王朝阿里發阿齊茲（975-96）的「第納爾」金幣
回曆三八三年（993-4）打造於巴勒斯坦。法蒂瑪王朝起先只統治北非，而後擴張至埃及與敍利亞，
使用非洲黃金大量打造了金幣。
它們被普遍使用於貿易活動，
並受到鄰近的基督徒仿造。

〔圖 150〕
回曆一〇五年（723-4）打造的「第納爾」金幣
製作地點是「穆民的領袖位於漢志的礦區」（Ma'dan Amir al-Mu'minin bi'l Hijaz）。這個短命的金礦位於麥地那東南方〔補充說明：原文誤寫成西南方〕。除此之外，取得黃金的主要地點是非洲。
（紐約，美國錢幣學會）

國際貿易中扮演了重要的角色〔圖 149〕。蘇丹的黃金源源流入，促成北非和埃及各造幣所大量打造「第納爾」金幣，數量多得足以使它們成為地中海沿岸最通用的錢幣。金幣進而流入鄰近的基督徒地區。到了十世紀末葉，巴塞隆納已普遍流通穆斯林的「第納爾」，後來更加以仿製。義大利南部和西西里的倫巴底諸侯，則仿造名曰「魯巴伊」的四分之一「第納爾」金幣，並稱之為「塔里」〔圖 152〕。在西班牙北部、萊昂與葡萄牙，所拷貝對象是阿爾摩拉維德王朝（1056-1147）的「第納爾」，但將之改名為「莫拉貝提諾」，使用了基督徒而非穆斯林的錢文〔圖 153〕。十三世紀中葉，當地亦曾參考阿爾摩哈德王朝（1130-1269）的「二第納爾」，打造了名叫「多不拉」（dobla）的金幣。亨利三世時代（1216-72）的英國文獻顯示出來，國王除了積聚黃金準備參加十字軍東征外，還收集了不少外國金幣，其中也包括阿爾摩哈德王朝的金幣——它們在英國被稱做「奧波利」（oboli）或「麝香第納爾」（denari de musc）。甚至連十字軍在聖地建立的各個基督徒王國，也在打造錢幣時模仿了十一世紀和十二世紀初期伊斯蘭法蒂瑪王朝的「第納爾」〔圖 154〕。由此即可看出埃及製造的金幣在國際間享有的聲譽。

中東主要的銀礦位於「河中地區」和興都庫什山區。那些地區受到阿拔斯王朝的哈里發控制，直到它們在九世紀分離出去為止。當地最重要礦區是喀布爾北方的潘傑希爾，不過有跡象顯示，那裡的礦層在九世紀中葉已經枯竭，導致白銀嚴重短缺。大約從一〇〇〇到一一五〇年之間，先是東部的造幣所不斷減少銀幣產量，而後西部的造幣所也步其後塵，所打造出來的銀幣則成色降低〔圖 155〕。

與維京人的貿易往來，則被看成是造成白銀短缺的另外一個可能原因，因為它使得白銀離開伊斯蘭世界流向北方。西元九世紀時，「羅斯人」——亦即我們所稱的維京人——開始東向探險，沿著窩瓦河與聶伯河順流而下，並穿越裏海深入波斯境內。他們為近東市場帶來了奴隸、皮毛、琥珀、蜂蜜與蜜蠟，以之換取白銀。這些維京人處理金錢時是以重量為準，做法與穆斯林相同。從出土於斯堪的那維亞和俄羅斯的成千上萬枚錢幣即可看出此事——它們主要來自阿拔斯王朝和薩曼王朝時代，有時和天平、珠寶及其他珍貴物品放置一處。它們甚在遙遠的英國現身，往往被切成小塊來湊足特定的重量，或者在被檢驗品質的地方出現鑿痕。

由於白銀在一個多世紀的時間內幾乎消失無蹤，伊斯蘭世界各地的經濟必須以不同方式來依賴黃金和紅銅。阿尤布王朝（1171-1250），也就是繼埃及法蒂瑪王朝之後由薩拉丁所創建的王朝，率先成為重新大量打造銀幣的伊斯

〔圖 151〕
出現法蒂瑪王朝哈里發哈基姆 996-1021）名號及各種頭銜的藍色玻璃印章
這種法蒂瑪王朝時代印章的用途眾說紛紜：現在仍無法確定，它們究竟是秤量錢幣重量的砝碼，還是用於替換銅錢的代幣。

〔圖 152〕
西西里島諾曼國王羅傑二世（1130-54）的「塔里」金幣
製作於回曆五三五年（1140-41），上面同時出現拉丁文和阿拉伯文，所參考對象為法蒂瑪王朝在西西里打造的四分之一「第納爾」。

〔圖 153〕
卡斯提爾國王阿方索八世（1158-1214）的「莫拉貝提諾」金幣
它模仿了阿爾摩拉維德王朝的金幣，而該王朝曾在十一和十二世紀統治了北非與伊斯蘭西班牙。

蘭政權。到了十三世紀中葉，白銀才再度可以充分供應。當時有一部分白銀似乎來自歐洲，起先是十字軍抵達後所造成的結果，因為他們帶了許多銀子過來，而且早已在伊斯蘭各國之前打造了自己的銀幣。另一個來源則是安那托利亞的一些銀礦，它們從十三世紀開始被當地的塞爾柱王朝加以利用。

從十二世紀末葉開始，再度現身的白銀開始取代了黃金，而金幣直到當時為止始終都是近東貨幣的基石。但金幣在薩拉丁統治時期（1169-93）已經相當稀少，以致埃及歷史學家麥格里齊（卒於一四二二年）評論道：「一談起純金的『第納爾』，那就彷彿向一個善妒的丈夫述說他老婆的名字，而得到這麼一枚金幣就好像跨進了天堂的大門一般。」從那個時期開始，金幣在埃及變成了一種商品和計價貨幣，它與標準的法蒂瑪王朝「第納爾」不同，是按照重量而非依據面值來計價；銀幣則在銅幣支撐下成為國家的通貨。自一二五〇年起，埃及經濟隨著馬木路克王朝的到來而開始陷入衰退，因為政權的不穩和國外競爭者的有害影響，共同構成了一個致命的組合。就國外競爭者而言，他們主要來自拜占庭、威尼斯和葡萄牙，持續侵蝕了埃及對印度洋貿易的壟斷權。時至十四世紀末葉，威尼斯的

〔圖 155〕
伽色尼王朝統治者伊斯邁爾（997-8）的「二迪拉姆」銀幣
回曆三八八年（997）打造於阿富汗北部的瓦爾韋立茲。伽色尼王朝和薩曼王朝統治阿富汗的時候，在興都庫什山區的造幣所製作了許多重達十二公克左右的大型低成色銀幣。當地的銀礦大部分就開採於那個時期。

〔圖 154〕
十字軍建立的王國之一所打造的「第納爾」金幣
它模仿了「的黎波里」的法蒂瑪王朝在回曆四六三年（1070-71）打造於黎巴嫩的「第納爾」金幣。

「杜卡特」已流通於馬木路克帝國境內。由於「杜卡特」幣值穩定，商業界比較喜歡「杜卡特」，而不想要帝國靠不住的「第納爾」金幣。後來的馬木路克蘇丹們試圖削弱「杜卡特」的勢力，歷經各種嘗試才終於成功推出一種金幣與之分庭抗禮。那種金幣名叫「阿什拉菲」，由阿什拉夫·巴爾斯拜蘇丹（1422-37）打造於一四二五年，並因為他本人而得名〔圖156〕。「阿什拉菲」是以三點四一公克的高純度黃金製成，在交易時與「杜卡特」等值。「阿什拉菲」從此在伊朗、鄂圖曼帝國全境和印度，成為伊斯蘭金幣的標準稱呼。

儘管在金幣上獲得了成功，銀幣繼續在埃及和伊斯蘭世界的其餘部分擔任標準貨幣。就伊朗而言，自從十三世紀中葉蒙古人入侵造成破壞以來，當地幾乎有兩個世紀未曾打造優質銀幣。在蒙古人統治下，伊斯蘭錢幣風格出現截然不同的變化〔圖157-8〕，確立了隨後數百年內的發展模式。即便起初還繼續沿襲「河中地區」與伊朗東部既有的錢幣樣式，但已經改用了新的《古蘭經》錢文。維吾爾語的錢文開始出現，並且引進了新的重量標準。十三世紀末葉，海合都（1291-5）為了改善蒙古伊兒汗國所面臨的財政困境，設法按照中國的模式引進紙鈔。他試圖完全禁止使用金屬貨幣，並強迫百姓將自己的硬幣兌換成一種名叫「鈔」的紙幣（錢文使用漢字，但也印出了穆斯林的《清真言》），藉此用貴金屬來充實國庫。這個嘗試徹底失敗以後，接著由合贊（1295-1304）進行了比較成功的貨幣改革，在汗國全境打造重量為半個「密斯卡爾」（約二點一六公克）的標準銀幣。到了不賽因統治時期（1317-35），他在一百多座造幣所打造一系列重量較輕、經過重新設計的銀幣〔圖157〕，製造出一些或許稱得上是最精雕細琢的伊斯蘭錢幣。

〔圖 156〕
馬木路克蘇丹阿什拉夫．巴爾斯拜（1422-37）的「阿什拉菲」金幣
回曆八二九年（1425-6）打造於開羅，其重量標準與威尼斯的「杜卡特」相同。

〔圖 157〕
蒙古伊兒汗國統治者不賽因的銀幣
不賽因統治時期（1317-35）的錢幣特徵，就是設計種類繁多，表示錢幣的重量標準不斷急劇降低。

〔圖 158〕
河中地區蒙古察合台汗國統治者塔兒麻失里（1326-33）的銀幣
打造於「呾蜜」，即今日烏茲別克的鐵爾梅茲，時間為回曆七二九年（1328-9）——「二」和「九」兩個數字是倒著寫的。[10]察合台汗國的錢幣往往使用弓形圖案，據推測那應該是部落標誌。

【10】譯注：「729」這個數字出現於錢幣右下側，正確的寫法應為「9rV」（自右向左書寫）。

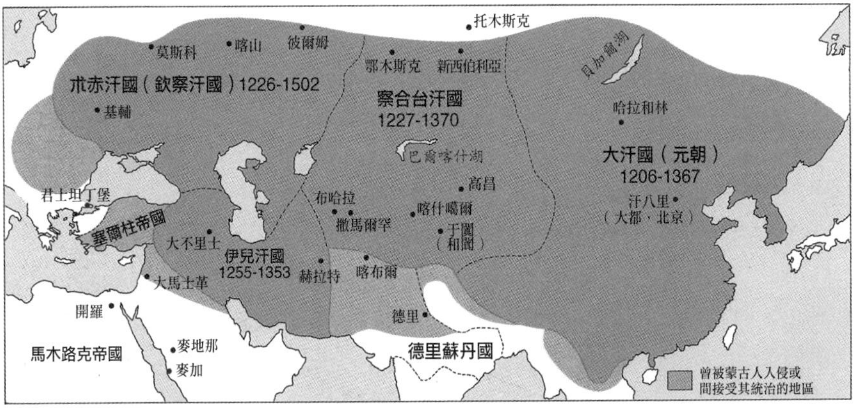

〔圖 159〕 蒙古帝國

日常生活與日常交易中的錢幣

我們對伊斯蘭國家的錢幣使用情形和錢幣功能曉得了多少呢？伊斯蘭國家每天使用的基本貨幣是銅幣，麥格里齊在十五世紀撰寫了一本錢幣專論，對此做出強調如下：「甫嚕斯（銅錢）不被拿來購買昂貴物品，而只是使用於地方上的交易」。伊斯蘭世界就跟其他各地一樣，富人與窮人在收入所得和消費能力上有著天淵之別。例如在十一世紀時的埃及，一名僕人的月薪或許是一個「第納爾」，一名法官卻可賺得一百倍的收入。當時一個「第納爾」買得到一百公斤

〔圖160〕
哈里里（卒於一一二二年）《瑪卡梅》書中的第三十四則話本
由葉海亞·瓦西提在一二三七年繪製插畫。《瑪卡梅》是一部傳聞軼事集，主角是一個機智風趣的敘事者和流浪漢，名叫阿布·扎伊德。此處的場景設定在葉門的宰比德，內容涉及購買奴隸。阿布·扎伊德喬裝成奴隸販子的模樣開口説道：「……我願意在價錢上打個折扣，讓你對這個男孩產生好感。趕快秤出兩百迪拉姆吧！」（巴黎，國家圖書館）

小麥，而一件來自「達米埃塔」的昂貴刺繡外套卻可能價值一百「第納爾」。

每逢特別的場合（例如齋戒月「拉瑪丹」結束以後），統治者往往會向百姓分發錢幣做為賞賜。在法蒂瑪王朝時代的埃及，哈里發特地以黃金打造一萬枚「哈魯巴」——重量相當於一粒角豆樹種子的小金幣——用於在一個名叫「扁豆星期四」的節日分發給公僕。今日的伊朗則經常在舉行婚禮時，分送外觀類似錢幣的代幣〔圖 162〕。錢幣往往還穿了孔，以便縫合到女性的服裝或頭飾上面〔圖 161〕。那些錢幣的種類及數量，成為女方家庭地位的公開象徵；但它們同時也是女性私有的財產，可以由她隨心所欲地加以增添或移除。

稅賦是伊斯蘭各國的主要收入來源，其中尤以名叫「哈拉吉」的土地稅為然。那是伊斯蘭各國賴以生存的憑藉，而各國最主要的開銷（至少在早期伊斯蘭時代如此），就是支付軍餉。「哈拉吉」通常是由「稅款承包人」負責徵集，而那些承包人可因為自己的苦差事，從收款金額中獲得特定比例。在中世紀時代，錢幣一收集過來馬上就裝袋密封。歷史學家馬蘇第有一則駭人聽聞的故事，講的是十九世紀「伊斯法罕」城內拒絕納稅的百姓：承辦人員把大逆不道者的腦袋砍下來裝袋密封以後，那種景象立刻產生足夠的激勵作用，讓其他人繳清了稅款。

貿易是財富的另一個來源，而且無論對私人或國家而言都是這樣。政府可透過港口捐和關稅等形式，向商人索取巨款。例如在一四二〇年代的葉門，拉蘇勒王朝的納西爾蘇丹曾向抵達亞丁港的海船徵收極高的貨物稅，結果導致船隻抵制亞丁港而直接駛往吉達。阿拔斯王朝時代，中國和伊斯蘭世界之間出現過橫跨印度洋的定期長途航線，而且在波斯灣的樞紐港口西拉夫曾經出土過中國錢幣。在那個時期的遺址所發現的物品，可提供引人入勝的線索，讓我們洞悉錢幣使用於國際貿易時的情形。以阿曼內陸的「西諾」遺址為例，當地在西元八四〇年前後埋藏的財物包括了九百枚錢幣和殘片，其中最古老的是六世紀薩珊王朝的錢幣。其餘則多半是倭馬亞和阿拔斯王朝的「迪拉姆」，代表了伊斯蘭世界全境多達五十九個不同的造幣所，地理

〔圖 161〕
希伯倫山地南部「薩穆阿」地區的頭飾
製作於一八四〇年代，但添加了後來的物件。十九世紀時，巴勒斯坦某些地區的婦女配戴飾有長帶的帽子，其上綴以錢幣。那是女孩子婚禮珠寶的一部分，完全歸她自己所有，丈夫不得碰觸。以此處的頭飾為例，那些錢幣多半為鄂圖曼土耳其的「帕拉」（para），來自馬赫穆德一世（1730-54）至馬赫穆德二世（1808-39）的統治時期之間。這件頭飾顯然曾經被許多人擁有，而且每一位擁有者都加上了新的飾物或錢幣，其中還包括狀似錢幣的德國籌碼。

範圍從北非一直延伸到中亞的「河中地區」。那些埋藏物或許是一位當地居民的積蓄，但更可能的情況為：那是一名商人的財產，而他參與了有厚利可圖的印度洋貿易。那個藏寶地點和其他同時代的遺址顯示出來，由於伊斯蘭錢幣的銀含量很高，它們流通的範圍幾乎無遠弗屆，展現了一個不受政治疆界限制的世界形象。

在法蒂瑪王朝統治時期（909-1171），介於一些沿海主要城市之間的短程航線取代了遠洋航行。紅海已排擠波斯灣，成為首要的貿易通道，並可銜接亞歷山大港通往地中海。歐洲的貿易商，尤其是義大利的商賈，很快就開始沿著這條路線進行交易；法蒂瑪王朝的首都福斯塔特，則被譽為西方的藏寶庫和東方的百貨市場。那是一個自由經商的時代，有「中產階級的黃金時代」之稱，當時任何擁有少量資本的人，皆可投身貿易賺取大筆財富。有一套引人注目、名叫《開羅藏經庫抄本》的猶太阿拉伯文件，收錄了許多十一世紀的商人信函，以驚人的細節顯露出當時複雜的銀行與金融體系如何運作。巨額款項此時已可用匯票支付、有價券提供擔保，並以信用狀來轉讓——這是商人和政府官員都使用的系統。伊本·豪卡勒曾提及一張金額高達四萬二千「第納爾」的阿拉伯本票（sakk）轉手之經過：它從西北非的「西吉爾馬薩」被寄往「奧達果斯特」，即撒哈拉沙漠貿易路線南端在西非的終點站。十一世紀的波斯旅行家庫薩和亦曾表示，一〇五二年時共有二百家銀行在伊斯法罕進行業務，而像巴格達之類的大城市更出現了銀行街（但它們其實比較類似今

〔圖 162〕
現代伊朗各種錢幣狀的黃銅片
上面寫著「好運道」幾個字。舉行婚禮的時候就把它們撒播出去，藉此帶來好運。

日阿拉伯市集上佈滿錢幣兌換商的街道）。當時既有私人銀行也有王室銀行，而且許多銀行家家族是基督徒，要不然就如同在信仰基督教義的歐洲那般，銀行家是猶太人——因為他們所屬族群的情況和穆斯林不一樣，沒有宗教教義禁止他們放款。

〔圖 163〕
薩非王朝「沙赫」塔赫馬斯普二世（1722-32）的「迪拉姆」銀幣
回曆一一四二年（1729-30）打造於伊斯法罕（伊朗）。錢文使用波斯語：「塔赫馬斯普二世蒙受真主（阿拉）恩典，在塵世間御製此幣。」從一五七六年開始，伊朗的錢文同時使用波斯語和阿拉伯語，自從阿拉伯－薩珊的「迪拉姆」問世以來，波斯文首度重新出現在伊朗錢幣上。

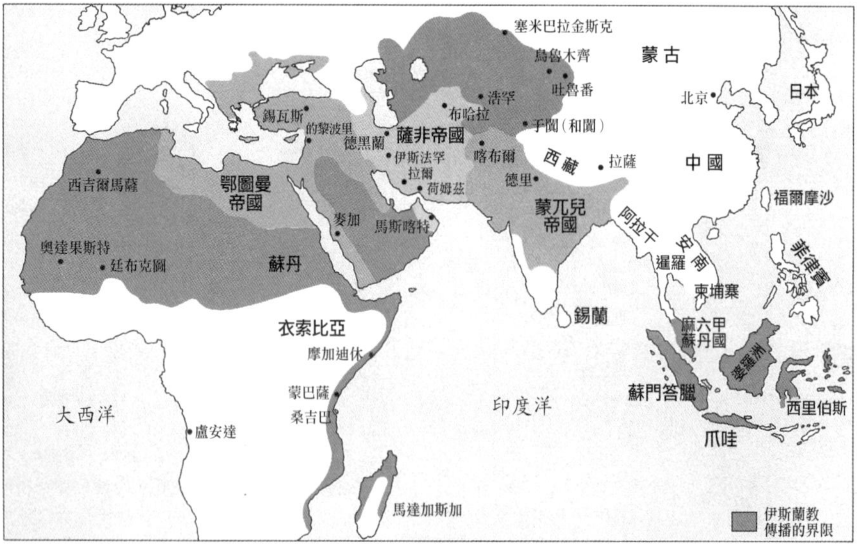

〔圖 164〕
一七〇〇年前後的伊斯蘭世界

諸帝國的世界

從十六世紀開始，後期伊斯蘭時代主要是受到三大王朝主宰：印度的蒙兀兒王朝、伊朗的薩非王朝與後繼者，以及統治土耳其和阿拉伯世界的鄂圖曼帝國。

薩非王朝（1501-1765）信仰「十二伊瑪目教義」。這種伊斯蘭教派尊奉十二位永無過失的「伊瑪目」，其中最後的一位——穆罕默德「馬赫迪」——已在西元八七五年隱遁，但人們依然期盼他重返人間。[三]這種信念也表達在該王朝的錢幣上，錢文並出現各「伊瑪目」的名號（圖163）。薩非錢幣的另一明顯特徵，就是在伊斯邁爾二世統治時期1576-9）重新出現了波斯文，並且用它來取代阿拉伯文，成為七世紀改革銀幣之後的創舉。通貨的標準單位名稱是「托曼」，該詞源自蒙古語，意為「一萬」——它純粹是帳面上的計價單位，最初等於一萬「第納爾」。主要的薩菲錢幣有二，一是具有多種不同面額的「沙希」銀幣；另一是「阿什拉菲」金幣，起先保留了威尼斯「杜卡特」的標準（由埃及的馬木路克王朝引進於一四二五年）。

不過金幣只是間歇性地打造，而且至少在十六世紀初期專供使用於賞賜。依據外國旅行家對伊朗所做的報導，當地十分依賴外國金幣。它們是以威尼斯「杜卡特」的形式流入境內，其中有些用於支付亞美尼亞商

【三】譯注：十二伊瑪目教義（Twelver Shiism）是回教什葉派的信念（「什葉」意為「追隨者」），尊奉阿里及其後裔等十二人為「伊瑪目」（政教合一的領袖）。十二伊瑪目的最後一位名叫穆罕默德．伊本．哈桑（Muhammad ibn Hasan），據稱出生於西元八六八年，在主持其父喪禮祈禱時消失（時年七歲），但未來將以「馬赫迪」（救世主）的身分重現，掃平世間一切不公不義。此教義遭到回教遜尼派駁斥。

人出口的絲綢。帕西菲克·德·普羅旺神父在一六二八年寫道：「亞美尼亞人帶回『西昆』或『皮阿斯特』以後，就拿著它們去造幣所，並從造幣所那邊獲得若干利潤。那些錢幣接著被打上波斯的印記，而此行動亦可讓國王從中獲利。」他並做出補充說明：「國王的錢幣從不離開波斯領土，而且除非是按重量計價，否則到處都不被人接受。」外國銀幣也在那個時期途經波斯灣的阿巴斯港進入伊朗。一位英國人在一六三三年做出報導表示：「伊朗人只願意從外國人那邊收取里克斯元（所指應為荷蘭的『國家達爾德』【12】），或西班牙的里爾。進帳以後就立刻把它們兌換成阿巴西。」——「阿巴西」折合四個「沙希」，最初是以「沙赫」阿巴斯 1588-1629）名義打造的銀幣。

十六至十八世紀之間頗受歡迎的印度洋貿易錢幣「拉林」（larin）〔圖 165〕，也在這個時候被發明出來。它得名自伊朗的「拉爾」（Lar）那座城市（即便該地似乎從未製造過「拉林」），製作方式是先將長條銀線對折過來，然後以圓形或長方形的沖壓模具打造而成。最早的「拉林」製造於荷姆茲，時間是在薩非王朝「沙赫」塔赫馬斯普一世任內（1524-76）。但它們也被阿拉比亞的鄂圖曼土耳其人，以及印度和錫蘭加以仿造。然而最受人歡迎並特別受到印度珠寶商青睞的，還是薩非王朝的「拉林」，因為其白銀的純度較高。更進一步的錢幣創新，則發生於納迪爾·沙赫統治下的伊朗——納迪爾·沙赫 1736-47）征服今日的印度北部和巴基斯坦以後，合併了伊朗與印度的貨幣體系。「沙希」從此改稱「盧比」（rupee），金幣則是以蒙兀兒帝國的「莫乎爾」為標準。

遜尼派的鄂圖曼王朝（1281-1924）於「征服者穆罕默德」任內才變得顯赫一時，因為他在一四五三年攻陷了拜占庭帝國的君士坦丁堡。十六世紀時，鄂圖曼帝國在「無情者謝里姆」（1512-20）和蘇萊曼大帝（1520-66）兩位蘇丹統治下，開始進入黃金時代。一連串重要的征服行動使得帝國大幅擴充版圖和影響力，在全盛時期甚至佔領了埃及和巴爾幹半島，並擴張到義大利、北非、阿拉比亞，以及鄂圖曼帝國的死對頭——伊朗薩非王朝——的疆域之內。鄂圖曼帝國的錢幣體系呈現出十分複雜的面貌，這只能在此簡略加以說明。物價及工資是以一種名叫「阿克切」（akçe）的小型銀幣來計算。以蘇萊曼大帝手下著名的建築師錫南為例，他每天的薪水是五十五「阿克切」。此外「迪拉姆」、「四分之一迪拉姆」，以及被稱作「曼吉爾」（manghir）的銅幣，也都是流通的貨幣。主要的金幣是「阿什拉菲」〔圖 166〕，仍然以威尼斯的「杜卡特」做為標準。蘇萊曼三世任內（1687-91）為了對抗當時壟斷歐洲與東方貿易的奧地利「塔勒」銀幣（Thaler），於是推出了「庫魯什」銀幣（qurush）——「庫魯什」衍生自德文的「格羅申」（Groschen）一字，而且它更名為「基爾什」

〔圖 165〕
伊朗薩非王朝「沙赫」塔赫馬斯普一世（1524-76）的「拉林」銀幣
此類錢幣是以彎曲的銀線為原料，以沖壓模具打造而成，由伊朗南部荷姆茲的統治者率先製造。十六至十八世紀之間，它們是印度洋沿岸流行使用的貿易貨幣。

〔圖 166〕
鄂圖曼帝國蘇丹蘇萊曼大帝的「阿什拉菲」金幣
回曆九二六年（1519-20）打造於塞爾維亞的希德拉凱西。除了極少數例外，這些金幣上面打出的年份都是「九二六年」，即蘇萊曼登基的那一年。

【12】譯注：那位英國人將荷蘭「國家達爾德」（二點五個「荷蘭元」）的名稱寫成「Rix-dollar」（「里克斯元」），但「國家達爾德」的荷蘭文拼法是「Rijksdaalder」（讀如：萊克斯達爾德）。

（qirsh）之後一直是通用的貨幣單位名稱。那些錢幣的需求量日益龐大，以致鄂圖曼帝國開始將奧地利和荷蘭的錢幣使用為幣餅來打造錢幣。鄂圖曼錢幣的耐人尋味之處在於，其錢文缺乏任何宗教意涵，主要只是列出蘇丹的各種頭銜。像蘇萊曼大帝就引進了一個頭銜來展現自己的軍事成就：「兩大洲的蘇丹與兩大洋的可汗」。

阿卜杜勒·麥吉德一世統治時期（1839-61），土耳其有了以機器壓製而非手工打造的錢幣〔圖167〕。這是那位蘇丹被稱作「坦志麥特」的現代化方案當中之一環，而「坦志麥特」的主要目的，就是要實施歐洲的法律規章和行政標準。伊朗則於一八七六年在德黑蘭成立了一家機器造幣廠。推動錢幣製造革命之後，鄂圖曼與卡扎爾兩個王朝的錢幣仍舊保留了傳統外觀：它們是使用大型沖壓模具打製出來的銅幣，在正面出現阿卜杜勒·阿齊茲（1861-76）的花押，背面則是造幣廠名稱與製作日期。伴隨著殖民主義在二十世紀日益增加的影響力，伊斯蘭錢幣已變得「混種化」。許多硬幣開始壓製於西方的機器造幣廠：摩洛哥的錢幣壓製於巴黎和柏林；南葉門各城市的錢幣壓製於伯明罕。在阿拉伯半島南部和波斯灣，除了廣受歡迎的「瑪麗亞·特蕾莎塔勒」貿易錢幣之外，也流通了按照東印度公司標準製作的錢幣。就和世界其他許多地方一樣，銅鎳合金自此成為固定使用的造幣材料。宗教性的錢文開始消失，錢幣單位名稱則擴大了範圍。日期往往是以西曆而非回曆列出，否則就是二者並用；錢文同時出現了阿拉伯字母和拉丁字母，而且對具像圖案的禁令如今顯然已成過去：二十世紀的錢幣甚至刻畫出統治者的頭像。

〔圖167〕
鄂圖曼帝國蘇丹阿卜杜勒·麥吉德一世（1839-61）的五百「皮阿斯特」金幣
以機器壓製於君士坦丁堡的造幣廠。

伊斯蘭世界在十九世紀中葉以前未曾引進紙幣。時至一八五〇年代，鄂圖曼帝國在土耳其和帝國的其他省分發行了紙幣。伊朗很快也跟進，從一八八〇年代末期開始推出紙幣。各個殖民強權也發行了紙幣，而且等到殖民地紛紛獨立以後，大多數新成立的國家都開始自己發行紙幣，即便它們多半實際上是由西方國家代為印製的。伊斯蘭世界的現代金錢雖然距離起步點已很遙遠，卻繼續與傳統息息相關：錢幣上面依舊出現精美的阿拉伯書法，而且諸如「費爾」（fils）——源自「法勒斯」（fals）——「第納爾」和「迪拉姆」之類的貨幣單位名稱，依然同時被使用於硬幣和紙幣。刻意將個別伊斯蘭國家做為認同對象的鈔票，現在則堂而皇之運用具像圖案來呈現本國最重要的古代遺物。但它們畢竟只是紙張而已：伊拉克在一九九〇年入侵科威特以後，遭到禁運懲罰，而禁運措施之一就是禁止英國的「德納羅公司」幫伊拉克印鈔票。伊拉克人於是自行印製鈔票，然而這意味著品質變差和安全防護機制變少。

第五章　印度與東南亞

普利斯姆女士：西西麗，妳應該利用我不在的時候讀妳那本《政治經濟學》。有關盧比下跌的一章可以跳掉不看。那實在有點太過危言聳聽了。竟然連這些金屬方面的問題都出現了戲劇般的情節。

——奧斯卡·王爾德，《不可兒戲》（一八九五年），第二幕

印度與東南亞的金錢歷史可回溯至三千多年前。該地區自成一格的貨幣傳統深深根源於北印度的文化。此傳統雖曾受到許多外來因素影響（諸如伊朗、希臘羅馬世界、伊斯蘭與歐洲的殖民強權），卻依舊維持了固有的獨特風貌。從另一方面來看，印度的金錢與貨幣實務也普及於南亞地區並傳播到印度共和國周邊的國家，而且在過去的某些時候，其影響範圍更延伸至中亞和東南亞。

在今日的印度及周邊國家，金錢是以硬幣和紙幣等方式來流通，與全世界各國並無二致。印度和許多鄰國的貨幣單位名稱是「盧比」（rupee）〔圖168〕，等於一百「派薩」（paisa）；「盧比」這個英文字眼本身，則衍生自印度語言（印地語）對「銀幣」（rupya）的稱呼。該地區其他國家也使用相同的面值系統。像巴基斯坦、尼泊爾和斯里蘭卡都保留了「盧比」這個名稱，其餘國家則將之本地化：阿富汗稱之為「阿富汗尼」（afghani）、孟加拉稱之為「塔卡」（taka）、不丹稱之為「努爾特魯姆」（ngultrum）、馬爾地夫稱之為「盧菲亞」（rufiyaa），而緬甸稱之為「基雅特」（kyat）。除此之外，「盧比」亦為兩個印度洋島國的標準

貨幣單位，分別是模里西斯和塞席爾群島。另外一種形式的「盧比」——「盧比亞」（rupiah）——現在也在印尼被人使用。

今日盧比及其各種變體形式之歷史開始於一八三五年。那年英國東印度公司推出了新式的標準化盧比銀幣〔圖 169〕，供流通使用於該公司掌控的印度疆土。印度從十六世紀開始就已經有了盧比，但它仍非統一的貨幣單位，而推出改革版「盧比」的目的，正是為了要取代之前在印度流通的三百種不同類型的盧比。

詹姆斯．普林塞普與印度錢幣

我們故事的開端，是十九世紀初葉印度一個傑出的英國行政官員家族。該家族最著名的成員，詹姆斯．普林塞普〔圖 170〕，曾積極介入一八三五年英國東印度公司盧比銀幣的開發——那成為印度的第一種標準化錢幣，並演變成今日所知的盧比。詹姆斯的父親（一位名叫約翰．普林塞普的靛藍染料製造商），則曾在東印度公司加爾各答

〔圖 168〕
印度共和國的盧比鎳幣（1950）
正面呈現印度的國徽，即阿育王在西元前三世紀創製的「獅子柱頭」（lion capital）；背面則以印地語和英語寫出面額名稱。十九世紀的盧比是銀幣，然而其銀含量在一九四〇年已降低為百分之五十，一九四七年以後更停止以白銀製造。王爾德筆下的「盧比下跌」，乃銀價在一八七〇至一八九五年之間跌落一半所造成的結果。印度的幣制是以「銀盧比」為基準，那次白銀價格的劇烈下跌為印度經濟帶來了災難。

〔圖 169〕
英國東印度公司的盧比銀幣
一八三五年打造於加爾各答「新造幣廠」。這枚錢幣及其設計出自詹姆斯．普林塞普的規劃。正面為英國國王威廉四世的肖像，背面則以烏爾都語和英語寫出錢幣的面額。

當局的贊助下，向印度引進了新式造幣設備。一七八〇年時，約翰・普林塞普獲得東印度公司首肯，在加爾各答附近設立一家機器造幣廠來壓製銅幣。他接著在一七八五年設法說服東印度公司，允許他整頓印度東部的錢幣，同時並打造銀幣。他的提議雖然徒勞無功，但是過了五十年以後，其子詹姆斯於東印度公司「加爾各答造幣廠」檢驗長任內，終於在該公司統治的地區推出了西式錢幣。

詹姆斯・普林塞普成功改造印度錢幣一年以後，他的哥哥亨利（曾先後在加爾各答的財務部門和當地政府擔任主管）開始精心監督「孟加拉銀行」（圖172），確保了該銀行的良好營運管理。亨利並於一八三六年抗拒在倫敦成立「印度中央銀行」的提議，協助維護了印度銀行體系的獨立地位。接著他成為「孟加拉銀行」的官派董事，後來升任該行的董事會主席。此外另有三位普林塞普家庭的兄弟參加同一銀行的經營管理，其中兩位擔任董事，一位負責法務。該銀行後來在一九二一年改組為「印度帝國銀行」，一九五五年成為「印度國家銀行」。其間普林塞普家族做出了許多貢獻，使得印度貨幣呈現出今日的面貌。

詹姆斯・普林塞普在南亞的金錢歷史上，還扮演著另外一個角色。除了造幣廠的工作之外，印度的過去就是他主要的熱情所在。普林塞普一八一九年來到印度的時候，印度的早期歷史仍多半不為人知（圖173）。他卻破解了印度次大陸的兩種古代文字（婆羅米文和佉盧文），為古印度研究帶來革命性的突破。普林塞普在閱讀婆羅米文獻的過程中，發現了古印度最重要的帝王，即率先於西元前三世紀極力獎掖佛教的阿育王。他破解佉盧文以後，得以揭露繼承亞歷山大大帝的各個古代東方希臘王國在今日阿富汗、巴基斯坦北部和印度西北部等地的統治範圍。普林塞普透過那些發現，可以按照編年順序來排列印度北部和西北部出土的古代錢幣。講述南亞金錢歷史的工作於焉開始。

普林塞普在一八三二年開始研究古印度錢幣時，還認為當初是由希臘世界將使用錢幣的習慣傳入了印度。那時他所得出的結論為：「錢幣無疑是曾經傳播到東方，而且仍在繼續傳播中的各種改進措施之一」，

〔圖 170〕
詹姆斯．普林塞普（1799-1840）
銀質紀念章
設計者是「英國皇家美術學會」
會員威廉．懷恩，用於緬懷這位
英國行政官員、學者，以及印度
錢幣歷史研究的先驅。

〔圖 171〕
加爾各答新造幣廠的水彩畫
一八二九年八月一日由湯瑪斯．普林塞普[1]繪製於該廠
落成之後不久。新造幣廠的設計產能足以供應印度全境所
需的錢幣（收藏於倫敦「印度事務圖書館」）。

〔圖 172〕
孟加拉銀行在加爾各答發行的一百「希卡盧比」紙鈔
一八二四年十二月二十四日由「柏金斯與奚斯印刷廠」印製於倫敦，分別以英文、印地文、孟加拉文和烏爾都文寫出銀行名稱與面額。此樣張蓋上「作廢」並截去一角，以避免再度使用。「希卡盧比」（sicca rupee）意為「新打造的盧比」（為時不超過二年），其流通價值高於較舊的硬幣。舊硬幣在價值上的損失令東印度公司不勝其擾，於是「加爾各答造幣廠」曾於一七七七至一八三五年之間，在自己打造的盧比上面列出蒙兀兒皇帝年號，這樣它們就不得於兩年期滿後折舊（收藏於「西盟斯律師事務所有限公司」）。

〔圖 173〕
印度西北部希臘國王米南德一世的「四德拉克馬」銀幣（西元前二世紀中葉）正面呈現戴頭盔的國王，並以希臘語表示：「米南德國王與救星之幣」；背面是希臘的雅典娜女神和正面希臘語錢文的印度語翻譯，使用了佉盧字母。詹姆斯·普林塞普運用這種類型的雙語錢幣破解了佉盧字母──它是古印度西北部地區（今日巴基斯坦與阿富汗）書寫本地語言時所使用的文字。

因為他看見古印度使用過希臘式的硬幣，而且緬甸和中國在普林塞普的時代已開始採用歐式錢幣。第二年他進一步宣稱：「我……懷疑在亞歷山大大帝入侵之前，可曾有過任何名副其實的本土錢幣在印度流通。」可是到了一八三五年，一位史泰西上校所蒐集的錢幣，讓普林塞普首度有機會檢驗許多所謂的「敲打壓印幣」

[一] 譯注：湯瑪斯·普林塞普（Thomas Prinsep, 1800-30）乃詹姆斯之弟，是一位擅長繪畫的工程師。

〔圖 174h〕，使得他改變了自己的看法。普林塞普將這些新發現的錢幣與古代佛教社群聯想在一起，並做出推論如下：「古物研究家……會毫不遲疑地將這些被搥平的小銀片歸類為最古老的印度錢幣」。但他不確定的地方是「各種最早期佛教錢幣的年代距離佛陀的時代到底有多近」——他把佛陀時代的下限設定在西元前五四四年。

印度錢幣的濫觴

普林塞普的研究和觀察指明了方向，而且許多傑出的學者追隨了他的腳步。那些錢幣後來被確認為最早期的印度錢幣，其年代可回溯到佛陀圓寂之後不久——現代學者將時間點設定在西元前四〇〇年前後。依據針對「敲打壓印幣」的設計發展和出土遺址所做的最新研究，它們絕對在西元前四世紀初葉即已開始製造，而當時亞歷山大尚未入侵。印度最古老錢幣出現的時間，因此早於亞歷山大大帝對印度西北部的征服（西元前 329-325）。即便如此，它們似乎仍然是參考希臘原型之後所產生的結果，因為當它們在阿富汗被發現的時候，一同出土的還有西元前五世紀和四世紀的希臘錢幣，以及當地仿自希臘的錢幣。固然有某些人主張，印度錢幣的最早年代甚至可上推至西元前八世紀，但最佳的詮釋方法應該還是：它們衍生自透過「阿契美尼德帝國」[2]流傳到印度的希臘原型，而該帝國在亞歷山大入侵之前統治了古代的阿富汗與巴基斯坦。

那些錢幣本身是小片的銀子（多半重約三點三公克，但重量範圍可從零點一公克延伸至十一點五公克），它們只有一面經過修飾，以雕刻過的沖壓頭在正面敲打出一到五個標記〔圖 174〕。某些沖壓標記可以辨認，看得出分別代表了動物（公牛、大象、烏龜）、植物（棕櫚樹、無花果樹）、宗教象徵物（聖山、日輪、諸神的標誌），以及日用器具（鋤犁、鍋罐、天平）。此外也出現少許人物形象，可能意味著印度教的神明，諸如黑天、大力羅摩、迦絺吉夜。然而大多數的標記都是含義不明的幾何圖形。

印度錢幣的早期發展

「敲打壓印幣」與鑄造的錢幣

印度傳統中最早期的錢幣，製作於伊朗「阿契美尼德帝國」的東方省分。西元前五世紀與四世紀時，「阿契美尼德帝國」西部各省分的希臘與伊朗錢幣已在帝國最東邊的領地流通——今日它們分別名叫阿富汗和巴基斯坦。那些錢幣遭到拷貝，並被修改成當地的形制。歷史學家將此類地方性的新版本稱做「敲打壓印幣」，因為它們並非夾在兩塊沖壓模具之間打造，而是僅僅使用一組沖壓頭在錢幣的一面敲打出圖案。這種新樣式的錢幣就從「阿契美尼德帝國」的疆域繼續傳播出去，進入了印度北部。

銀幣的發展

「阿契美尼德帝國」東部最古老的本地錢幣，是使用希臘技術以沖壓模具來打造，只不過引進了新的圖案設計。下一階段的發展則是只將圖案壓印到錢幣的一面——大面額的錢幣出現兩個沖壓標記，小面額的錢幣則只有一個。恆河流域印度城市的最早期錢幣拷貝了這種技術，但更改了沖壓標記的數目和圖案設計。

[2] 譯注：阿契美尼德帝國（Achaemenid Empire, 550-330 BC）是波斯的第一個帝國。

〔圖 174a〕
喀布爾地區的「二舍客勒」銀幣（西元前四世紀初）
正面圖案是一朵花，錢背出現一個環形標誌。

〔圖 174b〕
犍陀羅（Gandhara）的「二舍客勒」銀幣（西元前四世紀初）
其上出現兩個沖壓標記，錢背完全沒有圖案。

〔圖 174c〕
「阿契美尼德王朝」屬地犍陀羅的「半舍客勒」銀幣（西元前四世紀初）
其上出現一個沖壓標記。

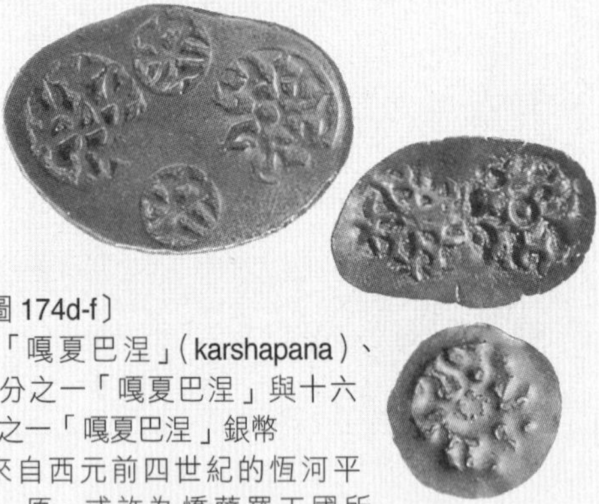

〔圖 174d-f〕
一「嘎夏巴涅」(karshapana)、八分之一「嘎夏巴涅」與十六分之一「嘎夏巴涅」銀幣
來自西元前四世紀的恆河平原，或許為憍薩羅王國所有。上面分別出現四個、二個及一個沖壓標記。

〔圖 174g〕
恆河平原的「嘎夏巴涅」銀幣（西元前四世紀末）
上面出現四個沖壓標記。

〔圖 174h〕
孔雀王朝的「嘎夏巴涅」銀幣（西元前三世紀）
上面出現五個沖壓標記。

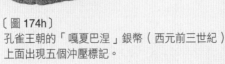

鑄造的銅幣

除了敲打壓印的銀幣之外，印度人還發明了一種以模具鑄造的新式銅幣。它們同樣以許多不同的符號做為裝飾，但圖案出現在銅幣正反兩面。後期的版本將各種符號安排成一個整體圖案，有時還加上了文字。

〔圖 174i〕
孔雀王國的銅幣（西元前三世紀）
這枚鑄幣的圖案為大象、太陽、月亮、卍字，以及其他的標準符號。

〔圖 174j〕
孔雀王國的銅幣（西元前三世紀）
將同樣的符號安排在一個象徵河流的標誌之上。

〔圖 174k〕
孔雀王國的銅幣（西元前二世紀）

〔圖 174l〕
印度中北部城邦阿踰陀的銅幣（西元前一世紀）
其上以婆羅米文寫出阿踰陀國王「濕婆達陀娑」的名號。

〔圖 174m〕
印度中北部城市憍賞彌的銅幣（西元前一世紀）
其上以婆羅米文寫出憍賞彌國王「薩德瓦薩」的名號。

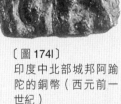

從「敲打壓印幣」到打造的銅幣

某些地區也推出了敲打壓印的銅幣，但它們只出現於停止製造敲打壓印的銀幣之後。更進一步的發展，則是使用一個將全部圖案集合在一起的沖壓頭來打造。到了西元一世紀，錢幣的製作已經傳播到印度南部和錫蘭。

〔圖 174n〕
印度中部城市以蘭的銅幣
（西元前一世紀）
上面共有五個沖壓標記。

〔圖 174o〕
印度中部城市烏賈因一次敲打的銅幣（西元前一世紀）

〔圖 174p〕
印度西北部城市坦叉始羅一次敲打的銅幣（西元前二世紀）

〔圖 174q〕
印度南部孌咀王國一次敲打的銅幣
（西元前一世紀）

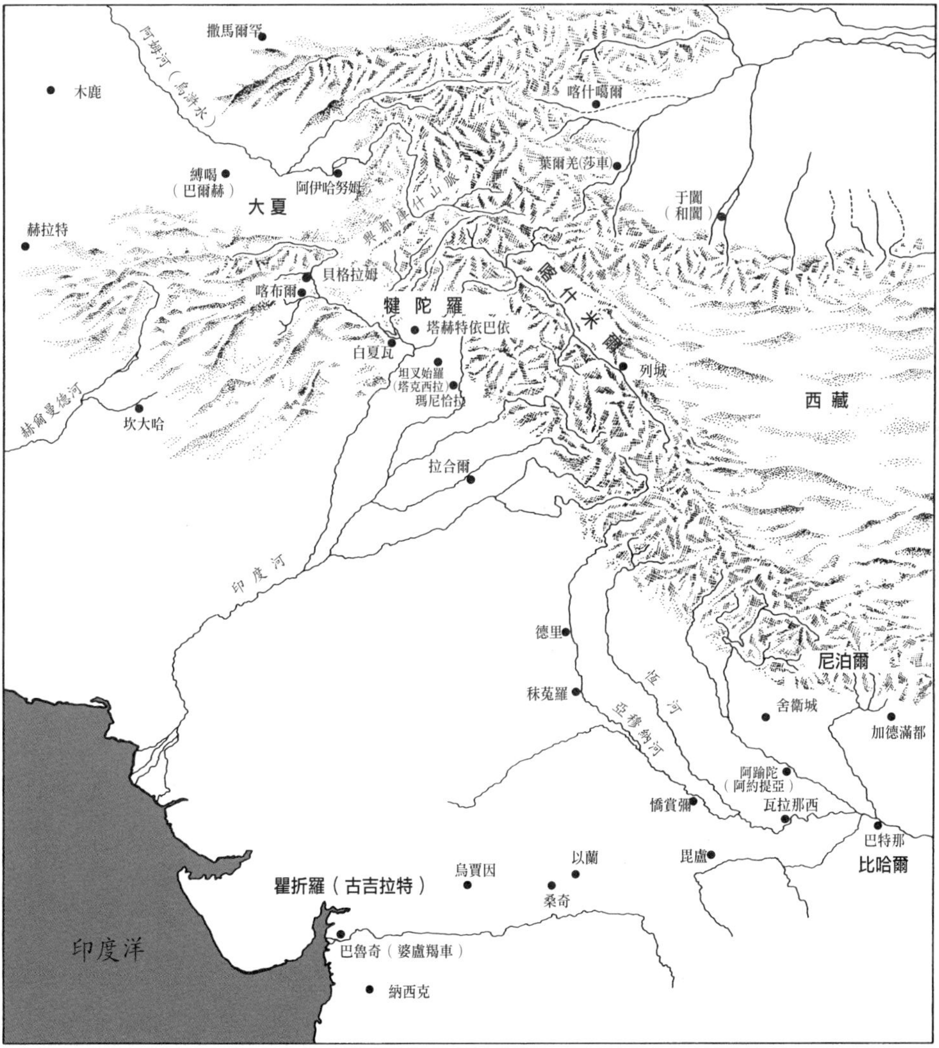

〔圖 175〕
大夏、犍陀羅與北印度

有兩個跡象顯示，這些物件可判定為實際流通過的錢幣：一則它們嚴格遵守前述的特定重量標準，而且其上的沖壓標記似乎都依循慣用格式，呈現出一種有規律的製造體系——像普林塞普即曾觀察到，他所見過的每一枚物件上面都出現一個太陽標誌（圖174h）。再則各個埋藏地點所發現的「敲打壓印幣」當中，有時也包含了阿富汗與巴基斯坦西北部希臘王國的硬幣，表明它們被使用為錢幣。

在北阿富汗「阿伊哈努姆」古希臘城市遺址進行挖掘工作以後，現在更有證據顯示：那些敲打壓印的銀幣名叫「嘎夏巴涅」——希臘語稱之為「卡薩帕那」。當地被中亞入侵者摧毀於西元前一四〇年左右的宮殿寶庫裡，大量發現了這種錢幣，其中並夾雜著一位名叫「阿加索克利斯」的希臘裔國王的錢幣（約來自西元前一八〇年）。那個藏寶庫廢墟還出土了陶罐破片，其上以希臘文登錄曾經放置在罐內的「嘎夏巴涅」。同一個字眼也是古印度文獻中使用的錢幣單位。最早的相關記載出現在文法學家波膩尼[3]撰寫於西元前四世紀的著作，他在書中將「嘎夏巴涅」稱作購物時的計價單位。一部名叫《政事論》的政治撰述，則以「缽拏」一詞來表示所有的金額（傳統上認為該書完成於西元前四世紀，但書中亦出現較晚的資料）。西元前三世紀至西元前一世紀的佛教寓言，也廣泛提及一個名叫「卡哈巴那」的貨幣單位。[4]

關於「敲打壓印幣」被使用為金錢的最早圖像證據，則是西元前二世紀毘盧一座佛塔上面的浮雕（圖176），地點位於今日印度北部的阿拉哈巴德附近。浮雕中的人物正在一座園林的地面上，鋪放用牛車載運過來的「敲打壓印幣」。那個場景旨在敘述「給孤獨長者」的故事——他是一位富商，曾經買下舍衛城的「祇樹給孤獨園」供佛陀和僧眾使用為精舍，而他付出的價錢就是：用「嘎夏巴涅」鋪滿整座園子。

然而藝術作品和書面資料所提供的證據，與留存至今的錢幣略有出入。《政事論》分別談到了二分之一、四分之一和八分之一個「缽拏」；然而「嘎夏巴涅」（重三點三公克）唯一較小的分數單位是十六分之一，[5]重量為零點二公克。早期佛教文獻也曾言及金質的「嘎夏巴涅」；可是印度在西元一世紀以前從未使用過金幣。很可能的情況是，「嘎夏巴涅」起初是重量單位而非錢幣名稱，文獻上的證據卻出現了時代錯誤，以致針對一個按照重量來流通貴金屬塊錠的世界，談論起使用貴金屬錢幣的情形。

〔圖 176〕
浮雕
描繪「給孤獨長者」那位商人購買「祇樹給孤獨園」，提供給佛陀及其徒眾使用為精舍的故事。用於鋪滿整座園林的「敲打壓印幣」，就是購買時的價格。這件浮雕來自北印度一座西元前二世紀修建的佛教浮屠──毘盧窣堵波。圖中的錢幣酷似同時代孔雀王朝末期的「敲打壓印幣」（收藏於加爾各答「印度博物館」）。

[3] 譯注：波膩尼（Panini）為犍陀羅的梵語文法學家，生平不詳。他曾在公元前四世紀前後撰寫《八章書》（Ashtadhyayi）制定古梵文的標準形式。其譯名另有「波膩尼仙」、「波你尼」、「巴膩尼」、「巴你尼」、「帕尼尼」等等。

[4] 譯注：「卡哈巴那」是「嘎夏巴涅」的另一種寫法，而「嘎夏巴涅」在中文佛經另有「迦利沙鉢拏」、「羯利沙鉢那」……之類不同的譯名。

[5] 譯注：《大正新修大藏經》第五十四冊〈事彙部〉表示：「八十枚貝珠，為一鉢拏，十六鉢拏為迦利沙鉢拏。」（「迦利沙鉢拏」即「嘎夏巴涅」，請參見譯注4。）

來自西北方的後續影響

無論對印度最早期的錢幣做出了何種年代設定與詮釋說明，可以確定的是：自從亞歷山大大帝在西元前三二〇年入侵印度西北部以來，西方的錢幣傳統直到今天都還繼續影響著印度的金錢歷史。從西元前二五〇年前後直到西元一世紀早期為止，陸續有希臘裔的國王統治了印度次大陸西北部地區。那些希臘王國的錢幣起初是夾在沖壓模具之間打造，採用了希臘造幣技術和純粹希臘式的圖案，風格類似亞歷山大大帝的後繼者在泛希臘世界各地的做法。西元前一九〇年左右，希臘人開始針對自己的非希臘裔臣民發行錢幣，那時他們已經南向越過興都庫什山脈，推進到阿富汗東南部、巴基斯坦北部和印度西北部。他們在錢幣上添加以印度文字書寫的錢文，並引進與「敲打壓印幣」有關的面值名稱。在少數案例中，他們更遷就「敲打壓印幣」經常使用的形狀，發行了方形錢幣。

那些在地化希臘錢幣的製作技術與圖案設計，在西元前二世紀末葉受到北印度的錢幣發行者拷貝〔圖177〕，南印度也在西元一世紀跟進。有時候他們只是借用以沖壓模具打造錢幣的技術而已，但在某些情況下，他們也使用錢文和希臘風格的圖樣。西元前二世紀和西元前一世紀時，印度的本土錢幣設計曾經出現許多變化，不過它們都是以「敲打壓印幣」為基礎，並未演變成希臘式的造幣技術與圖像藝術。之前雖已有若干印度錢幣使了錢文，然而文字都一成不變地寫成直線，彷彿被看成是另外一種沖壓標記。相形之下，希臘錢幣或仿希臘式錢幣所使用的錢文，無論是希臘文字或印度文字都排列成環形，構成了圖像的外框。泛希臘化時期的影響也擴及到錢幣名稱方面，以致印度錢幣甚至在西元十世紀的時候，仍然被稱作「德拉馬」（dramma）或「達馬」（damma），而這些印度用語都衍生自希臘的「德拉克馬」（drachma）。

希臘人在印度西北部的政權最後雖然土崩瓦解，但希臘錢幣傳統對南亞造成的影響並未隨之消逝。推倒各希臘王國的人，是一波又一波越過興都庫什山，意圖控制該地區富饒河谷平原的好戰游牧民族。那些民族全部都遵循希臘傳統發行了錢幣，有時更從波斯和羅馬帝國的希臘式錢幣那邊汲取新的靈感。就另一方面而言，那些游牧民族的錢幣也各自為印度帶來了影響，其中包括西元前一世紀至西元一世紀的斯基泰人〔圖178〕、一世紀的帕提亞人、一至四世紀的貴霜人、四至六世紀的匈奴人[6]〔圖179-80〕，以及六至九世紀的突厥人。在貴霜與匈奴統治時期，由於伊朗薩珊王朝不時攻佔一部分的西北地區，又額外注入了來自西方的影響。但薩珊王朝發行的錢幣其實就如同那些游牧民族的錢幣一般，所使用的設計也都源自希臘的金錢傳統。

〔圖177〕
白夏瓦與喀布爾地區發行者不明的銅幣
打造於西元前二世紀。正面呈現一頭大象和一個山形圖案；背面則是一隻獅子、一個山形圖案，以及一個卍字符號。雖然圖案的內容呈現印度風格，但處理動物的方式卻承襲了希臘傳統，而且這枚錢幣是以希臘技術打造於兩塊沖壓模具之間。

在同一時期更有羅馬埃及和敘利亞的商賈，攜帶羅馬錢幣前往印度西部、南部與錫蘭的海港，將之使用為貴金屬塊錠。那些錢幣在某些地區與當地貨幣一同流通，不但輔佐了地方性的錢幣，有時更取而代之——例如西元一世紀的羅馬錢幣就曾經被發現與「敲打壓印幣」一同埋藏。到了笈多王朝時代（西元四至六世紀），北印度標準金幣的名稱是「第納爾」（dinar）〔圖181, 196-7〕，得名自羅馬的「德納留斯奧里

[6] 譯注：帕提亞人（Parthians）亦稱「安息人」。此處的「匈奴人」指的是白匈奴（White Huns），即嚈噠人（Hephthalites）。

〔圖 178〕
印度西北部斯基泰國王阿澤斯一世的「四德拉克馬」銀幣（西元前一世紀中葉）
正面圖案是騎馬持矛的國王，背面則出現希臘的宙斯神，周圍以希臘和佉盧字母寫出造幣所名稱的縮寫。希臘語和佉盧語的錢文都表明它是「偉大的阿澤斯，王中之王」的錢幣。

〔圖 179〕
大夏與印度的統治者，貴霜國王迦膩色迦一世的金幣（西元二世紀初）
正面為國王圖像，四周環繞以希臘字母撰寫的大夏語錢文：「王中之王，迦膩色迦，貴霜」。錢背出現貴霜版的伊朗太陽神米特拉，左右兩側分別是君權的標誌和米特拉的大夏語名稱：米伊洛。貴霜人將使用傳統希臘式錢幣的做法普及到中亞和印度北部。貴霜錢幣使用了希臘的製造技術及整體佈局，但是從圖案設計亦可看出貴霜人與伊朗文化的關連。

〔圖 180〕
印度西北部嚈噠國王摩醯邏矩羅的「德拉克馬銀幣」（西元六世紀初）
這枚錢幣呈現薩珊王朝的風格，國王兩側分別出現印度教濕婆神的三叉戟與公牛旌旗，其婆羅米錢文為：「勝利之王摩醯邏矩羅」。

烏斯」金幣。

笈多王朝「第納爾」金幣所呈現出來的多元外來影響，可說明印度錢幣傳統如何從西方接觸對象那邊進行吸收，於是豐富了自己。笈多王朝使用金幣的習慣，模仿自西鄰的貴霜國王（其統治地區涵蓋了昔日希臘人在阿富汗、巴基斯坦與印度西北部的領土）。笈多王朝的錢幣圖案設計——正面是國王立像，背面是女神坐像〔圖181〕——也借用自同一來源，但是那些圖像都經過修改，由印度藝術家按照本國的雕塑風格重新造型。錢文使用印度語言，以婆羅米字母書寫，配置方式卻與貴霜錢幣上的希臘字母相同。國王圖像旁邊有一根旌旗杆，在頂端飾以印度人面鳥身神「迦樓羅」的圖樣，而類似的象徵標誌也曾使用於西元前一世紀的印度錢幣。從貴霜王國那邊借用過來的錢幣設計，實際上衍生自三個不同的源頭：正面的環形文字可回溯到西北地區的希臘錢幣、國王立像取材自伊朗錢幣，背面的女神坐像則令人聯想起羅馬帝國早期的金幣和銀幣。相當可能的情況是，貴霜人使用金幣的習慣源自經由貿易進入其國境內的羅馬金幣。

〔圖 181〕
笈多王朝印度國王薩母陀羅笈多（約 335-70）的「第納爾」金幣
正面呈現國王在一個小聖壇進行獻祭，面對著印度教神明「毘濕奴」的迦樓羅旌旗杆；國王的名號是以婆羅米字母書寫，位於他舉起的手臂下方。背面出現坐在寶座上的印度教女神「大吉祥天」，並以婆羅米文寫出國王的另一個頭銜。這枚金幣雖然使用了貴霜設計，但印度式的風格與圖案則為笈多錢幣特有的創新之舉。

〔圖 182〕
印度南部「本地治里」法國拓殖地的銀盧比
以蒙兀兒皇帝沙赫·阿拉姆二世(的名義打造於回曆一二一九年(1804)。它雖然製作於「本地治里」，所寫出的造幣地點卻是蒙兀兒帝國的「阿爾科特」。其上的新月符號才標示出「本地治里」造幣所。

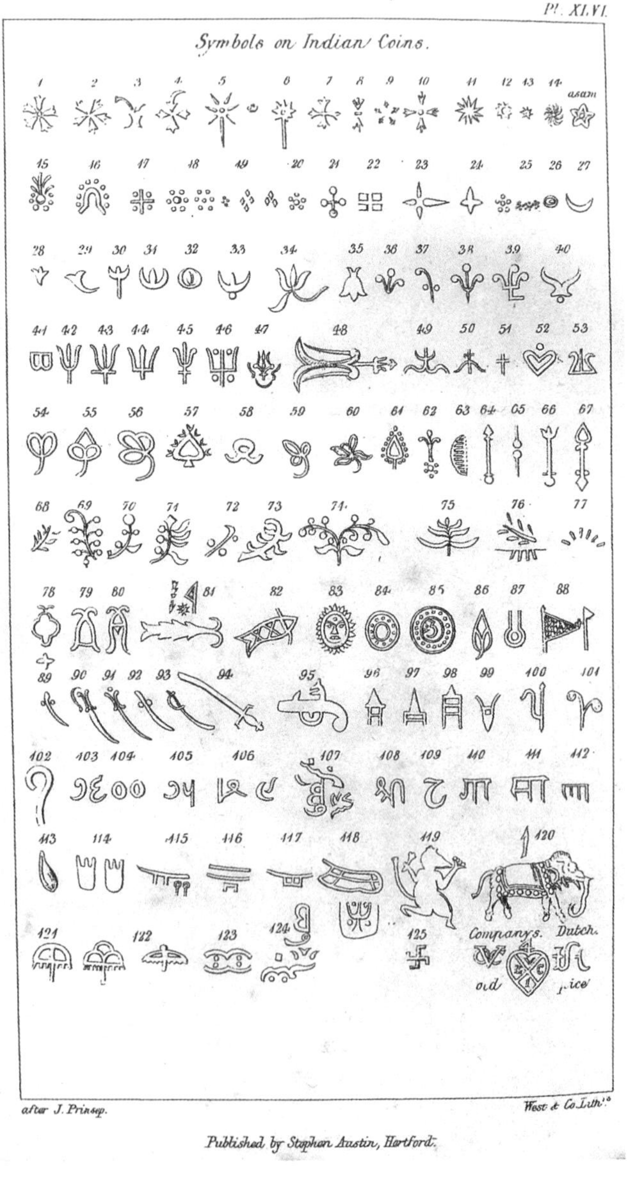

〔圖 183〕
詹姆斯·普林塞普撰著的《英屬印度硬幣、重量及尺寸實用圖解》
一八三四至三六年出版於加爾各答。書中這張全頁插圖列出了當時印度錢幣所使用的造幣廠符號。

儘管有了此類的發展，許多奠基於「敲打壓印幣」的印度傳統元素依舊保留下來，即便它們不斷在形式上出現變化。持續最久的傳統元素，就是使用象徵標記〔圖182-5〕和四方的形狀，而且直到十九世紀都還可以在地方性的印度錢幣上看見那些做法。對不明就裡者來說，當時使用的象徵符號就跟古代「敲打壓印幣」上面的標記一樣難以理解。我們固然不十分清楚早期壓印標記的明確含義，但是就十九世紀的象徵符號而言，我們可以再度求助於詹姆斯．普林塞普。普林塞普頗有先見之明，早已將他那個時代所流通的一百二十五種不同錢幣上的符號登錄下來，並標明每一個符號代表的造幣地點。

除了古希臘和古印度傳統對印度金錢所造成的持續影響之外，我們也必須簡短回顧一下伊斯蘭傳統所做出的貢獻（伊斯蘭錢幣雖然具有相當鮮明的風格特徵，但追根究柢，其前身同樣是西方錢幣）。一八三五年進行改革之前，流通於印度北部的錢幣——不論發行者是蒙兀兒皇帝〔圖187〕、地方上的諸侯國，或者是法國和英國的管轄地——大部分都模仿了伊斯蘭錢幣，並以波斯語寫出錢文。蒙兀兒人是成吉斯汗和帖木兒等蒙古征服者的後裔，在十六世紀從西北方入侵印度，將波斯語一併帶了過來。而印度西北部甚至在此之前，就早已向伊斯蘭統治者臣服。阿富汗古爾王朝（Ghurids）的統治者，穆伊茲–阿德–丁．穆罕默德．賓．薩姆（1173-1206），曾迫使整個北印度接受伊斯蘭統治，並且引進使用阿拉伯設計的伊斯蘭錢

〔圖184〕
阿瓦德王國的銀盧比
以蒙兀兒皇帝沙赫．阿拉姆二世的名義打造，時間是回曆一二二六年（1811-12）與「二十六年」（一個特定年份）。正面出現勒克瑙造幣廠的魚、麥穗、星星和旗幟符號（普林塞普編號八十一）。

〔圖185〕
科塔邦國的銀盧比
以蒙兀兒皇帝阿克巴二世的名義打造於回曆一二四五年（1829-30）與「二十四年」（阿克巴二世在位年數）。錢背出現的符號分別為樹木（普林塞普編號五十七），以及樹葉（普林塞普編號五十六），它們都是科塔市立造幣廠的標誌。

〔圖 186〕
西元一七九〇年前後的印度

幣，將之嫁接到當地原有的貨幣體系。

伊斯蘭傳統對南亞錢幣造成了廣泛的影響。只有在印度最南端和斯里蘭卡，傳統的印度式設計才繼續沿用下去，直到它們最後被歐洲帝國主義列強所引進的形制取代為止——列強當中包括了印度南部的葡萄牙人、英國人、荷蘭人、法國人和丹麥人〔圖186〕，以及斯里蘭卡的葡萄牙人、荷蘭人和英國人。在印度的其餘部分，歐洲列強為錢幣帶來的影響比較薄弱，而且要過了很久以後才能夠覺察出來。除此之外，歐洲人

〔圖187〕
蒙兀兒印度造幣場景縮影圖（十七或十八世紀）
兩名造幣工匠正以傳統的方式手工打造錢幣。其中一人手握沖壓模具，另一人準備用鐵鎚敲打。剛剛打造完成的錢幣散佈地面，幣餅則放置在托盤內以便進行加工。兩名官員在旁檢驗錢幣的重量，同時各隨從人員或拿起一袋袋的錢幣，或將之裝箱保管。

〔圖188〕
英國東印度公司孟加拉管轄區的「半安那」（half anna）銅幣
一七八一年由約翰·普林塞普打造於他自己所創辦，距加爾各答三十五公里的法爾他機器造幣廠。錢文指出這枚銅幣打造於回曆一一九五年（1780-81），亦即蒙兀兒皇帝沙赫·阿拉姆二世在位的第二十二年。這種銅幣被視為法定貨幣，價值折合三十二分之一銀盧比，或等於一百六十枚瑪瑙貝。但它無力與當地的瑪瑙貝貨幣競爭，一七八四年便停止製造。

起初必須削足適履，多方面遷就當地的錢幣標準。

十六世紀末葉，葡萄牙人率先成為在印度發行錢幣的歐洲人。不過他們採用蒙兀兒的幣制，發行了「盧比」銀幣與「派薩」銅幣，供印度西岸臥亞的葡萄牙拓殖地使用。其設計則為歐洲式：紋章、王冠，以及國王和聖人的圖像。葡萄牙人也在自己位於印度和斯里蘭卡的其他聚落發行了類似的錢幣，但那些金錢僅供流通於拓殖地之內，對印度貨幣的影響不大。十七世紀的時候，英國人設法依循同樣模式，發行了使用印度名稱、歐式設計的錢幣，圖案則包括王冠、紋章和東印度公司的標誌等等。但那些錢幣同樣未曾廣泛流通，於是當越來越多的印度土地接受英國統治之後，東印度公司不得不推出蒙兀兒設計風格的錢幣。那些蒙兀兒式的錢幣便由東印度公司繼續發行下去，直到普林塞普展開改革為止。以其父約翰・普林塞普所製造的錢幣為例〔圖188〕，它們都是用蒙兀兒皇帝沙赫・阿拉姆二世（1759-1806）的名義來打造。蒙兀兒統治者所建立的伊斯蘭傳統是如此影響深遠和牢不可破，結果英國人必須配合其錢幣體系，才得以成功維護自己的幣制。

金錢與國家

全盤接受蒙兀兒的幣制意味著，東印度公司無論從任何角度來看，都無法被視為自己錢幣的發行當局。這或許顯得有些令人訝異，因為我們已經習慣了現代國家的做法，那就是藉由挑選適宜的硬幣與紙鈔圖案設計，明確表達出自己的貨幣自主權。印度在十九世紀初期的情況卻大不相同，這可以從三個方面來說明。

首先，東印度公司的錢幣並不屬於任何自主國，而是由一位民間商人製造、由英國政府負責發行，並透過英國政府的貿易公司在印度流通。其次，蒙兀兒帝國此時已被外國勢力和地方諸侯瓜分殆盡，錢幣的製造權已不再單獨受到皇帝控制。然而如欲讓錢幣在大多數地區暢行無阻，仍必須打出當時蒙兀兒皇帝沙赫·阿拉姆二世的名號。縱使許多邦國都發行了錢幣，但蒙兀兒皇帝的名號仍被看成是讓錢幣發揮貨幣功能的必須條件。政治權威與錢幣設計之間的關聯性，因而相當不同於我們所期待的情況。第三，控管錢幣流通使用的人既非蒙兀兒皇帝，亦非實際的錢幣發行當局，而是地方上的錢幣兌換商。那些重要的商人專精於錢幣買賣，並幾乎在每一筆交易中監督了錢幣的使用。一七八〇年，當約翰·普林塞普首度發行自己錢幣的時候，據悉光是在孟加拉地區就有三萬至四萬名錢幣兌換商進行業務。每當支付大額款項的時候，他們就被請來鑑定每一枚錢幣、辨認發行的地點和時間、驗明每一種錢幣所適用的折舊率，並判定已磨損錢幣更進一步的折扣率。若無錢幣兌換商提供專業技能，金錢根本就無法流通。這正是詹姆斯·普林塞普在一八三三年鼓吹改革時所面對的最大難題之一。至於以沙赫·阿拉姆二世前任幾位皇帝名義發行的舊錢幣，它們在使用時會被大打折扣，往往可能損失百分之十以上的價值。

約翰和詹姆斯·普林塞普的用意，就是要將錢幣體系的掌控權從當地錢幣兌換商轉移到東印度公司手中。更何況各地諸侯國的造幣所動輒邀請商人出資，從地方統治者那邊購買造幣權，而且他們的錢幣有許多是委託其他商人代為製造的。經營造幣所的商人則往往為了因應市場壓力，在打造盧比時任意更改銀幣的成色和重量標準。那些做法正是造成各種錢幣橫行泛濫的主要原因之一，以致詹姆斯·普林塞普登錄了三百種盧比。

早期的蒙兀兒皇帝於十六世紀開始發行錢幣時，對國家在造幣方面所扮演的角色抱持了不同的態度。身為伊斯蘭統治者，他們將錢幣發行權視為政治權威的重要象徵。在傳統上，有兩件大事可標誌出新任伊斯蘭統治者已經大權在握：一是「呼圖白」，即每個星期五在清真寺的集體禱告中報出他的名號；二是「希卡」，即製造錢幣並在上面打出自己名號的權利。因此就錢幣圖案設計的政治意涵而言，伊斯蘭的習慣與十九世紀英國的態度大致相同。無怪乎詹姆斯・普林塞普在一八三五年推出新型盧比銀幣時，大剌剌地在正面打出英國國王威廉四世的頭像和名號，[7]而後在一八四〇年發行的下一版盧比改成維多利亞女王。

我們從錢幣本身即可看出，印度在傳統上對君主錢幣發行權所抱持的態度可謂大不相同。印度顯然並不認為，非要用錢幣烘托出發行當局的身分不可。結果古印度的錢幣並未成為國家權威的象徵，這是有異於伊斯蘭和西方傳統之處。錢幣流通無礙的保證，似乎往往在於它們的外觀類似已被普遍接受的金錢原型，而非來自國家或統治者的威望。八世紀到十世紀的北印度錢幣，便對這種不具政治性的奇特金錢觀做出了最佳示範。

當時在印度西部享有主導地位的錢幣，是一種發行者不明的「德拉馬」，而其設計拷貝自伊朗薩珊王朝卑路斯國王（459-84）的「德拉克馬」銀幣〔圖189〕。那些錢幣的正面只出現一個複製得非常粗糙的國王頭像，背面則是一個同樣粗糙的瑣羅亞斯德教「火之祭壇」。原件的波斯語錢文未遭拷貝，而且那種「德拉馬」不曾用文字標明發行當局的身分。但當地的石碑銘文提供了證據，表示印度西部古吉拉特的「遮婁其王朝」曾經擁有一座造幣所，因而很可能就是那些錢幣的發行者〔圖190〕，但他們擺明無意在錢幣上宣佈自己到底是誰。

統治印度中北部的「普臘蒂哈臘王朝」是「遮婁其王朝」東北方的鄰居，同樣因為石碑銘文而被辨識為錢幣製造者〔圖191〕。現代的研究結果已經判定出來，他們也模仿了薩珊王朝卑路斯國王的錢幣。但那些仿製的錢幣截然不同於印度西部的版本，因為它們僅僅出土於普臘蒂哈臘王國，而且它們的錢文只道出了印度神明而非統治者本身。

在更東邊的比哈爾和孟加拉等地區，其統治者是印度最顯赫的王朝之一：波羅王朝。那是一個富庶的國度，有著蓬勃發展的藝術與宗教，但至今仍未發現過由當地國王發行的錢幣。似乎波羅王朝從七世紀到十一世紀之間都不需要錢幣。但他們一定已經曉得了使用錢幣的可能性，因為當地來自那個年代的石刻銘文經常提及大筆金額，而且他們西鄰的普臘蒂哈臘王朝和東鄰與緬甸接壤的一些王國都使用錢幣。可是波羅王朝仍然避不發行自己的錢幣。可見他們必定已經開發出一種不同的貨幣系統，比錢幣更能夠滿足需求——他們顯然使用金屑和瑪瑙貝（印地語稱之為「kauri」）做為付款工具。

一二〇五年由穆罕默德·賓·薩姆國王所領導的伊斯蘭入侵行動，再度為那些地區帶來了金幣與銀幣。就東方的國度而言，賓·薩姆的後繼者雖然沿襲伊斯蘭傳統，繼續發行以阿拉伯文寫出統治者名號的錢幣，但是地方上偏好將瑪瑙貝使用為零錢的做法並未消失。當地難得發行低面額的銅幣，而且就連約翰·普林塞普在一七八〇年推出錢幣的時候，瑪瑙貝仍然普遍受到使用。加爾各答行政當局宣佈發行普林塞普的新錢幣

[7] 譯注：威廉四世的正確寫法是「King William IV」，普林塞普的盧比卻刻意寫成：「William III, King」（圖169）。

[8] 譯注：那格利字體（Nagari script）乃「笈多體文字」的一種，是梵文「天城體」的前身。

〔圖189-91〕伊朗薩珊王朝皇帝卑路斯(459-84)的「德拉克馬」銀幣，以及兩枚以卑路斯肖像為樣板的印度仿造錢幣(下圖)古吉拉特的「遮婁其王朝」在七世紀和八世紀製作的「德拉馬」沒有錢文(圖左)；印度中北部普臘蒂哈臘王朝在八世紀製作的「德拉馬」(圖右)，卻以「那格利字體」[8]寫出了印度教毘濕奴神的敬稱——「Sri Vigraha」(吉祥化身)。卑路斯的錢幣最初是由白匈奴人帶入印度。西印度地方上的統治者直到十三世紀為止，仍然製作使用卑路斯樣板圖像的錢幣。

時，所散發的廣告資料也以瑪瑙貝來標示幣值：五一二〇枚瑪瑙貝折合一個盧比。

無論是伊斯蘭的「希卡」造幣權，還是歐洲人將錢幣製造視為君主特權的觀點，皆與中古時期的印度實務格格不入。但之前幾個世紀內的情況卻相當不同，而我們在《政事論》一書當中（那是唯一探討國家與錢幣之間關係的古籍），便可以找到相關證據。《政事論》是一部治國實務手冊，一般認為其作者是考底利耶，亦即阿育王的祖父——旃陀羅笈多．孔雀——之宰相（約西元前三二〇至二八五年）。儘管那本著作很可能編撰於許多個世紀以後，它仍然是珍貴的史料來源，可說明古印度的政治觀。該書所傳達出來的印象是：那個時代的君王為了本身利益，對自己的錢幣和幣制極感興趣。

《政事論》的作者將金錢視為國家鞏固收入的工具，可藉此建立穩固的政府。國王應該指派官員一名，負責依據官方的重量及品質標準製作錢幣，同時並指派另一名官員督導錢幣的正確使用。第二名官員亦有權允許他人付費取得造幣權。書中所談到的錢幣機能，則是供使用於商業以及供王室獲得收益，而且全書在字裡行間明確表達出來，上述官員的職責便在於確保國王的收益。收益意味著政府官吏壟斷商業交易所賺取的利潤，或者是外國商人繳納的規費與稅金。而王室的收入應該同時包括貿易所得、土地稅和罰金。按照《政事論》的觀點，國王進行統治時的不二法門，就是透過自己的軍隊、官吏和寶庫來控制國家。國王如欲有效治國，就必須充實寶庫，以便有能力支付軍隊和官吏。每一個階級的軍人和官吏（上起總司令與宰相，下至間諜和僕役），其薪資皆有明文規定，而且國王的每一名官吏都接獲命令，必須對他人損及寶庫收入的行為做出處罰。「以這種方式來照顧收入和開支，寶庫與軍隊就不會成為國王的困擾。」（《政事論》，5.4.45）。

對《政事論》的作者來說，「金錢主要就是國家用於確保政府健全與穩固的手段」這種觀點，在道德上並無瑕疵。他還做出對比，說明自己的理念如何不同於另一位更加重視金錢的治國導師：

巴拉夏日的門徒表示：「在侵犯財產與傷害肉體之間做一比較，侵犯財產更加惡劣。金錢是良好精神狀態與心靈歡樂的根源，而且世界與金錢密不可分。毀滅財富是更大的罪惡。」

「不對」，考底利耶說道：「無論金錢的數目再怎麼龐大，也不會有人渴望為此失去自己的生命。」

——（《政事論》，8.3.30-35）

這種看待金錢的方式，與一個古印度的概念息息相關，此即好的國王必須興旺，才會有辦法為臣民帶來繁榮。「阿瑪拉瓦提」一座佛教聖壇的浮雕（來自西元一至二世紀，現藏於大英博物館），便展現了那種對於國王與錢幣之間關係的看法：它刻畫出一位至高無上的國王——被理想化的世界統治者「轉輪聖王」——向臣民散佈金錢

從一般公認製造於《政事論》撰寫時代的「敲打壓印幣」，還無法清楚看出這種關聯性。不過到了後來（西元一世紀至四世紀），印度的「西部總督王朝」和「薩塔瓦哈那王朝」[9]都在自己的「德拉馬」銀幣上面，拷貝了希臘錢幣使用王者肖像的做法。在仍然出現傳統符號的錢幣上面，他們也採取希臘的方式，沿著錢幣邊緣以錢文寫出君主的名號與頭銜。印度北部的笈多王朝（西元四至六世紀）展開入侵行動，從「西部總督」手中奪取西印度之後，繼續發行以「西部總督王朝」圖像為樣板的希臘式「德拉馬」〔圖 193-5〕。笈多王朝在自己疆域內發行的錢幣，也反映出希臘羅馬君主的錢幣觀。他們的金幣造型則參考了西北方的

[9] 譯注：西部總督王朝（Kshatrapas）是印度西部具有王國性質的地方政權（公元一至四世紀）。薩塔瓦哈那王朝（Satavahanas）亦稱「達羅王朝」，是印度中部的統治者（公元前三世紀至三世紀）。

貴霜王朝，並依據從古印度流傳至當時的藝術風格，以最燦爛的方式描繪出理想化的印度國王〔圖196〕。國王雖呈現各種不同姿態，但始終可辨認為「轉輪聖王」，並有錢文與之相互呼應。在一種錢幣上面，有一匹受到羈絆的馬兒取代了國王的肖像〔圖197〕，而馬匹是印度國王為了取得「轉輪聖王」地位，在儀式上使用的象徵性祭品。此類錢幣圖像於是導引出另外一個要素，供我們在探討古印度金錢與貨幣的涵義時一併列入考量──那就是宗教所產生的重要意義。

〔圖 192〕
刻畫出印度理想化國王（轉輪聖王）的浮雕
國王正在發揮自己身為國家繁榮泉源的角色，促成金錢從天而降。他右側的錢幣被雕刻成方形、圓形和三角形，反映出「敲打壓印幣」的不同形狀。這件壁板來自「阿瑪拉瓦提窣堵波」(Amaravati Stupa)，那是西元二世紀南印度的一座佛教紀念建築。

〔圖 193-5〕
西元前一世紀旁遮普希臘國王阿波羅多圖斯二世的「德拉克馬」銀幣，以及拷貝其印度希臘式設計的兩枚印度「德拉馬」銀幣
左圖為西印度「薩喀族西部總督」[10]統治者吉瓦達曼（197-8）的「德拉馬」銀幣，它保留了希臘錢文的外觀，但文字的內容不知所云。右圖為印度笈多王朝國王旃陀羅笈多二世（376-414）的「德拉馬」銀幣，它複製了「西部總督」所拷貝的的希臘式錢幣。直到西元八世紀為止，旁遮普地區的國王都還繼續製作使用了這種人像的錢幣。

〔圖 196〕
笈多王朝印度國王薩母陀羅笈多的「第納爾」金幣（約 335-370）
描繪出國王打虎的情景。國王被呈現為至高無上的「轉輪聖王」，並以錢文稱頌他「威猛如虎」。

〔圖 197〕
薩母陀羅笈多的「第納爾」金幣
圖案是一匹被拴起來的駿馬。笈多王朝恢復使用一種古代印度教的儀式，藉以彰顯自己的「轉輪聖王」身分。他們先釋放一匹駿馬，讓牠在野外自由奔馳一年。牠所到之處都被視為國王領地的一部分。一年期滿以後，那匹駿馬就遭到獻祭。主持宗教儀式的婆羅門祭司，則獲得「達嚫」（dakshina）做為回饋──「達嚫」是使用於支付宗教儀式的黃金，或許類似這枚「第納爾」金幣。以梵文書寫的錢文並讚頌了薩母陀羅笈多的「轉輪聖王」身分：「權力不可抗拒的萬王之王，奉天承運的大地保護者。」

【10】譯注：「薩喀族西部總督」（Shaka Satrap 或 Western Satraps），乃「西部總督王朝」（Kshatrapas）的另一個名稱。「薩喀族」（Shaka）是印度對「塞族」（Saka）的稱呼。該地方政權的建立者為「塞族」（斯基泰人），而「Satrap」與「Kshatrapa」意思相同，是古波斯的省級總督。

金錢與宗教

有人認為，笈多王朝製作金幣的主要原因之一，就是要讓國王有辦法完成與「轉輪聖王」那個角色有關的宗教儀式。印度君主為了建立「世界統治者」的地位，於是舉行駿馬獻祭和其他相關儀式的時候，必須向主持典禮的婆羅門祭師支付大筆金錢。印度教的傳統經典，神聖的《吠陀經》，便曾於字裡行間表示，支付給祭司的報酬是黃金。或許這不是君主發行金幣時的唯一動機，但可以確定的是，他們發行錢幣的目的並不在於為自己的臣民帶來便利。例如印度北部的君主難得發行錢幣供日常生活使用；他們的銅幣比金幣還要來得稀少，而且就連金幣本身也並不普遍。

《吠陀》經文描述了支付黃金給祭司時的情形，成為關於印度金屬通貨的最早記載。其中值得注意的是，那些金屬通貨起源自宗教和社會方面的因素，與商業和政治的關聯較小。經文的內容在西元第一千紀以前只是口頭流傳下來，因此難以斷定最初出現的年代。但一般認為它們形成的時間，是在西元前第二千紀末葉至西元前第一千紀初期之間，與伊朗的祆教聖書《阿維斯陀經》來自同一時代，而且經文的主要內容相近。

《吠陀》經文所述及的黃金往往沒有特定外觀，要不然就和一種名叫「膩色迦」的頸部飾物形狀相同。典型的付費方式，便是由國王贈送一百至四萬「膩色迦」給「詩人祭司」。《吠陀》以及後來的律法書——例如《摩奴法典》——還談到了以牛隻付費或計價的做法（《阿維斯陀經》和某些早期的希臘羅馬文獻也報導過類似的習俗）。支付給祭司的酬勞可以是牛隻，也可以是「膩色迦」加上牛隻。但這種實務無法透過考古學來確認，而且相關文字未曾精確描述「膩色迦」的外形，以致我們無法從少數留存至今的北印度史前金

〔圖 198〕
聖骨匣與銅幣四枚
（西元一世紀末）
來自今日巴基斯坦旁遮普省「瑪尼恰拉」的一座佛教神龕——「索那拉品德窣堵波」。這件聖骨匣呈現窣堵波的形狀，裡面擺放過一個有蓋子的小型水晶容器，以及一張刻有銘文的金片、四粒寶珠、一枚銀幣和一個銅環，即通常與舍利一同埋藏的七寶。此處的舍利指的是一小塊遺骨。

〔圖 199〕
佛教神明半支迦與訶利底的浮雕
祂們將雙腳踩在錢袋上，有一名侍者從「半支迦」的肩頭遞過來另一袋錢。這件浮雕來自西元二世紀和三世紀之交，原屬於「塔赫特依巴依」的一座窣堵波（位於今日巴基斯坦）。居住在該地區的希臘人可能會認為，祂們是商業之神「赫爾墨斯」與命運女神「泰姬」，但是在貴霜王國的錢幣上，祂們分別被稱做財富之神「發羅」和豐收女神「阿爾多克修」，即瑣羅亞斯德教為王室帶來好運的神明。

飾當中把它們辨識出來。

進入信史時代以後，「膩色迦」繼續被使用為黃金貨幣單位，並且在《本生經》裡面以「尼迦」的名目重新出現。那些宗教文獻編纂於西元前四至一世紀，記載了佛陀前生的一些傳奇故事。「尼迦」似乎曾經被拿來支付學費和贖金，但並未使用於商業交易。那或許僅僅反映了文字中的一面之詞，無關乎古印度錢幣使用情況的全貌。即便如此，《本生經》仍然揭露出各種非經濟性的文化因素所具有的獨特重要意義，顯示它們如何決定了印度社會對金錢功能所抱持的態度——尤其是在宗教和社會義務的範疇內。

金錢與集市

《本生經》所敘述的錢幣支付案例，絕大多數都有關宗教性或社會性的付款項目。不過書中仍有大約二十筆記錄涉及商品買賣，顯示出集市交易已在西元前二世紀時成為常態。在古印度，宗教與集市之間的關係究竟如何呢？西元一世紀來自西印度「西部總督王朝」疆域內的一則故事，為此提供了若干證據。「西部總督王朝」國王納哈帕納（約西元 40-78）的女婿熱薩巴達塔，曾在「納西克」市內的兩塊石碑上以銘文表示，他將一座山洞賞賜給一群僧侶，並支付四千「嘎夏巴涅」買來一塊田地，藉以生產作物供該宗教社群食用。他還向他們捐贈了二千「嘎夏巴涅」，並把錢存放在「哥瓦爾丹」市內的織布工匠行會那邊，由行會每月撥出百分之一利息使用於購買僧侶所需的服裝。這則故事或許顯示出來，古印度宗教和錢幣之間的關係，並不像在伊斯蘭或基督教世界那般問題重重。

那兩件銘文之一還記載道，熱薩巴達塔曾經支付三千頭牛給祭師，做為戰爭結束後舉行超渡法會的費用。以牛隻付款的方式一直流傳下來，這其實並不奇怪，因為古印度歷代統治者都熱中於維護《吠陀》經文中的遠古傳統。印度支付給祭司進行宗教儀式的酬金，當時仍被稱作「達嚫」，而該用語最初的意思是「左邊的牛」，也就是被拉到一旁準備交付給祭司的牛隻。

無論是《本生經》有關購買和銷售的報導，還是熱薩巴達塔針對存款和利息所做出的複雜安排，均顯示古印度進行主要的商業交易時已可使用金錢。商業活動又回頭促進了貨幣實務的複雜化。例如一篇名叫《庫拉卡理家本生》的故事，[三]便描繪出金錢穿透社會各個階層的程度，並且敘述了商業活動中涉及金錢付款的範圍，外加多種以實物支付的做法。

那則「本生故事」講述一名年輕男子由貧致富的經過。他起先在路旁發現了一隻死老鼠，於是把它賣給酒店餵貓，換來一枚銅幣。他用銅幣買來糖蜜，然後將摻了糖蜜的清水賣給採集花朵的工人，工人則以鮮花付費；接著他出售花朵，並把這種生意重覆進行許多遍，擁有了八個「嘎夏巴涅」。他的下一個動作是把糖蜜拿給一群小孩做獎賞，要他們去收集薪柴，而後自己將薪柴賣給陶匠，獲得了十六個「嘎夏巴涅」和一些陶罐。再來他重操舊業，這回是把水賣給一群割草工人換得一捆捆的青草，隨即以一千「嘎夏巴涅」的代價，把草料賣給一名馬販。他從此有能力進行大規模的商業活動，於是花了八個「嘎夏巴涅」租來一輛馬車駛往海港，並貸款買下一艘剛入港船隻上的全部貨物。等到一般商販前來進貨時，只能向那位年輕人購買。結果他從中賺得二十萬「嘎夏巴涅」的收益。

依據《本生經》的記載，這一則寓言是由佛陀親口講述，而且對那位年輕人的行為明確表達了讚許之

[三] 譯注：「庫拉卡」（Cullaka）是一位商人的名字；「理家」在此意為「善於理財者」（理財家）；「本生」則是佛陀於前生歷次輪迴時，以各種不同身形及身分來修行的故事。

意：「縱使出身卑微、貧財貧乏，機敏能幹之人仍可致富。」[12]然而佛教是以多樣化的態度來看待金錢與財富。例如佛教教義最早為僧團訂出的戒律——《毘奈耶》——便做出強烈譴責，反對僧眾接觸到價值超過四分之一「嘎夏巴涅」的黃金或白銀。

結果從佛陀教誨中得到最多收獲的人，顯然反而是另外一個印度宗教的信仰者。他們是耆那教徒（Jain），亦即與佛陀同時代的宗教家「摩訶吠羅」之信徒，並扮演著印度銀行家的角色。從十二世紀開始，我們即可聽見富裕耆那銀行家族的輝煌事跡。他們除了貸款給別人之外，也是匯兌高手，以類似普林塞普時代錢幣鑑定人所扮演的角色掌控了金錢交易。十四世紀時，德里蘇丹依賴自己的耆那銀行家做出安排，以便向偏遠地區的部隊發放薪餉。一位名叫塔庫拉·費魯的耆那錢幣兌換商，曾經連續被三位蘇丹任命為造幣長官，而且他對一三一八年流通於北印度的各種錢幣所做出的鑑定報告，一直留存至今。

從蒙兀兒帝國時代初期一位耆那商人——巴納拉西·達斯（出生於一五八六年）——的生平傳記，即可看出塔庫拉·費魯等人整理出來的資訊如何被實際運用。巴納拉西·達斯的父親年僅八歲時，就被送入學堂鑽研「鑑定金銀等貴金屬所含雜質的藝術」。「他學會了辨別好錢和壞錢的技巧，並且懂得如何為自己家族的貸款業務草擬借據」。巴納拉西·達斯還告訴我們，他的父親幫他把金錢埋藏在地下，等到他年紀大得可以加入家族企業的時候，父親就交給他一張價值二百盧比、被稱作「頊遞」的匯票〔圖200〕，讓他可以在另外一座城市貸款展開商業活動。「頊遞」上面出現的文字內容，就是某個城市的銀行家以非常客氣的方式，請求遠方另一座城市的銀行家將金錢支付給持票人。

就像歐洲銀行業的匯票一樣，「頊遞」在印度一直沿用至今，即便絕大多數商業交易已可使用現代化的銀行服務。本土銀行業的舊傳統之所以仍然獲得保留，是為了鞏固商業上所牽扯的強烈家族聯繫。[13]「頊遞」雖然在十九世紀初期廣受使用，一度成為最普及的「銀行貨幣」形式，但很快就被「孟加拉銀行」及其前身「加爾各答銀行」所發行的英式銀行券取代。從一八〇六到一八一五年，那些銀行發行了總金額超過二千萬盧比的鈔票。其他的歐式銀行很快也跟著發行銀行券，直到帝國政府在一八六一年接管發行紙幣的工作為止。

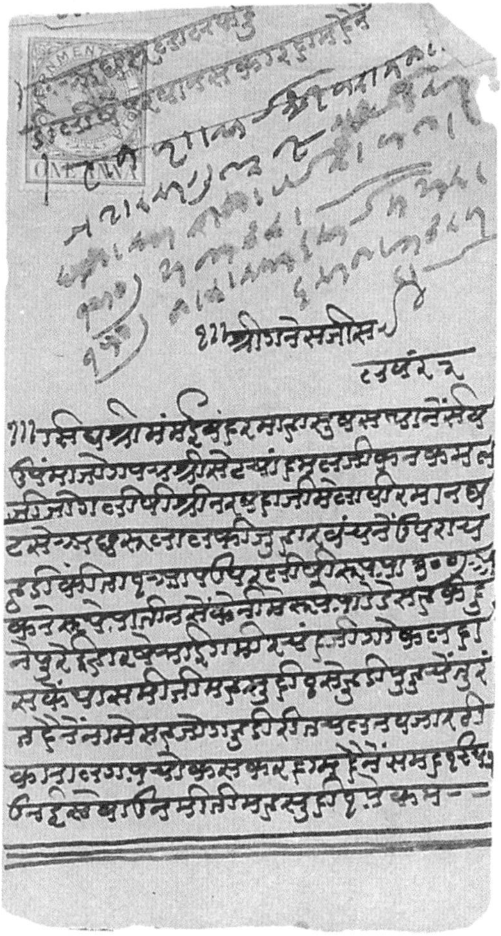

〔圖 200〕
頞遞（Hundi）──印度本土匯票
一位十九世紀末葉的孟買商人要求憑票支付三百盧比。其上貼有維多利亞女王的一「安那」（十六分之一盧比）印花稅票。

【12】譯注：中文佛經對這個故事的記載較為簡短，並略帶貶義：「門外糞上有死鼠……時有乞兒……取鼠去……調和炙之。賣得兩錢。轉以販菜。致有百餘。以微致著。遂成富姓。」見：《六度集經》，第三卷，二十二，〈理家本生〉。

【13】譯注：「頞遞」亦稱「哈瓦拉」（Hawala），在現代的印度和中東不時被使用為洗錢工具（類似「銀樓匯款」）。

印度錢幣體系的傳播

強大而兼容並包的傳統不但形塑了印度的金錢歷史，並且將印度的錢幣體系傳播到印度次大陸境外。就西北方面而言，印度風格的錢幣傳播到中亞。在希臘人和游牧民族統治西北地區的階段，相當於今日阿富汗及其北方鄰國的地帶是一個地理上的整體。例如在烏茲別克和中國新疆的遺址進行挖掘工作時，都曾經出土過貴霜帝國的錢幣。而商業活動更將貴霜的錢幣帶往伊朗、伊拉克和衣索比亞等遙遠的地方。

就西藏而言，中國的文獻從十五世紀開始報導當地將銀錠使用為通貨，但是直到拷貝自印度的尼泊爾錢幣在十六世紀傳過來以前，西藏仍未使用錢幣。到了十九世紀末期和二十世紀初期，英國人發行的印度盧比在西藏和鄰近的中國西部地區都非常受到歡迎，促成中國四川省的成都造幣廠仿製盧比，供西藏的境外貿易使用。英國人的印度盧比也零星出現於中國的雲南省，以及其南方的鄰國——緬甸。

緬甸原已熟悉印度式的錢幣，而且緬甸國王曾經在一七九六年，委託加爾各答造幣廠為他壓製與盧比尺寸相同的硬幣，並賣給他一些造幣設備以便繼續製造下去。那些錢幣令人回想起上一波印度式錢幣的擴張，因為其圖案設計拷貝了一千多年以前的緬甸錢幣——它們發行於七世紀，是以孟加拉的低成色金幣做為模仿對象〔圖 202〕。緬甸的白銀蘊藏量非常豐富，於是印度風格的銀幣又從緬甸傳播到泰國〔圖 203〕、柬埔寨和越南南部之類已經接受了印度宗教和文化的國度。印度的錢幣傳統在十一世紀以前主導了東南亞，直到從中國西南部外移的民族入侵緬甸和泰國，帶來他們自己的錢幣傳統為止〔圖 201〕。印度的金幣與銀幣傳統還在九世紀至十三世紀之間，傳播到相當於今日的印度尼西亞和菲律賓等地區。爪哇島上的石刻銘文並為該時期的金錢交易提供了豐富證據，例如當地進行宗教祭獻和土地買賣時，都使用印度的金錢術語。

東南亞的金屬錠通貨

銀錠

東南亞大陸地區在西元七、八世紀之交，開始發行和使用印度式的錢幣，但是那些做法在十一世紀時已經消失不見。緬甸人和泰族人在十一至十三世紀之間成為主宰東南亞大陸部分的民族，為這個地區帶來了以銀錠為基礎的新貨幣傳統。

緬甸

在十七世紀以前，除了錢文之外難得有書面資料說明緬甸人使用何種銀錠，然後才開始有歐洲旅行家和貿易商描述銀錠的使用情形——它們由商人鑄造，在付款時按照王室頒布的標準秤出重量。

〔圖 201a〕
緬甸北部的「蝸牛殼」銀錠（十九世紀）

〔圖 201b〕
（左下）緬甸的花紋銀錠（十八世紀）
依據英國旅行家亞歷山大·漢彌爾頓（1688-1723）的報導，庇古市所使用的貨幣，是在國王特許下由商人製造的花紋銀錠。

〔圖 201c〕
神話獅子造型的官鑄青銅砝碼（十八世紀）
每一枚砝碼的底部都打出了花朵形狀的王室標記（喬·克里伯個人收藏）。

泰國

泰族人將三種不同類型的銀錠使用為通貨。各種銀錠上面通常會打出主管當局的戳記。它們都呈長條狀，但某些地區把它們加工成特殊的外形：在寮國是扁平錠狀、在泰國北部是彎曲的圓環，在泰國南部則彎曲成球形。球形的銀錠被發行使用為錢幣。

〔圖 201d〕
寮國的銀條（十八世紀）

〔圖 201e〕
泰國北部清邁市的彎曲圓環（十六世紀）

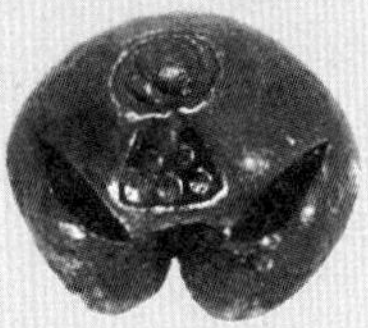

〔圖 201f〕
泰國南部素可泰市的球形銀幣（十六世紀）

〔圖 201g〕
曼谷「利發賭場」價值折合一「薩隆」銀幣的陶瓷代幣（十九世紀中葉）
球形的錢幣使用起來很不方便，促成曼谷的華人賭場引進了中國製造的陶瓷代幣。

錫錠

中國關於馬來半島的報導曾經記載道，當地在十五世紀時，將錫錠使用為貨幣。許多留存至今的錫錠呈現動物的形狀。彭亨蘇丹國則流行使用金字塔狀的錫錠，而且它們在十九世紀以不同的變體形式做為錢幣流通使用。那些錢幣呈中空錠狀，於是被稱作「錫帽錢」。

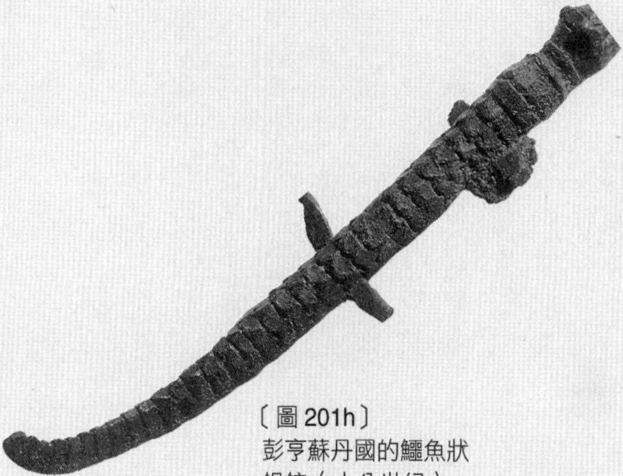

〔圖 201h〕
彭亨蘇丹國的鱷魚狀錫錠（十八世紀）

〔圖 201i〕
彭亨蘇丹國的小公雞狀錫錠（十八世紀）

〔圖 201j〕
彭亨蘇丹國的「錫帽錢」其價值折合四分錢，約發行於一八九〇年。

即使到了近代時期，印度習俗依然對周邊地區產生同樣強大的影響。盧比獲得的成功（特別是自從普林塞普在一八三五年進行改革將盧比標準化以後），促成其他許多地區紛紛流通這種印度錢幣。十八世紀時，緬甸、阿富汗和印尼都已經發行盧比。盧比在西邊也成為波斯灣和阿拉比亞南部的標準貨幣單位（阿曼與亞丁）。英國的帝國主義擴張行動將部分東非地區併入帝國之後，盧比也開始流通於索馬利亞和英屬東非〔圖303〕（使用一八八八年在肯亞蒙巴薩製造的盧比），甚至連遠在南非的納塔爾也將盧比使用為標準貨幣單位。義屬索馬利亞與德屬東非也發行了自己的盧比，葡屬莫三比克則在英國的盧比上面加蓋戳記供本地使用。

結論

在二十世紀初期，由於帝國主義列強採納了印度的幣制，印度的錢幣體系達到最普及的地步，被使用於印度洋沿岸所有的國度。但是對印度次大陸的金錢歷史來說，在一長串對印度錢幣造成重大影響的外來因素當中，這只是出現較

〔圖202〕
緬甸中部驃族（Pyu）王國（室利差旦羅）的「談卡」銀幣（八世紀）
背面出現印度的吉祥結標誌，象徵著印度教的大吉祥天女神。一個山形圖案代表印度教的濕婆神，其旁為毘濕奴神的法螺以及因陀羅神的金剛杵，並以太陽和月亮代表天空、以一個波浪狀的線條代表海洋。從孟加拉東南部到泰國之間的許多王國也發行了出現吉祥結標誌的銀幣，而且它們在十世紀以前繼續東向流傳到柬埔寨和越南。

〔圖203〕
泰國中部孟族王國（墮和羅[14]）重量較輕的「談卡」銀幣（九世紀）
背面出現吉祥結標誌與因陀羅神的金剛杵，金剛杵旁邊是象徵王權的趕象棒和趕蒼蠅的撢子。

晚的一個。儘管印度容易被外力侵犯和受到外來文化影響，印度的傳統依然色彩鮮明——無論就錢幣本身或我們已見過的其他金錢實務而言，情況都是如此。那尤其是將印度最直接的鄰居，伊斯蘭世界和中國，拿來做對比的時候。我們現在就轉往中國，去觀察該國既歷史悠久又獨立發展的金錢與貨幣傳統。

[14] 譯注：墮和羅（Dvaravati）另有墮羅缽底、陀羅缽地、他叻瓦滴……等不同的譯名。

第六章　中國與東亞

問：「汝何死？」曰：「我死天命，但為劉進所欺。先此相告，某牛價幾何，用絹若干；某牛價幾何，用銀若干。彼乘我死無證，欲相欺昧耳！」

——元好問（1190-1257），《續夷堅志》

小而圓、中央有四方孔的銅錢，可立即判定為東亞的錢幣。這個貨幣傳統的基本設計源自公元前四世紀的中國，並在廣大地區內成為眾所周知的通貨形式。其地理範圍從中國延伸至中亞、日本、朝鮮、越南和東南亞。各地出土的此類錢幣，更展現出東亞與中東、南亞、澳大利亞及非洲的貿易聯繫。這種形制的錢幣一直製作到二十世紀初葉，然後才改成比較西方的風格，以形象圖案取代四方孔、以打造取代了澆鑄。今日遠東地區流通的硬幣，在外觀上與全球各地的現代硬幣已無不同。但是那種形狀特殊的傳統東亞錢幣，亦即中國文人所稱的「孔方兄」，已經傳承了二千餘年之久，而且直到今日仍為普受歡迎的護身符和寺廟紀念品。

金錢的起源與錢幣的發展

東亞有關金錢的最早記載，出現於《管子》一書。一般認為該書出自一位去世於西元前六四五年的中國大臣之手，不過它要過了六個多世紀之後（時間約為西元前二十六年），才被彙編成書：

> 先王為其途之遠，其至之難，故託用於其重，以珠玉為上幣，以黃金為中幣，以刀布為下幣；三幣，握之則非有補於煖也，食之則非有補於飽也，先王以守財物，以御民事，而平天下也。

稀有的天然物產、五穀、布帛、動物、飾品和金屬，自遠古以來就是交易的對象。某些特定的物品——例如瑪瑙貝——更被視為財富的象徵。西元前十三世紀左右的中國銘文，即曾將瑪瑙貝說明為使用於餽贈的珍貴物品。但首先名副其實被使用為交易工具的「錢幣」，是周朝天子在西元前七世紀末或六世紀初發行的青銅「布幣」和「刀幣」〔圖 204〕。它們開始出現的時間，大致等同於我們在第一章所討論過西方最早的錢幣。其造型衍生自農具，但尺寸大為縮小而且金屬較薄，上面以錢文標示出氏族名稱、地名或重量。此後三百年內，中國大部分的諸侯國都發行鏟形的「布幣」，只有南方的楚國發行瑪瑙貝形狀的青銅幣，以及東方的齊國發行青銅「刀幣」。西元前三世紀時，秦始皇帝統一了戰國群雄，並將現有的秦國錢幣規定為新成立的秦帝國之全國標準通貨。那是一種圓形方孔的錢幣，其二字錢文為「半兩」（表明錢幣的重量是半兩）。[1]

[1] 譯注：半兩等於十二銖（一兩為二十四銖），相當於七點八公克。

東亞青銅幣的發展

第一階段

周朝天子在西元前七世紀末或六世紀初首創錢幣之際，中國分裂成許多個獨立的諸侯國。時至紛亂動盪的戰國時期（西元前475-221），各諸侯國都發行特定形狀的錢幣，或為刀形、鏟形、貝形，或者是中央有一孔的圓形。至於隨後出現的三個主要發展階段，都與統一帝國的強大政權有關，它們分別是秦朝、漢朝和唐朝。

〔圖 204a〕
趙國的青銅「布幣」

〔圖204b〕
齊國的青銅「刀幣」

〔圖 204c〕
魏國的青銅「圜錢」

〔圖 204d〕
楚國模仿瑪瑙貝製作的青銅幣（蟻鼻錢）

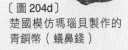

第二階段

秦國在西元前二二一年獨霸天下，並將自己的錢幣定為新帝國全境的標準貨幣。其外觀為圓形，中央有四方孔，並從右到左寫出「半兩」二字。中國錢幣的形制自此確立，但「半兩錢」的實際重量不斷出現變化。

〔圖 204e〕
秦代與漢初發行的青銅「半兩錢」

第三階段

漢朝在西元前一一八年以「五銖錢」取代「半兩錢」。錢幣的形狀出現更進一步的發展，在正反兩面的內緣和外緣加上了邊框。五銖錢成為主要錢幣樣式的時間長達七百多年。

〔圖 204f〕
漢武帝發行的青銅「五銖錢」（西元前 118）

第四階段

西元六二一年，即唐朝建立三年以後，五銖錢被「開元通寶」取代（有「首開紀元，通行寶貨」之意）。新王朝使用了新式的錢文，不再以重量做為錢幣名稱。字數則擴充為四，其中二字標明發行時的年號，另外二字表達出「流通貨幣」的概念。唐朝是中國歷史上的黃金時代，而且隨著中國影響力的增加，鄰近各國相繼開始發行仿自唐朝的本國錢幣。日本首開其端，在七〇八年推出「和同開寶」。「和同」（和銅）二字意為「柔銅」，自從「武藏國」（今日的東京）發現重要的銅礦以來，便被使用於錢文。就中亞而言，新疆地區發行了「建中通寶」。當地忠心耿耿的官員在與中國其他部分隔絕的情況下，自行鑄造了「建中」時期（780-83）的新版錢幣。他們顯然並不曉得，即便新皇帝有了新的年號，卻從未發行過這種名稱的錢幣。[2]中亞也仿造了方孔圓錢供本地使用，地點包括新疆本身，以及位於今日烏茲別克斯坦的「粟特」。時至宋朝（960-1279），唐代風格的中國錢幣繼續向遠東各地傳播，例如越南在九七〇年發行「太平興寶」，朝鮮在一〇九七年發行了「海東通寶」（意為「高麗通寶」）。

---

[2] 譯注：「建中」是唐德宗即位之初的年號，但唐朝並無「建中通寶」。該錢幣的發行者是安史之亂以後安西、北庭等都護府殘餘的唐軍。他們因為吐蕃在建中二年攻佔河西走廊而孤懸西域（其最後的據點在公元八〇八年被吐蕃攻陷）。

〔圖 204h〕
日本的「和同開寶」
青銅幣（708）

〔圖 204g〕
唐朝的「開元通寶」青銅幣（621）

〔圖 204i〕
新疆的「建中通寶」青銅幣
（780-783）

〔圖 204j〕
新疆地方上仿造的「建中通寶」
青銅幣（西元八世紀末）
其上僅僅出現「中」字。

〔圖 204k〕
粟特的青銅幣（西元八世紀）
其錢文為粟特語，外觀與中國錢幣相同。

〔圖 204l〕
越南的「太平興寶」青銅
幣（970）

〔圖 204m〕
高麗的「海東通寶」青銅幣（1097）

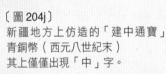

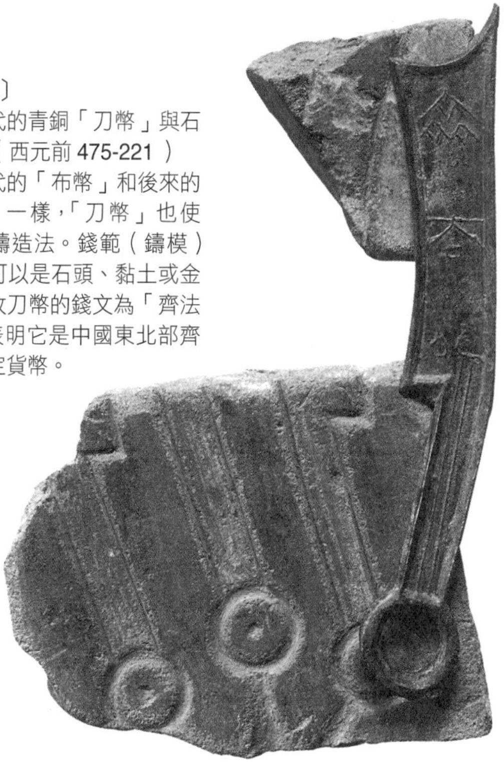

〔圖 205〕
戰國時代的青銅「刀幣」與石製錢範（西元前 475-221）
與同時代的「布幣」和後來的「制錢」一樣，「刀幣」也使用錢範鑄造法。錢範（鑄模）的材質可以是石頭、黏土或金屬。這枚刀幣的錢文為「齊法化」，表明它是中國東北部齊國的法定貨幣。

〔圖 206〕
出土於新疆熱瓦克遺址的東漢五銖錢（西元 25-220）及之後的青銅幣
考古學家在中國西北地區出土了一些鏽蝕在同一條繩子上的五銖錢。將那些鏽蝕錢幣分開檢查以後，發現它們分別為正版五銖錢、優質的當地仿製品、尺寸較小的仿製品，以及剪邊五銖錢。

「半兩錢」的重量雖然屢經改變，但繼續沿用至西元前一一八年，直到漢武帝引進一個具有重大歷史意義的新幣種取而代之為止。漢朝錢幣的錢文是「五銖」（意即「重量為五銖」），普遍流通於中國內地，並且隨著帝國的擴張而遠遠傳播到中國境外。西元二二〇年漢朝覆亡、分裂成許多小國以後，五銖錢繼續擔任主要的幣種，而且某些小國繼續發行這種錢幣。一直要等到帝國於六世紀末葉重新統一之後，唐高祖才將五銖錢作廢，在六二一年以新設計的「開元通寶」加以取代。

這種新錢幣仍然是圓形、中央有一個四方孔，不過昔日標示重量、通常使用兩個漢字的地方，從此出現四字錢文來標明發行時的皇帝年號，以及它是通用的貨幣。於是新錢文從上到下，從右至左分別為：「開元」（首開紀元）和「通寶」（通行寶貨）。

大唐帝國（618-907）這個「黃金時代」所發揮的影響力馳名全球，而且是東亞難得一見的現象。中華文化（包括錢幣在內）已傳播到整個東亞地區。最早的日本錢幣鑄造於七〇八年，最早的越南錢幣鑄造於九七〇年，最早的朝鮮錢幣則鑄造於九九六年。它們都模仿自「開元通寶」，而且尤其意味深長的是，其錢文均以漢字書寫，同時那些國家的官方文書也都使用中國文字。中國錢幣的外觀也被中亞模仿，但錢文使用了不同的語言。

〔圖 207〕
漢佉二體的于闐國青銅幣（新疆，西元一世紀）
中國與西方的傳統在此融合，所呈現出來的形式就是于闐國的「漢佉二體錢」。這種銅錢的一面以漢字標明重量，做為貨幣名稱（六銖或二十四銖，分別相當於印度西北部的「一德拉馬」和「四德拉馬」）；另一面則使用印度文字（佉盧文），環繞一個駱駝圖案或駿馬圖案寫出國王的名號。這件樣本是西元一世紀中葉于闐國王矩伽戈摩耶的青銅幣。錢面的印度錢文指出其發行者是「大王、王中之王、于闐國王矩伽戈摩耶」。錢背的錢文為漢字：「重廿四銖銅錢」。

開元通寶始終是所有東亞錢幣的典範，直到歐洲國家的錢幣擴張過來為止（主要是在十九世紀）。最後一批按照東亞傳統製作的錢幣，在中國包括了帝國時代的「宣統通寶」（1909-1911）、共和時代的「民國通寶」（1912），以及「福建通寶」（1912）；在日本是「文久永寶」（1863-1867）；在朝鮮是「常平通寶」（1633-1887）；在越南則為「保大通寶」（由法國發行於一九二六至一九四五年之間）。

這些遠東「制錢」的造型因而延續了兩千多年。雖然中國人早已知曉西方用貴金屬製造的圖像錢幣（拜占庭的「索利都斯」金幣與薩珊王朝的「德拉克馬」銀幣亦曾在中國出土），但此類錢幣多半發現於墓穴或西部地區。在尚未

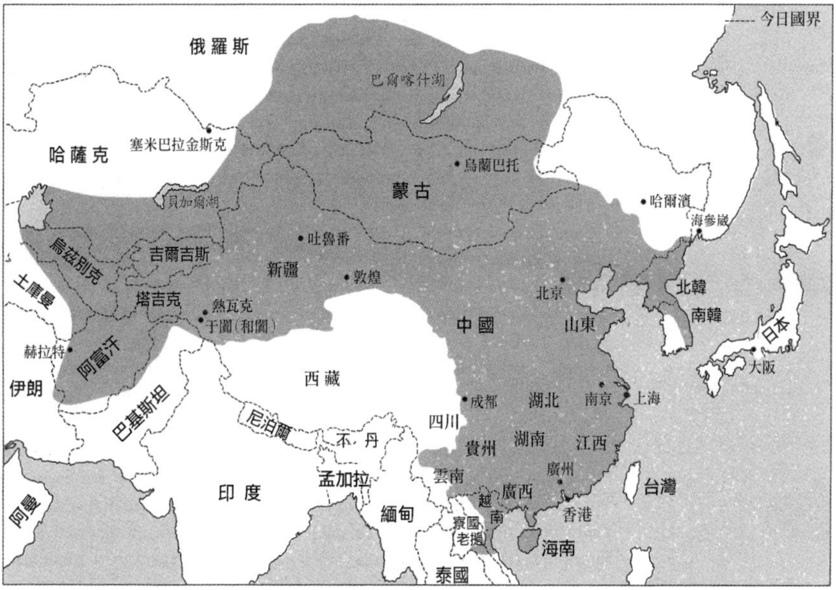

〔圖 208〕西元六六九年時的大唐帝國

〔圖 209〕
仿自拜占庭帝國的金幣（西元六世紀）
考古學家斯坦因爵士於新疆吐魯番附近的阿斯塔納墓葬區挖掘古墓時，在一具遺體身上發現了這枚做為飾物的仿造金幣。

使用錢幣的中國上古時代，青銅被視為貴金屬之一，主要供王侯製作極度精緻、用於祭祀祖先的禮器。後來青銅之所以被選定為適宜的造幣材料，理由或許出自淵遠流長的古代文化意涵，與早期青銅器在宗教和社會方面的崇高地位有關。雖然錢幣是以既珍貴又受到高度重視的金屬來製造，但它們仍必須要能夠量產，而且必須工序簡單，以便供應帝國全境所需的龐大數量。考古學已經稍稍揭露了古代中國的錢幣製造規模：例如光是在西北邊疆地區的一個遺址，就出土了四十五公斤的五銖錢。

在較晚期的各個階段，即便對外貿易日益成長，促進了中國人與西方傳統錢幣使用者的往來，中國繼續維持自己獨特的錢幣形制。低面額的青銅制錢適合發揮自己的首要功能，成為流通使用的支付工具。日常與「銅臭味」有關的事務通常都保留給商人處理——雖然他們往往受到輕視，被看成是不講道德的唯利是圖之人，但只要貨幣體系順利運作，便沒有加以改變的必要。

黃金與白銀偶爾也被使用於造幣。像日本起初是以白銀製作錢幣，但很快就必須改用價格較低廉的青銅。日本在七〇八年發現銅礦一事產生了極為重大的意義，以致統治者將年號更改為「和同」（意為「柔銅」），而且這個年號出現在日本最早期銅幣的錢文當中——「和同開寶」。中國也曾經發行過若干金幣與銀幣，但它們主要被拿來賞賜給朝廷官吏，而非實際使用於流通。

〔圖210〕
錢樹（二十世紀初）
直到十九世紀末葉為止，中國的硬幣都是以錢模來鑄造，並未使用打造法。用「雕母錢」翻製砂模之後，便把鑄模排列在一起，並將熔融的銅液倒入澆鑄口。銅液流經錢幣之間的溝槽，便形成一個樹狀結構。等到錢幣冷卻以後，通常就把它們從「錢樹」折斷下來，接著研磨邊緣去除溝槽留下的痕跡。這枝「錢樹」上的銅幣是光緒時代（1875-1908）的「十文錢」，由戶部造幣廠鑄造於北京（約一九〇五年）。

錢幣設計

中國錢幣的外形具有重要的象徵意義，因為「在一枚錢幣之中，我們可以同時看見天與地」。古代中國人相信天是圓的、地是方的。天地之間的溝通媒介，就是奉天承運進行統治的皇帝，而且他為百姓發行錢幣。皇帝為百姓製作呈現出天地形狀的錢幣之際，同時也象徵性地結合了「天」與「地」兩個領域。許多禮器——例如玉琮——同樣結合了方形與圓形兼而有之的設計結構。自從兩漢以來（西元前二〇六年至西元二二〇年），中國古代哲學亦以「陰陽五行說」為中心。錢幣被認為完全符合了這種理論的內涵，因為每一枚銅錢都有兩面（陰與陽），並具體呈現出五個方向（五行）：北、南、東、西、中。

話要說回來，無論在製造或流通的過程中，方孔也都具備了實用的功能。使用多層次的鑄模能夠一次澆鑄數千枚銅幣，而等到鑄造完成的錢幣脫膜以後，必須將凹凸不平的邊緣磨平。這時便將一根四角金屬棒插入方孔，一次固定許多枚錢幣，如此即可加快銼修的速度。錢幣開始流通使用後，方孔可讓人以繩索同時串連一百或一千枚銅錢。

錢幣上面的錢文非常重要，因為它們標明了年號、面值，有時也指出限定流通的地區。計價的基本單位在中國是「wen」、在日本是「mun」、在朝鮮是「mon」，雖然發音不同，但三種語言在此使用的漢字都是「文」——意為「文字」。西方將遠東的制式銅錢稱作「cash」，這個字眼卻無關乎中國傳統，反而衍生自印度的「嘎夏」（Karsha）一詞，即「銅幣」之意。

中國錢幣上的錢文是以傳統書法字體書寫，通常使用四種主要字體之一：楷書、隸書、篆書或行書（圖211-13）。中國的歷史記載經常言及撰寫錢文的書法家之姓名，尤其如果錢文是出自皇帝御筆的話。書法是遠東最崇高的藝術形式之一，而在北宋時期（960-1127），諸如歐陽修和蘇軾之類的著名文學家兼書法家，都曾經被請求為錢幣錢文提供墨寶。宋徽宗皇帝更親筆為自己發行的錢幣寫出錢文。從開元通寶即可看出，中國書法非但為整個東亞所熟悉，並且廣受使用。

字形筆劃上有時會出現易遭忽略的細微差異，藉此標示製作地點，此外往往還在錢幣的正面或背面添加小型辨識記號。依據中國的傳說，最早出現的小型辨識記號之一，就是唐朝最著名嬪妃——楊貴妃——的指甲痕。最顯著的標記則出現在錢背，尤其是中國清朝（1644-1911）錢幣上面同時用滿文與漢文寫出的造幣所名稱。朝鮮則替前述的「常平通寶」精心開發出一套標記系統。

〔圖 211-13〕
宋徽宗皇帝（1101-25）的青銅幣
宋徽宗因為雅好藝術而著稱，其「瘦金體」書法尤其出名。這位皇帝更親筆揮毫，為自己以五個不同年號發行的許多種錢幣提供墨寶。他在二十歲出頭時寫出「崇寧通寶」（左），將近三十歲時寫出「大觀通寶」（中），而等到寫出「宣和通寶」時（右），他已經年逾不惑。「通」字與「寶」字（多半位於錢幣方孔的右側與左側）特別清楚地呈現出來，宋徽宗的書法如何在這二十年的時間內，從早期的奔放緊張逐漸轉變成柔和圓潤。

一六三三年首度發行時，錢背是一片空白。等到有五十多家鑄造所獲准造幣之後，便從一六七八年開始在錢背列出每家鑄造所名稱中的第一個或第二個漢字。一七四二年以後更加上了爐名和系列編號。

中國的六朝時代（222-589）是錢幣錢文書法的分水嶺。之前的錢幣只出現篆書，此後也使用其他字體。印度和中亞傳入的佛教，在六朝時代深深影響了中國藝術。從劉宋「孝建四銖」錢文書法的纖柔彎曲筆劃即可看出其效果——有人將之比擬成同一時期中國佛教壁畫人像身上飄動的長衫與絲帶。就某種意義來說，佛教也間接促成日本開始鑄造錢幣：從西元六世紀中葉開始，日本對佛教的高度興趣以及對佛像和梵鐘等等的大量需求，促成該國在各方面加強與中國的交流。其間證明出來，與日本習慣以白米付款的傳統做法相較之下，錢幣是更加便利的支付工具。

現在應該已經很明顯的事情是，傳統的中國錢幣與西方錢幣不同，未曾出現過任何圖像。錢文本身就構成了圖案設計，同時也做為辨識的憑藉。在中國藝術史的早期階段，君主與王侯的圖像都付之闕如。其實第一個被使用在東亞錢幣上的人像，就是中國首任總統孫逸仙的肖像，出現於一九一二年在南京製作的壹圓銀幣（中華民國開國紀念幣）。東亞在如此長久的時間內抗拒了西方使用統治者肖像的傳統，這個事實生動有力地呈現出中國錢幣傳統的連續性和完整性。

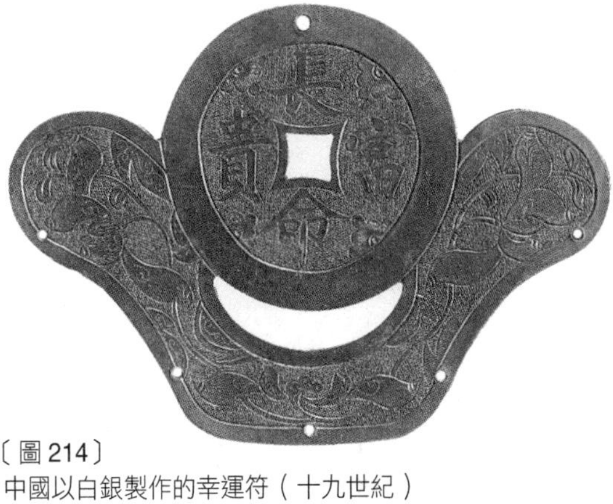

〔圖 214〕

中國以白銀製作的幸運符（十九世紀）

這件幸運符的形狀是一枚安置在銀元寶上的錢幣，用於向擁有者祝福「長命富貴」。邊緣的幾個小孔顯示出來，它原本附屬於一件吊飾，下端可能懸掛過鑷子、耳掏、牙籤和舌刮等等。

金錢的使用

自從錢幣被發明以來，它便成為古代中國的主要通貨形式之一，廣泛發揮了金錢的功能。與西方世界大致相同的是，錢幣也被使用於商業交易，而且商品的價格通常是以錢幣來表示。帝國時代的中國正史往往對物價做出特別報導，例如在異常豐收的年頭或物資嚴重短缺之際（諸如旱災、水災和戰亂），也就是在物價高得或低得離譜的時候。雖然「一文錢」是東亞的基本貨幣單位，其購買力卻會隨著時間的不同和各地的狀況而出現變動。比方說，文獻中記載的馬匹價格就差異頗大：在漢朝的時候（西元前206—西元220），一匹馬的價格約為四千五百文；在西元六三六年（唐朝）是二萬五千文左右；在北宋時期（960-1127）是二萬文；在蒙古人的元朝（1206-1367）約為九萬文；在一三六二年（明朝成立之際[3]）則是一萬文。不過有其他的證據顯示，購買馬匹時除了實際支付錢幣，還可以運用其他的付款方式。例如一匹馬可在西漢時期（西元前206—西元24）換得三頭牛，在西元六五三年（唐朝）換得兩頭牛，在一三六二年（明朝成立之際）僅可換得一頭牛。無論付款方式為何，很可能的情況都是：儘管文獻資料是用錢幣金額來表達物價，實際做買賣的時候並未一直使用錢幣。不過僅僅從錢幣已被普遍使用為計價單位一事，即可看出錢幣在商業交易上所具有的重要性。

即便通貨和錢幣是由國家統籌負責，最早期中國錢幣的發行者卻是民間機構而非中央政府。甚至到了後來的階段，地方和私人鑄造的錢幣仍然不時受到鼓勵。只要錢幣的重量合乎標準，百姓就會加以信賴，反而不怎麼在乎它們到底是誰發行的：

法使天下公得顧租鑄銅錫為錢（即青銅幣），敢雜以鉛鐵為他巧者，其罪黥。

《漢書食貨志》

每當有利可圖的時候，免不了會出現非法私鑄的錢幣。例如咸豐皇帝在位時期（1850-61）發行了面額一千文的銅錢，偽幣製造者便可趁機大發利市，因為一千枚「一文」制錢所含的銅料，足以鑄造三十枚「一千文」的制錢。但即便在比較不聳動的情況下，地方和民間的鑄幣仍使得錢幣難以真正標準化，以致某些類型的錢幣——例如北宋的「元豐通寶」——甚至出現過幾百個不同版本。這種介於中央和地方、官鑄和私鑄之間的「彈性」繼續存在下去，而清朝政府（1644-1912）甚至還運用了山西票號提供的匯款機制。那些票號都是私營的錢莊，其地位在政府贊助下更加強化，進而一度成為省際貿易的主要媒介。

對瞭解中國的金錢歷史而言，這種地方性的因素至關重要。因為就連唐朝的開元通寶，也是由地方上鑄造發行。在宋朝的時候，有些州郡使用銅錢，有些使用鐵錢，有些則銅鐵並用。而一個地區的經濟實力，往往決定了當地的貨幣。例如像四川那樣肥沃富裕的地區便刻意使用不同於鄰近較貧窮州郡的貨幣，藉以管制本地錢幣在境外的流通。

但錢幣並非一直是唯一的金錢形式。在中國、朝鮮和日本，布帛與穀物也是重要的通貨形式。絲織品更特別成為計價單位，以及付款和保值的工具。例如唐朝時代的中國貨幣體系，乃建立在銅錢絹帛雙元標準的基礎上（「錢帛兼行」），而米價及借貸契約則是以厚重綢緞的疋數來計算。唐朝政府更在西元七三四年規定，購買田莊、奴婢和馬匹時只能使用綢緞或布帛，但其他價值一千文以上的所有商品則可用銅錢或實物支

[3] 譯注：明朝成立於一三六八年。

付。

金錢的另一項重要功能，就是用於付稅。就此而言，銅錢亦非唯一被接受的支付工具。稅金同樣可以用織物或穀物繳納。像日本在「明治維新」之前（1868），都還一直用白米來付稅。清朝時代的中國則將白銀使用為付稅工具，顯示出它在中國金錢體系內日益重要的地位。從唐朝直到二十世紀為止，銀錠都是中國貴金屬通貨的主要形式，而且銀錠特別在十八和十九世紀的時候，成為高額交易最重要的支付工具〔圖215〕。銀錠是按重量計價的貴金屬通貨，進行每一筆交易的時候，都由買賣雙方依據白銀成色和重量來判定銀錠的價值。馬儒翰[4]曾在一八三四年對此做出說明如下：

〔圖215〕

匯豐銀行上海營業處的錢幣鑑定人（1936）

匯豐銀行於一八六五年在香港和上海開業（一八六六年成為財團法人），並且在遠東各地設立分支機構。白銀是當時中國大宗交易的主要支付工具，該銀行於是聘用錢幣鑑定人來檢驗銀錠的純度。此處的錢幣鑑定人正在匯豐銀行上海分行，檢驗一箱上海市的五十兩「二七元寶」。

精煉過的白銀鑄造成錠狀，並且打出錢莊主人與銀匠的姓名，以及鑄造的時間和地點，有時還標明它們供使用於支付何種稅目〔圖 216-21〕。若事後發現任何虛偽造假情事，不論發生的時間是在多久以前，鑄造者都將遭受嚴厲懲罰。

——馬儒翰，《中國商務指南》（1834）

外國的銀幣和西方國家特地為東亞地區發行的貿易銀元，也被當作銀錠看待：

假如胡亂毀損通貨的舉動只侷限於外國錢幣的話，那或許未必是特別糟糕的事情。但如同我們所看見的，中國人經常「劈砍」並屢屢切開他們所擁有的任何銀幣或銀元。

——W F．斯伯丁，《東方的匯兌、貨幣與金融》（1918）

一些中國手冊曾經針對那些外國錢幣〔圖 222-6〕，繪製了粗略的圖示，並記錄它們的成色。諸如墨西哥銀元（中文稱之為「鷹洋」）之類出現中國切鑿痕跡的錢幣，至今仍不時可見。

[4] 譯注：馬儒翰（J.R. Morrison, 1814-1843）為蘇格蘭在華傳教士馬禮遜（Robert Morrison, 1782-1834）之子，出生於澳門，是鴉片戰爭後簽訂南京條約時的翻譯。其父的中國信徒「梁發」曾撰寫《勸世良言》一書，影響了洪秀全。

〔圖 216〕
雲南省三槽錠
為重四兩五錢的「童福盛號」匯號紋銀。

〔圖 216-21〕
來自中國不同地區的銀錠貨幣（一八四〇至一九三〇年代）
白銀除了是主要的通貨形式之外，在十九世紀後期也使用於納稅。百姓將自家的銀條、銀元或首飾帶去銀匠那邊鑄成銀錠；銀匠則在所鑄造的銀錠上面印出戳記，以便「官公估」人員立即檢驗白銀的成色。中國每一個地區都製作了形狀及尺寸互異的銀錠。

〔圖 217〕
湖南省馬蹄銀錠
為瀏陽縣地方性的十兩稅銀，由銀匠錢公慎鑄造。

〔圖 218〕
四川省公議紋銀
為地方性的十一兩稅銀，由銀匠興隆永鑄造於一八八三年。

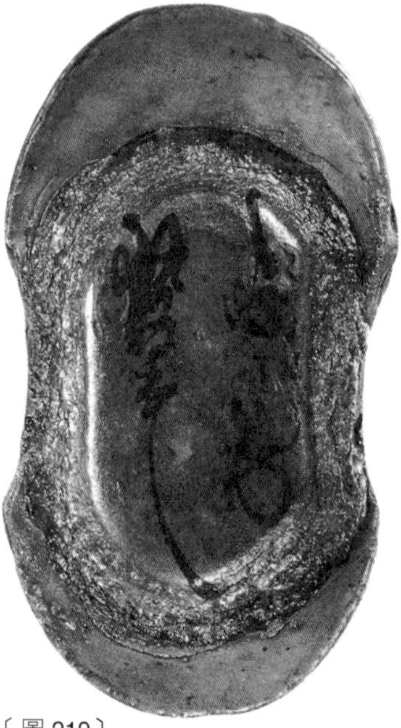

〔圖 220〕
山東省地方性的小型課稅銀錠
為臨清縣的十兩稅銀（1875-1908），底部出現一道鑿痕。

〔圖 219〕
上海市「二七元寶」
為五十兩銀行銀錠，由銀匠宮承昌替一家不具名的銀行製作於第九鑄造廠。正面出現公估人員的黑色墨書。圖二一五那位錢幣鑑定人所檢查的銀錠正屬於這種類型。

〔圖 221〕
江西省方錠
為東鄉縣地方性的五十兩稅銀，由一名李姓銀匠鑄造於一八四五年，頂端出現公估人員的黑色墨書。

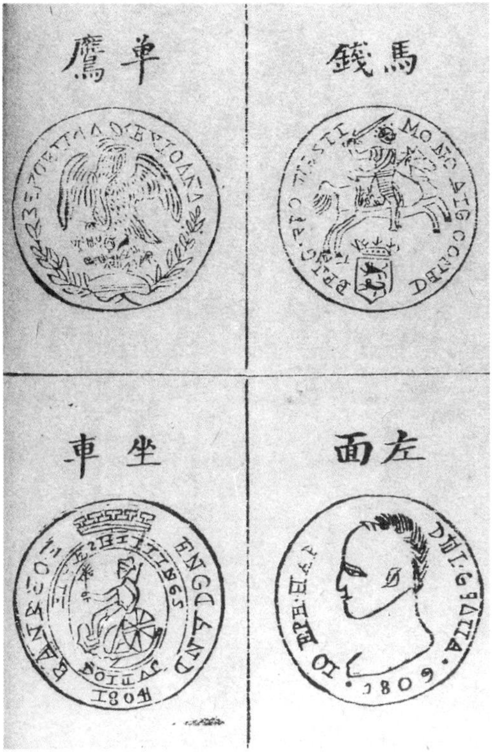

〔圖 222〕
中國東南部的錢幣兌換商手冊
印刷於一八三六年。該手冊以大量錢幣素描、細部圖解和說明文字，協助錢幣兌換商辨識在華南流通的外國銀元。手冊的這一頁圖示了墨西哥共和國發行於一八二五至一九〇九年之間的銀元──中國人稱之為「鷹洋」。

〔圖 223〕
實際在中國流通過的墨西哥銀元
中國曾經將墨西哥銀元和其他的外國銀幣，與其他任何形式的白銀一視同仁看待。這件樣品曾經遭到「劈砍」，顯示某位中國錢幣兌換商已進行檢驗，確定其材質為純銀。這麼做的理由，是因為有許多鍍銀偽幣被流通使用。

〔圖 224〕
鍍銀仿製的墨西哥銀元
一九三〇年代蒐集於上海市。這枚贗幣使用了高技術層次的手法，即所謂的電鑄版製作方式：電鍍製作兩片銀質的外殼以後，就把它們和錫製的蕊心填充物焊接在一起。

〔圖 225〕
塗成銀色的硬紙板「鷹洋」
製作的目的，是為了在中國新年祭
祖時當作祭品，供陰間使用。
紅色的「囍」字則用於祝福「雙喜
臨門」。

〔圖 226〕
墨西哥銀元
它發揮了傳統的白銀功能，被使用為婚禮贈品。

紙幣

蜀用鐵錢，其大者以二十五斤為一千，其中者以十三斤為一千，行旅齎持不便，故當時之券會生於鐵錢不便，緣輕重之推移，不可以挾持。交子之法，出於民之所自為，託之於官，所以可行。

——馬端臨（約 1228-1322），《文獻通考》引呂祖謙文

中國學者彭信威認為，下列因素促成了紙幣在宋朝（960-1279）的發展。自從宋朝開放「自由市場」以後，商業蓬勃發展使得金錢的需求量大增。但中國劃分成使用不同貨幣的地區，而且那些貨幣有時互不流通。某些地區甚至禁止出口銅錢。以匯票形式出現的紙幣，因而成為各地區之間兌換錢幣時解決問題的辦法。況且許多地區流通尺寸龐大、價值很低的鐵錢，大量使用起來非常不方便。外來的軍事壓力更使得宋朝政府的財政左支右絀，而紙鈔正可用於補助官方支出。

物價很快就用紙幣來表達，而銅幣實際上已經成為商品。除此之外，由於銷售茶和鹽的生意獲利甚豐，商人向京師繳納通行稅之後所取得的「茶引」或「鹽引」（用於向指定的倉庫提領茶鹽），也演變成金錢的一種形式。這些類型的早期紙幣都是私人發行的匯票、賒欠憑證或交易票據，而且有時效性的限制。第一種類似我們今日所熟知和使用的紙幣（亦即由官方發行、可無限期流通的「交子」），是金朝在一一八九年[5]發行的「交鈔」。在蒙古人的元朝時代（1206-1367），紙鈔是唯一被使用的貨幣，金、銀和銅錢則不得流通。

[5] 譯注：一一八九年是金世宗大定二十九年。下面出現的一〇七四年是宋神宗熙寧七年。

就在那個時候，馬可．波羅寫下了他有關中國紙鈔的著名記載：

這些紙錢流通日久，已經撕裂破損之後，可持往造幣所以百分之三的折舊率兑換新鈔。如果有誰想購買金子或銀子來製作整套餐具、腰帶或其他飾物，就攜帶一些紙幣前往大汗的造幣所，付款給廠方的官員換取金銀。大汗的所有軍隊都用這種紙幣發餉。

——《馬可．波羅遊記》，R E．萊瑟姆的英譯本（1958）

蒙古人在十三世紀降服朝鮮半島，並且強制當地流通紙鈔。其中耐人尋味的地方是，蒙古人雖然在昔日使用方孔圓錢的地區成功推出紙幣，卻無法如願在西部的國度（如伊朗）同樣如此。

紙幣在中國日益獲得接受之後所產生的影響，就是導致銅錢流向日本、朝鮮、越南和東南亞。一〇七四年時，中國解除了錢幣不得出口的禁令（之前即使是出口一貫銅錢的人也會被判處死刑）：

自熙寧七年頒行新敕，刪去舊條，削除錢禁，以此邊關重車而出，海舶飽載而回。聞緣邊州軍錢出外界，但每貫收稅錢而已。……今日廣南、福建、兩浙、山東，恣其所往，所在官司公為隱庇。

——李燾（1115-1184），《續資治通鑑長編》

日本對中國錢幣的需求量最大，因為當地百姓在十世紀末葉對日本錢幣失去了信心，喜歡使用從中國進口的錢幣。官方和民間不斷大量進口銅錢，而且往往還涉及了海盜進行的不法交易，使得日本政府難以維護對金錢的掌控權。一一七九年時，日本政府還設法按照中國銅錢來訂定物價，但是過了十四年以後，就被迫在一一九三年全面禁止使用中國錢幣，因為流通於日本的中國錢幣之數量及種類已經失控。到了十四世紀初葉，日本購入的中國銅錢，有一部分是以朝貢貿易的方式，將刀劍與硫磺輸往中國所換來的。

錢幣外銷至日本及其他地區以後，也對中國產生了反彈作用：在南宋時代（1127-1279），以紙幣計算的物價日益飛漲，結果熔毀銅幣來改鑄銅器和樂器變成了有利可圖的生意。[6]那個時期的銅錢短缺，也導致紙幣購買力的降低。

李氏朝鮮在一四〇一年拷貝中國明朝的紙幣以後，造成了災難性的後果。紙幣同樣驅逐銅幣，使得銅幣停止流通而多半流向日本，結果朝鮮人只得將布疋使用為貨幣。

避邪物與不流通的貨幣

遠東的錢幣往往使用於正規的金錢用途之外。金錢歷史中的這個層面也值得略加敘述一下，因為那可以勾勒出錢幣在中國和遠東地區流通時，所蘊涵較廣闊的文化關聯性。

某些類型的中國銅錢被認為能夠帶來好運，而且在每一個案例當中，與錢文有關的史實皆可說明為何那些錢幣被使用為幸運符。有一個很好的例子可用於解釋這種有趣的現象，那就是來自十世紀晚期、至今仍

【6】譯注：《續資治通鑑長編》對此的記載為：「自熙寧七年頒行新敕……。錢本中國寶貨，今乃與四夷共用。又自廢罷銅禁，民間銷毀無復可辨。銷鎔十錢，得精銅一兩，造作器物，獲利五倍。……蓋自弛禁數年之內，中國之錢日以耗散……外則盡入四夷，內則恣為銷毀，壞法亂紀，傷財害民，其極不可勝言矣！」（卷二百六十九）

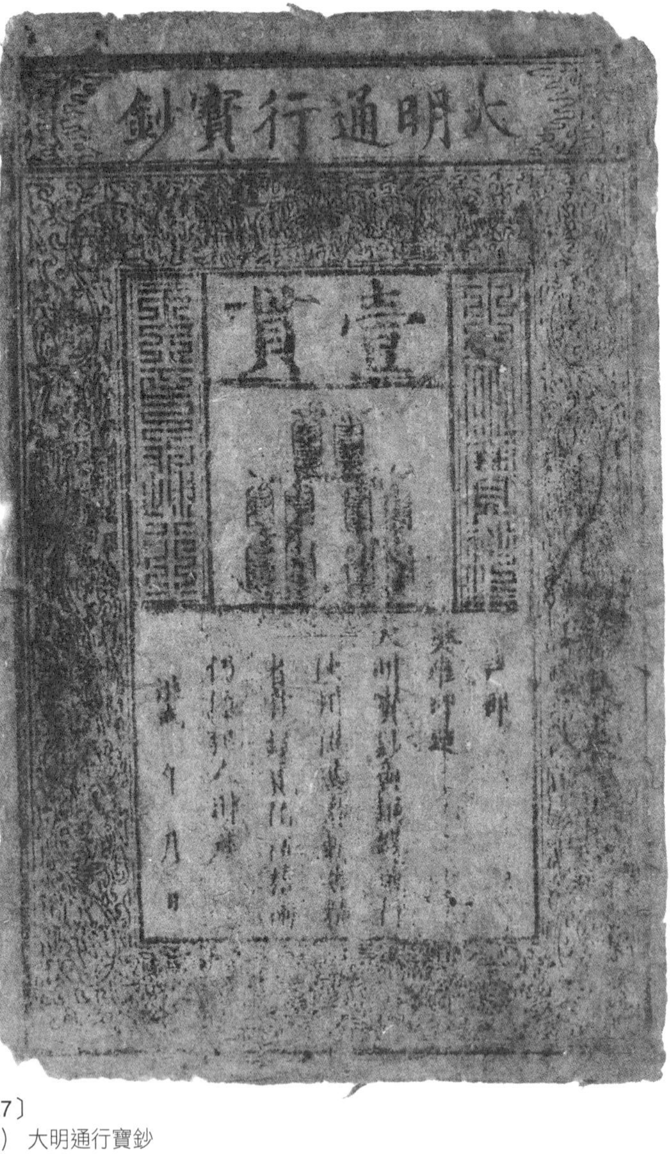

〔圖 227〕
（次頁） 大明通行寶鈔
由帝國「寶鈔提舉司」首先發行於一三七四年，與銅錢一起流通。紙鈔的中央標明其面值為「一貫」，等於銅錢一千文或白銀一兩。下端的文字説明是：「大明寶鈔與銅錢通行使用。偽造者斬，告捕者賞銀貳佰伍拾兩，仍給犯人財產」。結尾則寫出「洪武」年號（1368-98）。為了向明朝（1368-1644）的開國者表示敬意，後來的大明寶鈔印出的年號一直都是「洪武」。

大量出現的「周元通寶」。原版的「周元通寶」製作精巧，青銅原料為來自三千多座寺廟的佛像。其錢文在字面上的意思是「周遭出現新紀元的通寶」，它們發行於後周世宗「顯德」年間，而該年號意為「彰顯美德」。百姓相信「周元通寶」可以治癒疾病和幫助生小孩——它們是如此受到歡迎，以致後來被廣泛拷貝製作。

刻印出文字或圖案的幸運符，被製作使用於各式各樣的用途：例如新年、婚禮、祝壽、頭胎兒誕生〔圖 214, 228〕。錢幣形狀的幸運符也使用於下棋、博奕，以及行酒令。其他錢幣形狀的護符還被拿來祛邪〔圖 230〕。在古代的時候，錢幣也放置於墓穴供先祖在往生後使用〔圖 209〕。每當這種做法受到譴責時，便改用仿造的錢幣〔圖 226〕。至今每逢慶祝中國新年之際，仍有千百萬張仿製的紙錢被焚燒於全球各地〔圖 231-4〕

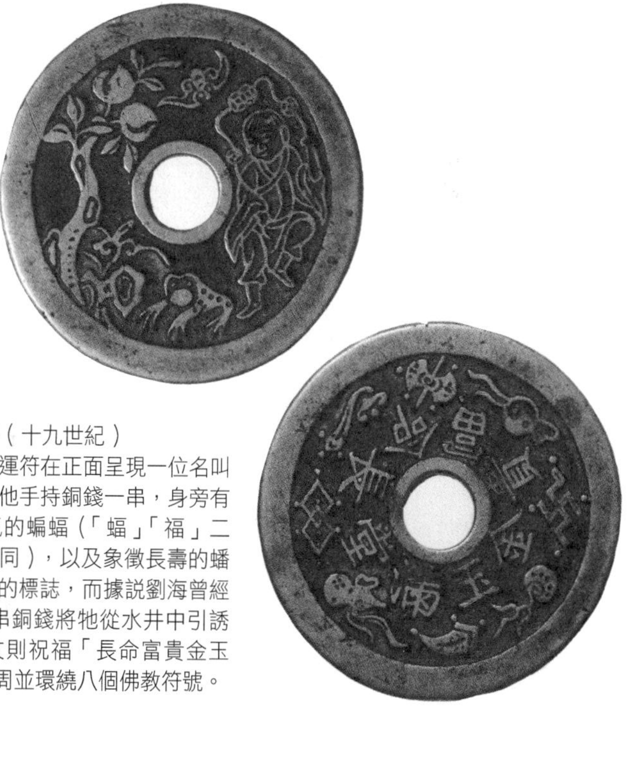

〔圖 228〕
中國的黃銅幸運符（十九世紀）
這枚錢幣形狀的幸運符在正面呈現一位名叫劉海的道教仙人。他手持銅錢一串，身旁有三腳蟾、代表福氣的蝙蝠（「蝠」「福」二字在中文的發音相同），以及象徵長壽的蟠桃。三腳蟾是生財的標誌，而據說劉海曾經「戲金蟾」，用一串銅錢將牠從水井中引誘出來。背面的錢文則祝福「長命富貴金玉滿堂」。錢文的四周並環繞八個佛教符號。

〔圖229〕
天地會的金質「會錢」（十九或二十世紀）
這枚外觀類似錢幣的金牌是由中國的秘密社會發行製造，上面充滿了隱語、暗號和秘密文字。其背面有兩個字形經過特別設計，讓非會員看得一頭霧水。頂端的字形由「川大丁首」四字構成，乃天地會「順天行道」口號的縮寫。底部的字形拆開以後讀成「忠心義氣」。

〔圖230〕
錢劍
乃將十八世紀的銅幣編結在鐵棒上製作而成，使用於驅除邪靈和疾病。康熙皇帝（1662-1722）發行的錢幣被認為特別有效，因為「康熙」這個年號意味著良好的健康，而且康熙皇帝本人整整統治了六十年。這支錢劍上的「乾隆通寶」，是由康熙的孫子乾隆皇帝（1736-95）所發行──他在位的時間也長達六十年之久。

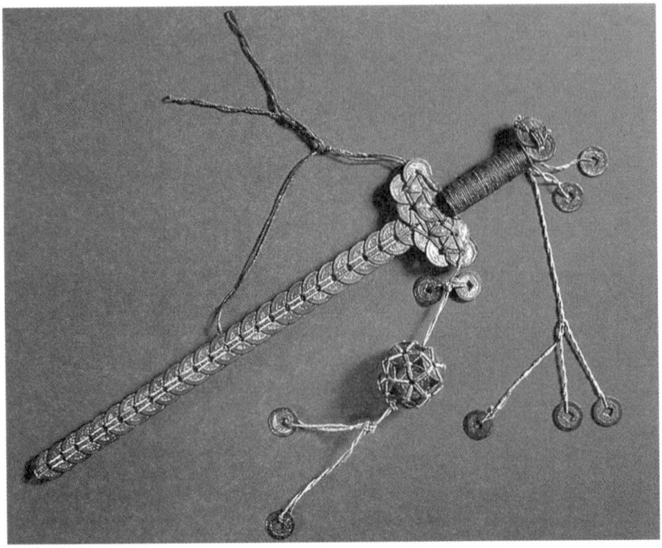

〔圖 231-4〕

冥幣（一九七〇至一九九〇年代）

每年都有千百萬張仿製的紙錢做為祭品被焚燒給祖先。從十九世紀開始，冥幣就採用紙鈔的形式，以「冥通銀行」的名義印行。為了跟得上現代全球金融業與銀行業的進步發展，存摺、支票卡和支票簿亦可用於祭祖。時至一九七〇年代，一家印製冥府紙幣的香港公司甚至給產品加上了反諷元素，以英、美、俄、中等國政治人物的肖象取代閻羅王的圖樣

對金錢的議論

錢……可謂神物。無位而尊，無勢而熱。錢之所在，危可使安，死可使活；錢之所去，貴可使賤，生可使殺。有錢可使鬼，而況於人乎？死生無命，富貴在錢！

——魯褒，《錢神論》（約西元三〇〇年）

中國金錢史上有關錢幣的議論，主要圍繞著兩個話題打轉：首先是錢幣的益處與壞處，以及是否應該完全以布帛和穀物之類有用的實物來取代錢幣；其次是何人應當獲准發行錢幣——政府抑或私人機構？相關的論述同時涉及了實務和道德兩個層面。許多中國學者和官員寫下了自己對錢幣的顧慮，他們認為金錢的流通足以改變人際關係，因此金錢具有毀滅社會現存秩序的潛在可能。立論反對使用錢幣和鈔票的人，傾向於鼓吹以穀物和布帛來進行交易。例如貢禹就曾經在西元前四十五年前後倡議廢除錢幣改用穀帛：

自五銖錢起已來七十餘年，民坐盜鑄錢被刑者眾，富人積錢滿室，猶亡厭足。民心動搖，商賈求利，東西南北各用智巧，好衣美食，歲有十二之利，而不出租稅。農夫父子暴露中野，不避寒暑，捽中杷土，手足胼胝，已奉穀租，又出槁稅，鄉部私求，不可勝供。故民棄本逐末，耕者不能半。貧民雖賜之田，猶賤賣以賈，窮則起為盜賊。何者？末利深而惑於錢也。是以奸邪不可禁，其原皆起於錢也。疾其末者絕其本，宜罷採珠玉金銀鑄錢之官，亡復以為幣。[7]

可是，一旦基於這種道德上的顧慮而「廢錢用穀帛」以後，便引發出各種問題。結果絹帛製作得太薄以致無法使用；穀物則浸濕後出售，藉此增加重量來提高價格，[8]但和薄絹一樣無用。

對儒家來說，金錢本身並無善惡可言，而且他們認為錢幣應該——甚至必須——由百姓而非國家來鑄造。法家的立場相反，他們對人性抱持懷疑的態度，認為鑄幣的工作應該完全由國家負責進行。漢朝有一位名叫賈山的法家成員，便曾在西元前一七五年表示：「錢者，亡用器也，而可以易富貴。富貴者，人主之操柄也。令民為之，是與人主共操柄，不可長也。」

過了很久以後，中國知識分子在十九世紀經歷了兩場對抗外國強權的重大戰爭（鴉片戰爭與中日甲午戰爭），迫而開始研究西洋的經濟思想與經濟實務。一九〇一年，嚴復（1853-1921）將亞當·斯密的《國富論》翻譯成中文（《原富》）。嚴復不同意亞當·斯密的許多觀點，例如其「勞動價值論」。嚴復認為，商品的價值「皆視供求關係而定」，並且在翻譯時加上按語來強調自己與亞當·斯密斯的不同見解：「凡生事不可少者果係何物？如另有他物，則功力（勞動力）即不可視為終極物值之通量，且物值之通量為數甚多。一言以蔽之，斯密此說自始至終皆誤，且由此自廢其釋例。」一八九二年時，鄭觀應（1841-1918）撰寫了《盛世危言》一書，針對外國銀行在中國的不公平做法提出抱怨，並鼓吹成立中國自己的銀行：「若今之洋商，所用銀票並不由中外官吏驗看虛實，不論多少，惟所欲為。」[9]

---

[7] 譯注：「亡」等於「無」。「捽」意為「拔取」。「屮」是「初生的草木」。「杷土」意為「掘土」。「槁」意為「禾稈」。「鄉部私求，不可勝供」意為：「鄉吏又私有所求，不能供之」。「賤賣以賈」意為：「將田賤賣與人轉而經商」。引文出處是：《漢書》，〈王貢兩龔鮑傳〉第四十二。

[8] 譯注：《宋書》〈列傳第十六〉對此的敘述為：「巧偽之民，競蘊濕穀以要利，制薄絹以充資。魏世制以嚴刑，弗能禁也。」

[9] 譯注：鄭觀應的原文是：「其銀行所出鈔票，每張一元至五百元，到處通行。商銀行所出者必須經官驗看，核其存庫錢若干，始准出票若干。若今之洋商，所用銀票並不由中外官吏驗看虛實，不論多少，惟所欲為……雖有華商股份，不與華商往來……。西商操其取而華商失其利，華商助以貲，而西商受其益……。今為之計，非籌集巨款，創設銀行，不能以挽救商情而維持市面也。」

現代的金錢

中國政府在十九世紀力圖掌控金融局勢，於是發行了面額一千文的銅幣，並以不可兌現的紙幣向官吏發放薪俸。無怪乎價值更高的外國銀幣成為人們競逐的對象。到了十九世紀中葉的時候，中國人已開始製作自己的銀元，但都是非法製造：

聽說在廣州南邊的順德地區有一座非常大型的機構，經常雇用多達一百名左右的工人。那裡生產各種面值的銀元……。據悉那些贗幣製造者擁有高價購入的歐洲壓製設備，只不過他們仿造的外幣往往會遺漏或寫錯一些字母，使得那些偽品難以逃過歐洲人的法眼。然而他們偽造的銀元流傳甚廣，使得來自這個地區的人士最常被指派為錢幣鑑定者。

——JP．馬禮遜，《中國的商業貨幣》（1844）

到了一八八〇年代，英國殖民地香港發行的十分錢或五分錢小銀幣，已經氾濫於華南地區。香港政府從一八六〇年代開始，便不斷試圖說服中國將港幣使用為國家貨幣，並針對多種不同的圖案和面額提出建議。最後兩廣總督徵得皇帝同意，使用西洋機器設備來製造銀元。新成立的西式造幣廠在一八八九年開張（機器和人員都進口自伯明罕），壓製五分、十分、二十分、半元和一元的錢幣——它們都是西方的面額名稱，導致市面上出現了更多種類的錢幣。銀幣被當做銀錠處理；面額為「分」的銅幣（十文錢）則依據實際的銀銅比價視同方孔圓錢。一九〇〇年代發生了一個出乎意料的事件，由於中國的廣東當局以折扣價售出自己的小銀幣，將這些錢幣運往香港因而有利可圖。香港造幣廠當時則將廠內的機器賣給日本「大阪造幣局」，而且日本在一八七〇年代已開始推出自己的銀幣。

外來幣制對中國造成的影響在十九世紀與時俱進，華南的情況尤其如此，明白顯示出帝國政府已無力抗拒外國的宰割行動。或許並不偶然的是，華南恰好也是國民黨共和勢力的大本營，而且他們在一九一一年推翻了帝國。

〔圖 235〕
貴州省造幣廠製作的中華民國銀元（1928）
汽車圖案用於慶祝貴州省公路在那一年建造完成。一九二〇年代的時候，中國大多數地區都使用銀元，但它們往往是地方政府製造的。

中國最初的銀元票

「湖北銀元局」由傑出的中國政治家張之洞（1837-1909）創辦於一八九三年。張之洞之前曾於一八八九年，在廣州成立了中國的第一所西式造幣廠，並從英國伯明罕引進機器設備和工作人員。同一年，他從廣州轉赴武昌擔任湖廣總督，任期長達十八年之久。張之洞鑑於自己在廣東造幣廠獲得的成功，以及該廠產製銀元為廣東省帶來的收益，在一八九三年上疏清廷，請求允許他在湖北開設造幣廠來製作銀元。朝廷幾乎立刻加以批准，於是他在武昌「三佛閣街原守備署」成立了湖北銀元局。

湖北銀元局發行了銀元、銀兩、制式銅錢以及紙鈔。該局最初的紙幣，是以「銀兩」和制錢的「貫」來標示面值。但湖北在一八九九年極度短缺制式銅錢，張之洞因而奏請朝廷批准銀元局發行以銀元來命名的紙幣。前任廣東造幣廠的督導者王秉恩已在一八九六年來到湖北任職，他提議銀元局應該發行銀元票，並委由日本大藏省印刷局負責印製。張之洞於是授權銀元局向日本訂製總面額為一百萬銀元的紙鈔。這是他首度嘗試創製銀元票以供流通使用。向日本下訂單之前，張之洞曾經給中國銅版雕刻師一次機會來向他展現所能，可惜他們的表現無法令他滿意。（張之洞之前曾於一八七〇年代擔任四川學政期間，設立一所印刷廠來發行各種古籍和正史。）

銀元票獲得了成功。部分的理由是因為它們得到朝廷認可（印在銀元票的背面），強調它們可以使用於一切官方付款項目，其中包括向政府繳納的各種稅金；而且銀元票可以見票即付，向武漢政府的財政部門贖回銀元。張之洞帶來了深遠的影響：其財政改革使得湖北的歲入增加了一倍以上，從一八九九年的七百萬兩左右，提高到一九〇七年他離開武昌時的一千五百萬兩。張之洞更是一位高瞻遠矚的實業家，在湖北開辦了冶鐵廠和鐵礦場，以及棉紡廠、繅絲廠和製革廠，而且主要歸功於他的創新措施，湖北的武漢三鎮才會被譽為中國的「芝加哥」。

〔圖 236〕
湖北銀元局發行的銀元票（1899-1909）
兩條神龍（皇帝的象徵）各持湖北銀元一枚，分別展示錢面和錢背。中文與英文的説明文字意思相同。在中文那一面分別以漢文與滿文寫出「光緒元寶」四字，取代了龍的圖案。這張銀元票正面的五行錢文分別為：
A.（頂端由右至左）先後以漢文與滿文寫出「光緒元寶」四字（光緒皇帝在位時期是一八七五至一九〇八年）
B.（右下側垂直方向）湖北銀元局（意為「湖北造幣局」）
C.（中央下側垂直方向）憑票取銀元壹大元（「這張紙幣可以換得大型銀元一枚」）
D.（左下側垂直方向）呂字第玖百伍拾號（系列編號）
E.（底部從右至左）重庫平七錢二分（「重量依官庫的平砝標準為七錢二分」）

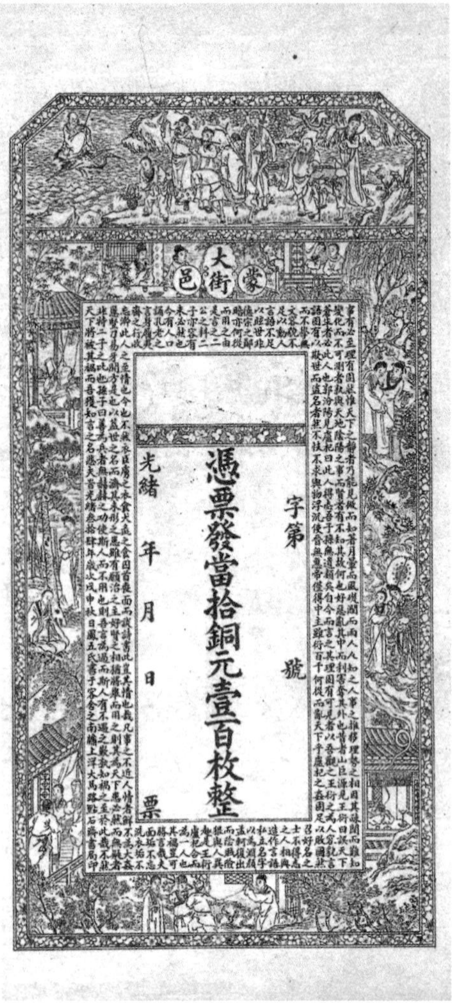

〔圖 237〕
上海市一家私營銀行的「拾銅元壹百枚」紙鈔試印版（1908）
從十九世紀晚期開始，有許多大大小小的中國私人銀行發行了自己的紙鈔，而且其圖案往往經過精心設計。像這張未曾實際發行的紙鈔，是由上海市著名的「點石齋」設計於一九〇八年，設計人是一位較不為人所知的藝術家，名叫吳松卿。版面中央的區塊留待日後加上名稱、序號及日期，周圍由摘錄自古典文學名著的字句構成框格。文字框格的外圍有一個十二公厘寬的邊框，呈現出民間故事的縮影圖。吳松卿在紙鈔背面描繪《西廂記》的故事，在六〇乘一三二公厘的小小版面上刻出了十個場景。

第一次鴉片戰爭（1840-42）結束後，外國的商業銀行在中國各大城市設立了分行，其中有許多發行鈔票在中國流通使用。其中有一些——例如「香港上海匯豐銀行」——發行了銀元票和銀兩票；其他的銀行——例如「俄羅斯帝國銀行」——則以外國的貨幣單位發行紙幣。最後中國政府認為有必要發行自己的銀兩票和銀元票，並且在一八九七年成立「中國通商銀行」。各省的銀元局和造幣局也紛紛開始發行新式的銀元票〔圖236〕。除了這些銀元票之外，還有各種民間發行的私鈔，其發行者包括：幾個世紀以來即已印製紙鈔的老式信貸機構（例如錢莊和票號）〔圖237〕、大型商業機構，以及鐵路局之類的政府機關。

一點也不奇怪的是，五花八門的紙鈔發行者結合了因地而異的銀銅兌換系統之後，讓設法在中國工作的外國人感到絕望，始終無法明白中國錢幣體系的運作機制。這可以用一九〇三年「香港商會」舉辦研討會時，一位發言人（J·R·邁可）的話語表達如下：「請問中國的貨幣到底是什麼？可有人能夠為我們指點迷津？」

第七章　近代早期

西班牙衰落的原因在於財富華而不實，其形式向來只是契約書、匯票、黃金與白銀，而非透過銷售高價值商品從國外汲取的財富，於是導致我國百姓陷入困境。我們可從中看出，西班牙缺乏金銀錢財的理由就在於金銀錢財太多，西班牙因為富裕而貧困。

——罣薩雷斯・德・賽羅里哥，《必要及有益於西班牙的政策芻議》（1600）

在十五世紀末葉，有三項因素促成歐洲的金錢開始進入轉型階段。首先，錢幣的外觀隨著文藝復興時代的藝術發展而出現了改變。其次，新的貴金屬礦源使得貨幣供應量大增，連帶廣泛影響了物價、錢幣的面額制度和金錢的使用方式。第三，歐洲「地理大發現時代」開啟了近乎無窮的機會（其間並發現若干新的金銀礦源），可供人們進行探險、投資、開發等活動，並且為一個全球性的經濟體系奠定了基礎。

或許除卻上述因素之外，還必須加上「新教宗教改革」所帶來的衝擊——它打破了天主教的世界觀，進而促成一種新式金錢「神學」的發展。但這未必表示，當新教教會面對老式「高利貸」的時候，在態度上就一定比天主教會更加友善。比方說，馬丁・路德曾因為有人打算給他銀礦的股份而怒斥道：「我不要股份！這是投機性的金錢，我不願意讓這種錢孳息。」可是到了一五四五年前後，喀爾文的態度已經變得比較通融（即便「高利貸」仍不可違背慈善的精神）：「上帝未曾禁止所有的利潤，以致讓人根本賺不了錢。

否則將會出現什麼樣的結果呢？我們豈不將被迫放棄一切的商品交易？」就許多方面而言，類似的論調其實早已穩操勝算，而且信仰天主教的熱那亞在金融銀行業的發展上，與信仰新教的日內瓦和阿姆斯特丹享有同等重要的地位。然而在另一方面，荷蘭喀爾文教會針對金錢借貸業的邪惡本質所做出的猛烈抨擊，又與天主教會無分軒輊。

〔圖 238〕
米蘭公爵加萊亞佐・馬里亞・斯福爾札（1468-76）的「頭像銀幣」
其上呈現那位米蘭公爵的肖像。受到文藝復興運動啟發的寫實人像，在一四六〇年代由米蘭的「杜卡特」金幣首先加以運用。一四七四年時，寫實人像開始出現在這種「頭像銀幣」上面，從此成為新式大型銀幣的特徵。這枚「頭像銀幣」是米蘭推出的第一款「里拉」，不但普及於義大利境內和境外，而且為這個貨幣單位設定了標準。

新的金銀，新的世界

從一四六〇年代開始，歐洲的白銀產量再度扶搖直上：提洛爾地區的「施瓦茨」銀礦為當地統治者，奧地利公爵西吉斯蒙德，帶來了「大富翁」這個別名（其父的綽號還是「窮光蛋」）；薩克森公爵先後位於「許內貝格」和「安娜貝格」的銀礦，則讓礦區的擁有者能夠以全套純銀餐具用膳；一五一二年在波希米亞「聖約阿希姆斯塔爾」──即「亞希莫夫」──發現的銀礦，更讓上述各礦區相形見絀〔圖 109〕。源源流入的白銀激勵了新錢幣的製造（尤其是在義大利北部，亦即德境白銀的主要市場），並且讓威尼斯如魚得水，可以繼續扮演歐洲白銀出口者的角色。一四七〇年代的時候，威尼斯和米蘭率先推出重約九至十公克的新式大型銀幣，並配合自己的計價體系稱之為「里拉」。那些錢幣使用了新出現的寫實人像圖案，因此它們後來被稱作「頭像銀幣」（testone）〔圖 238〕——「testa」在義大利文是「頭」的意思。這種樣式隨即傳播到瑞士、德境南部、法國和英國〔圖 239〕。

各地的白銀生產者很快就直接運用自己的資源，發行了往往重達三十公克左右的大銀幣，以之取代同等面額的小金幣（「弗羅林」或「杜卡特」等等）〔圖 240-241〕。那些銀幣之一，是聖約阿希姆斯塔爾銀礦兼造幣所的「約阿希姆斯塔爾古爾盾格羅申」，由此並衍生出一個通用貨幣名稱：「塔勒」〔圖 242〕

[1] 譯注：「提洛爾」（Tyrol）位於奧地利西部和義大利北部，原為神聖羅馬帝國境內的伯爵領地，西吉斯蒙德是以奧地利大公的身分統治該地。「古爾丁納」等於本章稍後出現的「古爾盾格羅申」（Guldengroschen）——最初的意思是「大古爾盾」。

〔圖 239〕
英國國王亨利七世（1485-1509）的「頭像銀幣」
英國版的頭像銀幣被稱作「testoon」，這種「先令」銀幣是最先使用寫實人像的英國錢幣。

〔圖 240〕
提洛爾大公西吉斯蒙德的「古爾丁納」銀幣（1486）[1]
圖案為提洛爾大公及其左右兩側的盾形紋章和頭盔。施瓦茨銀礦的豐富礦脈（位於茵斯布魯克附近），在一四七〇年代首度遭到開採。一四八二年時，西吉斯蒙德推出了類似頭像銀幣的「豐德納爾」銀幣。他接著在一四八四年推出「半古爾丁納」銀幣，價值等於半個「古爾盾」金幣。最後他在一四八六年推出了「古爾丁納」銀幣。

（英文的「元」即得名於此）。[2]進入十六世紀以後，這個新發展繼續擴散出去，促成銀幣的面值範圍不斷向上提高；在大面額錢幣的頂端，更增添了名稱完全創新、價位更高的各種金幣〔圖245〕。擴充錢幣面值範圍的時候，所需的黃金和之前許多個世紀一樣，也來自非洲西部。但不同的地方是，葡萄牙人已在十五世紀末葉透過西非探險活動，建立起直接取得黃金的管道。葡萄牙因而得以擺脫義大利和北非的中間商，大量製作與「杜卡特」等值的「克魯扎多」（cruzados）金幣。除了西非的黃金之外，同一時期還出現了第一批來自美洲的戰利品——中美洲與南美洲文明歷代累積下來的黃金寶藏遭到掠奪，並被運送回國〔圖243〕，供西班牙在十六世紀初葉大肆製造金幣〔圖246〕。

然而新世界真正的財富並非黃金，而是白銀。就在一五四〇年代，當「約阿希姆斯塔爾」和「施瓦茨」產量遞減之際，人們先是在墨西哥找到了銀礦，接著又在玻利維亞的「波托西」發

〔圖241〕
薩克森公爵「智者」腓特烈（1500-1508）的「古爾丁納」銀幣
製作於安娜貝格造幣所。在「礦山山脈」新發現的各座銀礦（許內貝格、安娜貝格與弗賴貝格），使得「古爾丁納」在一五〇〇年左右開始出現於德境北部，促成該地區的錢幣也使用寫實人像。安娜貝格的白銀產量很快就讓施瓦茨黯然失色。

〔圖242〕
施力克伯爵史蒂芬（1505-26）的「塔勒」銀幣
製作於聖約阿希姆斯塔爾造幣所。薩克森各個銀礦區的開採量，遠不如一五一二年發現的聖約阿希姆斯塔爾銀礦。「約阿希姆斯塔爾銀幣」自一五一九年開始推出，產量至為驚人。

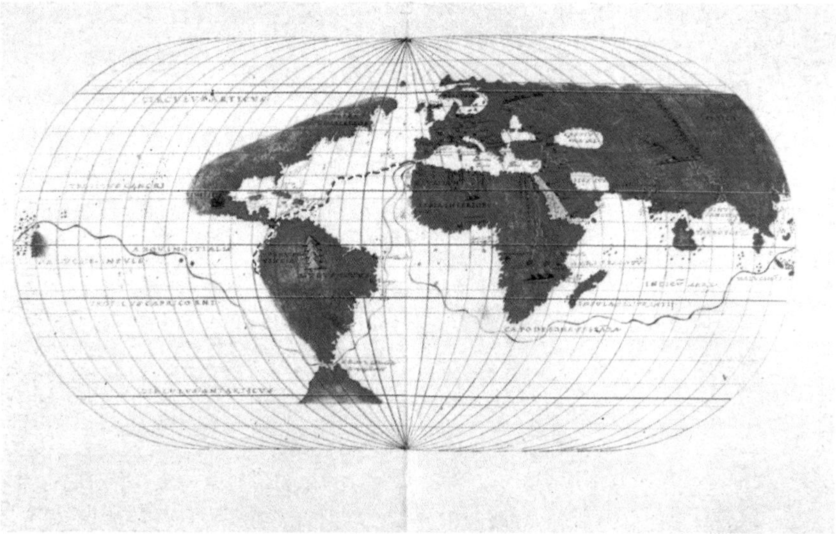

〔圖 243〕
（左圖） 巴提斯塔．阿格尼斯的世界地圖（1536）
這張地圖在一五三六年十月十三日完成於威尼斯，呈現出當時所知的世界。實線標示出麥哲倫環繞地球航行時的路線（1519-22）。虛線則為西班牙人從印加時代的秘魯運送黃金回國的航道，它後來也成為將白銀從波托西輸送出來的途徑（收藏於大英圖書館）。

〔圖 244〕
（左圖） 英國國王查理二世「五基尼」金幣上的大象細部圖（1675）
「基尼」金幣（guinea）得名自非洲的幾內亞，因為當地有大量黃金被「王家非洲公司」帶往英國。這枚金幣上的大象用於表示：所含的黃金來自西非。

[2] 譯注：「約阿希姆斯塔爾古爾盾格羅申」（Joachimsthaler Guldengroschen）意為「約阿希姆斯塔爾大古爾盾」，簡稱「約阿希姆斯塔爾銀幣」（Joachimsthaler）或「塔勒」（Thaler, Taler）。「塔勒」在十六世紀成為神聖羅馬帝國的標準貨幣單位。德文的「塔勒」後來演變成荷蘭文的「達爾德」（daalder）、瑞典文的「達勒」（daler），以及英文的「元」（dollar）。

現了最巨大的銀礦。波托西本身就是一座銀山，而該地盾形紋章上的銘言為：「富裕的波托西，世界的寶藏，眾山之王，諸王豔羨的對象」。一六〇〇年時，這座山中礦城已經有了十五萬居民。銀錠先經由陸路運往海濱的亞力加港，[4]然後裝上「南方艦隊」的西班牙大帆船，沿著南美西海岸北上航行到巴拿馬，隨即接駁至加勒比海繼續駛向西班牙。大量白銀於是湧入歐洲的貨幣體系，進而湧入全世界。銀錠和新打造的銀幣（多半是「八里爾」，即西班牙相當於「塔勒」的銀幣〔圖247〕），就以此方式在十六世紀末和十七世紀初流入西班牙，然後幾乎又同樣快速地流往國外。十六世紀的最

〔圖245〕
葡萄牙國王約翰二世（1481-95）的「克魯扎多」金幣
其上呈現一個十字符號以及國王的各種頭銜：葡萄牙、阿爾加威與幾內亞的國王。[3]約翰二世之所以採用「幾內亞國王」這個頭銜，是為了表彰全國最重要的財富來源之一——西非的黃金。

〔圖246〕
西班牙統治者費迪南與伊莎貝拉（1474-1507）的「二艾克賽蘭提」金幣
一四九七年推出的錢幣體系成為西班牙的第一種國幣。「艾克賽蘭提」則是西班牙在十六世紀的主要貨幣單位，其尺寸與「杜卡特」金幣相同，並出現各種倍數面額。

後十年間，共有二千七百噸白銀進口到西班牙。新的貴金屬來源所造成的重要結果之一，就是逐漸損害了德境的繁榮，因為德境出產的白銀在競爭對手衝擊之下，價格急劇滑落。

美洲的白銀有很大一部分被使用於支付哈布斯堡帝國勞民傷財的戰爭，於是或則直接流入軍方，或則在更常見的情況下，用於償還銀行家和債主們的貸款——那些人分佈於熱那亞、安特衛普、奧格斯堡和葡萄牙。許多白銀也被使用於購買西班人所需的商品，但說來諷刺的是，那些商品的代理人多半是西班牙國王屬下正在造反的荷蘭子民，而荷蘭人當時主宰了歐洲乃至於全世界的轉口貿易。縱使事態如此，美洲白銀仍然提供了財源，讓西班牙直到十七世紀都還有辦法支撐高築的債台，其間佐以拖欠償債、技術性破產、通貨貶值，以及駭人聽聞的開銷。

美洲的白銀還繼續離鄉背井，與薩克森、波希米亞、提洛爾的白銀一同透過傳統管道流往中東地區；一五六五年以後進而橫渡太平洋，由西班牙的「馬尼拉大帆船」或「中國船」運往西屬菲律賓，用於交換中國和東南亞的商品。然而到了十七世紀，由於礦區的產量下降，而且有更多的數額保留給殖民地自己使用，從美洲運往西班牙的白銀已日漸減少。不過美洲的白銀在整個十八世紀依舊意義重大，因為新發現的礦源和改良後的開採技術使得白銀產量再度提高。

歐洲境內各種貨幣之間的畛域，並不會比中世紀時期來得更加分明。外國錢幣往往可成為地方貨幣體系內的重要元素，那尤其是當本地製造的錢幣不足，或者是當小規模發行錢幣的邦國，與錢幣發行量更大、地位更重要的國家為鄰的時候。例如在十六與十七世紀的愛爾蘭，當地貨幣通常是英格蘭、蘇格蘭和其他國家

[3] 譯注：「克魯扎多」亦稱「十字錢」；阿爾加威（Algarve）則是葡萄牙最南端的行政區。

[4] 譯注：亞力加（Arica）是今日智利最北部的城市，位於太平洋沿岸。

〔圖247〕
西班牙國王菲利普四世的「八里爾」銀幣（1653）
製造於波托西造幣所，其上呈現象徵西班牙帝國的「海克力斯之柱」，以及西班牙的國家格言：「Plus ultra」（此外另有天地）。[5]「八里爾」（8-reales）銀幣於一五三〇年代重新現身，並且在十六世紀後期成為第一種通行全球的貿易錢幣。墨西哥和秘魯銀礦附近的造幣所大量製作這種錢幣以供出口，同時外銷到歐洲和遠東。

〔圖248〕
法國國王亨利三世（1574-89）的法郎銀幣
設計法郎銀幣最初的目的，就是為了要消化掉從西班牙屬地法蘭德斯湧入法國的白銀。法郎刻意採用與西班牙國王菲利普二世的「達爾德」（daalder）銀幣相同的成色標準，以利重新打造。

〔圖249〕
托斯卡納大公，佛朗切斯科一世·德·梅迪奇（1574-85）的「皮阿斯特拉」銀幣（1579）
圖案中的人物為「施洗者約翰」，即佛羅倫斯的守護聖徒。十六世紀末葉大量出現的白銀使得許多金幣淡出舞台，其中也包括了佛羅倫斯的「皮阿斯特拉」（piastra）。

〔圖250〕
沙皇亞歷克西斯一世統治時期蓋上俄國印記的「塔勒」銀幣（1655）
原為神聖羅馬帝國皇帝費迪南三世以匈牙利國王之身分，在一六四九年發行的「塔勒」。俄國與西方的貿易帶來了大型銀幣；它們被加蓋印記以後留供本地使用，[6]直到俄國開始打造自己的西式錢幣為止。

（主要為西班牙）所發行錢幣的綜合體；在諸如曼圖亞、莫德納、盧卡之類的義大利小邦〔圖249〕，本地的錢幣都從屬於威尼斯、佛羅倫斯和教皇所發行的錢幣；威尼斯的錢幣則主宰了達爾馬提亞海岸，以及其後方的巴爾幹半島腹地；在俄羅斯，西方的錢幣也日益為人所知，德境的「塔勒」並且被加蓋印記〔圖250〕，與當地的「健吉」（dengi）小型銀幣一起流通使用；瑞典和薩克森的錢幣也在十七世紀末葉，支配了波蘭境內的若干地帶。

即便有五花八門的錢幣類型在歐洲重疊流通使用，這種混亂的狀況其實往往只是表象而已。舉例來說，神聖羅馬帝國境內雖然出現了許許多多自主的錢幣發行者，「塔勒」銀幣的標準都普遍受到遵循，惟有德境南部的少數地區才是例外，仍喜歡追隨尺寸略小的「古爾盾」銀幣。這意味著，儘管錢幣的外觀各有不同，大多數錢幣發行者都使用了相同的重量與成色標準。

國家、錢幣與通貨膨脹

金銀供應量的成長，似乎與十六世紀最引人注目的經濟情勢——所謂「物價革命」——有著糾纏不清的密切關係。通貨膨脹使得物價在一五四〇至一六四〇年之間上漲了六倍。雖然這在今天看起來沒什麼大不了，當時的人們卻為之瞠目結舌。相形之下，一五〇〇年時的物價與一三〇〇年時無甚差異，而一六五〇至

---

[5] 譯注：「海克力斯之柱」（Pillars of Hercules）即直布羅陀海峽南北兩端的海岬。依據古代神話，那裡是「世界的盡頭」（Non plus ultra）。西班牙在地理大發現時代刪除了「non」（拉丁文的「不」），使得該用語的意思變成「此外另有天地」（或譯為「走得更遠」）。

[6] 譯注：這枚銀幣的中央蓋上了「聖喬治屠龍」戳記（莫斯科的市徽）。亞歷克西斯一世（Alexis I, 1645-1676）是彼得大帝的父親。

一七五〇年的一個世紀內，也是物價相對穩定的時期。貴金屬供應量對「物價革命」所造成的實際影響雖仍受爭議，但通貨膨脹與白銀湧入的時間顯然太過巧合，令人難以忽視。物價全面上揚所帶來的衝擊，更因為工資無法同步調升而惡化：以英國為例，從十五世紀後期到十七世紀中葉之間，實得工資或許等於減少了一半。除此之外，稅收金額在整個十六世紀毫無疑問地不斷提高，演變成國家運作時的主要財務來源——即便實際上的做法是，所徵收的金錢主要是由政治上與財政上的菁英來加以支配，而非廣泛使用於國家行政。

新的金銀供應來源對錢幣本身產生了若干影響，改變了錢幣的面額結構與使用方式，而且這兩個因素很可能互為因果。首先，各國大面額和小面額錢幣的種類都擴充了範圍。十六世紀後期推出了新式的大型銀幣

〔圖 251〕
英國國王查理一世的「三優耐特」金幣（1644）
在內戰時期製作於牛津造幣廠，圖案為查理一世手持寶劍與月桂枝，讓對手選擇是要戰爭還是要和平。[7]在十六世紀末和十七世紀初，許多統治者打造了巨大的金幣和銀幣，通常把它們使用於賞賜。

〔圖 252〕
荷蘭萊頓市的「達爾德」銀幣
打造於一五七四年遭到西班牙圍攻之際，其上呈現該市的盾徽，錢文為：「主佑萊頓」。各城市在受到包圍時專門製作的錢幣，是十六和十七世紀的特殊現象。

和金幣。義大利各邦國的「杜卡特」和「斯庫多」金幣，已由「杜卡托尼」、「斯庫多」和「皮阿斯特拉」銀幣取而代之，同時「多皮亞」(「二杜卡特」)日益成為標準的金幣。[8]英國的「半克朗」和「一克朗」金幣，已被同名的銀幣取代；一英鎊金幣以及折合三十先令的「沙弗林」金幣，[9]則成為面額最大的錢幣。西班牙的「八里爾」銀幣和「二埃斯庫多」金幣——即「達布隆」金幣——變成了國際間熟知的錢幣，情況類似十七世紀荷蘭共和國的「達爾德」和「二杜卡特」。縱使如此，仍有許多國家製作價值等同於威尼斯「杜卡特」的金幣(威尼斯「杜卡特」此後往往改稱「捷其諾」或「西昆」)，供使用於國際貿易，其中包括：荷蘭、瑞典、丹麥、波蘭，以及神聖羅馬帝國皇利所統轄的波希米亞、匈牙利和奧地利，再加上一些較小的德境諸侯國。

其次，在大多數國家的幣制內，中等面額的錢幣也擴大了範圍，其倍數從中世紀晚期的「六」或「八」增加到「十」、「十二」或更多。這個發展改善了錢幣面值體系在集市交易中的彈性，或許也意味著每日的交易量和直接使用金錢付款的頻率已大幅成長。除此之外，老舊的錢幣有時繼續流通下去，它們或者由官方重新定值，或者按照重量和成色而被收受。以斯圖亞特王朝時代的英格蘭為例，詹姆斯一世在「第二期錢幣」階段發行的「優耐特」最初折合一英鎊(二十先令)，但後來的流通價值等於二十二先令，與查理一世

[7] 譯注：「優耐特」(Unite)是首先由英國國王詹姆斯一世(蘇格蘭國王詹姆斯六世)發行的金幣，意為「聯合金幣」，表示「斯圖亞特王朝」希望將英格蘭和蘇格蘭聯合起來(參見譯注10)。查理一世(Charles I, 1625-1649)最後在內戰中敗給克倫威爾，成為英國史上唯一被法庭宣判死刑並遭處決的國王。

[8] 譯注：義大利「斯庫多」(scudo)和西班牙「埃斯庫多」(escudo)兩種金幣的名稱衍生自拉丁文，意為「盾」。至於面額等於「二盾」的金幣，在義大利叫做「多皮亞」(doppia)，在西班牙叫做「達布隆」(doubloon)，意為「兩倍」。

[9] 譯注：當時一英鎊等於二十先令，所以「沙弗林」的價值為一點五英鎊。

重量較輕的「優耐特」（折合一英鎊）共同流通使用；[10]再以一六二〇和三〇年代菲利普三世與菲利普四世統治下的西班牙為例，由於小面額的錢幣成色極差而且濫發無度，導致舊版的「四馬拉維迪」硬幣經過重新定價，起先加蓋印記變成了「八馬拉維迪」，而後加蓋成「十二馬拉維迪」。

儘管通貨膨脹在十六和十七世紀造成了不利影響，低面額的錢幣通常都存活下來，而且事實上還變得更加流行。這表示民間進行小額交易的時候，使用錢幣的次數益趨頻繁。自從葡萄牙、威尼斯和那不勒斯首開其

〔圖 253〕
布倫瑞克－呂內堡公爵，克里斯提安．路德維希的礦業「四塔勒」銀幣（1662）
呈現被「上帝之手」戴上桂冠的「西發利亞白馬」，而牠正盤旋在哈次山脈一座銀礦的上空。下方圓錐形的建築物裡面，裝設了以馬匹做為動力來源的抽水、升降和通風設備。

端，在十五世紀末葉重新推出銅幣以來，低面額錢幣獲得了額外的助力〔圖255〕。而後到了十七世紀初葉，銅幣已普及於義大利、法國、西班牙、低地國、蘇格蘭和英格蘭〔圖256-7〕。但是輔幣很難在一個貴金屬本位的體系內受到掌控，而且有時果真會因為發行過量和偽幣橫行而失控（此情形在十七世紀早期的英國和法國都非常嚴重），容易導致劣幣驅逐良幣。各國政府經常設法遏止，所採取的措施包括廢止使用、限制流通、撤消其法定貨幣地位（即付款時由當事人自行決定是否收取），或者加以貶值（亦即降低面額）。然而輔幣的用處太大，很難加以割捨。於是當英國王室在一六四〇年代停止製造「法辛」（四分之一便士）以後，地方上便有成千上萬種私造的版本取代其地位〔圖258〕。

錢幣的製造

錢幣的製造方法很可能在近代早期經歷了最戲劇化的轉變。在十六世紀之初的歐洲，自上古以來即已為人所熟悉的手工打造技術依然大行其道。可是到了一七〇〇年前後，那些技術已隨著各式各樣機械化造幣方法的出現而一去不返。

儘管早期的機械化壓印設備可以製造出相當美觀的錢幣，可是各種傳統手工製造法經過無數個世紀下來的

【10】譯注：蘇格蘭國王詹姆斯六世在一六〇三年繼承英格蘭王位，改稱詹姆斯一世（James I, 1603-1625）。他在英國共分三階段發行了錢幣，其中「第二期錢幣」（Second Coinage）發行於一六〇四至一六一九年之間。「優耐特」（unite）是英國的第二種金幣，起初等於二十先令，一六一二年後調升為二十二先令。

精進之後，再加上它們已和宛如工廠般的造幣所配合良好，往往可以更加快捷和精確地提供合乎標準的錢幣。然而機械化製造技術的各種問題已逐步遭到克服，可讓人看出其潛在優勢所在。

準備空白圓片的時候，是將「滾筒壓印器」使用為輔助工具來製造厚度一致的條狀材料，以便用金屬截斷

〔圖 254a〕

迪伯爾德．席林《史畢茲編年史》書中的造幣作坊（瑞士伯恩，一四八六年）

正確的合金材料先被熔煉鑄造成條錠（背景部分），然後用鐵鎚將條錠敲平（圖左），以便用大剪刀裁切出幣餅，並將之固定起來敲打成圓形（前景正中央部分）。接著將幣餅夾在兩塊鐵製沖壓模具之間打造，在正反兩面同時壓印出錢幣圖案（中左）。圖右則是正在檢查已打造完成錢幣的造幣所官員（收藏於伯恩市民圖書館，Mss. h.h.I.16, p.222）。

〔圖 254b〕
描繪德國南部「康斯坦茲造幣廠」工作實況的彩色玻璃窗（約一六二四年）
康斯坦茲造幣廠機械化之後的情況，被呈現在一些依序排列的彩色玻璃鑲板上面。此處列出了最後三片鑲板，所敘述的場景分別為：手工操作螺旋壓印器、已製造完成的錢幣接受出廠前的重量與成色檢驗，最後是造幣廠對外推出錢幣（收藏於康斯坦茲，羅森加騰博物館）。

器從中裁剪出幣餅。在實際壓製硬幣的過程中，則可採取許多種不同的機械化方式。其中之一是使用具有弧形表面的沖壓模具，或則逐一敲打幣餅（搖擺壓印器[11]），或則敲打通過上下兩個滾筒之間的金屬條，而且每個滾筒上面已分別雕刻出許多個沖壓模（輪轉壓印器）。

後來異軍突起贏得勝利的卻是「螺旋壓印器」，但它其實只不過是以機動力來進行傳統的打造方式，將幣餅夾在兩塊沖壓模具之間敲打。這種新型壓印器的動力來源可以是人力、獸力或水力。動力的提供方式便成為機械化產能的主要限制因素，而十八世紀末葉想出來的解決辦法就是利用蒸汽力。

〔圖 254c〕
長條金屬板上面仍未製作完畢的英國「法辛」銅幣來自英國國王查理一世時期（1625-49）。「螺旋壓印器」早期的主要對手是「輪轉壓印器」。後者能夠連續大量壓製錢幣，以圓筒狀的沖壓模具一次壓印長條金屬板，最後將製作完成的硬幣裁切或截斷下來即可。若干歐洲最大規模的造幣廠使用了輪轉壓印法，其中尤以提洛爾的「哈爾」和西班牙的「塞哥維亞」為然。英國則將此技術使用於製造十七世紀初葉的「法辛」輔幣。

〔圖 254d〕
倫敦皇家造幣廠的「博爾頓壓幣機」
摘自一八三六年四月二十三日的《週六雜誌》。十八世紀晚期，工程師詹姆斯．瓦特和一位名叫馬修．博爾頓的實業家，率先在伯明罕的「蘇活造幣廠」將蒸汽力運用於錢幣製造。他們的技術和機具曾被大量出口，並從一八一〇年開始由皇家造幣廠加以應用。最初的蒸汽動力壓印機只不過是在螺旋壓印的時候使用了蒸汽。在十九世紀的發展過程中，槓桿壓印機逐漸取代了螺旋壓印機，蒸汽力最後則讓位給電力。

〔圖 255〕
那不勒斯國王費迪南一世（1458-94）的「卡瓦洛」銅幣
十五世紀的時候，有一些錢幣發行者完全以銅質輔幣取代了低成色、低面額的銀幣。斐迪南一世是首開先河者之一，在一四七二年引進了「卡瓦洛」銅幣（cavallo）。

〔圖 256〕
法國國王亨利三世的「二圖爾努瓦」銅幣（1584）
亨利三世在一五七五年推出「圖爾努瓦」銅幣（tournois），並運用曾受其父亨利二世贊助的機械化造幣技術，將新幣種與新技術結合在一起。

〔圖 257〕
西班牙國王菲利普四世的低成色「四馬拉維迪」銀幣（1624）
其上已加蓋印記，將面值調升為十二「馬拉維迪」。美洲的白銀固然為西班牙帶來了財富，但該國的各項開支也極為龐大。政府於是設法操弄貨幣，不斷將低成色銀幣的品質降低，並改用純銅來造幣。這個做法愈演愈烈，甚至還將回收的舊銅幣調升面值後重新使用，導致毫無價值的錢幣在西班牙充斥泛濫。

〔圖 258〕
私造的銅質「法辛」代幣（1660）
製造者是沃特福德市（位於赫特福德郡）的約翰．摩爾斯（John Morse），所使用的圖案為死神（mors）。詹姆斯一世和查理一世統治時期，為英國的幣制增添了小面額輔幣。但濫發濫造與偽幣橫行，導致這種由王室發行的「法辛」輔幣在一六四四年遭到放棄。於隨後三十年的時間內，有成千上萬個民間商人發行了各種代幣供使用為零錢。

〔三〕譯注：搖擺壓印器（rocker press）形狀類似具有弧形表面的印章，左右擺動來敲打出圖案。

無論如何，繼續將貴金屬使用於小面額錢幣的做法，無法讓幣值自動穩定下來。儘管全歐洲與「杜卡特」和「塔勒」等值的高價位錢幣大致都維持了原有水準，但統治者們老是忍受不住誘惑，將低面值的錢幣訂價過高或發行過量，藉以牟取利益或便宜行事——不論那是低成色的銀幣還是純粹的銅幣。在德意志境內，這發生於一六二〇年代所謂的「剪邊與搖擺時期」，[12]當時德境王侯於「三十年戰爭」（1618-48）初期為了牟利而降低銀幣成色。至於在一六三〇和一六四〇年代的波蘭，當地錢幣除了成色降低之外，還必須面對各種贗幣的威脅，而那些贗幣來自「埃爾賓」和「里加」之類被瑞典佔領的波羅的海城市。

縱使小面額錢幣面臨了各式各樣的問題，但自從古羅馬時代結束以來，它或許首度以我們今日所熟悉的方式，重新扮演了零錢的角色——不僅讓錢幣得以被使用於日常生活中的小額交易，並逐漸侵蝕了舊體制中的以物易物、債務沖銷、實物支付、小額賒欠等做法。受薪勞動者的數目正在持續增加之中，而且城市人口的增加與人口流動性的提高，也在歐洲廣大的地區內強固了「錢幣化」的趨勢。除此之外，工業活動開始創造出類似「大眾消費市場」的情況（此尤以西歐為然）。實體錢幣因而在越來越多歐洲百姓的每日生活當中，變得完全不可或缺。

大多數歐洲國家所需的銅原料來自瑞典，尤其是來自位於法侖的大銅礦。各地對黃銅的需求（尤其是在造幣那方面），使得瑞典王室收入大增，促成該國在十七世紀躍升為歐洲的政治與經濟強權。瑞典希望儘可能把開採出來的原銅留在國內，以便讓銅價維持在合理的高價位，於是將銅幣使用為主幣，推出了著名的銅板錢〔圖259〕：它們是以「達勒」（daler）計價的大片紅銅板，上面以沖壓模具壓印出一「達勒」至十「達勒」不等的面額。為了因應這種笨重錢幣所帶來的諸多不便，瑞典在十七世紀中葉率先使用了紙幣。我們還會在下面讀到更多有關這個重要發展的說明。

國家的支出就像其他各方面的開銷一樣，也受到了「物價革命」波及。國家的收入——無論是來自直接稅、間接稅或其他的雜捐——卻都無法自動調升：稅收的稽徵固然變得更加規律化，可是徵稅措施很容易就會引發憲政危機和叛亂行動。這不禁令我們聯想起來，棘手的稅務問題如何在一五二五年的德國農民戰爭，以及在一六四二年爆發的英國內戰中扮演了重要的角色。然而政府已變得更加精密複雜（因此所費不貲），而且政府內部的職務日益以薪俸為導向。尤有甚者，戰爭的開銷不斷增加：軍餉、後勤和裝備所需的費用悉數上揚（特別是自從發展出砲兵以後），更何況戰爭也擴大了規模，反映出哈布斯堡王朝在歐洲和全世界的利益關注。各國政府為了有效運作下去，比往昔更加迫切需要貸款，而穩定的長期公債就是解決之道——它在十七世紀末葉幾乎已經成為各地都採取的做法。

由此衍生出來的國家債券，旋即成為阿姆斯特丹股票交易市場上的投機對象。這個股票交易市場形成於

〔圖 259〕

瑞典國王卡爾十世古斯塔夫的八「達勒」銅板錢（1658）

對十七、十八世紀的瑞典國王而言，若將本國蘊藏量豐富的銅資源使用於製造主幣而非輔幣，所帶來的好處就是能夠讓這種金屬留在國內，導致國際銅價居高不下。但類似這枚八「達勒」的巨大銅板錢使用不便（尺寸為 28 x 65 公分，重達十四公斤），以致當地早期發行的紙幣廣受歡迎。

【12】譯注：剪邊與搖擺時期（Kipper- und Wipperzeit）得名的來由是：三十年戰爭爆發後，財政危機導致銀幣成色急劇降低。許多百姓於是用天平篩選出——「搖擺」（wippen）——戰前發行的高成色銀幣，將之熔毀另做他用。否則就把那些高成色銀幣「剪邊」（北德方言稱之為「kippen」），用切削下來的白銀混合銅料偽造新的「銀幣」。

〔圖 260〕
黃金秤重者
由馬提亞斯．斯托默的荷蘭畫派完成於一六四二年。乍看之下，這似乎僅僅是一位老婦人的肖像，而她正使用天平和砝碼檢驗一枚金幣。但在事實上，這幅畫作運用了隱喻的手法，將那名老婦呈現為「貪婪」的擬人化象徵，表示她沈迷於金錢而難以自拔，正在前往地獄的途中。從那個面露獰笑、頭上長著魔鬼雙角的年輕男僕即可看出此事（收藏於卡瑟爾「國立藝術收藏館」）。

十七世紀初，目的正在於買賣此類的國家債券以及荷蘭東印度公司的股份。它成為近代早期最重要的證券交易所和匯兌處，而荷蘭共和國在十七世紀中葉所擁有的資本，等於全歐洲其餘各地的總和。但是到了同一世紀末期，倫敦已成為阿姆斯特丹的強勁對手。然而正如同紙幣的歷史即將顯現出來的，金錢的供應很難與得來不易的貴金屬脫鉤，而且人們在漫長的時間內將繼續偏好金屬貨幣。

歐洲貨幣體系所涵蓋的範圍，隨著商業活動與殖民事業的拓展而擴大。對此類冒險事業的投資使得資金倍增；專供國際間流通而不在國內使用的錢幣，更對這種貿易模式產生了推波助瀾的作用。繼西班牙的「八里爾」銀幣之後，十七世紀又出現了荷蘭共和國的各種貿易錢幣，其中包括流行於亞洲和地中海東岸的「獅徽達爾德」〔圖261〕、流行於波羅的海地區的「國家達爾德」、流行於俄國的「杜卡特」金幣，以及流行於印度和中國的「杜卡特」銀幣。出口貴金屬是重要的貿易項目之一，對荷蘭而言尤其如此——即便十七世紀有「國家金銀通貨主義的黃金時代」之稱。[13]到了十八世紀，又有第三種重要的銀幣加入「八里爾」與「獅

〔圖261〕
荷蘭聯合省的「獅徽達爾德」銀幣（1604）
圖案為荷蘭的獅子標誌。十七世紀時，荷蘭共和國的造幣廠製作了許多種尺寸與「塔勒」相同的錢幣。其中有一些旨在供對外貿易使用，像「獅徽達爾德」
就在地中海東部地區和亞洲成為廣受歡迎的貿易錢幣。

〔圖262〕
漢堡市的「杜卡特」金幣（1675）
所使用的圖案為聖母和聖嬰。十七世紀中葉以降，神聖羅馬帝國境內的各個城市和邦國普遍流行按照「杜卡特」的標準來製作金幣。製作「杜卡特」的目的，是為了在錢幣發行者為數眾多的地帶，促進地區性和國際性的貿易。

徽達爾德」的行列，成為國際性的貿易錢幣：此即奧地利的「塔勒」銀幣。其外觀自一七八〇年起一直固定下來，被稱作「瑪麗亞·特蕾莎塔勒」〔圖 284〕。但它要等到下個世紀中葉，才開始被廣泛使用於地中海東岸、衣索比亞和阿拉比亞。

與此同時，歐洲的錢幣與貨幣體系開始被輸出到世界各地。在亞洲，葡萄牙人、荷蘭人、法國人、英國人與丹麥人都建立了自己的殖民據點和聚落，藉以擴充並鞏固自己的貿易路線；西方式樣的錢幣隨之而至，非但與當地的傳統相揉合，更進而影響了當地的傳統。在新世界，跨大西洋貿易的爆炸性發展，泰半與前往新大陸開採天然資源的歐洲移民息息相關。在中美洲與南美洲，西班牙人於主要礦區的附近設立造幣所，將部分白銀製作成錢幣以利船運；他們後來更開設了其他的造幣廠，向規模日益擴大的移民社群提供錢幣。在十七和十八世紀時，北美洲與西印度群島的英、法殖民地處境較差〔圖 265〕。由於當地只有少量的貴金屬可供使用於造幣，那些殖民地僅能仰賴各種變通措施來勉強湊合，往往必須利用西班

〔圖 263〕
紐倫堡一七六八年發行的「協定塔勒」銀幣
其上呈現紐倫堡市區的輪廓。神聖羅馬帝國境內的錢幣，往往是以共通的「塔勒」標準做為一致遵循的依據：共通標準之一適用於北德各邦，另一適用於奧地利和南德各邦。一七五三年時，適用南德標準的邦國同意以科隆的「馬克」（mark）為基準，引進「協定塔勒」（conventionsthaler）。

牙的錢幣，有時還把它們切割開來、加蓋印記、變造或打孔——那是因為母國政府不願意將貴金屬錢幣運出國境的緣故。

由於美洲白銀的產量在十七世紀開始萎縮，金幣與銀幣之間的平衡逐漸回頭傾向於金幣。那尤其是在一六九〇年代以後，當葡屬巴西的黃金開始與西屬墨西哥的白銀共領風騷之際〔圖264〕。但墨西哥的銀產量仍可維持不墜——「瓜納華托」在十八世紀所開採白銀的數量，顯然超過了十六世紀時的「波托西」。

地方上的局勢，影響了不同國家取得和使用貴金屬的方式：例如英國因為在歷史上及海洋上與葡萄牙的聯繫，使得黃金蔚為貨幣的主流，而且葡萄牙的金幣廣泛流通於英國；西班牙的美洲白銀則更大量地流向法國。整體而言，歐洲在十七和十八世紀之交所能夠獲得的各種貴金屬，都遠遠超出了十六世紀的時候，但這回並未出現同樣令人震驚的物價暴漲。貿易反而已真正變得具有全球性，而且貴金屬在世界各地都具有強大

〔圖264〕
葡萄牙國王約翰四世的「多布拉」金幣（1739）製作於巴西的里約熱內盧造幣廠。一六九二至九四年之間，巴西的米納斯吉拉斯發現了金礦。巴西總共打造過兩個系列的金幣，其中之一供國內使用，另一種以「多布拉」（dobra）為基準的金幣則在國際間流通。「多布拉」金幣曾經在十八世紀初期至中期之間普及於歐洲境內。

[13] 譯注：「金銀通貨主義」（bullionism）亦稱「重金銀主義」，是重商主義時期的貨幣政策，主張由國家管制金銀交易以維持本國貿易順差，並將黃金和白銀作為國家財富與權力的指標。

的購買力。

在十八和十九世紀，紙鈔日益與硬幣一同被使用為通貨。然而對大多數百姓而言，硬幣依舊是每日交易時的正常支付工具，而且除非是迫不得已或者情況緊急，否則硬幣仍為儲藏和積蓄時的優先選擇。我們即將在下面看見，十八世紀初葉受到政府背書的各種紙幣試驗如何屢遭挫折，以致官方推出的金錢通常還是以硬幣為主——即便發行硬幣時不斷面臨各種如影隨形的難題，諸如貴金屬供應不足、金銀複本位制所造成的緊張關係，以及難於充分供應值得信賴的零錢。

前文已經說明過，紙幣是歐洲在近代早期的貨幣新元素。現在不妨更詳細地檢視當初引進和流通銀行券的歷史：一般說來，銀行券起初都很不成功，但接著就像十七世紀的銅幣零錢那般，不僅成為全歐貨幣體系的重要成分，並且改變了歐洲人使用金錢和看待金錢的方式。

〔圖265〕
英國國王喬治二世的一克朗「利馬」銀幣（1746）
一七四五年七月，兩艘英國私掠船俘虜了兩艘從秘魯返航的法國運寶船。共有超過七十八噸的黃金和白銀隨著那些法國船在布里斯托港靠岸，然後被運往倫敦塔製作成錢幣。喬治二世肖像的下方出現「Lima」一字，[14]用於慶祝繳獲這批戰利品。

銀行券與紙幣

象徵性的金錢因而乃權宜之計；它只不過是習稱的「信用」之一種形式，基本上有助於刺激消費，並可促進對工業產品的需求。

——詹姆斯．斯圖亞特，《政治經濟學原理研究》（1767）

一六九〇年時，經濟學家尼古拉斯．巴爾本曾經做出報導：由於缺乏公共銀行，「倫敦的商人們在迫不得已之下……只能把自己的現金帶去金匠那裡，結果使得金匠開出的收條信用大增，可在付款時不斷易手，就彷彿銀行券一般。」他發表上述言論的時間，是在英格蘭銀行成立四年之前，但事實上，無論紙鈔或銀行業皆非創新之舉。中國早在公元十一世紀即已率先推出可流通紙幣，而且由政府發行的紙鈔後來在元朝（1279-1367）繼續受到歡迎；銀行業則在十三世紀晚期的義大利開始成為一個專門行業，鼓勵了人們將匯票和手寫的付款指示使用為支付工具〔圖 266〕。不過一直要等到十七世紀末葉，可流通的紙幣和中央化的銀行（二者時而互為表裡，但未必一直如此），才開始為今日我們視為理所當然的通貨體系奠定了基礎。巴爾本見證了那場革命的開端，並且加以支持。

然而並非每個人都像巴爾本那般興致高昂，因為當時的情況就和所有的革命一樣，變化只是斷斷續續地出現，而且往往帶來了痛苦。英國從伊莉莎白時代開始，就有許多由商人或代書經營的金融服務公司可資利

[14] 譯注：利馬（Lima）是今日秘魯的首都。

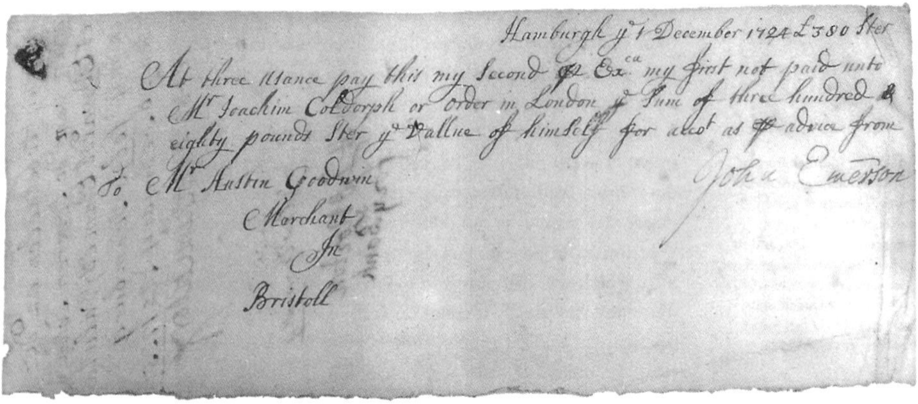
Hamburgh ye 1 December 1724 £380 Ster
At three Usance pay this my second ⅌ Exca my first not paid unto
Mr Joachim Coldorph or Order in London ye Sum of three hundred &
eighty pounds Ster ye Vallue of himself for acct as ⅌ advice from
John Emerson
To Mr Austin Goodwin
Merchant
In
Bristoll

〔圖 266〕
一七二四年的匯票
由漢堡的「約翰·愛默生」開票給一位名叫「奧斯丁·古德溫」的布里斯托商人，要求他在三個月的期限內向「約阿基姆·戈多爾夫」交付三百八十英鎊。自從十四世紀的義大利銀行家族率先開發出匯票以來，它一直是提供貸款和遠距離付款的工具。經紀人接獲委託書後，便在約定時間內交款給特定的對象。

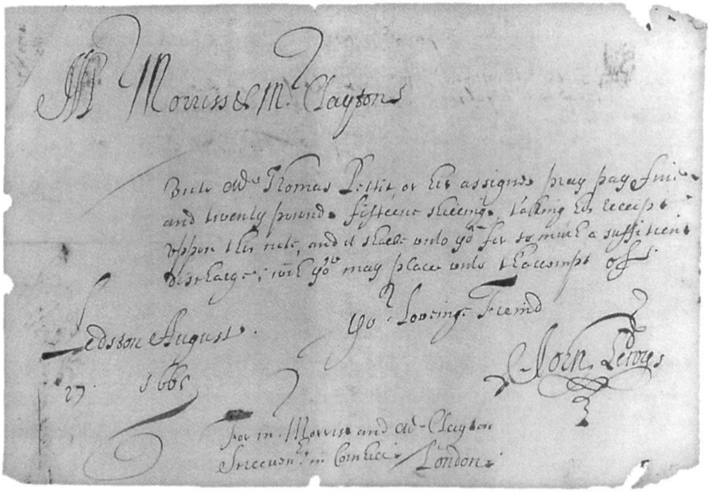
Mr Morriss & Mr Clayton
and twenty pounds fifteen shillings
Yor Loving Friend
August
27 1665
For Mr Morriss and Mr Clayton
in Cornhill London

〔圖 267〕
要求支付二十五英鎊十五先令的委託書（1665）
委託書來自「莫里斯與克雷頓，位於康丘的代書公司」的一個帳號。這份手寫文件乃現代支票的前身。羅伯特·克雷頓爵士則是最重要和最成功的「代書銀行家」之一：他曾在一六七九年出任倫敦市長，並且從一七〇二年到一七〇七年去世為止，一直擔任英格蘭銀行的董事。

用，除了供人們存放貴重物品和金錢之外，並以收據的形式開出票券〔圖267〕。代書更在法律事務和文書業務等方面擔任經紀人，於進行交易時撰寫字據和契約；但無論對代書、對商人，還是對金匠而言，承攬更多的財務工作都是擴大業務範圍時的必然發展。到了十七世紀下半葉，「金匠銀行家」和「代書銀行家」已廣泛提供銀行業的服務，其中包括貸款、有息存款、外幣兌換、支票和本票等等。那些服務項目雖具有顯而易見的必要性，卻還是引發了反對的聲浪。一六七六年出版了一本匿名的小冊子，標題是《新潮派的金匠或銀行家之謎》。小冊子的撰寫者攻訐金匠們進行高利放款的「不法業務」，宣稱那些人辦理承兌匯票貼現的時候，往往依據「他們眼中商人急迫的程度」索取兩倍或三倍的費用。此等人物當然絕不值得信任，而且那位作者衷心期盼：「人們能夠突然恢復理智並開始探究，為何金匠銀行家就一定會比其他人更加牢靠，或者更值得以超出其可信度十倍的程度受到信賴：他們只不過是以個人做擔保，而且動輒開出面額為五百英鎊、一千英鎊或更高額的銀行券，可是他們在開出銀行券之前的負債金額，往往已高達自有資產的二十倍……」。這種反應無疑源自個人的惡劣經驗，但那位觀察者還是一針見血地道出了成功發行銀行券和紙幣的先決條件：人們必須對銀行家及銀行券具有信心，而且發行銀行券時必須有健全的財務做為後盾。

就創造出歐洲第一種可自由流通的銀行券而言〔圖269〕，榮譽歸於一位名叫約翰・帕姆史特魯赫的利沃尼亞人[15]——他在一六五六年創辦了斯德哥爾摩銀行。他的故事非常發人深省，因為他起先的成功經驗和後來的失敗下場，皆可供日後其他地區在發行紙幣時做為前車之鑑。斯德哥爾摩銀行是一家私人企業，但實際上與政府關係密切：該銀行由王室特許成立，一半的淨利必須支付給國王，其監察人則是財政大臣。除此之外，帕姆史特魯赫並且在一六六一年推出紙幣之後，擔任瑞典政府的紙幣發行顧問。瑞典的銅板錢雖

[15] 譯注：利沃尼亞（Livonia）大致相當於今日的拉脫維亞和愛沙尼亞。帕姆史特魯赫其實是出生於里加（拉脫維亞首府）的荷蘭人。

是天才之作，解決了如何維護瑞典銅價穩定的問題，可是它既龐大笨重又使用不便，而且還不斷貶值。於是瑞典發行了「信用券」，做為過渡時期的替代貨幣。那個方案起初相當成功，但不過幾年以後，銀行就已經放款太多，導致「信用券」發行過量而再也無法兌現。一六六七年時，一個政府委員會裁定帕姆史特魯赫經營不善，並且勒令他向王室償還所積欠的金額。相較於之前所享有的優渥待遇，帕姆史特魯赫如今面臨死刑的威脅，幸好後來只改判徒刑。

上述插曲與五十年後法國首度發行紙幣的經過，頗有幾分神似之處。法國的紙幣出自約翰·勞〔圖270〕的倡議。他是蘇格蘭人，而且他和帕姆史特魯赫一樣曾經周遊列國，在找到有力靠山之前涉入了各種不成功的財務方案。約翰·勞的後台老闆是奧爾良公爵，即

〔圖268〕
面額一百英鎊的英國國庫券（1720）
付息國庫券於一六九六年首度推出；它是公債的一種形式，發行用於償付預支給政府的款項。從十八世紀初葉開始，這種票券可供使用於繳納稅金，並可在英格蘭銀行兌現。許多票券在反面出現若干背書，顯示它們曾經在公眾之間流通。這張國庫券所屬的版本，當初發行用於貸款給惡名昭著的「南海公司」。

法國的攝政王。他在後者的主導下，於一七一六年成立了「通用銀行」。一七一九年一月時，那家銀行實際上已經國有化，除了改稱「王家銀行」之外，並且發行由國王擔保的紙鈔〔圖271〕。然而約翰·勞的雄心壯志遠遠超出了銀行負責人的權限，以及個人財富所能允許的範圍。一七二〇年一月，他被任命為法國主計長，職責在於透過他的銀行為國家和百姓帶來繁榮、成立一家公司負責向密西西比河流域進行殖民，並且由他本人控管國家財政。約翰·勞想像力豐富、聰明伶俐，並具有理想主義的色彩。其策略的出發點並不在於短時間內的便宜行事，而是基於一項長久以來受人重視的理論：透過發行以土地做擔保的紙鈔來募集

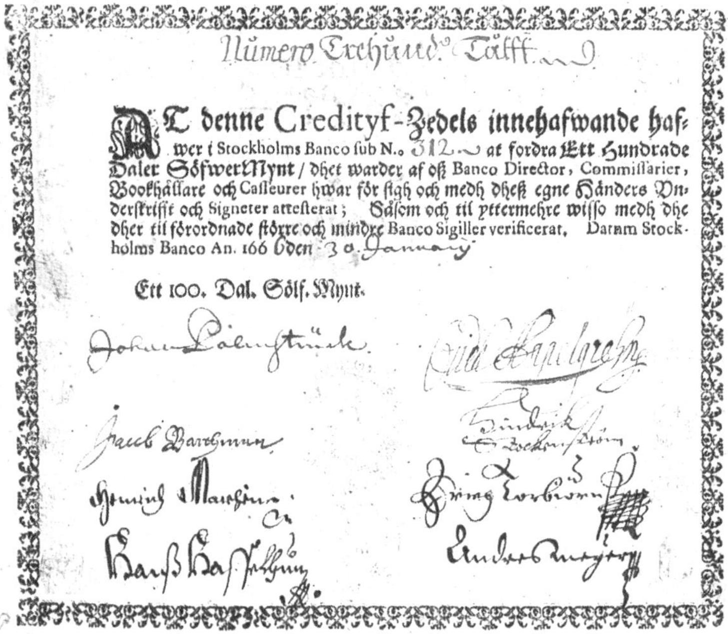

〔圖269〕

瑞典斯德哥爾摩銀行發行的一百「達勒」紙鈔（1666）

斯德哥爾摩銀行發行的第一版紙鈔未有樣本流傳至今。這個系列的紙鈔是按銀幣計價，而銀行創辦人約翰·帕姆史特魯赫的簽名位於中央偏左；那些紙鈔的俗名甚至就叫做「帕姆史特魯赫錢」。它們印刷在有浮水印的紙張上面、由八個人共同簽字，而且還蓋上了許多枚私章以及銀行的大印。

貸款，藉此促進本國工業。可惜他過度依賴名副其實的投機事業，同時或許還低估了政敵的實力，以致他後來表示：「假如我還有機會重新來過一遍的話，我一定會採取比較緩慢和比較穩健的方式，而且我不會讓國家面對驟然打亂普遍被接受的財政實務之後，必將出現的危險狀況。」〔圖272〕時至一七二〇年十二月，約翰·勞早已失去攝政王在背後的支持，而且他的銀行和他的「密西西比公司」都已經崩潰，不但粉碎了法國公眾的信心，並且讓他在國際間始終聲名狼藉。約翰·勞的偉大「體系」已然幻滅，結果他唯一的出路就是流亡海外。

除了個人的戲劇性因素之外，約翰·勞與帕姆史特魯赫的遭遇另有若干相似之處：二人都真心誠意，設法藉由創造出新的貨幣工具來促進經濟活動；那種貨幣工具是透過銀行來發行，而且不論發行銀行的法律地位如何，它們都高度中央化，並於很大程度內獲得有力人士撐腰。但那些都只是表面上的有利因素，並不足以維繫幣值的穩定與公眾的信心。

從英國北美殖民地發行紙幣的經過（那是最先由政府發行的西洋紙幣），亦可明顯看出國家權力的極限所在，以及早期紙幣的時乖運蹇。北美殖民地嚴重短缺硬幣，進行交易時必須大量依賴匯票，因而亟需引進專供本地流通使用的貨幣。一六九〇年時，「麻薩諸塞灣殖民地」首開先河推出了紙幣〔圖273〕，藉此資助在加拿大進行的軍事冒險行動。軍費的支出並促成其他一些北美殖民地同樣印行紙幣，但紙幣也使用於資助比較和平的用途——例如城市公共建設或償付公債。儘管紙鈔具有官方的地位，而且在使用時受到獎勵（以紙鈔繳稅者可在麻薩諸塞獲享百分之五的扣折），公眾的反應卻充滿了矛盾。紙幣兌換硬幣時的價值，在同一地區之內和不同殖民地之間都不斷變動，更何況紙幣因為濫發和貶值，在許多殖民地持續跌價。早在一六九一年，麻薩諸塞已有一位支持紙幣的撰述者很遺憾地表示，紙幣的價值已經低於銀幣。但他還是認為，憑著信心與共識仍然可以解決問題：「只要有足夠人數的勇於任事者願意挺身而出，齊聚一堂進行討

〔圖 270〕
約翰・勞的肖像
約完成於公元一七一五至一七二〇年之間。據推斷出自亞歷克西・西蒙・貝勒之手（收藏於倫敦國立肖像畫廊）。

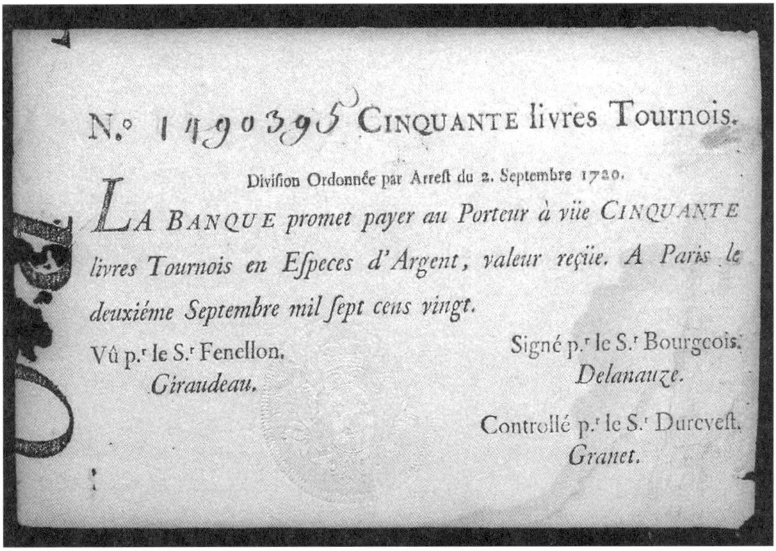

〔圖 271〕
五十「圖爾里弗爾」紙鈔
由約翰・勞的法蘭西「王家銀行」負責發行，日期為一七二〇年九月二日。雖然該銀行承諾於持有人提出要求時償付銀幣，但一七二〇年五月下令將紙幣貶值百分之五十的一道詔書，早已動搖了人們對約翰・勞紙幣的信心。同年十月，又有另一道詔書做出裁示：銀行券正在對貿易造成傷害，而且日後的商業交易只准使用金幣或銀幣。那一年結束以前，約翰・勞就已經逃離了法國。

論、表示贊同、做出決議，並致力於維護我們紙幣應有的信譽，全國上下就一定會樂於加入他們的行動。」後來英國便經常採用這種做法，藉以搶救面臨客戶擠兌的銀行，只可惜當時並非每個人都打算讓自己輕易就被說服。一七一九年時，另一位不具名的評論者眼見紙鈔數量日增、物價日益上揚，於是得出結論如下：

> 雖然法律規定，以鈔票向官方繳費時可獲享百分之五的優待……可是我發現，儘管存在著這些有利於鈔票的法規，百姓卻不把鈔票當作錢來看待。據悉他們寧願

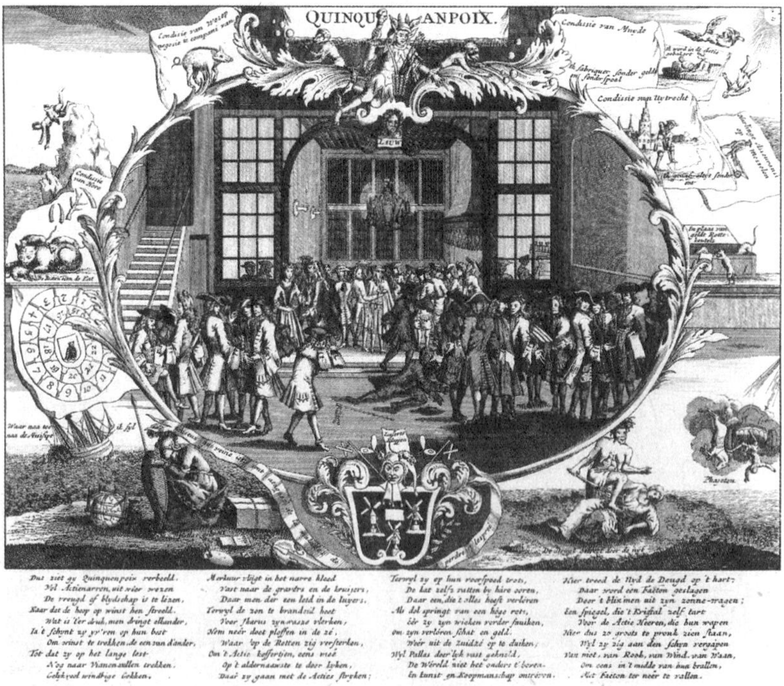

〔圖 272〕
荷蘭諷刺畫中的「甘康普瓦街」
「甘康普瓦街」是巴黎股票交易所的所在地，而這幅諷刺畫描繪出約翰·勞的「密西西比公司」在一七二〇年崩盤時的情景。圖畫下方的詩文細述了投資者的財運起伏，並針對股票經紀人的各種悲慘下場發出警告：當那些人做出天花亂墜的承諾時，所根據的只不過是空氣、煙霧和欺瞞。

> 用十二先令的鈔票換取一盎斯白銀，即便法定每盎斯白銀的價格僅僅略多於七先令：法律固然可以訂出種種限制做法和懲戒措施，卻無法改變人們的心意，讓他們相信那小小一張紙片就是金錢。

他掌握了問題的關鍵。在十八世紀和十九世紀大部分的時候（有些人甚至宣稱是一直到金本位制崩潰為止），主流的觀點始終是：除非紙幣可應要求兌換成金幣或銀幣，否則紙幣就無法有效發揮功能。就連像亞當．斯密那般極力捍衛銀行業和紙鈔的人，也將此視為紙鈔的必要條件。然而往往正是由於硬幣數量不足或價值不穩定，才刺激了紙幣的發行。信用券正可因應英國北美殖民地的迫切需求，以致拒絕發行信用券的總督會遭到殖民地議會扣發薪俸。甚至等到美國革命（1776-81）結束之後，情

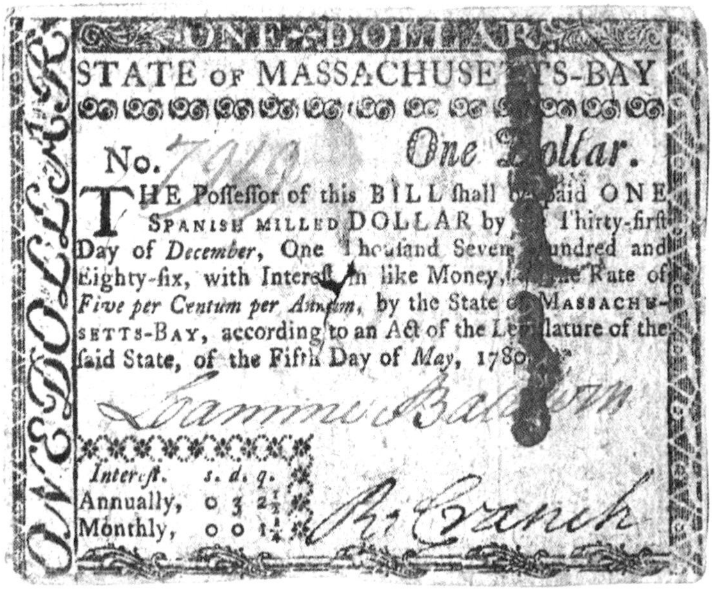

〔圖 273〕
「麻薩諸塞灣州」發行的一美元紙幣（1780）
麻薩諸塞英國殖民地在一六九〇年推出的信用券，或許可視為西方世界首度由政府發行的紙鈔。當地和其他北美殖民地所推出的紙鈔，往往是按西班牙銀元來計價。這反映出外國硬幣的重要性，以及英國硬幣短缺的程度。

況還是繼續如此，促使新召開的大陸會議批准以「聯合殖民地」的名義發行紙鈔——它實際上就是美國最早的聯邦紙幣。這種兩極化的意見，正是各地在紙幣引進之初所出現的典型反應：事實上，公眾的觀感往往就跟人們對紙鈔本身的認知同樣錯綜複雜。其中某些問題只不過是源自偏見，使得人們抗拒一種既陌生又在本質上一文不值的貨幣形式。但在另一方面，那也多方面取決於是否另有替代選擇，以及有賴於紙幣發行者的聲譽和財務穩定度。

鑑於許多最初發行的紙幣都是政治動盪或經濟混亂下的試驗品，它們動輒失敗的下場或許並不出人意料之外。但其中也出現過相反的情況，像英格蘭銀行與蘇格蘭銀行（分別成立於一六九四和九五年）即曾做出示例，率先成為西方世界持續獲得成功的紙幣發行銀行（圖274）。英格蘭銀行創辦於通貨陷入危機、英國與法國交戰的年代；該銀行的主要功能便在於以「永久付息國債」的方式，向左支右絀的政府提

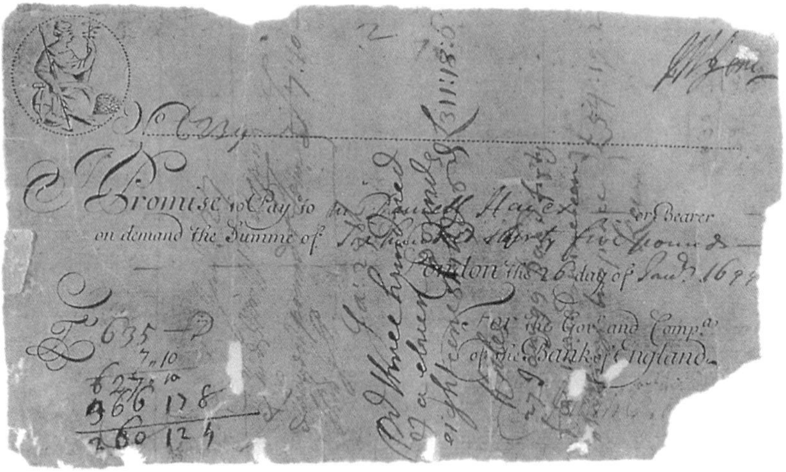

〔圖274〕
英格蘭銀行一六九九年發行的六三五英鎊「現金流通券」
此類票券被簽發做為銀行存款收據，存款人可部分提領現金，在帳戶內留下餘額（參見左下角的註記數字）。由於存款人或持票人皆可憑票取款，這些銀行券因而可以流通使用：任何人只需要向銀行出示本券，即可從同一家銀行的帳戶提領金錢。（收藏於英格蘭銀行）

供貸款。一年以後，蘇格蘭國會也認知到「一家公共銀行或可為本王國帶來的益處」，於是通過法案成立了蘇格蘭銀行〔圖275〕——當時蘇格蘭正苦於硬幣供應不足、信貸機構過少，以及農產品歉收。這兩家銀行之間存在著顯著的差異，尤其是在它們與國家的關係那方面：例如英格蘭銀行經手了政府的許多業務，蘇格蘭銀行卻遭到明文禁止，不得向國家提供貸款。但它們也具有意義重大的相似之處：二者都衍生自民間籌劃者長年以來的仔細考量和雄心壯志，而且那些籌劃者都得到深具影響力的商業團體支持；尤其重要的是，二家銀行的營運方式都廣泛建立在合資的原則上，由大量的股東認購股份。英格蘭銀行與蘇格蘭銀行開張以後，馬上都著手發行自己的紙鈔，儘管這項核心工作遭遇過不少挑戰，卻從未間斷地持續了三百多年。

在十八世紀的時候，英國各地的城鎮紛紛開設自行印製信用券的銀行〔圖276-8〕，而那些銀行的經營者，通常是熱衷於振興地方工商業的商人、實業家和地主。英格蘭的發展腳步比較緩慢，蘇格蘭的銀行業務與紙幣發行卻快速擴張，充分展現出那些工作的報酬與風險，並預示了英格蘭在十九世紀所將面對的情況。在一個短缺硬幣的貧窮國度，如果國民識字率夠高的話，人們就更容易接受紙鈔——不論紙鈔來自「蘇格蘭王家銀行」或「亞伯丁銀行公司」之類聲譽卓著的企業〔圖278〕，還是來自「亞爾銀行」那種既不負責任又效率低落的機構。但即便「亞爾銀行」悲慘地倒閉之後，其銀行券的持有人後來都在「蘇格蘭銀行」和「蘇格蘭王家銀行」的協助下，透過不動產銷售把自己的錢拿了回來。對許多股東而言，那是一場災難；可是對整個蘇格蘭銀行業來說，那只不過是一個警訊，再次確認了健全的經營管理和充足的資金儲備有多麼重要。

英國境內的銀行數目繼續增加，不但滿足了人們對紙幣的需要，並且創造出更大的需求。那些銀行多半是小型的私人企業，英格蘭的情況尤其如此，因為當地在一八二六年以前是由英格蘭銀行壟斷了集資成立股份銀行的權利。但時間與經驗很快就顯露出設有分行網絡的大型銀行所享有的優勢，於是成立大銀行的趨勢

〔圖 275〕
蘇格蘭銀行一七二三年發行的「十二蘇格蘭鎊」紙幣（折合一英鎊）
蘇格蘭銀行在一六九五年成立之後便開始發行紙鈔，而且直到一九九〇年代仍然是發行紙幣的三家蘇格蘭銀行之一。這張紙鈔的價值等於一英鎊，不過是以蘇格蘭的貨幣單位來標示面額——一七〇七年頒佈《聯合法案》創造出單一貨幣體系之後，這種慣用的做法仍然延續了很長一段時間。

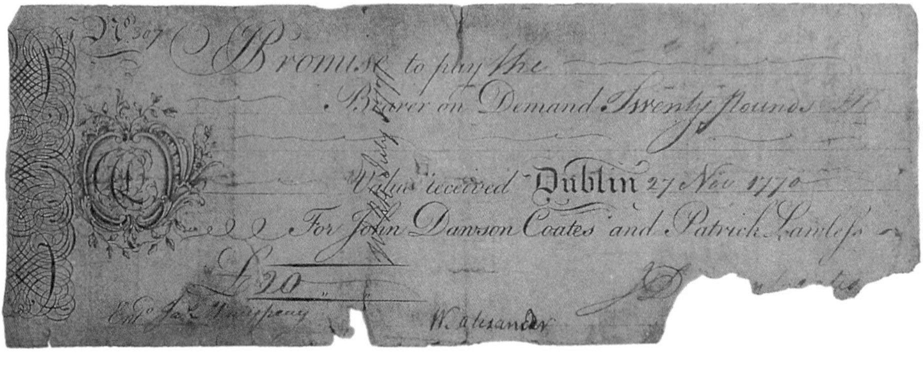

〔圖 276〕
「道森．寇茲與勞勒斯銀行」在都伯林發行的二十鎊銀行券（1770）
十八世紀的時候，有許多大商人和小貿易商在愛爾蘭發行了紙鈔。道森．寇茲和尼古拉斯．勞勒斯爵士（創業合夥人之子），都是成立於一七八三年的「愛爾蘭銀行」之原始股東，而且勞勒斯爵士是愛爾蘭銀行最初的董事之一。他們自己的銀行雖在一七九三年倒閉，但他們的債權人最後還是完全獲得補償。

〔圖 277〕
大雅爾茅斯銀行的「十基尼」紙鈔（1783）
在十八世紀早期的英國，倫敦城外只有少數幾家地方性的銀行發行紙鈔；可是到了一八〇〇年代初，發行紙鈔的銀行已增加至數百家——它們快速膨脹的時間，主要是在一七六〇年代工業化的階段。銀行的成功和銀行券受歡迎的程度，都與銀行合夥人在地方上的聲譽息息相關，而且他們的名字就被印在紙鈔上面。例如此處印出的是：「Sam.l Mason, Rob.t Woods & Comp.y」（山繆．梅森、羅伯特．伍茲暨公司）。

〔圖 278〕
「亞伯丁銀行公司」發行的五先令紙鈔（1799）
亞伯丁銀行在一七六七年成立時，該地區正苦於硬幣嚴重短缺。創辦這家銀行的目的之一，就在於提供地方性的紙鈔來替代那些「在本地區沒沒無聞者所簽字發行的」銀行券。亞伯丁銀行的合夥人積極獎掖當地的工業和建設，而且銀行本身營運得非常成功，直到它在一八四〇年代因為商業危機，被「蘇格蘭聯合銀行」接管為止。

逐漸受到肯定，並且由十九世紀的銀行法規加以鼓勵。與麻薩諸塞鄉間那位小冊子撰寫者的悲觀看法背道而馳的是：後來正因為有法規來確保良好的銀行實務，才使得人們開始信任那種以紙張形式出現的金錢。

北美殖民地的貨幣

十七世紀的時候，今日「美利堅合眾國」所涵蓋的地區還不叫做美國。英國、荷蘭、法國和瑞典等歐洲國家控制了北美東部沿岸地區。為了進行貿易和資助發生於殖民強權之間的戰爭，各殖民地發行並使用了五花八門的錢幣，其中也包括（但不侷限於）硬幣和紙幣。

〔圖 279a〕
十八世紀的英國捲菸紙
菸草是高價值的出口商品，它在北美的若干地區與硬幣和紙鈔一同被使用為貨幣。一七四〇年時，修・凡斯在波士頓出版了一本標題為《論金錢之本質與用法》的小冊子，說明了當時的狀況：「各地農場普遍使用『通貨』一詞……意思是按照重量或面額來流通的白銀。那個名詞在維吉尼亞也適用於菸草，在西印度群島也適用於蔗糖……。同理可證，『紙通貨』想必就是被當作金錢在市面上流通使用的特定紙張。」

〔圖 279b〕
麻薩諸塞的「松樹」一先令銀幣（1667-74）
一六五二年時，「麻薩諸塞灣殖民地」開始製造圖案非常簡單的硬幣，其上打出「ＮＥ」字樣並以羅馬數字標示面額，製作原料則是熔毀的西班牙「八里爾」銀幣。可是這種銀幣很容易被剪邊和偽造，因此推出不過幾個月以後便停止製造。第二年又推出了新的錢幣設計，正面的圖案是一棵松樹。這種「松樹」一先令銀幣發行於一六六七至一六七四年之間，但打出來的年份依然是一六五二。

〔圖 279c〕
英國為美洲殖民地製作的錫製代幣（1688）
這些代幣製作於倫敦塔的皇家造幣廠，然後船運前往美洲。背面的錢文標示其價值為四分之一「里爾」，這顯示出北美殖民地與西班牙貨幣和英國貨幣維持同樣密切的關係。

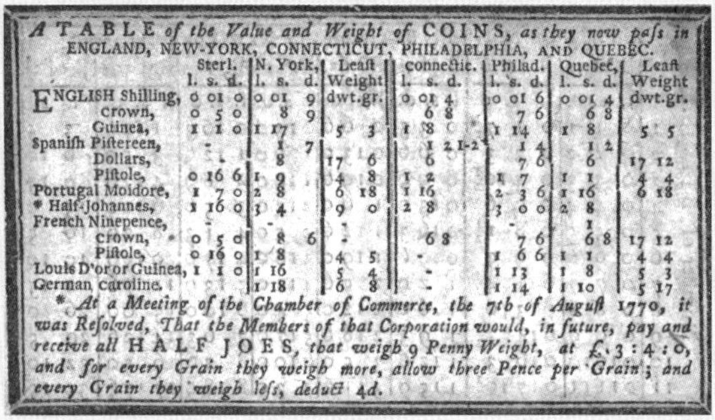

A TABLE of the Value and Weight of COINS, as they now pass in ENGLAND, NEW-YORK, CONNECTICUT, PHILADELPHIA, AND QUEBEC.

	Sterl.	N. York,	Least	Connectic.	Philad.	Quebec,	Least
	l. s. d.	l. s. d.	Weight dwt.gr.	l. s. d.	l. s. d.	l. s. d.	Weight dwt.gr.
ENGLISH Shilling,	0 01 0	0 01 9		0 01 4	0 01 6	0 01 4	
crown,	0 5 0	8 9		6 8	7 6	6 8	
Guinea,	1 1 0	1 17	5 3	1 8	1 14	1 8	5 5
Spanish Pistereen,	-	1 7		1 2 1-2	1 4	1 2	
Dollars,	-	8	17 6	6	7 6	6	17 12
Pistole,	0 16 6	1 9	4 8	1 2	1 7	1 1	4 4
Portugal Moidore,	1 7 0	2 8	6 18	1 16	2 3 6	1 16	6 18
* Half-Johannes,	1 16 0	3 4	9 0	2 8	3 0 0	2 8	
French Ninepence,	-	-	-		-	1	
crown,	0 5 0	8 6	-	6 8	7 6	6 8	17 12
Pistole,	0 16 0	1 8	4 5	-	1 6 6	1 1	4 4
Louis D'or or Guinea,	1 1 0	1 16	5 4	-	1 13	1 8	5 3
German caroline.		1 18	6 8	-	1 14	1 10	5 17

* *At a Meeting of the Chamber of Commerce, the 7th of August 1770, it was Resolved, That the Members of that Corporation would, in future, pay and receive all* HALF JOES, *that weigh 9 Penny Weight, at £.3:4:0, and for every Grain they weigh more, allow three Pence per Grain; and every Grain they weigh less, deduct 4d.*

〔圖 279d〕
錢幣換算表（摘自一七七一年的《紐約年鑑》）
美洲各殖民地的金錢價值互不相同，例如「紐約先令」的幣值未必等於「費城先令」。這種現象──外加各式各樣一起流通的錢幣──意謂有必要印行類似此處的換算表，列出各種錢幣的相對價值和重量，與各州的計價貨幣進行比較。

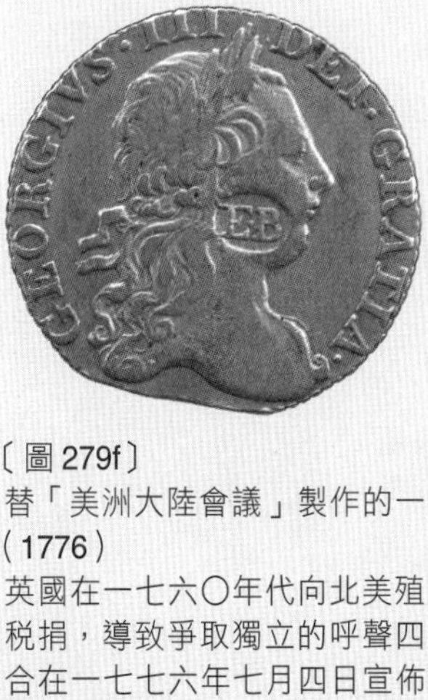

〔圖 279e〕
英國的「基尼」金幣（1772）
它被一個名叫以法蓮．布拉舍（Ephraim Brasher）的紐約金匠加蓋了「ＥＢ」字樣。關於一七七〇年代北美流通金錢的總額，各種估算數字出現了極大差異，從三千萬美元到一億美元都有；其中貴金屬錢幣所佔的比例，則為百分之二十五至百分之七十五。由於北美東岸缺乏貴金屬，銀幣和金幣必須進口自英國、葡萄牙和西班牙（或西班牙的美洲殖民地），以彌補本地發行的低成色硬幣和紙幣之不足。

〔圖 279f〕
替「美洲大陸會議」製作的一美元銀幣錫質樣幣（1776）
英國在一七六〇年代向北美殖民地徵收各種新的稅捐，導致爭取獨立的呼聲四起，最後十三州聯合在一七七六年七月四日宣佈獨立。這個試製版的錢幣雖在同一年內設計完成，當時並未發行。但美利堅合眾國在一七九七年首度推出的硬幣──所謂的「我飛逝」一分錢銅幣[16]──採用了非常相似的設計。

〔圖 280〕
「羅馬聖靈銀行」一七八六年發行的七十四「斯庫多」銀行券（Scudo）
該銀行由教宗保祿五世創辦於一六〇五年。它一部分的功能在於提供慈善基金，實際做法是配合一些名叫「慈善山」的濟貧機構，以極低的利率進行小額貸款。「羅馬聖靈銀行」最初發行的銀行券，是人們存放硬幣時的收據；可自由流通、見票即付的銀行券則發行於一七二四至一七九六年之間。

〔圖 281〕
奧地利維也納市銀行的二十五「古爾盾」銀行券（1762）
此為奧地利最早的紙鈔，雖然該銀行在一七〇六年即已成立。這種銀行券用於交換現金存款，藉此沖銷國家的負債。最初獲准發行的銀行券金額是一千二百萬「古爾盾」，然而一八〇一年時的發行總額已經超過十億「古爾盾」，那是因為印出了更多銀行券來支付戰費的緣故。

早期發行的西方紙幣，基本上全部都具有冒險性質。由於缺乏可供參考的成功先例，除了從經驗中學習之外，幾乎別無選擇——儘管這個做法可能讓銀行和客戶同時付出慘痛的代價。人們很容易就會將焦點集中在一些特別轟動的失敗案例，但即便是約翰·帕姆史特魯赫的失敗方案也曾經獲得若干成功，而且它預示了日後由中央銀行發行錢幣的做法。除此之外，雖然早期類型的信用券（例如匯票）主要只使用於商人和財務經紀人之間，可是到了十七和十八世紀，紙鈔卻以流通貨幣的形式在整個社會傳播開來。

濫發紙幣所造成的危機仍未成為過去，而且一些迫在眉睫的革命運動即將對此做出證明。不過時至十八世紀將盡之際，全球已有約莫二十個國家使用或由國立銀行、或由民間企

[16] 譯注：這兩種錢幣正面的圖案都是太陽和日晷，圖案左側以拉丁文寫出「FUGIO」（我飛逝），表示光陰如梭，藉此呼應圖案下方的英文字樣：「MIND YOUR BUSINESS」（管好你自己的事）。

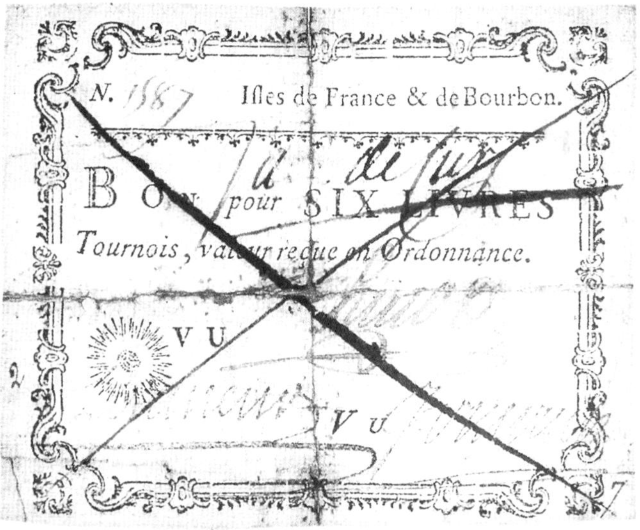

〔圖 282〕
「六圖爾里弗爾」紙幣（一七八〇年代前後）
供使用於法蘭西島與波旁島（今日的模里西斯島和留尼旺島）。二座島嶼當時屬於同一個法國殖民地行政區，擁有相同的通貨體系。當地似乎在一七六〇年代即已開始發行紙幣，那時法國本土並未使用紙幣。

業發行的紙幣，而且就連遙遠的殖民地也擁有了歐洲列強所引進的紙幣〔圖 280-282〕。隨後的兩個世紀見證了貨幣在發行實務上出現的正面改變，它已從試驗做法與權宜之計，演變成集中發行和有效控管，實現了亞當．斯密所鼓吹的：「以紙張取代金幣和銀幣」。

結論

從十六世紀大量湧入金銀開始，乃至於隨後兩個世紀內相繼出現的輔幣、中央化的銀行以及紙幣，金錢已在其間經歷了重大的改變：有更大數量的金錢以更加多樣化的形式流通，而且它開始滿足更多人所需要的更多功能。當那個階段剛開始的時候，人們主要還是從宗教和道德的觀點來看待金錢。與各種觀點密不可分的因素，就是基督徒在內心深處對於過度的財富、對於為富不仁者所將接受的上帝審判感覺到的焦慮不安。可是到了那個階段的末期，人為的律法和塵世的國度已然成為概念上的共同參照標準，供人們在此框架內探討各種不同的金錢觀點。人們開始以理性的態度來論述金錢的本質，以及金錢在社會中所扮演的角色。那些議論起源自貨幣創新與貨幣試驗的可能性，同時又回頭促進了貨幣創新與貨幣試驗。當時人們的見解往往無法與複雜的金錢實務齊頭並進，只能落在後面蹣跚而行（從紙幣發行之初的不利情況即可看出此點），然而人們的想法和做法都出現了無法逆轉的改變。這種心態上的轉變所帶來的深遠影響，將在隨後兩個世紀內發揮得淋漓盡致。

第八章　非洲與大洋洲

在各種金錢形式當中……這肯定是最奇特的一種。

——W．庫特，《西太平洋》（1883）

全世界的每一個國家現在都看得見硬幣和紙鈔。然而在某些國度，尤其是在非洲和大洋洲，金錢的使用者仍侷限於少數百姓，亦即富人和城市居民。支票簿、信用卡、電話銀行業務以及先進國家所使用的其他金錢機制，在許多地區依舊不為人知；但就另一方面而言，當地使用硬幣與紙鈔的方式往往會讓西方觀察者覺得頗不尋常。在這一章裡面，我們將繼續探討歐洲向新發現的世界進行擴張的歷

〔圖 283〕

「英國獅子山公司」一七九一年發行的銀元

供使用於非洲西部專門為獲得解放的奴隸而設的聚落。但這個版本並不成功，在一八〇五年即遭到撤回。它是率先以「元」（dollar）來命名的錢幣，比美國一七九四年首度發行的銀元早了三年。就像美國的錢幣一樣，它也用於取代無所不在的西班牙「八里爾」銀幣。獅子山銀元亦以非洲的計價單位來標示自己的面額，相當於十個「馬庫塔」（macuta）。

史，以及歐洲的貨幣實務如何被移植到那些地區〔圖283-5〕，同時並察看當地錢幣的多樣性。此種多樣性不但盛行於歐洲以硬幣為基礎的金錢入侵全球之前，而且它至今仍然存在於世上的某些地區。

現代非洲的金錢

歐式硬幣與紙鈔在十八世紀末葉開始深入撒哈拉沙漠以南的非洲，但它們一直要等到歐洲列強在十九世紀晚期鞏固了統治權之後，才開始具備顯而易見的非洲風格。殖民地時代的硬幣與紙鈔圖樣反映出歐洲的利益所在；非洲各國獲得獨立以後雖然保留了歐洲的金錢形態，卻選用自己的圖案設計來展現自我認同。始終維持獨立地位的衣索比亞王國在引進歐式錢幣的過程中，也曾伴隨著類似的欲望，意圖投射出非洲的國家認同感。由於新式的錢幣體系無法完全配合使用者在經濟上和社會上的需求，以致傳統的「金錢」形式仍舊多方面繼續被沿用下去。

〔圖284a〕
「西非銀行」的一千法郎紙幣樣張
發行供法屬西非流通使用，約印製於一九四五年前後。紙幣的正面呈現受到「瑪莉安娜」擁抱的一位非洲母親和小孩──「瑪莉安娜」是法國的擬人化象徵，頭上戴著桂冠。這是典型的法國殖民地版紙鈔，它同時描繪出法國統治下的民族，以及代表法國的人物圖像如何宛如「父母親」一般地呵護臣民。

〔圖 284b〕
塔桑尼亞一九八八年發行的十先令銅鎳合金幣
正面為坦桑尼亞總統尼雷爾，即一九六一年該國獨立的策畫者。背面是那個新國家的國徽，由身穿非洲服飾的一男一女手持象牙加以支撐。錢文使用坦桑尼亞的官方語言──斯瓦希里語。

〔圖 284c〕
英屬東非與烏干達的十分錢銅鎳合金幣
以英國國王愛德華七世的名義發行於一九一〇年，供肯亞、索馬利亞和烏干達流通使用。這種硬幣的流通價值等於英屬印度「盧比」(東非標準貨幣單位)的十分之一。其圖案設計使用了象牙，象徵著東非地區的天然資源為殖民強權帶來的財富。英國從一八九七年開始向該地區供應地方性的錢幣。

〔圖 284d〕
「西非貨幣聯盟」中央銀行一九八四年發行的五千法郎紙鈔(細部圖)供流通使用於昔日的法國西非殖民地。其圖案設計同時呈現出西非文化的悠久歷史(一尊十四世紀的奈及利亞黃銅頭像)，以及該地區的現代化漁業。

〔圖 284e〕

奧地利皇后瑪麗亞．特蕾莎一七八〇年版「塔勒」銀幣的後世複製品

發行供使用於衣索比亞和阿拉比亞的貿易活動。這種錢幣在紅海沿岸各國廣受歡迎，以致奧地利、英國、法國、義大利和德國皆曾加以複製，然後外銷到衣索比亞與阿拉比亞。

〔圖 284f〕

阿比西尼亞國王孟尼利克的「塔勒」銀幣──「比爾」

壓製於巴黎造幣廠，打出的日期為衣索比亞曆一八九二年（1900）。其正面呈現國王的肖像，背面則為「猶大之獅」，即阿比西尼亞王國的國徽。「瑪麗亞．特蕾莎塔勒」普受歡迎，促成孟尼利克推出自己的版本。雖然法國造幣廠幫他製作了漂亮的銀幣，那個版本卻並不成功，因為他的臣民寧願使用熟稔已久的奧地利錢幣。

〔圖 284g〕

衣索比亞銀行一九三三年發行的二「塔勒」(「比爾」) 紙幣

肖像人物是衣索比亞皇帝海爾．塞拉西（1930-36, 1941-74）。衣索比亞在塞拉西統治時間才開始普遍使用西式貨幣，古老的「瑪麗亞．特蕾莎塔勒」則在某些地區繼續流通到一九六〇年代。

鹽與錢幣文化

歐洲旅行家開始和不使用錢幣的民族打交道以後，便為歐洲帶來了有關各種不同物件的報導，而且他們認為那些物件具有類似錢幣的用途。鹽塊是其中最常被提及的對象之一。一位早期的葡萄牙旅行家——傳教士法蘭西斯·阿爾瓦雷斯——曾以王室特使的身分在一五二〇至一五二六年之間奉派前往衣索比亞（阿比西尼亞）。他在遊記中敘述了當地以鹽棒付款的習慣：「從紅海一直到剛果西海岸，流通使用的貨幣都是鹽塊而非金錢。據說岩鹽開鑿自群山之中，然後切割成一點五個手掌長、四根手指寬、三根手指厚的塊錠。」

英國商人亞歷山大·漢彌爾頓在十八世紀初葉造訪衣索比亞的時候，也親身經歷了當地使用鹽塊的情形：「衣索比亞流通的小額金錢是岩鹽，它是從山中挖掘出來的，就彷彿我們從石礦場開採石材一般……。」到了十八世紀末期，歐洲商人將銀元與「杜卡特」金幣攜帶至今日的「厄立特里亞」地區，供使用於當地的紅海沿岸港口。那些海港也是衣索比亞王國的出海口，於是有些錢幣進而深入內陸，與鹽塊一起流通使用。「阿比西尼亞不製造錢幣，但是有其他國家的錢幣在此地流通，特別是威尼斯的『西昆』和神聖羅馬帝國或奧地利的銀元。大額付款通常使用金錠，計價的重量單位是『瓦基』，即『阿比西尼亞盎司』；小額付款則使用從礦區挖出的鹽磚，大約八十塊鹽磚的價值等於一

〔圖 285〕
英屬黃金海岸（迦納）的「阿基」銀幣
以英王喬治三世的名義打製於一八一八年。「阿基」是當地居民與歐洲殖民者進行交易時的黃金秤重單位。這種銀幣是按照英國「半克朗」銀幣的重量標準來打造的，推出後的結果卻很不理想。錢文記錄了英國國會在一七五〇年通過法案，確立英國在非洲的貿易權。

『瓦基』黃金。」

那些撰述者一致的見解是：衣索比亞人將鹽塊使用為原始形式的錢幣〔圖286〕，而且鹽塊發揮了類似錢幣在歐洲社會中的功能。他們通常進而認為，以天然產物（如鹽塊）來代替貴金屬錢幣的做法，本身就標誌出他們所遭逢的社會之原始性。然而衣索比亞王國一度有過自己的錢幣。例如「阿克蘇姆」地方的衣索比亞國王曾經受到古羅馬人影響，在西元三世紀至七世紀之間發行了金幣、銀幣和銅幣，而且伊斯蘭與歐洲的錢幣也不時從沿海地區傳播至此。

使用錢幣的中國人亦以相近的方式，認為自己國內較邊遠省分的居民（他們被看成是文明程度較低），將鹽塊或瑪瑙貝之類的物品做為原始的代用貨幣。中國歷史學家也認為，中國在引進錢幣之前同樣曾經將瑪瑙貝使用為貨幣；中國的撰述者則觀察到，中華帝國偏僻地區的支付工具是鹽。西元九世紀時，樊綽曾經著書描述了中國西部四川省南端的貨幣實務：「他們進行交易時，都用鹽塊來計算價格。」馬可·波羅更在十三世紀末葉寫下了同一個省分的貿易狀況：

> 讓我接著告訴你有關他們錢幣的事情。他們有長條狀的金子，以「薩吉」（saggi）做為秤量單位，並按照

〔圖287〕
英屬西非一九五八年以伊莉莎白二世女王名義發行的銅便士
英屬西非在一九〇七年開始製造錢幣，供流通於黃金海岸、奈及利亞、甘比亞和獅子山。這是英國首度做出成功的嘗試，為自己的西非殖民地發行了錢幣。

〔圖286〕
衣索比亞（阿比西尼亞）在十九世紀使用於付款的鹽棒
其製作方法是以手工將岩鹽切割成特定尺寸，然後用蘆葦葉包紮起來，以便在流通使用時加以保護。

重量計值使用。但當地沒有蓋上官印的錢幣。他們製作零錢的方法如下：當地有鹽井，他們將鹽水煮沸一小時以後用模子固定成形，做出大小相當於兩便士硬幣、下平上凸的鹽餅。鹽餅準備就緒以後，就放在爐火旁邊的熱石頭上面烘乾硬化。他們在每一塊鹽餅蓋上大汗的印記，而且這種形式的貨幣都是由大汗的代理人負責製造。八十塊鹽餅的價值等於一「薩吉」的黃金。可是當商人帶著鹽餅前往荒山野地和遠離道路的地點時，則依據當地偏僻的程度，分別用六十、五十或四十個鹽餅從居民那邊換取一「薩吉」黃金。……這些商人前往吐蕃各地的山區活動，鹽餅在那裡也通行。由於當地區民的食物中要放鹽，還用鹽來購買各種生活必需品，所以商人能獲得極大的利潤。城市居民則幾乎僅僅將鹽餅的碎塊使用於食物中，將整塊的鹽餅當做貨幣流通。

——《馬可．波羅遊記》，RE．萊瑟姆的英譯本（1958）

此外還有證據顯示，非洲撒哈拉地區以岩鹽來付費。十四世紀的阿拉伯旅行家伊本．巴圖塔曾經做出報導，表示當他旅行前往「廷布克圖」（Timbuktu）的時候，途中在「塔格哈扎」（位於今日的馬利共和國）發現了一座鹽礦，那裡開採大塊的岩鹽供使用於和南方的馬利王國進行交易。他記載道：「尼格羅人將岩鹽當作交易的媒介，就彷彿其他地方的人使用金子和銀子一般。他們把岩鹽切成塊狀，拿它來買賣東西。」

非洲的銅

紅銅和各種銅合金，如青銅與黃銅，曾經被譽為「非洲的紅金」。雖然西非在十九世紀以前是全球最豐富的黃金產地之一，當地百姓卻特別喜歡將紅銅與黃銅使用於裝飾和付款等用途。非洲輸出黃金供歐洲製作錢幣的同時，歐洲的紅銅與黃銅也源源流入西非。非洲中部的銅礦區亦為重要的來源地。到了十九世紀，各種不同形式的銅製品已普遍成為支付工具。

〔圖 288a〕
十四世紀奈及利亞的銅合金手鐲（馬倪拉）
從出土於奈及利亞考古地點的「馬倪拉」可以看出，厚重的銅合金手鐲在十三世紀時已經被流通使用──它們往往尺寸極大、造形異常，根本不適合配戴。從十五世紀下半葉開始，葡萄牙商人更用紅銅和黃銅「馬倪拉」向貝寧王國購買奴隸（貝寧王國位於今日的奈及利亞）。

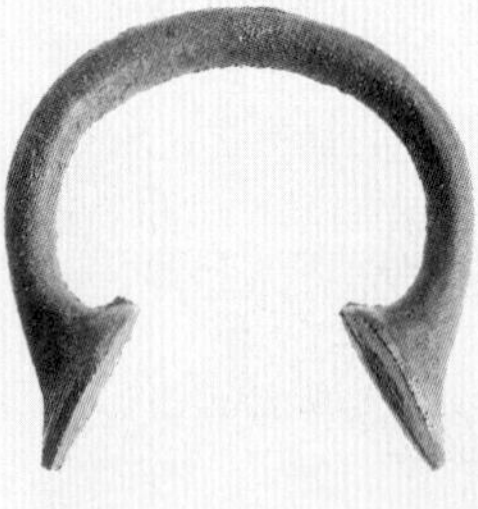

〔圖 288b〕
供外銷奈及利亞的英國製黃銅「馬倪拉」（十九世紀晚期）
一旦曉得了「馬倪拉」在某些西非地區所具有的重要經濟意義之後，葡萄牙和其他歐洲國家的商人便特地製作了各種「馬倪拉」，藉此與該地區的原住民進行交易。這個款式的小型「馬倪拉」直到一九四〇年代為止，都還是奈及利亞東部的貨幣。

〔圖 288c〕
奈及利亞的黃銅裝飾板（十五至十六世紀）
它原本是貝寧王國宮殿柱子上的鑲板。中央雕像右上方的小人像，代表著一個手持「馬倪拉」的葡萄牙商人。貝寧王國有不少裝飾鑲板將「馬倪拉」和葡萄牙人清楚地呈現在一起，表明他們是這種手鐲的重要來源。

〔圖 288e〕
葡萄牙國王約瑟一世（1750-77）的「一馬庫塔」銅幣
製作供葡萄牙位於西非和中非的殖民地流通使用。「馬庫塔」這個錢幣名稱起源自非洲的計值單位。

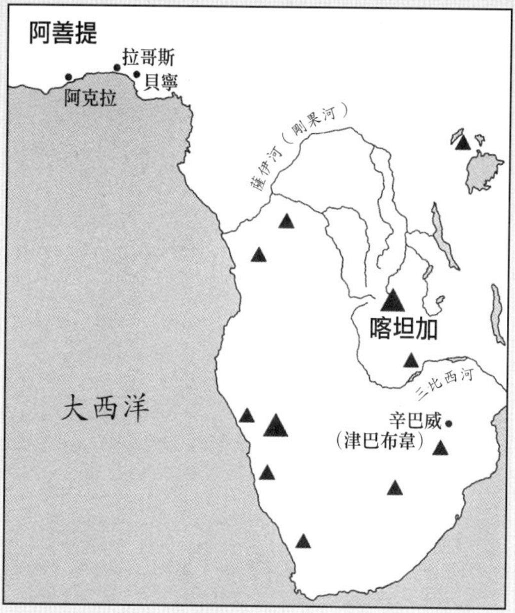

〔圖 288d〕
非洲的銅礦區

〔圖 288g〕
一八九五年發現於黃金海岸（迦納）阿善提王宮內的英國製銅壺（1377-99）
這個大型銅壺上面使用的裝飾圖案，包括英國國王理查二世的王室紋章，以及一段醒世警語。它似乎是在銅料流入非洲西部的過程中，來到了阿善提王國。

〔圖 288f〕
非洲中部的十字形紅銅錠
這種形制的銅錠使用了本地出產的紅銅，開採自「銅帶」地區（位於剛果民主共和國與尚比亞）。依據考古學的發現，非洲中部早在十三世紀即已製造十字形紅銅錠。此處的樣品或許來自十九世紀，當時比屬剛果的喀坦加省普遍將這種銅錠使用於付款。

〔圖 288h〕
喀坦加五法郎青銅幣的金質樣幣
喀坦加是剛果民主共和國的一個省分，曾經在一九六一年短暫脫離剛果獨立。錢幣上的圖案是一個十字形銅錠，而中非洲的銅礦區自從十三世紀以來，就一直製作這種類型的銅錠。

「怪錢」

歐洲旅行家和商人前往非洲、美洲、亞洲、澳大拉西亞及太平洋，遇見一些不使用錢幣的民族以後，除了對鹽塊和金屬做出描述之外，還廣泛談論起各種被拿來替代金錢的物品。他們曾經發現一些非常出人意外的物品，並且稱之為「金錢」：其中包括了大石頭、木片、羽毛，甚至還有人頭骨。

一些最早期的文獻資料來自葡萄牙航海家和貿易商——他們在十五世紀末葉打通了與非洲的直接聯繫，並且在報導中提到西非流通使用的銅環、布料、貝殼及木片〔圖288, 300, 302〕。例如一位名叫杜華德・羅培茲的葡萄牙商人，曾經對安哥拉在十六世紀流通貝殼幣〔圖289〕的情形做出如下描述：

> 有一座島嶼名叫羅安達……是剛果國王及鄰近百姓所使用貨幣的供應者，因為人們在當地海岸捕撈一種名叫「盧馬卡」的小貝殼……。我們必須牢記在心裡面的是，那些國家不把黃金、白銀和其他的金屬使用為金錢；在此情況下，假如沒有「盧馬卡」的話，即便擁有大量的金銀錠或金幣銀幣照樣還是買不到任何東西。
>
> ——菲利波・皮加費塔，《剛果王國報導》（1591）

許多北美地區也出現過有關貝殼幣的報導。例如在一七〇五年的時候，英國歷史學家羅伯特・貝弗利曾經如此描述了維吉尼亞的原住民：「英國人來到他們那邊以前，印地安人眼中的財寶就只有『皮克』和『羅諾克』，[1]以及其他用海螺殼做成的小玩意兒。那些東西就像金銀一般在他們之間流通，同時被使用為貨幣和飾物。」此類用貝殼製成的裝飾品，被歐洲殖民者稱做「wampum」〔圖290〕。就中美洲而言，早期的西班牙殖民者在西班牙佔領墨西哥之後不久，也談到了當地的土著如何將小銅斧及可可豆使用為貨幣〔圖291〕。

雖然錢幣在南亞的歷史幾乎和在歐洲一樣悠久，早期的歐洲旅行家卻發現南亞將瑪瑙貝使用為支付工具：「其另一種形式的零錢是小貝殼，他們稱之為『柯利』。」（塔維尼耶，《穿越土耳其前往波斯與東印度採風錄》，一六八四年）。印度西部的「古加拉特」曾將瑪瑙貝出口到非洲，結果導致本地零錢短缺，百姓只得以杏仁核取代瑪瑙貝：「他們所使用的零錢並非那種小貝殼，而是小杏仁核」（出處同上）。

東南亞也曾在七世紀至十二世紀之間使用過錢幣，可是外國旅行家和商賈卻在當地看見了各種其他形式的支付工具。一部名叫《印度神奇錄》的阿拉伯著作在

[1] 譯注：「皮克」（Peak, Peag）是北美印地安人製作的貝殼串（即〔圖290〕的「Wampum」——今日美國俚語中的「錢」）。「羅諾克」（Roenoke）則是北美印地安人的貝殼錢幣。

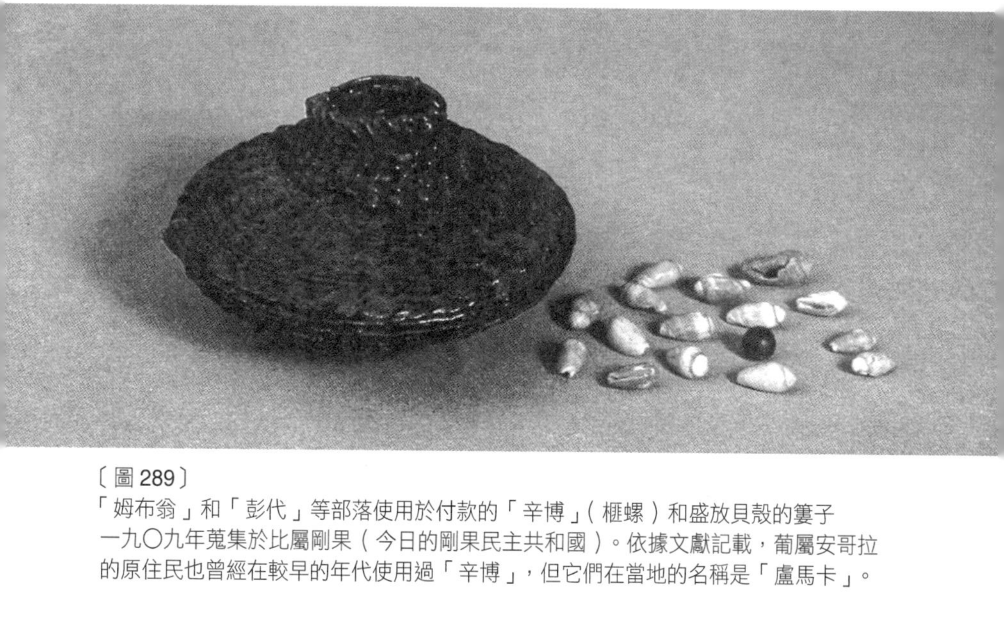

〔圖289〕
「姆布翁」和「彭代」等部落使用於付款的「辛博」（榧螺）和盛放貝殼的簍子
一九〇九年蒐集於比屬剛果（今日的剛果民主共和國）。依據文獻記載，葡屬安哥拉的原住民也曾經在較早的年代使用過「辛博」，但它們在當地的名稱是「盧馬卡」。

〔圖 290〕
貝殼珠串裝飾帶（wampum）
以切割過的貝殼製作而成，形制為北美洲東北森林區原住民部落在殖民時代早期使用的樣式。紫色的串珠取自貝殼邊緣，白色的串珠則取自貝殼本體。歐洲殖民者也曾經製作過貝殼串，用於和美洲原住民進行交易。

〔圖 291〕
銅斧
十六世紀時，墨西哥早期的西班牙移居者曾經做出報導，表示當地原住民將這種銅斧使用為支付工具。

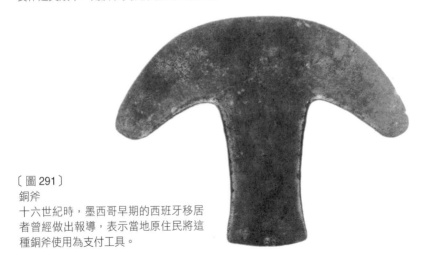

十一世紀記載道：「蘇門答臘外海『尼亞斯』島上的土著使用銅錠，就如同阿拉伯人使用黃金一般，其他的島嶼卻用人頭來進行交易。」中國針對同一地區貿易情況所做的報導，指出十三世紀的爪哇島在付款時使用碎銀，因為「他們沒有銅錢串」（意指類似中國的方孔圓錢）。中國的文獻記載並且表示，馬六甲在十五世紀製作具有貨幣功能的錫錠：「他們進行一切交易時，都用錫塊替代金錢。」東南亞大陸地區則類似印度和中國，也出現過有關將瑪瑙貝使用為貨幣的報導。像十四世紀中國的遊記作者汪大淵，曾經記載了暹羅「華富里」使用瑪瑙貝的情形：「法以貝八子代錢，流通行使。」來到該地區的歐洲旅行家和貿易商，更發現了非比尋常的支付工具。例如十五世紀的威尼斯旅行家尼可羅．德．康提，便描繪了蘇門答臘以人頭為貨幣的做法：「在島上一個名叫『巴塔克』的地方，居民吃人肉……。他們把人頭當成珍貴的財寶保留下來……積聚頭骨做為金錢使用。每當他們打算購買任何東西的時候，就依據物品的價值拿出一個或更多的人頭骨來交換……」。其他的歐洲報導，則敘述了米粒、蜜蠟、菸草、銅砲、鐵棒等等如何被使用於付款。

全世界最後受到使用錢幣的商賈和旅行家探索的地區，就是澳大拉西亞和太平洋。許多島嶼未曾出現千奇百怪的支付工具；然而在另外一些海島上，尤其是在「密克羅尼西亞」和「美拉尼西亞」，早期的歐洲訪客卻看見了各種令人匪夷所思的物品——他們將那些東西判定為金錢，其中包括了貝殼、布料、羽毛、牙齒和石頭〔圖 294-5〕。

以巴布亞紐幾內亞東北方的新不列顛島為例，曾有十九世紀末期的報導指出，島上的百姓使用一種叫做「坦布」的貝殼幣〔圖 293〕。其製作材料是小型的瘤狀貝殼，用硬直的藤蔓串接起來：「『坦布』或『迪瓦拉』是全國性的貨幣，正如同文明國家使用錢幣一般。」（布朗，《美拉尼西亞人與玻里尼西亞人》，一九一〇年）。而最令西方人驚訝的支付工具，就是更加深處太平洋的「聖克魯斯群島」和「班克斯群島」所使用的各式羽毛幣：「在聖塔瑪麗亞島和梅瑞拉瓦島（皆位於萬那杜的班克斯群島）……使用一種特殊

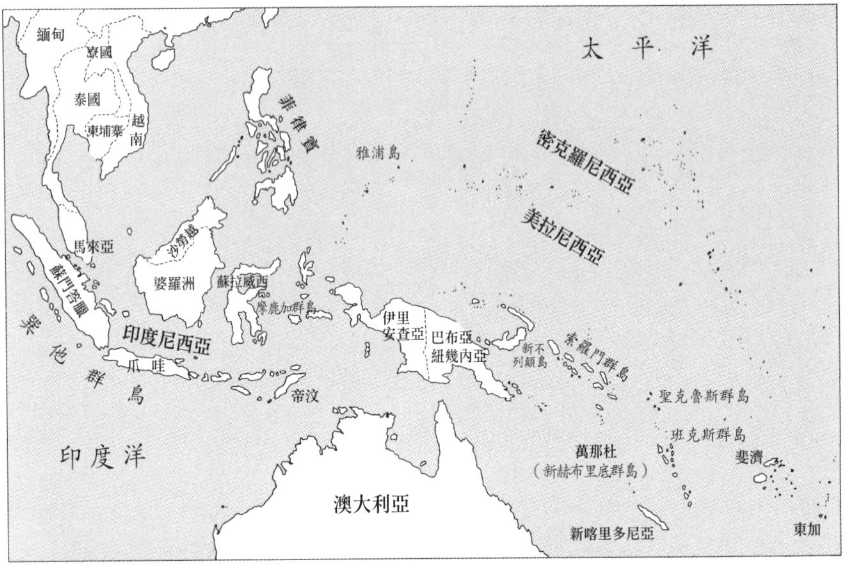

〔圖 292〕大洋洲

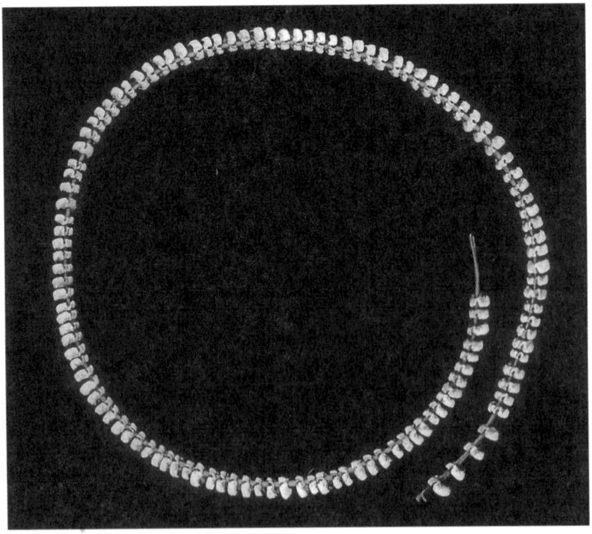

〔圖 293〕
巴布亞紐幾內亞所屬新不列顛島的「坦布」貝殼（十九至二十世紀）
製作時先將貝殼穿孔，然後以藤蔓連接成長串。自從十九世紀以來，前往該島的訪客即不斷報導「坦布」被使用於聘禮、遮羞費和償命錢之類的付款項目。

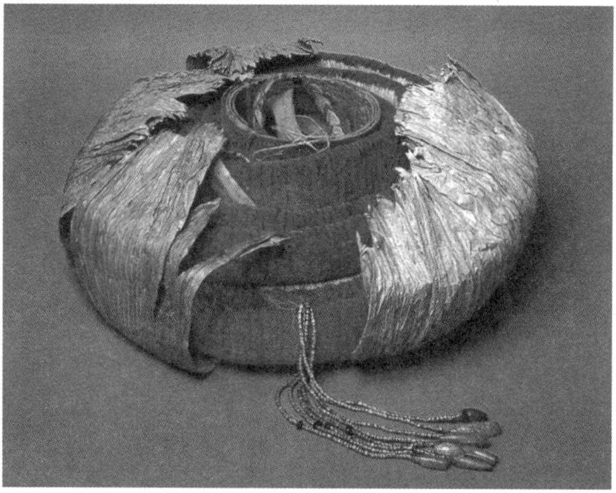

〔圖 294〕
索羅門群島所屬聖克魯斯群島的「羽毛幣卷」(十九至二十世紀)
製作時先將羽毛黏結到一長條纖維帶上面，並在纖維帶的末端綁上貝殼和珠串，然後用棕櫚葉把它們全部包裹起來。「羽毛幣卷」是儀式中使用的支付工具。

〔圖 295〕
雅浦島民與「石幣」
歐洲人在十九世紀來到了太平洋的雅浦島(Yap，現在隸屬於「密克羅尼西亞聯邦」)，當時該島將石頭圓盤使用為支付工具。那些石頭圓盤由雅浦島民開採自帛琉群島的石灰岩礦場，其中有些的直徑可寬達四公尺，而帛琉群島和雅浦島之間的距離約為四百英里。

的羽毛幣。鳥禽眼睛周圍的細羽毛被黏結到長帶子上面，而且通常染成均勻的緋紅色。它們被使用為項鍊或腳踝環，用於裝飾和標明身分地位，但也經常被當作金錢流通。」（RH．科德林頓，《美拉尼西亞人》，一八九一年）。

上述旅行家和商賈前往非洲、美洲、亞洲與澳大拉西亞時，針對陌生的通貨形式所做出的反應，全部都反映出寫作者自己——以及他們所出身的世界——對金錢的先入為主之見。不論是歐洲人、中國人還是穆斯林阿拉伯人，對他們每一個人來說，硬幣（以及後來的紙鈔）才是正常的金錢形式和支付工具。當那些錢幣使用者以為自己應該可以支付硬幣或紙鈔的時候，卻遇見了使用鹽塊、貝殼、布料、羽毛、豬隻……的民族。結果他們覺得那些物品是原始形態的金錢，被使用於替代錢幣。他們往往對此表現出吃驚的反應，例如一位前往太平洋的旅行家，就如此評論了邁沃島（位於萬那杜）所使用的布幣：「在我所見過的各種金錢形式當中……這肯定是最奇特的一種。因為它們無法被到處搬來搬去，於是從來就沒有人移動過它們，即使在來回轉手的時候也不例外」（W．庫特，《西太平洋》，一八八三年）。可是對當地的居民來說，那些支付工具當然既不陌生也不奇特。

將那些陌生的物品判定成金錢之際，我們在前面引述過的各個報導撰寫者皆想方設法來理解他們所遭逢的奇特社會，並且向讀者傳達自己的心得。其做法是勾勒出當地與作者家鄉類似的習俗，同時也點明兩地在文化上的顯著差異。對旅行家來說，那是出於好奇心；在傳教士眼中，那是瞭解潛在受洗者心理狀態的途徑。對商賈而言，那意味著商務上的必要性，有助於和不使用錢幣進行交易的原住民展開談判。

然而鹽塊、貝殼和人頭骨的使用方式，果真與歐洲人的硬幣和鈔票一模一樣嗎？歐洲人在那個時代對人類歷史進化論的典型觀點，傾向於把自己的文化拿來做為衡量其他所有文化時的標準，並且將自己的文化理解成人類發展的極致。同時我們也已經看見，中國和阿拉伯的撰寫者們就此而言亦無甚不同，那尤其是當他們觀察自己周遭世界內的原住民金錢體系時。此類種族優越論的觀點依然盛行於二十世紀西方社會，而且繼續影響了我們對不使用錢幣的通貨體系之看法。許多研究金錢歷史的現代學者，更在有意無意之間把那些通貨稱作「原始的金錢」，而其言外之意就是：那些金錢形式的整體發展程度比錢幣要來得低。

在某些程度內，那種廣泛被接受的觀點已遭到駁斥並經過修正。這主要必須歸功於民族誌學者和人類學家在二十世紀的工作成果。他們從研究中揭露了新的認知、體會出人類文化和金錢

〔圖 296〕
巴布亞紐幾內亞高原地帶的「聘金旗」(一九八〇年代)
在巴布亞紐幾內亞的高原地帶，新郎必須向新娘的親族付出聘金。直到一九五〇和一九六〇年代為止，聘金都是以珍珠貝(基那)支付，並且將珍珠貝展示在一面引人注目的旗幟上面。紙幣現鈔如今已在當地經濟活動中取代了珍珠貝的金錢功能，可是當「聘金旗」在頂端掛出天堂鳥的翎毛來展示紙幣的時候，採用了和昔日珍珠貝時代一模一樣的方式。

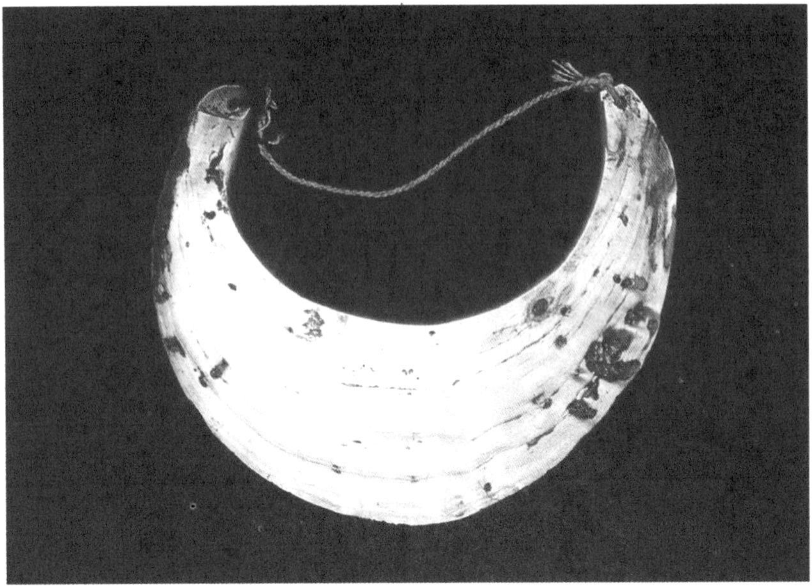

〔圖 297〕
巴布亞紐幾內亞的「基那」珍珠貝
一九五〇和一九六〇年代的時候，巴布亞紐幾內亞的高原地帶仍將珍珠貝使用於付款。自從巴布亞紐幾內亞在一九七五年獨立以來，該國的標準貨幣單位就是用這種貝殼來命名。

〔圖 298〕
巴布亞紐幾內亞銀行的「五基那」紙鈔
這個版本的紙幣首度發行於一九八一年。其正面呈現天堂鳥一隻，背面則是「基那」珍珠貝一枚。〔圖 296〕的「聘金旗」上面就使用了這種紙幣。

體系的多樣性，並針對兩個互為一體的概念提出質疑——以為人類的進化方向是從單純演變到複雜，而且認定西方（或東方或其他的地區）優於一切。

金錢與民族誌

早在一九二〇年代，人類學家布羅尼斯拉夫．馬林諾夫斯基就已經批判了各種將原住民社會與原住民經濟視為「原始」的觀點：「所有關於原始經濟的著作，都或多或少地犯下另一項明顯的錯誤，那就是認定原住民只具備了最初步的商業與交易形式。」從那時開始，人類學家繼續致力於探索各地的支付與交易體系，以及它們所適用的原住民社會。現在已可看出，那些體系其實一點也不原始。尤其重要的是，目前的觀點已經體認到：各部落社會具備了自成一格的固有社會發展形式，而且我們不應該理所當然地認為，西方對金錢的概念也可以套用到世界其他地區表面上看似相近的現象。因此，如果我們認為鹽幣或羽毛幣的使用方式與西方傳統的硬幣和紙鈔相同，而且使用的理由也一樣的話，那將是大錯特錯的事情。部落體系與西方體系之間的一項主要差異就是：商業上的考量在多大程度內決定了各種付款的理由。並非所有的社會都像西方那般，一切都圍繞著商業和交易打轉。更何況，西方的文化和西方的幣制還遠遠稱不上是「正常」，而且它們一切都著眼於商業的做法其實是歷史上的異數。如果這個論點正確無誤的話，那麼西方人可能還犯下了更大

〔圖 299〕

巴布亞紐幾內亞的「一基那」銅鎳合金硬幣（1975）

正面圖案為一個象徵天堂鳥的符號，背面是兩隻鱷魚。這種錢幣有一個圓孔，方便鄉間居民用繩線串起來攜帶。

的錯誤，以致將其他的金錢體系詮釋成西方幣制的較原始版本。

那麼我們應當如何看待原住民的金錢體系呢？或許我們可以檢視一個特殊的案例，透過「傳統的」通貨體系與西方基於錢幣的通貨體系彼此之互動關係，來看出二者間的巨大差異。英國人類學家瑪麗．道格拉斯曾在一九四九至一九五三年之間前往比屬剛果（今日的剛果民主共和國），花時間與「開賽」地區的「雷雷族」生活在一起；然後她在一九五八年發表一本專書，記錄了雷雷人如何在一個受到比利時殖民當局掌控、已流通錢幣的國度內，繼續使用布幣〔圖 300〕。布幣在剛果有著非常悠久的歷史。早在十七世紀的時候，法國政府派駐非洲的代表尚．巴爾博就已經對布幣做出了報導。時至二十世紀，瑪麗．道格拉斯實地觀察到，雷雷男子以「拉菲亞」樹葉的纖維來織造布幣，每人每天大約可製作二到三塊布料。它們被縫合在一起，或則做為服飾或則用於付款，而且每次使用的數量往往都是十的倍數。巴爾博在三百五十多年前所寫下的記載，也出現過類似的細節。

瑪麗．道格拉斯前往造訪的時候，雷雷人已經熟悉一種以硬幣和紙鈔為基礎的貨幣體系，其單位名稱分別為比屬剛果的「生丁」和「法郎」〔圖 301〕。雷雷人向「原住民裁判所」繳納稅金和罰款時，被要求以比屬剛果的貨幣支付。他們的實際做法卻往往是：按照十法郎折合一塊拉菲亞布的公定匯率，向裁判所繳納布幣。雷雷人透過在殖民雇主那邊勞動賺取工資的本族青年，與歐式的紙鈔和硬幣也有所接觸，然而在雷雷人的聚落內部，殖民地的法郎並不具備直接的功能，除非它是在支付的時候被使用為布幣的替代品。這時就必須先將法郎的價值換算成拉菲亞布，否則還是無法流通使用。

雷雷人在自己的聚落裡面支付高額「款項」時，往往使用非洲紫檀（一種用於製造染料的樹木）〔圖 302〕、鹽塊、銅條、山羊，以及奴隸（一九三〇年代以前），但計價的標準都是拉菲亞布。荷蘭作家奧爾弗特．達波曾在三百多年以前，撰文描述了當地的這種傳統做法。他表示剛果王國將奴隸、非洲紫檀木，以及

〔圖 300〕
安哥拉的拉菲亞纖維布[2]（蒐集於一八六六年）
這種布料曾經被安哥拉和剛果民主共和國的許多民族使用於付款。

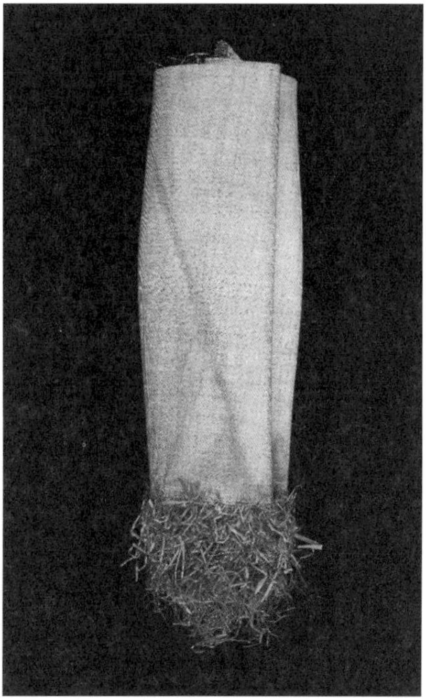

[2] 譯注：拉菲亞（raffia）是一種原產於非洲的棕櫚科植物，即「酒椰」。其羽狀複葉可長達二十公尺左右，幼葉的表面可剝取纖維供作多種用途。

〔圖 301〕
比屬剛果的五十法郎紙幣
發行於一九四九年，由「美國銀行紙幣公司」印製。當地的原住民與殖民地行政當局相互付款時，這種紙幣的價值相當於五片拉菲亞纖維布。

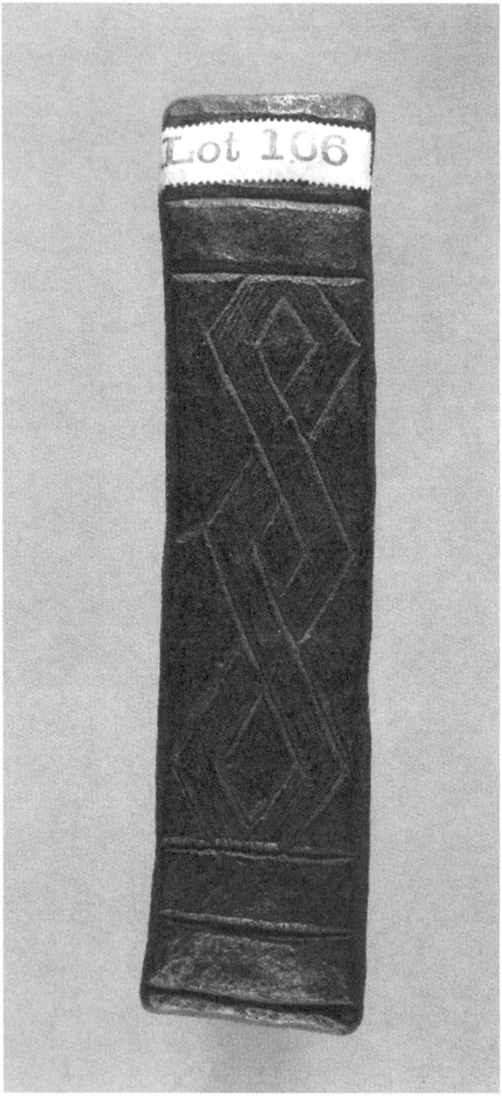

〔圖302〕
非洲紫檀木片
非洲紫檀是中非的原生樹種，供製作染料使用於個人裝飾。此處的樣本在十九或二十世紀蒐集自比屬剛果的庫巴人。支付高額款項時，非洲紫檀可以拿來替代拉菲亞纖維布。

小塊布料和一些類似的零碎物品流通使用，「而且那些東西在他們國家受到重視的程度，正有如歐洲人珍惜黃金和白銀一般」（達波，《非洲記述》，一六八六年）。瑪麗．道格拉斯卻在雷雷人那邊觀察到，拉菲亞布料與非洲紫檀木在剛果所發揮的功能，並不等同於歐洲人的金錢。那是因為雷雷人缺乏以市場為基礎的經濟，而道格拉斯對此做出的解釋是：「分配商品時的依據乃身分地位而非買賣交易」。他們惟有在例外情況下，才會透過以物易物或實際交易的方式來交換商品——這時無論他們使用的是拉菲亞布還是法郎，通常都只涉及高價值的商品，而且是以其他的社群做為交易對象。依據瑪麗．道格拉斯的觀察，雷雷部落內部唯一使用拉菲亞布進行的交易，就是把布料拿來交換雕刻師和其他技術工匠的服務，但先決條件是買賣雙方沒有親屬關係。

雷雷人使用布「幣」的方式顯然有異於歐洲的錢幣，因為社會習俗限制了拉菲亞布的商業用途。不過在雷雷人的社會中，還是存在著許多種必須以布「幣」支付的非商業性「付款項目」。那些項目的主要功能，在於強化雷雷人彼此之間的社會關聯。拉菲亞布料於是被使用為參加宗教膜拜團體的入會費、付給巫醫的治療費、結婚的聘禮、雷雷女性分娩後的獎賞、事先揭發通姦行為的報酬，此外還被拿來支付遮羞費、繳納村內鬥毆事件的罰金、償付血債，以及進貢給酋長。布料也被使用為成年儀式上的禮品，以及用於化解緊張關係。如果有任何個人缺乏足夠拉菲亞布來繳納應付款項的話，可以請求自己的親屬伸出援手或者做出借貸。

雷雷人珍視拉菲亞布的程度，就好比是歐洲人珍視黃金和白銀；但由於雷雷人的社會很不一樣，以致支付布幣是為了因應一套截然不同的情況，而且那些情況多半都缺乏商業性，反而具有社會性的特質。除此之外，自從硬幣和紙鈔開始滲入雷雷人的社會以來，它們在部落內部的使用方式都與布幣相同，而且惟有當雷雷人與殖民地行政當局交往的時候，錢幣才會在商業交易中來回轉手。雷雷人面對殖民統治所帶來的社會變遷之際，便嘗試以這種方法來維護自己固有「金錢」體系的自主性。

但改變還是來到了雷雷人身邊，而雷雷人與比利時殖民地貨幣經濟的接觸，即為導致舊有布幣體系崩解的主要原因。在傳統上，雷雷社會的老年成員比年輕成員擁有更多拉菲亞布，他們並且將布料有效使用為控制青年人的手段，因為年輕男子必須向長者借貸，以便有能力娶妻和參加必須加入的膜拜團體。然而瑪麗·道格拉斯觀察到，替外國人工作的年輕雷雷男性賺來殖民地法郎以後，便按照公定比率將之轉換成拉菲亞布。工資給了年輕人一個替代性的管道來取得布幣，而無需向長老們求助。世代之間的傳統社會控制結構，於是嚴重地遭到削弱。近幾十年來，雷雷人使用硬幣和紙鈔的程度已持續增加，但這種現象必須被解釋成：它反映出雷雷人的社會變革，而非從原始金錢演變到精緻金錢的直線式發展結果。

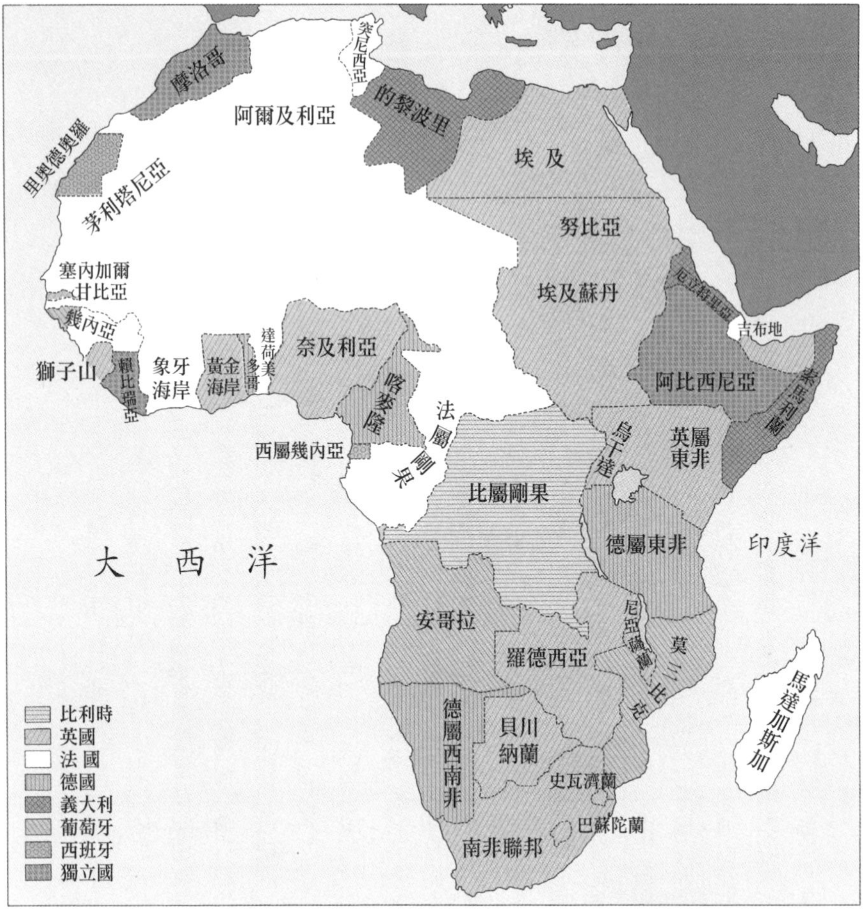

〔圖 303〕 一九一〇年前後的非洲

〔圖 304〕
迦納的「二十塞地」鋼幣（1991）上面呈現一個瑪瑙貝的圖案，而那種貝殼昔日被使用為該地區的貨幣。「塞地」這個貨幣單位引進於一九六五年，它衍生自迦納語的「瑪瑙貝」一詞。

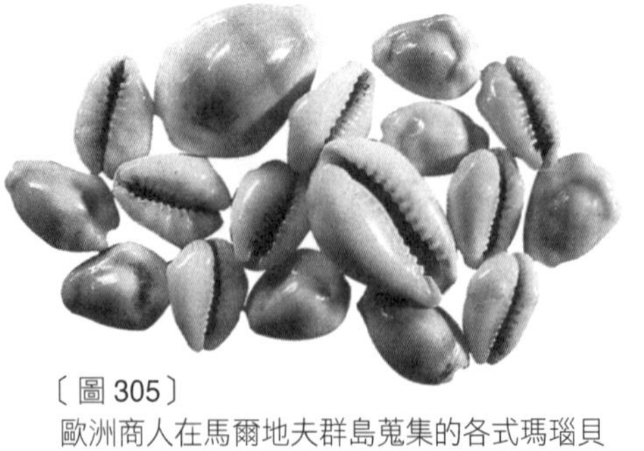

〔圖 305〕
歐洲商人在馬爾地夫群島蒐集的各式瑪瑙貝
它們當初被出口到南亞和非洲做為貨幣使用。

轉型期的金錢

使用錢幣的社會在政治上和經濟上主宰了全球廣大的地區，固然對各地原有的金錢體系造成了深遠影響。可是入侵過來的商賈和殖民強權也必須遷就當地的體制，以便與他們有意開拓的社群進行交易。

就此現象而言，最驚人的案例或許同樣也來自非洲。十四世紀的時候，伊本·巴圖塔曾經做出報導，表示阿拉伯商人把瑪瑙貝銷售到非洲西部的馬利王國，因為當地將瑪瑙貝使用為金錢。最早期的葡萄牙文獻也曾提及與「桑海王國」進行瑪瑙貝交易的情形（馬利王國在十五世紀末葉崩潰以後，桑海王國統治了西非廣大的地區）。非洲人使用瑪瑙貝的方式雖然並不完全清楚，但歐洲貿易商開始投其所好，從印度洋地區和馬爾地夫群島大量進口了瑪瑙貝（圖305），藉以換取奴隸和其他商品。到了十七世紀晚期，來自葡萄牙、英國、荷蘭和法國的商人，已經在西非創造出如此巨大的對瑪瑙貝的需求，使得它們開始大量從印度流出（印度也將瑪瑙貝使用為金錢），以便供應非洲市場。

瑪瑙貝顯然比錢幣更加成功地穿透了傳統的非洲支付體系，那是因為瑪瑙貝具有一項突出的功能，可以使用為個人裝飾品。它們廣泛受到歡迎一事，讓歐洲商人趁機建立一種經常性的商業支付工具，藉此跟非洲百姓進行交易。瑪瑙貝是如此大量地被出口到非洲西部，以致它們在許多地區被廣泛使用，取代了傳統的通貨。傳統金錢實務已因為進口的瑪瑙貝而嚴重受損，情況正如同比利時殖民地貨幣對雷雷習俗所造成的影響。歐洲人主要將瑪瑙貝使用為完成商業交易的工具，非洲人則是基於各種不同的理由而想獲得它們。歐洲人並且控制了瑪瑙貝的供應，同時他們在瑪瑙貝體系內所享有的主導地位，不可避免地對當地的金錢實務逐漸造成傷害。

儘管如此，引進歐式支付工具和歐洲金錢觀之後所形成的轉變，並非一直不利於原住民的金錢體系。以馬達加斯加為例，受到阿拉伯和歐洲商人主導的進出口貿易，為那座島嶼帶來了歐洲的銀幣。在一八九五年，當馬達加斯加開始接受法國殖民統治的時候，銀幣早已成為島上重要的支付工具（「梅里納王國」的情況尤其如此）。然而來到島上的硬幣通常都太大，不適合當地的每日需求。於是銀幣必須被切割開來以後才可以派得上用場〔圖306〕；白

〔圖306〕
經過切割的法郎與鐵砝碼
一八九〇年代蒐集於馬達加斯加島的中部地區。那些碎片切割自法國的五法郎銀幣。較大的一片由巴黎造幣廠在一八四八和四九年之交製作；較小的兩片來自更早的年代，製作於一八三二至一八四八年之間。鐵砝碼則是本地製品，用於在進行交易時秤出錢幣碎片的重量。馬達加斯加島在一九四三年以前是從法國進口錢幣，而後改由南非的普利托利亞造幣廠代為製作西式錢幣。

〔圖307〕
以西屬墨西哥「八里爾」銀幣製作的項鍊（十七至十八世紀）
這條項鍊是以完整的錢幣製成。馬達加斯加中部的「梅里納王國」將之使用為宗教儀式上的祈福獻禮。

銀的重量固然是決定銀幣價值的部分理由，但更重要的事實卻是銀子來自錢幣，因為這被視為對白銀純度做出的保證。硬幣除了供使用於交易和交換之外，也在當地的祖先崇拜中扮演了重要角色。此時便將保留下來的完整錢幣交給國王，由他使用為向祖靈祈福時的祭品〔圖307〕，因為只有國王地位崇高得有資格進行獻祭。今日馬達加斯加的情況依然如此，例如「貝齊米薩拉卡」部落舉行動物犧牲儀式之前，先由一些口頭藝術表演家做出逗趣的演說，然後由觀眾把錢幣交給他們——一則用於表揚其口才，同時也為了換取祖靈賜福，畢竟向祖靈祈福才是獻祭的主要目的。就此脈絡而言，金錢與祭典

〔圖308〕
法屬馬達加斯加的二十法郎鋁青銅幣
一九五三年製作於巴黎。主圖案為該島的輪廓，兩側出現各種植物以及被牛角支撐起來的兩支雕花旗杆。馬達加斯加南部的「馬哈法利族」習慣用旗杆和牛角來裝飾望族的墓地。這枚錢幣上的圖案，用於強調此類象徵祖先的標誌對馬拉加西文化所產生的重大意義。

〔圖309〕
馬拉加西共和國一九六六年發行的一千「阿里亞里」紙鈔
「馬拉加西」是馬達加斯加在一九五八年建國後的名稱。「阿里亞里」的幣值相當於五個殖民地法郎。

之間的廣泛關聯性，使得硬幣在馬拉加西社會兼具貨幣上與宗教上的功能，同時被使用為支付給個人的費用和宗教祭品。

金錢是一種社會現象

西洋金錢功能的特殊歷史淵源，就在於歐洲人對物質生產力和利潤的關注，而且那在現代時期尤其明顯。但這種現象絕非放諸四海而皆準的人類通性。或許我們可以進而宣稱：現代西方社會實乃歷史上的異數，因為它只把注意力集中在人類忙碌汲營的少數幾個範疇內。

人們很容易採取一種危險的方式，硬要在「先進的社會經濟體系」與「未工業化的原住民社會經濟體系」之間做出二分法的劃分，但我們仍不妨嘗試以下列方式來泛論那兩種貨幣體系之間的差異。現代西方金錢體系日益明顯的傾向，就是用等價關係來計算一切商品與服務的價格和價值。這是市場經濟的重要性提高之後，在工業化國家出現的伴隨現象，其間購買與銷售成為商品取得和商品分配的主要方式，而且勞力是以金錢來支付。一旦離開這種類型的市場經濟之後，不論金錢工具是以何種形式出現，其使用範圍往往都限制在特定的社會脈絡內；同時就商品的交換而言，所交易的對象只侷限於特定種類的物品。為了建立和維護社會關係而餽贈的禮物，以及針對宗教儀式而進行的物品交換與金錢支付，通常都比市場導向的交易活動來得更加意義重大——它們因而成為決定當地金錢體系運作方式的重要因素。

工業化社會憑藉政治力與經濟力，促成自己的金錢形式與金錢功能在非工業化世界的許多地區發揮了特別的影響力。但這並不表示，那些地區的幣制一直都是因為與外界的接觸才出現了改變。以雷雷人的情況為

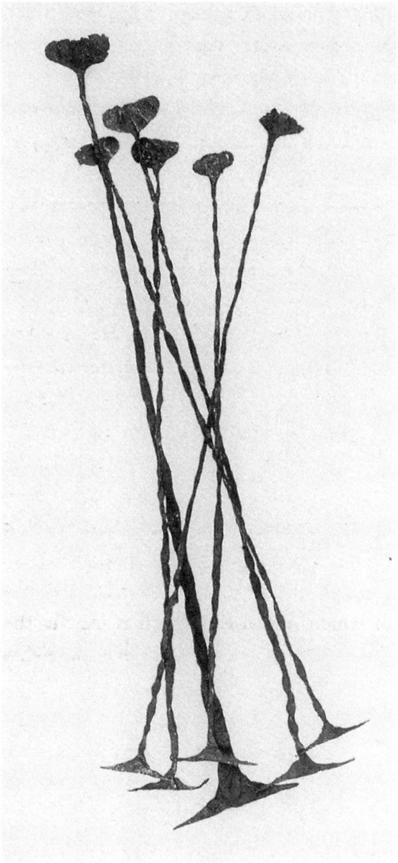

〔圖 310〕
一九五〇年代蒐集於賴比瑞亞的鐵製「基西錢」
賴比瑞亞直到一九五〇年代都還將這種鐵杆使用為貨幣。鐵杆是以形狀來決定品質：杆身的一半經過錘打、另一半則加以扭絞；一端拉長成為兩個尖頂、另一端則是鋭利的葉片。如果能夠同時用這四種方法來加工，就表示鐵杆的品質優良。

〔圖 311〕
賴比瑞亞的一分錢銅幣（1833）
發行此代幣的目的，是為了供新近有人前往定居的賴比瑞亞使用。一八二二年時，「美國殖民協會」（創辦於一八一六年）在非洲西海岸建立了這個殖民地，做為重獲自由、剛從美國回來的非洲奴隸之新故鄉。賴比瑞亞在一八四八年成為非洲的第一個共和國；該國建立在美國的模式上，並且將美元使用為標準貨幣單位，但零錢是以賴比瑞亞自己的名義發行。

例，原住民的體制其實可以非常具有彈性，並積極配合硬幣與鈔票來達到自己原先的目的。而且錢幣的功能已在那個過程中遭到轉換，從一般用途的支付工具與交易媒介被同化成當地社群所熟悉的社會機制。

有鑑於現代西方金錢觀與本章所言及各種實務之間的巨大歧異，不禁令人提出合理的質疑：我們是否適合在此使用「金錢」一詞，即便是把它加上引號以後？其中顯然具有相當的危險性，將使得之前所談到的種族優越論誤解變得更加根深蒂固。因為「金錢」這個字眼或許也會鼓勵我們，將焦點過度集中在實體物質（亦即支付工具本身），以致忽略了它在使用過程中的社會功能，而這正是前文引述過的旅行家們所犯下的共同錯誤。如此看來，我們需要一種略加修正的金錢觀，讓它可以同時適用於現代金錢體系和前現代金錢體系。

一般對金錢所下的定義，多半都開宗明義把它看成是一種「交易媒介」。不過對本書而言，這種表述方式有其缺陷存在，例如它勢必會將雷雷人的「布幣體系」排除在外，因為那些布料難得被使用為商品交易的媒介。因此，與其稱之為「交易媒介」，或許「用於支付的工具」這種講法更適合做為起始點，讓我們

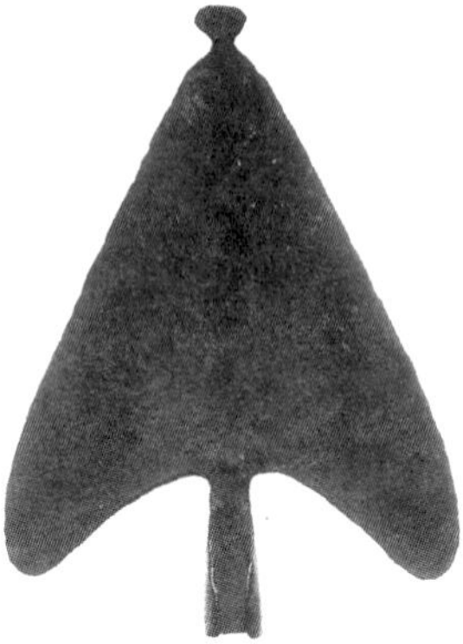

〔圖 312〕
蘇丹使用於支付聘金的鐵鋤（十九至二十世紀）
鋤片尖端的小裝飾物用於標明這把鐵鋤不被使用為工具。

〔圖 313〕
德屬東非的「十五盧比」金幣
一九一六年製作於緊急成立的塔波拉造幣廠。就像東非沿岸的其他許多殖民地一般，這個後來改稱「坦干伊卡」現為塔桑尼亞一部分）的德國屬地，也將英國的印度銀盧比使用為標準貨幣單位。成立塔波拉造幣廠的目的，是為了在第一次世界大戰期間替這個德國殖民地製作錢幣，因為當時已無法從歐洲獲得錢幣補充。

有辦法解釋那些不把商品交易視為關注焦點的體系。金錢被解釋成「支付工具」以後，不論它是硬幣還是布幣，都必須在一個約定俗成的支付體系內運作，其間需要使用被公認為具有價值的特定物品，縱使那些物品未必一直都出現面額。為了全面涵蓋各種可能性，我們必須允許「支付」的本質出現徹底的變化，從純粹商業性、以商品或服務為指標的債務清償，一直延伸到具有社會約束力，並且以社會因素為條件的物品分配和所有權轉移——那可以發生在人與人之間，或者發生在人與神之間。與此同時，被選擇做為支付工具的特定物品和材料，可以因為文化的不同而出現極大差異。儘管被選用的材料看似變化多端，但它們在所涉及的各個社會當中，都被看成是具有高價值或足以代表身分地位的物品。西方世界的金錢體系衍生自對貴金屬的特別喜愛，太平洋島民則偏好各式各樣的貝殼，而其中並非出於偶然的地

〔圖314〕
英屬印度的銀盧比（一八九一年製作於孟買）
加蓋了一個上有皇冠的「PM」印記，供使用於葡萄牙殖民地莫三比克。

〔圖315〕
英國殖民地羅德西亞（南部及北部）與尼亞薩蘭的一便士銅幣
以英國伊莉莎白二世女王的名義製作於一九五五年。這三個地區是最晚獲得自用貨幣的英國非洲殖民地。一九三二年以前，當地英國殖民者使用南非或英國的硬幣。南羅德西亞（今日的辛巴威）此後雖然有了自己的貨幣，北羅德西亞（今日的尚比亞）和尼亞薩蘭（今日的馬拉威）卻要等到一九五五年發行「羅德西亞與尼亞薩蘭」版的錢幣以後，才開始擁有自己的金錢。

方是：無論在任何案例內，那些物品都受到高度珍視，並且同時在世俗和宗教的範疇內被廣泛使用於裝飾用途。

對金錢這個概念做出定義的時候，顯然會面臨複雜的問題。其原因正在於金錢是如此為人熟悉，可是它在不同社會內的使用方式與外觀形狀卻又如此千變萬化，而且它在歷史上已經出現過許多改變。我們結束這個困難主題的時候，不妨聽聽本章所探討地區內一位原住民的現身說法：

假如金錢是用鐵做成的，而且我們可以把它拿來製作刀具、斧頭和鑿子的話，那麼或許還有理由認為它有價值；可是我從它現在的模樣實在看不出價值何在。如果有誰山芋多得吃不完，那麼他就可以用山芋來交換豬隻或樹皮衣。固然金錢處理起來既方便又實用，可是它不會腐爛；如果它被儲存起來的話，人們只會把它擺在一旁，而非和別人共同分享（但酋長的本分就是與人共享），於是大家都變得自私自利。換個角度來看，假如食物是人們最珍貴的資產（而且事實上正是如此，因為食物是最有用和最必要的東西），它卻不耐久藏，人們必須把它拿出來交換其他有用的物品，要不然就根本不進行交換，光是和鄰居、小酋長們和自己所照顧的每個人一起分享食物。現在我知道得非常清楚，到底是什麼東西讓歐洲人變得如此自私——那就是金錢。

——菲諾，東加群島的大酋長

或許說來奇怪的是，前面所觀察到西方金錢對社會關係造成的毀滅性影響，在某些方面呼應了卡爾·馬克思的論點。在現代世界的金錢歷史上，馬克思的構想曾經享有非常重要的地位，而現代金錢正是我們最後一章的主題。

〔圖 316〕
尚比亞共和國的「十安格韋」(10-ngwee) 銅鎳鋅合金幣 (1987)
正面呈現肯尼斯·卡翁達總統的肖像，背面則是冠犀鳥。尚比亞的每一個錢幣種幣，都將具有本國特色的動植物使用為裝飾圖案。

〔圖 317〕
斐濟的六便士銀幣
以英王喬治六世的名義發行於一九四一年。在太平洋各島國當中，斐濟是最先擁有自用錢幣的國度，從一九三四年開始委由倫敦皇家造幣廠製作。

第九章　現代時期

那種黃澄澄的金屬當初之所以被選定為金錢，是因為它挑起了野蠻人的幻想——其價值顯而易見出自偶然、並不恰當，卻成為我們金錢價值的基礎、被用於鞏固我們工業體系的穩定。

——DH．羅伯遜，《貨幣》（1928）

上述充滿挑釁意味的評論將焦點對準了一項課題，而該課題曾經在十九和二十世紀的時候，主導了工業化世界的金錢本質：金錢是否應當以一種具體的物質為本位，並從那種物質的「稀有性」和「可欲性」導引出自身的價值？還是說，在一個自視為「人定勝天」的世界，金錢應該成為政府的創造物，接受並服從合理的操作與控管？

以上兩個疑問——何種物質最適合使用為金錢，以及控管金錢的工作「應該」和「可以」在多大範圍內由政府來執行——將陪伴我們走完最近幾個世紀的金錢歷史。自從十八世紀末葉以來，使用為金錢的物質已經出現了相當可觀的改變。歐洲和美國的貨幣體系在十八世紀末葉主要仍然是以貴金屬為基礎，而且無論就製造硬幣的材料還是各種銀行券的價值標準而言，情況都是如此。相形之下，二十世紀末葉的金錢交易往往已不再需要實體貨幣，因為那些交易可以完全透過結帳程序來進行，所使用的是支票、信用卡和簽帳卡，或許還運用到電子與電腦科技。過去幾個世紀內當然也曾有過一些類似的金融工具——例如本書已在不同章節多次談及的匯票。然而在前現代時期，此類的發展方向通常都涉及一種預期心理：在極端的情況下，各類債務皆可用強勢貨幣（黃金或白銀）償還，而紙鈔只不過是使用方便的臨時替代品罷了。

在前現代時期的西洋歷史上，「金錢」這個概念始終脫離不了黃金和白銀那兩種物質。然而等到我們在二十一世紀肇始之初撰寫本書時，卻可斷定上述現象大致已經一去不返。黃金和白銀已不再是「金錢」或「交換價值」的主要象徵，而且無論是現金還是信用卡，都不再被看待成特定數量貴金屬的替代品。雖然英國的紙幣上面依舊印出這樣的字句：「我承諾於持有人提出要求時，支付……磅的金額」（意即支付黃金）〔圖318〕，但這種錢文僅僅是古代殘留下來的遺跡而已，它在歷史上所產生過的重要意義，泰半已在英國人的眼前消失得不知去向。金錢價值觀的標的物，已在最近兩百多年內徹底改觀。於此過程中，金錢變得更具彈性，或許還變得更易管理，但正如同我們所即將看見的：假若未曾出現過理論上的激辯以及無數次大災難的話，便不可能形成這種影響深遠的發展。

信用貨幣與可兌換性

將黃金和白銀以外的材料使用於造幣的構想，在西方的金錢傳統上其實並非新鮮事。早在西元前四世紀的時候，希臘哲學家柏拉圖就已經為自己的理想國鼓吹賤金屬錢幣：那種錢幣的價值應當由法律加以規定，而且它僅供使用於國內貿易（《法律》，313）。十八世紀時，歐洲已開始大量製造賤金屬錢幣，以之做為「信用貨幣」（意謂金錢的價值有賴於人們的信任，而非源自造幣材料本身的價值），隨後並由歐洲和美國所廣泛使用的紙幣來補足功能。

〔圖 318〕
英格蘭銀行一英鎊紙幣上的約定條款（細部圖，1955-60）
此用語可回溯至十七世紀的金匠紙鈔——供使用於將特定金額讓渡給具名的個人。就銀行券上面的這項約定條款而言，它最初的意思是：銀行券能夠拿來兌換黃金（雖然實際上未必一直行得通）。等到英國終於在一九三一年放棄金本位制以後，該用語已經不再具有任何實質的意義，但它依舊被保留了下來，用於展現紙幣發行銀行的自信與權威。

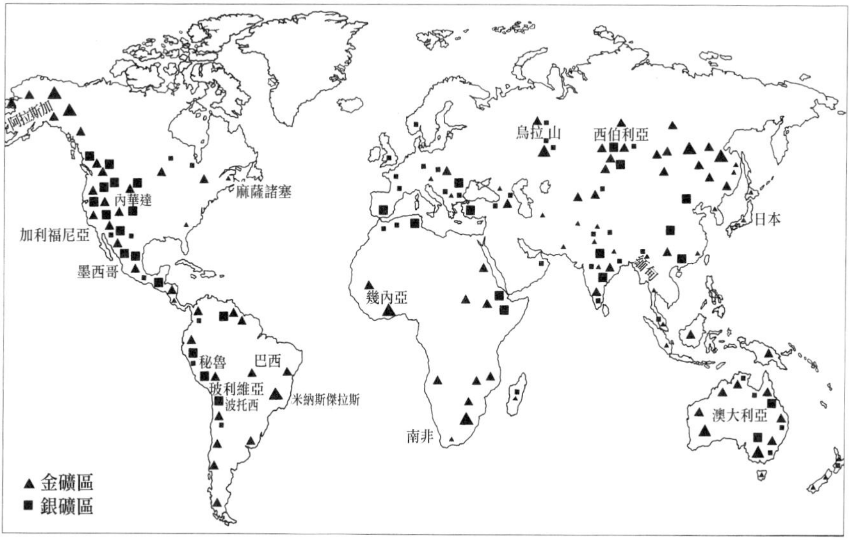

〔圖 319〕
主要的黃金與白銀產地

這兩種代用錢幣的價值，起初都衍生自一項或含蓄或明確的承諾，那就是它們能夠拿來交換或兌取貴金屬貨幣（金幣或銀幣皆可），而那項承諾便構成了金本位制的基礎。此類形式的通貨——尤其是紙幣——逐漸扮演了極為重要的角色，以致各國政府在事務日益頻繁的情況下，根本無法應要求將錢幣兌換成黃金。通貨短缺所帶來的壓力，結合了蓬勃發展的經濟學科與金融理性主義之後，終於促成金本位制走上末路，使得它不再是西洋貨幣政策的基石。

紙幣的使用量於此過程中急劇增加。匯票雖曾在之前很長一段時間內，於未嘗實際轉手貴金屬的情況下，成為一種支付和信貸的工具。但銀行券和其他各種本票出現以後，便創造出一個新的局面，讓更多人得以在更大範圍內運用此類的工具。政府與個人都發現了它們在增加貨幣供應量上的潛力，因為它們可透過存款人向放款者提供貸款的方式，對外創造出更多借貸關係，而完全無需實際增加貴金屬的數量。固然一家銀行所發行紙鈔的總金額，往往會超出其黃金和白銀的儲備量，但這其實並不打緊——先決條件是該銀行全部的存款人及債權人，不打算同時搶著把紙幣兌換成貴金屬。萬一他們那麼做了的話〔圖 320, 322〕，銀行要不然就崩盤，要不然就必須暫時停止支付現金來獲得保護。這正是英國在拿破崙戰爭時期所發生的情況。一七九七年的時候，「樞密院」為了保住英格蘭銀行快速遞減的黃金儲備，於是命令該銀行的董事會「避免將任何銀行券兌現，直到國會認為此事可行為止」，結果隨之而來的「限制期」一直持續到一八二一年〔圖 321〕。儘管面臨了各種或真實或潛在的問題，紙幣的發行還是有效促成信貸金額在經濟活動中的大幅增加。但就另一方面而言，難以遏止的信貸巨幅成長又使得民間和政府禁不住誘惑而濫發紙鈔，結果導致層出不窮的財政危機。

新增加的金錢因此可以透過兩種方式進入流通。其一是利用在非洲和新大陸等地，或者是在十九世紀淘金熱時期發現的貴金屬來源〔圖 319〕，而本書第七章已經敘述了前者所造成的衝擊。其二是透過各家銀行不斷擴大提供的貸款，而且從十七世紀開始，可流通紙幣的發行更加帶動了這個趨勢。這兩種不同的金錢形式——貴金屬和紙幣——於供應量暴增之後所產生的類似後果，令當時的評論者餘悸猶存。歐洲在近代早期大量輸入新發現的黃金與白銀，結果導致物價上揚，並使得「貨幣數量說」日益受人重視。這個學說對現代政治思想具有莫大的重要性，其論點為：可供使用於購買商品的貨幣數量增加以後，相關商品的價值和價格就會等比例地提高。這是最古樸的「貨幣數量說」，尚有待經濟學家們加以大幅修正與琢磨。然而該學說的某些基本形式已被普遍接受，於是發揮了決定性的作用，促使

〔圖 320〕
羅琳達·夏普斯在一八二二年繪製的《銀行停止支付》
描繪出焦慮不安的群眾如何聚集在「布里斯托貴金屬銀行」門外，因為該銀行暫時停止將自己發行的紙鈔兌現。許多地方性的銀行在進行業務時缺乏足夠黃金儲備，因而無力因應各種狀況所共同造成的壓力，其中包括：紙鈔發行過量、貸款浮濫，以及銀行客戶果真希望將所持有的銀行券兌換成硬幣（收藏於「布里斯托市立博物館與畫廊」）。

金錢轉而不再以黃金和白銀為基礎。因為已經非常明顯的是，貨幣數量說可同時適用於紙幣和貴金屬〔圖322-4〕。經濟學家李嘉圖曾在一八一七年出版的《政治經濟學及賦稅原理》一書中寫道：

> 就發行紙幣而言，最重要的事項莫過於將限量原則所產生的效果銘記在心。紙幣價值的保證，並不在於它可以兌換硬幣（即金幣和銀幣），而唯一必不可缺的事項就是，紙幣的數量應當受到管制。

英國的限制期（1797-1821）

對抗美國和法國的戰爭，導致英國的黃金供應量在十八世紀末葉嚴重枯竭；商業危機更使得情勢雪上加霜，導致許多企業和地方銀行紛紛倒閉。在此情況下，還能夠選擇的做法已經所剩無幾，只得日益仰賴信貸、代幣和紙幣。這種權宜之計更在一七九七年二月獲得法源根據，因為「樞密院」命令英格蘭銀行停止將銀行券兌換成金銀幣。這項停止付現的政策一直維持到一八二一年。

〔圖 321a〕
英格蘭銀行的二英鎊紙鈔（1798）
英格蘭銀行在一七九七至一八二一年之間發行的一英鎊和二英鎊紙鈔，很容易即可由熟練的銅版雕刻師傅加以仿造：一七九七至一八一八年之間，共計有三一三人因為犯下行使偽鈔罪而被吊死。儘管那些紙鈔容易仿造，它們還是廣被接受，用於替代嚴重短缺的硬幣（收藏於英格蘭銀行）。

〔圖 321b〕
漫畫家喬治．克魯克香克的「銀行限制券」（1819）
克魯克香克曾經看見一名婦女因為使用偽鈔而被吊死，於是有感而發畫出了公眾對這種殘酷刑罰的不滿。他諷刺性地模仿了英格蘭銀行的票面設計，並署名為「J．凱奇」──「傑克．凱奇」是絞刑劊子手的渾名。

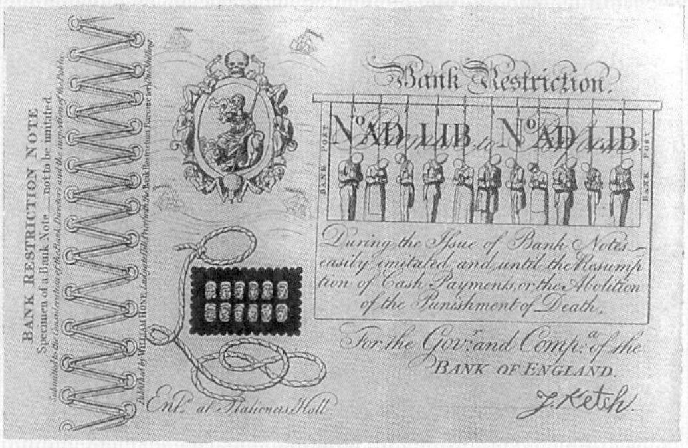

〔圖 321c〕
詹姆斯．吉爾瑞一七九七年創作的漫畫
諷刺以低面額紙幣取代金幣的做法：英國首相威廉．庇特在銀行櫃台下面隱藏了一袋又一袋的黃金，卻把紙鈔發給心甘情願的「約翰牛」（英國佬）。

〔圖 321d〕
五先令代用銀幣
製作原料為西班牙的「八里爾」銀幣，由英格蘭銀行發行於一八〇四年。博爾頓與瓦特在伯明罕「蘇活造幣廠」裝設的新式蒸汽壓幣機能夠移除原先的錢幣圖案，並且在上面壓印出新近推出的英國愛國圖案——不列顛女神像。

〔圖 321e〕
蓋上戳記供英國使用的西班牙「八里爾」銀幣
西班牙「八里爾」因為所含貴金屬的價值，曾經被貯藏於英格蘭銀行的金庫。但是它們在一七九七和一八〇四年之間，被加蓋了英國國王喬治三世的頭像來流通使用，藉此紓解英國銀幣短缺所造成的困擾。這種錢幣曾經惹來民間的嘲諷：「銀行為了讓西班牙銀元流通，便把一個傻蛋的頭像加蓋到一頭蠢驢的脖子上。」

〔圖 321f〕
蘇格蘭「不列顛亞麻公司銀行」發行的五先令紙幣（1797）
錢幣短缺以及英格蘭銀行停止紙鈔兌現，在全國各地都造成了衝擊。蘇格蘭各家銀行的貴金屬庫存量同樣有限，因此紛紛發行五先令紙鈔來替代銀幣。

〔圖 321g〕
「伯明罕貧民習藝所」發行的一便士代用銅幣（1814）
在缺乏錢幣的情況下，各種不同形式的代用錢幣變得能夠互換使用。那些代幣可以積存下來，然後拿去向「貧民習藝所」兌換一英鎊的紙鈔。

紙幣與貴金屬在這方面的相似性質，顯示出金錢可被人理解，並可受到控制，而在經濟上和社會上成為促進福祉的工具。除此之外，優先使用紙幣的好處是它可以完全被掌控，而不像黃金或白銀那般易受外力影響，例如供應量的異常增加或突然發現了新礦區。但話要說回來，還是有許多因素使得對紙幣的完全控制從未成真。那個目標雖然非常值得嚮往，卻苦於面對一個事實：凡是設法掌控紙幣的人，很容易就會被其他的考量所左右。例如對政府而言，與徵收稅金或提高稅賦相形之下，發行紙鈔會是比較簡單的選擇。讓我們再次引述李嘉圖的講法：

然而經驗顯示，從來就沒有任何國家或銀行享有不受限制的紙幣發行權以後，會不濫用那種權力。因此，發行紙幣的工作必須在所有的國家都受到稽查與控管，而且最適合用於進行稽查控管的做法，莫過於讓紙幣發行者有義務以黃金或貴金屬來償付自己的紙幣。

這正是英格蘭銀行平日監控英格蘭各個地方性銀行的方法——英格蘭銀行會把紙鈔交還給那些銀行，要求它們以貴金屬償付。除此之外，十九世紀時更引進法規來監控銀行實務，並鼓勵以負責任的方式集中發行銀行券。

現代世界的革命與戰爭

紙幣固然促成金錢的流通量增加，使之遠遠超出貴金屬錢幣時代所允許的範圍，於是廣泛地為政府和商

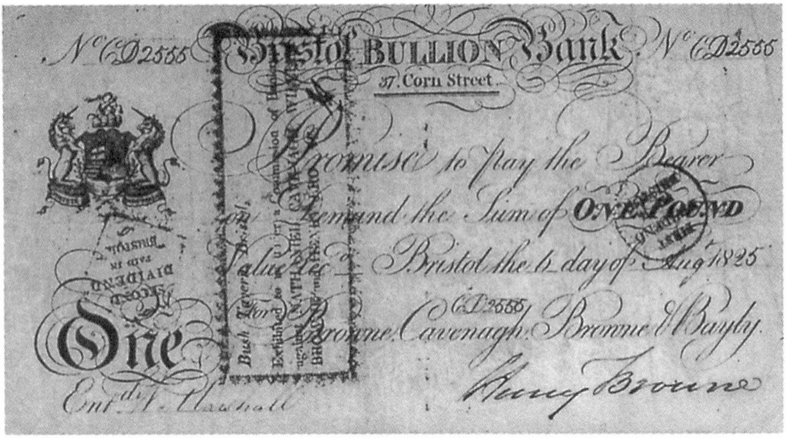

〔圖 322〕
「布里斯托貴金屬銀行」的一英鎊銀行券（1825）
上面加蓋了戳記，註明該銀行的共同出資人已經破產，而且持有銀行券的債權人將獲得清算股利。「布里斯托貴金屬銀行」在一八一一年脱胎自一家銀匠商號；它雖然平安度過一八二二年的經濟恐慌（見〔圖 320〕），卻無力承受一八二五／二六年冬天的商業大蕭條──當時英格蘭全境共有六十多家地方銀行關門大吉。

〔圖 323〕
澳大利亞「菲利普港灣」的金幣（維多利亞州，1853）
製作者是一家英國民間公司，而該公司希望在壓製貴金屬錢幣以後，透過自己的墨爾本分店（「袋鼠辦事處」）來經銷。錢背以文字註明（未在此列出），每枚金幣含有「二盎斯純淨的澳大利亞黃金」。然而他們的計畫在一八五五年就無疾而終，因為雪梨的英國造幣廠正式發行了「沙弗林」金幣。

〔圖 324〕
英國國王喬治三世的「沙弗林」金幣(1818)
其圖案為著名雕版師本奈德托·皮斯特魯齊所設計的「聖喬治屠龍」。英國在一八一六年全面進行貨幣改革，為此後一個世紀內的金本位制奠定了基礎。英國並從一八一七年開始製作價值等於一英鎊的「沙弗林」金幣、「半沙弗林」金幣，以及多種新式的銀幣和銅幣。

業帶來了益處，然而其中所蘊含的經濟風險也跟著提高。縱使如此，這種取得方便、極易操控的金錢形式，本身就意味著一種革命性的改變。此外就其他各種決定了現代世界面貌的革命而言，紙幣也都是具有核心意義的重要因素——不論所涉及的是政治革命還是社會革命。在那些革命當中，最重要的毫無疑問就是法國大革命、美國革命和英國的工業革命，而且它們在十八世紀末葉同時帶來了政治上和經濟上的巨變，進而更廣泛地促成紙幣的流通使用。從以下三個案例，即可清楚看出紙幣對現代政治革命所產生的重要性：美洲英國殖民地早在十八世紀的時候，就已經開始發行地方性的紙幣，而等到旨在推翻英國統治的美國革命爆發之後，更大量推出了「大陸紙幣」來籌措財源：從一七七五年到一七七九年之間，這種紙鈔的發行量共計高達二億四千萬美元左右。在十年以後的法國（該國早已因為十八世紀初期約翰．勞的大災難而深諳紙幣的潛力），革命政府從一七八九年開始發行「指券」。那起先只是利率為百分之五的國庫券，設計時的最初目的是把它使用為籌款工具，藉以支付革命戰爭所造成的驚人開銷，並以充公的教會土地做為發行擔保。不過「指券」很快便開始發揮貨幣的功能，而且隨著新共和國財政危機的持續惡化，印製的數量也不斷暴增。在一七九〇年代，光是面額為「四〇〇里弗爾」的「指券」就已經發行了四百多萬張，明白顯示出財政已經長期失控——結果「指券」的實際價值跌落到大約只有面額的三百分之一。又過了一百多年以後，俄國革命時期則大量泛濫著各種紙幣：其發行者包括了布爾什維克黨人、俄羅斯白軍，以及諸如烏克蘭軍隊之類的其他「主管當局」。

上述那些自我任命的革命政府，在本質上就冒險色彩十足、對投資者不具吸引力，而且無法獲得外國貸款來資助自己的戰爭。紙幣固然能夠在短時間內提供便捷的解決辦法，可是必須為此付出的代價也一直很高。我們已經在前面看見過，無論是政府還是個人（例如法國的約翰．勞），往往都會忍受不住誘惑而濫發紙幣。無論這麼做的動機是出自政治上的目的，還是源於個人的貪婪，所導致的結果總是十分相似，此即紙幣價值的崩潰。紙幣雖然在理論上是以黃金做為發行準備（有時也以土地做擔保），可是紙幣發行過量之後，要不然就根本無法用金銀贖回，否則至少也會讓發行當局無意兌現，最後的結局很可能是停止以紙幣兌換黃金和白銀。像美國的「大陸紙幣」便因此而快速貶值，儘管官方一再試圖以法律措施強制人們接受那種紙幣，可是到了一七八〇年的時候，美國政府只能藉由四十美元鈔票贖回一美元銀幣的做法，才使得「大陸紙幣」不至於全面作廢——但實際的拒付率已高達百分之九十七點五。於是有一位觀察家在一七七八年寫道：「大陸紙幣現在被拿來糊牆壁、點煙斗，以及供作其他用途」。法國的「指券」也在類似情況下，幾年之內就變得一錢不值。縱使國民會議宣布「指券」是法定貨幣，共和國政府仍無法避免在一七九七年正式宣告破產。正如同革命政府可以利用看似取之不盡、用之不竭的紙幣一般，濫發的紙幣亦可在一個原先穩定的國家，對革命造成嚴重威脅。

〔圖 326〕
一七九七年發行的二便士「車輪」銅幣（1797）
製作於馬修·博爾頓與詹姆斯·瓦特所擁有的伯明罕「蘇活造幣廠」，並使用了他們新發明的蒸汽壓幣機。英國長年以來只少量製作小面額的硬幣，而後從一七九七年開始固定發行改良版的銅幣，並推出了新型的二便士及一便士硬幣來反映銅幣所含紅銅的價值。

〔圖 325〕
窩立克郡冶鐵業者約翰·威金森的半便士代用銅幣（1788）
呈現一名鐵匠在冶煉廠內的工作情形。十八世紀末葉的時候，私人發行的商用代幣在英國大行其道，因為當時缺乏官方發行的銅幣。工業界人士往往主動採取各種措施來創造流通資本：例如約翰·威金森在一七八七年開始發行代幣之前，就已經用他自己印製的小面額紙鈔向工人發放工資，而且後來他還涉足「什魯斯伯里」與伯明罕等地的銀行業。

再就一些程度劇烈、可標誌出現代世界歷史的社會與經濟變革而言，紙幣在此所扮演的角色，或許比在純粹的政治革命那方面產生了更加深遠的重大意義。十八世紀中葉在英國展開的工業革命，促使金融機構面對新的要求。此後必須重新調度資金，從農業轉向工業領域、從舊工業轉向新工業，並鼓勵擴大信貸業務向新的企業提供融資。銀行既是經濟成長下的產物，同時也刺激了經濟活動的成長。銀行加速了資本的流通〔圖325-6〕，並且預付資金來振興工業、商業，以及包括運輸業在內的公共設施。對其他的行業來說，銀行往往更成為助益良多的必然發展，在紡織工業、採礦業和冶鐵工業等方面的情況尤其如此。因為那些行業的成功（或者是更常出現的失敗）非常依賴整體商業環境，甚至有賴於單獨一家企業的命運——一家公司的倒閉可以把許多其他的企業一同拖下水。但無論如何，由於地方銀行的緣故，流通中的紙幣與更加複雜的金錢操作也來到了尋常百姓手中。

一八五四年時，查爾斯·狄更斯在一部以英國北方工業城鎮生活為背景的小說中，描繪出工廠主人「格拉德格林先生」與銀行家「邦德比先生」之間的關係。[1]二人之間的密切往來，象徵著製造業者與地方銀行資本家彼此在工業化成長時期的緊密關係。然而在某些人眼中，金錢似乎帶來了一種新類型的妄自尊大態度，因而不再僅僅是用於實現目的之工具。狄更斯於描寫「焦煤城」那個虛構的工業城鎮之際，便對這種社會上與經濟上的新秩序抱持懷疑立場：

> 主人與僕人之間的關係都是事實，從產科醫院到墓地之間的一切都是事實；然而凡是你無法用數字來呈現的事物，或者無法表明可在市場上以最低價購入、以最高價售出的東西，就不屬於——而且絕不可能屬於——永恆的世界，阿們。

[1] 譯注：狄更斯的那部小說名叫《艱難時世》（Hard Times）。

歐洲與美洲在十八、十九世紀的時候，經歷了政治上和工業上的革命。那些社會與經濟方面的變動固然帶來了新的機會，但也製造出新的緊張與憂慮。興起了一個工資導向、工業化、城市化的社會之後，使得人們關心起零錢的適當地位與提供方式。結果大多數的已工業化國家都從十九世紀開始，固定提供足敷所需的輔幣做為零錢使用，而且低成色銀幣的輔幣功能幾乎完全被銅幣和青銅幣所取代。一系列新型的金屬與合金材料，也開始被使用於製造錢幣——例如銅鎳合金，以及稍後出現的鋁合金與不鏽鋼。白銀、黃金、紙幣和賤金屬錢幣被有效地整合到一起，在十九世紀後期成為一個更加易於管理的系統，促成各種類型的錢幣之製造規模不斷急劇擴大，藉以滿足既複雜又金錢化的西方工業世界之各項需求。

這些變革引發出針對金錢的本質所進行的辯論，而且各種形式的金錢（包括硬幣在內），都因為歐洲的工業化而受到影響。各國政府日益積極介入錢幣面額體系的監督管理，而且歐洲的某些區域已對地方性的幣制進行合理化改革，或者像德國與義大利那般，以統一的貨幣取代各個諸侯國和城邦之前所流通的各式錢幣。與此同時也出現了多種國際性的嘗試，希望藉由協調不同的金錢體系來促進自由貿易。例如一八六七年時曾有人提出一些雄心勃勃的計畫，意圖以英國、法國和美國的金幣為基礎，創造出一種「通用貨幣」。那個構想雖以失敗收場，另一個類似的方案——「拉丁貨幣聯盟」〔圖 327-31〕——卻獲得了實現，而法國、比利時、義大

〔圖 327-31〕
「拉丁貨幣聯盟」五個成員國的銀幣：
法國的一法郎（1867）；比利時的一法郎（1867）；瑞士的一法郎（1875）；義大利的一里拉（1867）；希臘的一德拉克馬（1868）。十九世紀時曾經出現過許多種嘗試，企圖藉由協調不同國家的貨幣來促進貿易。成立於一八六五年的「拉丁貨幣聯盟」，就曾經為金幣與銀幣的重量及貴金屬含量制定出共同標準。

利、瑞士和其他若干國家便在此聯盟內融入同一錢幣體系，採用一致的重量和成色標準。在一個以金銀複本位制為基礎的架構上，「拉丁貨幣聯盟」各成員國的錢幣可以無限制地平價互換使用；然而十九世紀下半葉的國際銀價暴跌，使得那個計畫實行不易。大約在同一時期，「斯堪的那維亞貨幣聯盟」也將丹麥、挪威、瑞典結合在一個基於金本位制的體系內。第一次世界大戰所造成的全球財政紊亂，最後導致上述兩個聯盟體系崩解，於是各會員國又回頭重新發行自己的錢幣。

革命與戰爭時期的金錢

革命或戰爭時期所發行的金錢，可以既是經濟脱序的產物，同時又是政治變遷的象徵。此類動盪不安的局勢往往提供誘因，促成交戰雙方推出紙幣來取代已被囤積起來的硬幣，並且藉紙幣來籌措戰費。

即使是挑戰既有政權的團體，通常也都傾向於廣泛選用傳統的圖像，藉此鼓勵公眾對幣值的穩定性產生信心。不過話要說回來，錢幣也是非常有用的宣傳工具。

〔圖 332a〕
「大陸會議」在費城發行的六分之一美元紙鈔（1776）
環結在一起的圓圈，展現出十三州在美國革命時期的反英共識。中央部分的文字寫著：「美洲大陸會議──我們是一體」。

〔圖 332b〕
法國的「五蘇」代用銅幣（5 sols）
由巴黎的商業銀行家「蒙內宏兄弟」發行於一七九二年。在法國大革命期間除了紙鈔之外，民間製作的輔幣也被使用於替代嚴重短缺的硬幣。像這枚代幣的正面甚至公開聲明它可以兌換「指券」；其另一面則打出「不自由毋寧死」的字樣。

〔圖 332c〕
法國的四百里弗爾「指券」（400 livres）
發行於一七九二年，即共和國元年。這個張力十足的圖案被鐫刻在鋼板上，用為權力與勝利的象徵。

〔圖 332d〕
一七九四年的「五茲羅提」紙鈔（5 zlotys）
這是波蘭的第一種紙幣，發行者為起事反對外國軍事佔領的「最高國民會議」。紙幣的策劃者乃革命領袖塔德烏什．柯斯丘什科，他曾經在獨立戰爭時期加入美方作戰，並深受法國大革命的影響。

〔圖 332e〕
美國南方邦聯的五百美元紙幣（1864）
其上出現各種愛國圖案，包括邦聯國旗、南方邦聯的國璽，以及著名南軍將領湯瑪斯．「石牆」．傑克遜的遺像。南北戰爭的軍費開銷造成紙幣的發行量激增。

〔圖 332f〕
美國的一元紙幣（1862）
這是第一種依據美利堅合眾國憲法發行的紙幣，在一八六一年七月由國會授權印製，供使用於資助對抗南方邦聯的戰爭。為了確保黃金、白銀和金銀幣供應無虞，聯邦政府於是停止支付硬幣——這些紙幣因而無法兌現。

〔圖 332g〕
俄羅斯南部的二百五十盧布紙鈔（1918）
圖案中出現一位哥薩克將軍的頭像，發行者是反對蘇維埃、由鄧尼金將軍所統轄的「俄羅斯白軍」最高指揮部。在俄國革命與俄國內戰時期，山頭林立的政權、地區和軍閥大量發行了紙幣。

十九世紀的美國

紙幣發行與黃金儲備之間的緊張關係，是十九世紀大多數的時候都屢見不鮮的現象，而且從北美洲五味雜陳的經驗亦可清楚看出此事。十九世紀初期，包括波士頓、紐約和費城在內的東岸城市，主導了美國的工業擴張以及與之齊頭並進的銀行業成長。銀行與銀行券的數目都巨幅增加，於是帶來了通貨膨脹危機，並使得紙幣在兌取金銀幣時形同貶值。公眾往往在十九世紀的某些時刻對紙幣失去了信心，而且如果有太多人打算同時用紙幣贖回黃金和白銀的話，必將造成銀行擠兌與經濟混亂。短命的「第二合眾國銀行」（1816-36）就是那些問題的典型案例：其金銀幣準備量只相當於責任額的百分之二十；它起先大肆提供投機性的貸款，然後緊縮銀根，導致經濟活動不振；最糟糕的是，該銀行有三位高級職員企圖趁機以詐欺手段來攫取控制權。等到聯邦政府撤回基金之後，第二合眾國銀行就在

〔圖333〕
美國的「自由女神」銀元（1795）
這是美國立憲後第一種官方發行的硬幣，由國會在一七九二年通過法案授權製造，並為此創辦了費城造幣廠。這種銀元的價值相當於一百美分的銅幣，採用了標準的十進位制。不過它在立法通過許多年以後才開始製造，其間繼續普遍流通西班牙的美洲銀元。這個新獨立國家所選用的錢幣圖案，起初都是自由女神像。

「一八三七年經濟大恐慌」時期（爆發於五月十日），與其他許多銀行一同走上末路——當時停止支付金銀幣，造成了嚴重的經濟困境和衰退〔圖 335〕。

一八四八年在沙加緬度附近發現的金礦，吸引了工人如潮水般湧向加利福尼亞。僅僅四年之內，已有超過美國百分之一的人口經移居加州，[2]而且黃金生產業很快就成為美國經濟當中的一個重要環節〔圖 336〕。加州淘金熱潮結合了美東地區和中西部的逐步工業化，共同促成美國在十九世紀的驚人經濟發展。這種大規模的擴張又鼓勵了新銀行的設立，以致銀行的總數在一八六〇年代初期已多達將近三千家之譜〔圖 334, 337〕。然而此時即將大禍臨頭，因為南方與北方各州的裂痕不斷擴大，而且緊張的程度與日俱增。衝突的起因不僅僅在於蓄奴制度，同時也源自日益工業化和都市化的北方，與主要依賴農業的南方在許多問題上的歧見。隨之而至的南北戰爭（1861-5）對雙方而言都所費不貲，迫使政府將不可兌現的紙鈔做為幣制的基礎（因為官方已無黃金儲備），為時長達十七年之久。那些不可兌換的國庫券被稱作「綠背紙幣」，

[2] 譯注：加利福尼亞在一八五〇年成為美國第三十一州。

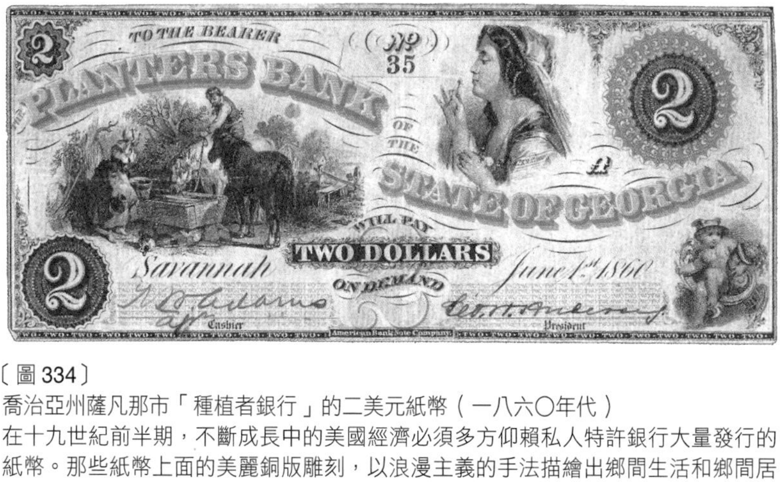

〔圖 334〕
喬治亞州薩凡那市「種植者銀行」的二美元紙幣（一八六〇年代）
在十九世紀前半期，不斷成長中的美國經濟必須多方仰賴私人特許銀行大量發行的紙幣。那些紙幣上面的美麗銅版雕刻，以浪漫主義的手法描繪出鄉間生活和鄉間居民（多為工作中的人物）。例如此處的樣本就呈現出牧歌般的農莊風情。

而「綠背紙幣」的時代重新建立了中央政府的權威、讓紙幣的發行更加受到國立銀行掌控，並且清除了之前濫發的鈔票。可是紙幣貶值的問題尚有待解決。等到內戰在一八六五年結束以後，一美元「綠背紙幣」的價值只相當於四十九美分的金幣，於是人們開始爭論一個問題：當初用這種紙幣支付的戰時公債，是否應該以硬幣償還？若是以硬幣償還的話，硬幣的供給量勢必將銳減，而當初正是因為硬幣供應不足才造成了那種混亂；若是用紙鈔支付，則拒絕清償的債務將高達百分之五十。美國政府起先還試圖減少「綠背紙幣」流通的數量，但只不過回收百分之十以後，就被迫放棄了這個政策。

即便美國在一八七三年回歸金本位制，而且「綠背紙幣」在一八七九年重返平價，「是否應當撤回綠背紙幣來減少貨幣供應量」仍然是一個事關重大的問題，結果在一八七八年的大選中，主張加印而非回收紙鈔的「綠背勞工黨」得到了一百多萬張選票。「綠背紙幣」的相關事宜，同時也牽扯出針對銀幣進行的後續討論。銀元早在南北戰爭時期即已停止流通，等到一八七三年美國重返金本位制以後，造幣廠進而正式將銀幣從產品清單上剔除。主張增加貨幣供應量的人，原已因為回收「綠背紙幣」和隨之形成的物價低迷而大失所望，此時卻發現了有利的機會，可透過「自由銀幣」來增加貨幣供給——因為科羅拉多州發現了銀礦使得西部各州的銀產量大增，而且白銀在全球市場的價格不斷下跌。他們希望自由製造銀幣以後，即可刺激物價上揚，使之回復到早期的水準。可是美國在一八九三年再度陷入經濟蕭條，爭議雙方的歧見隨即於一八九六年的選戰中達到最高點。民主黨的「銀幣派」鼓吹金銀雙本位的幣制，主張無限制地按照十六比一的金銀比價發行銀幣，以便讓物價回升來緩和全球性的嚴重經濟蕭條。他們面臨了共和黨「金甲蟲」的反對，而後者希望限制銀幣的發行、控制金錢的供應量，以維護東岸地區的工業利益。一直要等到一九〇〇年頒布《金本位法案》之後，雙方的爭端才平息下來，因為該法案將金元規定為標準的計價單位。使得這個做法成為可能的原因是：全球黃金產量以及銀行信貸金額的增加，促成物價上揚並終止了此前數十年來的通貨緊縮。

〔圖 335〕
美國的「艱困時光」代幣（1837）
貴金屬在一八三〇年代末葉的經濟大蕭條時期嚴重短缺，使得代幣和各種地方版的救急錢幣大行其道。它們時而具有諷刺性，像這枚「艱困時光」代幣就紀念了一八三七年五月十日停止支付金銀幣的事件。

〔圖 336〕
舊金山「魏斯與莫里托公司」製作的五十美元金幣（1855）
美國國會在一七九二年通過《造幣法案》，授權發行聯邦金幣，但是金幣的供應很不穩定，而且偏遠地區往往鞭長莫及。由於《造幣法案》禁止各州發行硬幣，私人卻不受此限，美國新金礦的開採因而鼓勵民間製作了種類繁多的金幣。美國內戰時期所發行的少量金幣，都使用加州黃金製作於舊金山造幣廠，然後被運往東方支援銀行業和補助戰爭開銷。

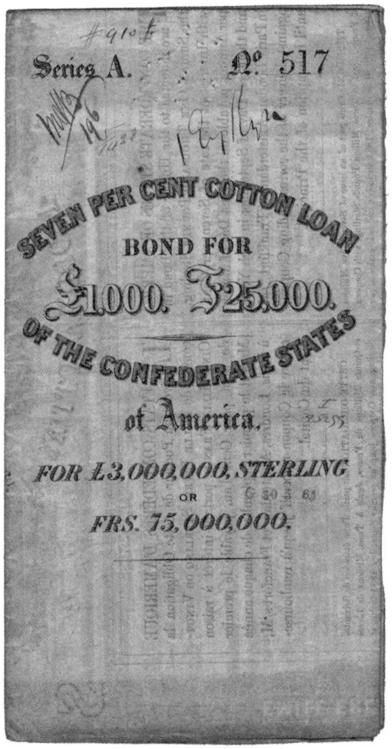
Series A. №. 517
SEVEN PER CENT COTTON LOAN
BOND FOR
£1000. F25,000.
OF THE CONFEDERATE STATES
of America.
FOR £3,000,000, STERLING
OR
FRS. 75,000,000.

〔圖 337〕
美國南方邦聯的「百分之七棉花債券」（1863）
南方邦聯除了印行紙幣之外，並且在歐洲發行債券。以債券募得的款項供使用於資助海外活動，其中也包括在歐洲建造船隻。就理論而言，債券可應要求以棉花償還，但由於所交付的棉花必須從南方邦聯運出，以致那些債券實際上幾乎完全無法兌現。

銀行業大繁榮與大蕭條的交替循環，從十九世紀一直延續到二十世紀初期，直到一九〇七年出現危機為止。那年的紐約信貸危機引發全面風暴，於是促成設立「國家貨幣委員會」來改革全國的貨幣體制〔圖 338〕。即便美國國會進而在一九一三年通過了《聯邦儲備法案》，十二家發行紙幣的銀行直到羅斯福在一九三〇年代進行經濟改革之前，仍未完全採取中央集權的銀行運作方式。

美國的經驗顯示出來，針對金錢的本質、金錢流通量的管制，以及金幣、銀幣和紙幣之相對關係所進行的辯論，如何在十九世紀登上政治舞台的中央。當時政治領袖對上述事務所抱持的不同立場，曾經影響了千百萬人的生活。這是金錢歷史上的一個新現象，肇因於紙幣的擴大發展，以及現代世界已改變的經濟條件與政治條件——而且那些條件仍在持續改變之中。

知識上的變化

不令人驚訝的是，十八世紀的信貸膨脹所導致的金錢

〔圖 338〕
二十美元「聯邦儲備券」(1914)
集中發行紙幣的「聯邦準備體系」成立於一九一三年，一直運作至今。紙幣由聯邦政府負責發行，透過十二家「聯邦準備銀行」流通使用。那些紙幣在一九三三年以前可以直接兌換黃金。

角色改變，結合了工業革命所帶來的社會變遷之後，創造出有關金錢和社會的新概念，而且當然也重新塑造了金錢與社會之間的關係。此時也誕生了研究那種結合關係的學問——現在我們名之為經濟科學，但是在十八世紀和十九世紀初期的時候，它被稱做「政治經濟學」。金錢變得越來越難以捉摸，使得其反覆無常的特性與日俱增，這讓人意識到：如果有辦法操控金錢，就可以對人類社會的結構和性質造成巨大的影響。相關的辯論一直延續至今，雖然本書只能夠觸及那些問題的皮毛，但我們仍可對照其中兩位最重要的人物（亞當．斯密與卡爾．馬克思），來看出那個辯論的本質。二人截然不同的觀點，繼續構成現代世界兩種最顯赫的經濟與社會體制之理論基礎，它們分別是資本主義和社會主義。

亞當．斯密（1723-90）在一七七六年，也就是工業革命肇始之始，發表了《國民財富的性質和原因的研究》〔圖 339〕，而那本著作已被普遍公認為現代經濟學的第一本論述。該書從許多不同方面探討了經濟體系的本質，以及政府影響經濟體系的各種可能做法。對本書這一章的主題而言，其中最重要之處就是亞當．斯密看待「價值」這個概念的方式。按照他的見解——即著名的「勞動價值論」——任何物品的價值，都是將可用於交換該物品的勞動量做為衡量標準：「因此，勞動是衡量一切商品交換價值的真實尺度」（第一卷，第五章）。斯密認為，衡量一國財富的標準並非庫存黃金與白銀的數量，而是：「第一，依據該國普遍運用於勞動的技巧、熟練度和判斷力；第二，依據從事有用勞動的人數，與不從事有用勞動的人數之間的比例。」將財富最大化時所需要的，就是儘可能以最有效的方式來從事勞動。這時就必須拋棄昔日的貿易限制，並且建立一個國際自由貿易體系，因為勞動者所能觸及的市場越大，他就越有機會在工作中發揮最大的生產力。斯密的理論同時也包含了一個道德的層面，而他在此的信念是：提升個人競爭力和經濟事務中的「天然自由」之後，就會有一隻「看不見的手」比政府的干預措施更加有效地促成社會和諧。

亞當．斯密所強調的勞動優先性，對一個問題產生了深遠的影響，此即一項商品的價值應如何分配給參與商品生產的各方：工人提供自己的勞力，以勞動換取工資；地主提供場所換取地租；雇主則運用資本來提供生產所需的設備和原料，藉此換取利潤。後繼的經濟論述者也留意於相同的問題，並進一步引申亞當·斯密的觀點，探討應如何在參與各方之間分配不同的報酬時取得平衡。以政治經濟學家李嘉圖為例，他認為工資所代表的意義在於「能讓勞工維持生計、延續後代，剛好足夠而不會增多或減少」。維持生計的工資因而是從利潤和資本的考量來加以正當化。如果生產利潤降低（這是大量生產和激烈競爭下的必然結果），那麼工資也必須降低。

在十八世紀末葉和十九世紀初期，已有論者出面批判金錢在工業社會新秩序內無孔不入的角色。作家湯瑪斯·卡萊爾（1795-1881）是批評者之一，一八三九年他在《憲章運動》一書中，描述了工業革命在社會上和經濟上所造成的變遷：「一言以蔽之，現金交易並沒有演變成為人與人之間的普遍聯繫。……隨著現金至高無上的勝利，一個改頭換面的時代已然來臨。」但是那些批判者無法從根本上撼動古典經濟學的共識，亦即由亞當·斯密所創立、由李嘉圖等追隨者所琢磨的理論。最後，卡爾·馬克思（1818-83）〔圖341〕與

〔圖339〕
政治經濟學家與《國富論》作者亞當·斯密的肖像（1725-90）
由詹姆斯·凱伊繪製於一七九〇年。

腓特烈・恩格斯 1820-95）撰文做出了更激進的挑戰。現在讓我們把上述引自卡萊爾的論點，拿來跟一八四八年《共產黨宣言》中的字句做一比較：

資產階級……無情地斬斷了那些使人依附於「天然的尊長」的形形色色的封建羈絆，使人和人之間除了冷酷無情的「現金交易」之外，再也找不到任何別的聯繫了。

二人的相似之處頗為明顯。馬克思也像卡萊爾那般，看出工業革命時期的資本家如何促使先前的社會秩序全面改觀，不過他做出了更進一步的批判。馬克思抨擊李嘉圖等經濟學家所倡議的工人、資本家和地主之間的財富分配不均，認為那源自資本主義的生產體系本身，而且是上述各方彼此之間政治權力分配不公的

[3] 譯注：羅伯特・歐文（Robert Owen, 1771-1858）的社會主義被馬克思識為「烏托邦社會主義」（空想社會主義）。

〔圖 340〕
「國民公平勞動交換所」的一小時勞動券（1832）
羅伯特・歐文這位社會主義改革家，[3]曾在倫敦和伯明罕各成立了一家「國民公平勞動交換所」。工人可以那裡依據自己製造產品所需工時的價值，用產品來交換勞動券。像這張勞動券上面便註明：工作一小時的價值為六便士。勞動券亦可使用於購買其他商品，但這項方案因為「勞動交換所」充滿了不受歡迎的貨品而宣告失敗。

原因。社會主義革命能夠矯正此類不公不義的現象，並將資本家耽於金錢而為社會帶來的災難性後果扭轉過來。馬克思的政治理念所產生的各種歷史反響已經眾所周知，但它們與本書的關聯性，便在於勾勒出經濟學與貨幣理論在十八和十九世紀剛興起時的情形——當時人們日益意識到，在工業革命所帶來的環境條件改變下，金錢已對社會結構造成了複雜的影響。

〔圖 341〕
政治哲學家卡爾·馬克思（1818-83）的肖像擷取自一九七五年版的德意志民主共和國一百馬克紙幣（M·歐格雷迪收藏）。

兩次世界大戰與凱因斯經濟學

十九世紀留給二十世紀的物質遺產，就是一個以紙幣與黃金為基礎，而且紙幣通常可與黃金雙向兌換的金錢體系——金本位制〔圖 342-3〕。十九世紀所留下的智慧遺產，則是對貨幣理論，以及對金錢在歷史上的政治與社會意涵所獲得的更多認識。人們從過去兩百多年的經驗中，多方體會了濫發紙幣或停止紙幣流通所可能造成的災難。紙幣與黃金之間實際上已取得某種平衡，而且政治上與經濟上的唇齒相依，已將這兩種金錢形式緊密連結在一起。然而這種平衡關係中的任何一方，都繼續面臨一百多年來不斷困擾著它們的同樣問題：一則黃金的價格容易因為意外狀況或蓄意操弄而出現波動；再則政府往往承受不住誘惑而濫發鈔票，意圖藉此支付戰爭開銷或其他的特殊財政需求。之前固然曾經有過幾場戰爭暫時打破金本位制，中止了紙幣兌現——例如我們在前面所看見一七九七至一八二一年之間的英國，以及一八六〇年代的美國。可是一直要等到第一次世界大戰導致呼聲四起，要求建立截然不同的平衡關係之後，才使得天平終於從黃金那一端倒向紙幣這一端。

第一次世界大戰（1914-18）爆發之際，歐洲列強的中央銀行都儲備了大量黃金——其主要功能是做為一種工具，用於在國際間維護本國貨幣的價值，使之不會因為貿易逆差或順差而出現波動。金本位制的運作方式意謂：當出現貿易逆差時，黃金將流向國外以填補赤字，於是物價下跌；反之，物價下跌則可刺激出口成長，造成貿易順差和黃金流

〔圖 342-3〕
一九一二年紀念日本採用金本位制十五週年的銅牌（一八九七年開始實施），以及同一年以大正天皇名義發行的二十日圓金幣。

〔圖 344〕
英國財政部發行的一英鎊紙幣（1914）
這些紙鈔因為財政大臣在上面的簽名，被稱作「布萊伯利錢」（Bradburys）。當時發行了一英鎊和十先令的國庫券，用於取代「一沙弗林」和「半沙弗林」金幣——政府希望藉此在戰爭時期由中央來保管黃金。那些國庫券理論上可以兌換金幣，實際的做法卻是在百姓索取黃金時極力加以勸阻。

入。在理論上，這種循環可以不斷持續下去，自動產生調節平衡的作用。可是第一次世界大戰爆發後所形成的巨大壓力，使得那個體系土崩瓦解而停止了紙幣兌換黃金〔圖344〕。像法國和德國就因為本國紙幣不受非參戰國歡迎，必須用黃金支付戰時的物資供應，導致戰前儲備的黃金急劇減少。第一次世界大戰結束後，戰勝國決定強迫德國賠款來彌補自己戰時的黃金損失。例如「吊死德皇，讓德國付出戰爭的代價」，就

〔圖 345-7〕
反映出一戰期間及戰後政經動盪的奧地利錢幣：
一八六四年的「一克朗」金幣、一九二〇年的「二十海勒」紙幣，以及一九二二年的「五萬克朗」紙幣。奧地利在一八五〇年代建立了金幣與銀幣並行的幣制，並於一八九二年進行改革後繼續加以保留。第一次世界大戰時期，地方上開始發行面額非常小的紙幣供使用為零錢；與之形成對比的是，一九二〇年代的惡性通貨膨脹已反映到紙幣上——紙幣的面額可高達「五百萬克朗」，卻幾乎一錢不值。

是英國首相大衛・勞合喬治在一九一八年時喊出的口號。等到一九二一年終於確定賠款數目後，其總金額高達一三二〇億金馬克。協約國並提出威脅，除非德國立即支付十億金馬克，否則將出兵佔領德國的主要工業區——魯爾地區。為了滿足對方的需索，德國被迫採取一種自相矛盾的做法，向倫敦貸款來支付這筆金額。但是繼續不斷以武力為後盾提出的賠款要求（主要來自法國），才真正導致德國貨幣崩潰，成為濫發紙幣的必然下場。法國無法從德國收取所需的黃金以後，接著又引發法國貨幣的貶值和崩盤。

與一九二〇年代德國通貨膨脹有關的統計數字，讀起來令人咋舌。若將一九一三年做為基準，德國物價所受到的影響可表列如下：

一九一三年　100

一九二三年　147,479

一九二三年　75,570,000,000,000（七十五兆五千七百億）

貨幣的崩潰對日常生活造成了巨大衝擊：「今天我很驚訝地發現，一份火腿三明治竟然要價二四〇〇〇馬克，可是昨天在同一家咖啡店內，火腿三明治的價格還只有一四〇〇〇馬克（《每日郵報》特派員，一九二三年七月二十二日）。受貨幣危機之害最深的百姓階層，就是個人資產主要為現金的人（所儲蓄金錢的價值僅僅在一年之內即已蕩然無存），以及依賴固定收入為生的人——他們發現自己的薪水突然變得一錢不值〔圖 345-7〕（按照通膨指數調整工資的做法，要等到第二次世界大戰以後才被發明出來）。中產階級和下層中產階級於是承受了災難性的後果。奧地利作家斯提凡・茨威格（1881-1942）曾在《昨日的世界》那部自傳當中，生動地描繪出當時的情景。茨威格回憶起奧地利在十九世紀時的穩定，而奧匈帝國的貨幣——

「克朗」（krone）——就是穩定的象徵。它們流通的時候，「一枚枚都金光閃閃，似乎對已身的永恆不變做出了保證。……凡事都有規範可尋，有固定的尺寸和重量」；可是在一戰結束後的奧地利，「買一枚雞蛋所花費的金錢等於從前一輛豪華汽車的價格，而且後來德國一枚雞蛋的售價更高達四十億馬克——大致相當於昔日大柏林地區所有房舍的價值總合。」凱因斯在一九一九年發表《凡爾賽和約的經濟後果》一書，向當時的政治領袖（尤其是賠款原則）提出控訴的時候，則宛如發表預言一般地寫道：「勞合喬治先生為一個不聰明的和約負起了責任，而那個和約有一部分不可能實行，並且將危害歐洲的生活。」

第一次世界大戰之餘波所形成的政治效應，直到今天都還令我們印象深刻。它對貨幣也產生了同樣重大的影響。一戰結束後，各國又一個接一個走回金本位制（如英國是一九二五年在財政大臣溫斯頓・邱吉爾任內），到了一九二八年，所有的歐洲貨幣皆已重返金本位制。但是在各國當中，只有美國因為戰時曾經有大量黃金流入境內，成為獨一無二還有辦法成功實施金本位制的國家。英國重返金本位一事，則徒然突顯出英國的商品在世界市場上缺乏價格競爭力，只得降低工資做為補救，結果在一九二六年導致總罷工。

各國亟欲重返金本位制的理由，除了基於儲備上的安全考量外，同時也是因為歷盡戰爭的破壞後，金本位制被視為重新穩定國際貿易的必要條件。一九一四年以前，英國的黃金儲備曾經是鞏固全球貿易與貨幣的中流砥柱。可是戰爭使得平衡向紐約那邊傾斜，倫敦已不再有能力像昔日一般，用黃金來支付外國貨幣。金本位制因而難以固守。美國於戰後擁有全世界大部分的金錢，可是其中有極大數量在一九二〇年代以貸款的形式，重新流回破產的歐洲國家。戰後出現了貿易榮景，而美國的商品可在歐洲市場暢行無阻。但是那些商品的供應量已超出歐洲的實際需求，美國和歐洲的物價因而下跌。戰後不穩定局面的短暫舒緩，在一九二九年十月隨著華爾街股市的崩盤而告結束〔圖 348〕。結果工業生產停頓，人們對國際貿易和國際金融的信心亦告破滅。美國的金錢又離開歐洲，於是經濟大蕭條為整個西方世界帶來了高失業率和貧困。歐洲各國的經濟疲弱，以及各國經濟對美國財政的依賴，更在一九三一年顯露無遺：那年的歐洲金融危機在倫敦掀起擠兌黃金風潮，使得英國無力因應，被迫停止支付黃金。到了一九三六年，所有的西方貨幣都已經重新脫離金本位。

世局的發展，終於帶來許多經濟學家鼓吹了一個世代之久的改變。例如凱因斯（1883-1946）不但猛烈抨擊勞合喬治強迫德國賠款的做法，同時也極力指摘邱吉爾在一九二五年重返金本位制。美國經濟學家艾文・費雪（1867-1947），則長年以來不斷反對將不可靠的金本位制度做為全球金融體系的基礎，因為不可預測的外在因素（如發現了新的黃金來源）很容易造成混亂，導致金價下跌，讓全球陷入貨幣危機。他們的批評都一針見血。

金本位制終究歸於失敗，可是當它成功運作的時候，它至少還能夠為國際金融

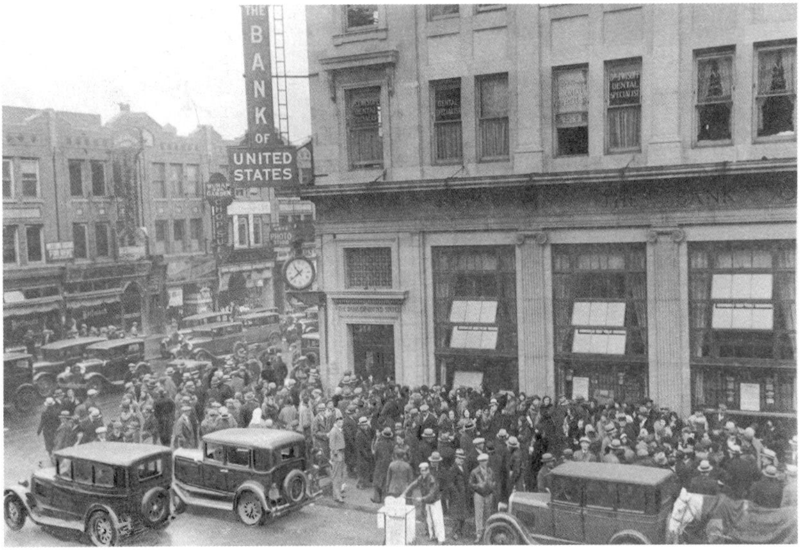

〔圖 348〕
「紐約美國銀行」倒閉時，聚集在布魯克林分行門外的群眾（一九三〇年十二月十一日）
一九二九年的華爾街股市崩盤如今已經惡名昭著，當時它是戰後繁榮與一九三〇年代經濟大蕭條之間的轉捩點。各種因素（尤其是投資者擔憂股票估價過高）所共同產生的複雜作用，導致華爾街股市崩盤。它在全球各地造成損失，為許多國家、機構和個人帶來了混亂與貧困。

的可預測性和紀律性提供一個標準因素。以金本位為基礎的各種不同貨幣可按固定匯率相互兌換，於是促進了自由貿易。然而自由貿易與經濟自由主義已不再被視為值得追求的目標，同時金本位制已經徹底失去了信用。貨幣問題實乃全球經濟問題長期累積出來的明顯症狀，但金本位體系顯然根本無法因應兩次世界大戰之間的經濟新局。現在需要改弦更張，而凱因斯等經濟學家對此提出的解決辦法是：提高政府干預整體經濟的程度。凱因斯、費雪和其他人士宣揚一種新的觀點，主張把黃金和紙幣脫鉤，並且將黃金的地位貶低成戰略儲備。他們並允諾以一套精密的新辦法來處理貨幣與經濟實務，克服幾乎已在二十世紀最初數十年內成為常態的金融脫序和經濟混亂。各國政府則在一九三〇和一九四〇年代，開始為國內生產和國民收入編列數據——那是各種資訊的綜合摘要，而政府當局希望可藉此配合經濟理論的實際運用，來實施有益民生的規定。

就在這種歷史與學理的脈絡之中，凱因斯為現代的經濟思想和貨幣管理奠定了基礎。他在一九三六年出版了自己最重要的著作——《就業、利息和貨幣通論》。該書發軔於凱因斯對經濟大蕭條的親身體驗，以及大蕭條所帶來令當代政治人物和經濟學家束手無策的各種後果。凱因斯所主張的最大變革，就是由政治來控管經濟活動與金錢。各國不必再袖手坐待經濟出現變化（例如等待失業導致工資下降），以這種被動方式從蕭條中復蘇過來。一國政府透過刻意造成、但受到控制的國家預算赤字來擴大內需以後，即可刺激經濟趨向成長，來提供就業機會或建立福利國家。一九三〇年代美國的羅斯福「新政」就有一部分受到了凱因斯理論的影響，於是採取赤字開支的做法。但是一直要等到美國在第二次世界大戰期間（1939-45）出現經濟成長，才終於促成美國和全球其他工業國結束了經濟大蕭條。工業產量的增加和失業率的下降，使得美國、歐洲和日本的經濟，在隨後四分之一個世紀內出現了前所未有的成長。

凱因斯的觀點和方案起先只獲得了冷淡的反應，那是不難想像的事情，而且在某些圈子裡面，他的名字所受到的咒罵與馬克思不相上下。其中的弔詭之處在於，凱因斯實際上提供了解決辦法，來反駁馬克思對資本主義體制的主要批判點之一，此即：資本主義無力因應一系列看似無可避免的景氣衰退與蕭條，因為它無法約束金錢和市場機制在製造社會與經濟災難上的潛在勢力。儘管反應冷淡，但凱因斯的觀點很快就受到認同，而且戰後二、三十年內的經驗已經顯示出來，凱因斯及其後繼者非但有效維繫了資本主義體制的命脈，並進而促成資本主義主宰了全世界。但說來矛盾的是，其實際做法都是透過政府的操控來抑制金錢的過度自由。

戰後的世界與貨幣主義

第二次世界大戰接近尾聲的時候，人們日益認為有必要採取某些措施——例如規範國際金融市場和鼓勵全球金錢流通——來保障經濟的穩定。一九四四年七月，四十四個同盟國的代表聚集在新罕布什爾州「布列頓森林」，舉行了聯合國貨幣及金融會議〔圖349〕。會中決議必須維護各國貨幣的幣值穩定，並成立包括「國際貨幣基金會」在內的各種國際組織。協議簽署國同意在上下百分之一的幅度內，將本國貨幣的價值釘住黃金，但實際上的做法就是按照固定匯率釘住美元。「布列頓森林協定」事實上建立了一個三邊貿易體系：美國與開發中國家進行貿易賺取利潤之後，將此利潤使用於協助重建歐洲經濟，以便歐洲為美國商品提供市場。

凱因斯體系在第二次世界大戰結束後的二十多年內順利運作，同時「布列頓森林協定」保障了資本的流通。英國與其他西方國家樂享繁榮興旺和充分就業，而且國內經濟持續成長。然而在一九六〇年代的時候，扶搖直上的通貨膨脹——以及隨之而來的物價攀升和嚴重的貿易赤字——卻被看成是維持充分就業之後的結果。儘管採取措施來緊縮通貨、就業率開始降低，而且英鎊在一九六七年貶值，通膨仍然居高不下。日益加速的通貨膨脹令人不勝其擾，並且在政治上難以容忍，於是出現一種名曰「貨幣主義」的經濟新教條以為因應，旨在藉由限制經濟中的金錢數量來控制通膨壓力和維護幣值穩定。正如同之前的經濟循環理論（或「金本位制的自動調節機制」），「貨幣主義」也試圖透過自動穩定的程序來創造平衡——結果在就業水準和社會福利等方面，都再度領教了這種做法所帶來的不利影響。

時至一九六〇年代末期，美元帶領著「布列頓森林體系」日益陷入困境；經濟因素與政治因素的交互作用，兼之以國際石油危機的火上加油，導致美國在一九七一年出現嚴重貿易逆差，「布列頓森林體系」隨之崩潰。此後各國政府退居幕後，不再積極干預本國經濟，更何況一九七〇和八〇年代已

Lord Keynes addressing Conference meeting

〔圖 349〕
約翰·梅納德·凱因斯在布列頓森林會議中致詞（1944）
這位經濟學大師應邀參加會議，針對重建戰後經濟的最佳做法向同盟國代表提出建議。

經日益暴露出來，它們有效掌控經濟的能力其實相當有限。由於科技水準和國際通訊的突飛猛進，金錢流通的方式開始超出了國家調控能力所及的範圍。國際貨幣市場上的投機行為，再加上總部設在美洲和東亞的跨國公司與跨國銀行蓬勃發展、在世界經濟中佔了很大比重，再再都使得西方國家的政府越來越難以主導國民經濟。

凱因斯已然出局。若干西方國家已在一九七〇和八〇年代回歸新自由主義，其中尤以美國和英國為然。沒有人重返類似金本位制的體系，而且那些西方國家的政府都設法退出在國際市場上干預貨幣的工作，並將金錢的運作託付給據稱「可自行發揮調節功能的」全球市場力量。由金本位制度在下面支撐的「固定平價」已遭取代，此後各國貨幣的價值是按照它們與世界市場少數幾種強勢貨幣——尤其是美元、日圓和德國馬克——的相對關係來評估。這個做法可供保障市場的繁榮，不過它未必是各國有關當局所採取的直接措施，因為市場的運作泰半已非政府所能掌控。

正當一九五〇和六〇年代由政府主導的經濟體系開始沒落的同時，各國經濟學家更加仔細地研究了貨幣同盟與經濟同盟的益處。學者專家們並發表意見指出：如果許多小國結合在一起，或者一個較小的國家採用較大鄰國的貿易貨幣，它們非但可因為降低貿易成本而從中獲益，而且更容易避開國際金融市場波動所引起的震盪。這種看法當然算不上是新鮮事〔圖 327-31〕，但其中的創新之處，就在於從理論上來探討經濟整合的各個階段，以及經濟整合對本國經濟和國際經濟所造成的影響，同時也對最理想的共同貨幣區進行調查研究。

縱使「布列頓森林協定」已經瓦解，美元仍舊是重要的國際貨幣。更何況「美元化」一詞已被拿來形容一國將外國貨幣使用為本國貨幣的做法，反映出美元所繼續享有的主導地位。儘管如此，一些「美元化」的經濟體也採用其他貨幣——其中包括歐元、俄國盧布，以及澳大利亞元和紐西蘭元。後共產主義時代的某些東歐地區更同時發展出兩套本地的經濟體系，其中之一所適用的對象，就是只能獲得不斷貶值的本國貨幣的一般百姓；另一套體系則保留給有辦法賺取美元或德國馬克的少數人，為他們開啟了一個由進口自西方的商品所構成的全新世界。二十世紀接近尾聲之際，此類事實上的貨幣聯盟已日益獲得官方承認，某些國家進而正式採用較強大鄰國的貨幣。與此平行發展出來的結果是：等到二十世紀結束的時候，已經組成了好幾個經濟與貨幣同盟——諸如歐元、西非法郎、中非法郎等等。每個貨幣同盟的組成方式都不一樣，例如某些地區或可使用共同的貨幣，卻不曾建立經濟同盟。有些國家則可能組成完整的經濟與貨幣同盟，並將若干領域內的經濟政策決定權託付給一個中央機構，像歐元和歐洲中央銀行就是很好的例子。

〔圖 350〕
國際貨幣基金會一九七一年九月的大會
大會舉行於尼克森總統廢除金本位，導致「布列頓森林協定」瓦解一個月以後。該協定所創造出來的機構——諸如「國際貨幣基金會」和「世界銀行」——則繼續存活下去，並轉換自己的角色來配合改變後的全球經濟需求。

現代的紙幣設計

現代紙幣的圖案設計除了標明發行當局和面額之外，並竭盡所能增加偽造的難度。這些實際上的需求提供了許多發揮創意的機會，而且紙幣可以反映出當代的美學訴求和國家認同——結果它們可以是徹頭徹尾的宣傳，也可以是經過精挑細選的中性圖案，分別用於強調變化或延續。

〔圖 351a〕

伊朗中央銀行一九八一年的五千「里亞爾」紙幣（rial）展現出向「阿亞圖拉」霍梅尼歡呼效忠的群眾。之前的紙幣使用伊朗沙赫（國王）的肖像；沙赫在一九七九年遭到罷黜後，便採取臨時性的權宜措施，將鈔票加蓋圖案遮掩沙赫的肖像之後繼續流通使用，直到發行了可反映新社會秩序的新鈔票為止。

〔圖 351b〕

歐元

二〇〇二年時，十二個歐盟成員國引進了新貨幣：歐元。這些紙幣用於展示歐洲各國的團結一致，正面出現一扇窗戶或門坊，象徵開放與合作；背面出現一座橋樑，代表著歐洲與世界的合作與溝通。紙幣也緬懷歐洲的歷史，分別以各種面額來呈現不同的歷史時期，從五歐元紙幣上的古典風格拱門，一直到五百歐元紙幣上的二十世紀建築。

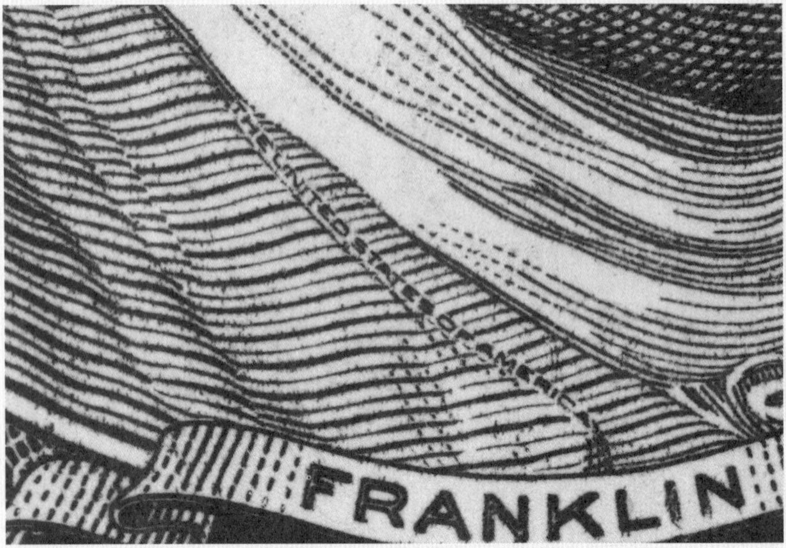

〔圖 351c〕
防偽設計
從一九二九年開始，一〇〇美元紙幣在正面使用班傑明．富蘭克林的肖像，背面圖案則是費城獨立廳。一九六六年時為了防偽，於是重新改版設計了這種高面額的紙幣。各項新安全措施當中，包括了印在富蘭克林外套領口的「美利堅合眾國」字樣。

〔圖 351d〕
印製在聚合材料上面的鈔票
澳大利亞於一九八八年率先推出使用聚合材料而非紙張的鈔票。諸如透明窗口之類的安全措施使得它們較難偽造，而且那些鈔票比紙幣耐用許多。尚比亞在二〇〇三年成為第一個引進聚合材料鈔票的非洲國家，將聚合材料使用於印製流通最頻繁的面額──五〇〇和一〇〇〇「克瓦查」(kwacha) 的鈔票。

歐元區十二國在二〇〇二年引進歐元一事，使得一個從一九七〇年代開始起步的漫長進程達到了最高點。在此進程的第一個階段（亦即一九七一年「布列頓森林體系」崩潰之後），「歐洲經濟共同體」的成員國於一九七二年簽署協議，決定採用所謂的「蛇行浮動」體系來穩定匯率，將各國幣值上下波動的幅度限定在百分之二點二五的範圍內。這種做法在一九九〇年代初期已經滯礙難行，而英國更因為貨幣投機客所帶來的衝擊，被迫退出了那個當時已更名為「匯率機制」的體系。《馬斯垂克條約》隨即於一九九二年訂出時間表，規定限時引進「歐洲單一貨幣」，並成立一個經濟與貨幣同盟。其結果是過了十年以後即已開始發行歐元紙鈔和硬幣〔圖 351b, 360〕，各國的舊貨幣則遭到撤回。許多人擔心各國從原有的貨幣轉換到歐元之後，勢必將導致物價大幅上揚。這個憂慮已在某些地區成為事實，而且若干國家的政府正在努力對抗通貨膨脹，並已失去對利率的控制。撰寫本書的時候，有三個歐盟成員國（英國、丹麥、瑞典）因為政治上的顧慮和民間的抗拒，仍未加入歐元區。然而在另一方面，現在新加入歐盟的國家則必須改用歐元，這意味著歐元區將在未來數十年內大大擴充範圍。此種擴張的速度是否將加深歐元成員國與非成員國目前的憂慮，抑或能夠加以消弭？一切都還有待繼續觀察。

東方與西方，北方與南方

十九世紀的時候，馬克思與恩格斯之類的論述者曾經勾勒出一個共享財產和生產工具、停止剝削工人的理想化國度。在俄國，一九一七年的「十月革命」使得一個共黨政府上台掌權；受到蘇維埃政權影響的地區，則在第一次世界大戰以後隨著奧匈帝國的解體而拓展，接著在第二次世界大戰結束後再度擴充。隨後數十年內，亞洲和中美洲也建立了共產國家，蘇聯並繼續強化了自己對東歐的控制。從一九三〇年代開始，蘇聯加速實施工業化與國有化方案，成為二戰戰後時期的兩大超級強國之一。其受到中央控制的經濟繼續成長，蘇聯集團與美國及其盟友的關係則持續惡化，演成兩大超強之間充滿敵意的對峙，即習稱的「冷戰」〔圖 352〕。然而一九五〇年代到一九八〇年代的經濟衰頹、由此衍生出來的政局不穩，再加上與非共產世界之間的關係解凍，促成蘇聯有限度地引進市場經濟，並重新開放私有企業。等到蘇聯在一九九〇年代初期解體之後，成立中央銀行和發行自己的錢幣，便成為東歐和前蘇聯各個新興國家在政治獨立上的重要指標〔圖 353〕。俄羅斯本身也更進一步推動市場改革，藉以刺激經濟成長。前蘇聯其他共和國的經濟卻往往在缺乏國家控制的情況下，於調整適應的過程中深受通貨膨脹和經濟動盪之苦。中國的情況則與之大相徑庭，共黨政府繼續掌權、經濟由國家控管，而且其貨幣「人民幣」不可兌換（亦即無法在國際市場買進賣出）。時至今日，俄國和中國都被預測將晉身全球最強大的經濟體之列。

〔圖 352〕
捷克斯洛伐克國家銀行的「一百克朗」紙幣（1961）
呈現一名男性工人和一名農婦，背景則是工業區的許多家工廠。撇開國家統治階層的政治意識型態不談，各國貨幣的圖案設計都呈現出國家的安定、富裕和樂利。就東歐國家與其他共產國家的鈔票而言，傳統上使用的代表性圖像都是強壯勤奮的工人。

工業化世界在戰後所處的繁榮時期，也對拉丁美洲以及後殖民時代的非洲和亞洲產生了很不一樣的影響。殖民統治與殖民地貨幣體系所留下的遺產，過去五十多年來依舊在其中的許多國家具有重大意義，在某些國家更導致了社會上與經濟上的不穩定。歐洲已經改頭換面，可是許多最低度開發的國家只能在極為有限的程度內，掌握獲致經濟成功所必備的金融知識與專業技能，結果他們在二十世紀晚期往往根本還稱不上是全球金錢遊戲當中的一員。他們只是受到剝削，淪為富裕西方經濟體所需原料的來源地；他們被迫低價銷售各種原料，以便儘可能地賺取比較值得信賴的外國貨幣，然後用那些金錢向西方銀行償還不斷增加的欠債。同時他們也必須把金錢使用於支付各種財務開銷，並向諸如「國際貨幣基金會」和「世界銀行」之類的國際金融機構貸款，但那些機構往往提出附帶條件，規定他們必須進行經濟改革和提高自由貿易的程度。此類所謂的「全球化」政策已遭到反對者嚴詞批判，其理由是因為那些政策實際上僅僅強化了各個工業國的地位，並沒有為本來應該獲得幫助的國家帶來任何好處；況且那些政策反而加大了，而非縮小了富國與窮國之間的經濟差距。反全球化運動是一個由各種組織和抗議團體所組成的鬆散同盟〔圖 354-5〕，它們因為相同的批判態度而結合在一起，反對西方強權在一九八〇和一九九〇年代推行的自由資本主義政策。這些抗議者所特別關注的事項，就是西方國家的政府與企業主宰了全球貿易，而且許多人希望看見諸如「國際貨幣基金會」、「世界銀行」和「世界貿易組織」之類的機構，本身也能夠受到改革。新科技已被有效運用於組織大規模抗議行動和全球性的活動，有些行動更因為警方與示威者的流血暴力衝突而成為頭條新聞。其中最著名的事件在一九九九年發生於西雅圖，當時參加世界貿易組織大會的各國代表被阻擋在門外，使得開幕儀式被迫取消。

積欠西方銀行大筆債務的國家，往往受困於長期性的幣值不穩定，而且不時出現惡性通貨膨脹，在少數情況下甚至演成政治與經濟體系的全面崩潰。在一九八〇年代，「國際貨幣基金會」和「世界銀行」貸

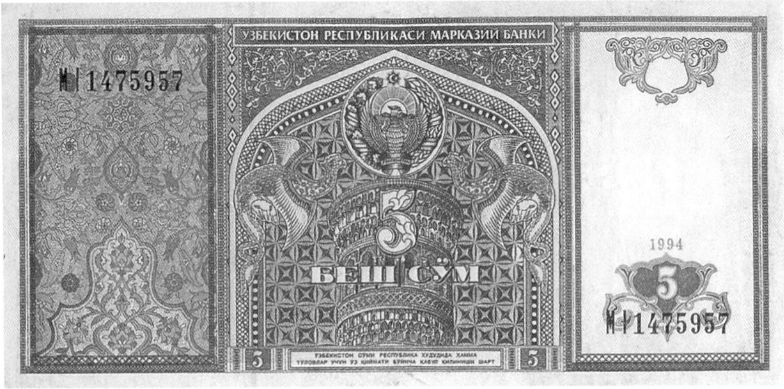

〔圖 353〕
烏茲別克國家銀行的「五索姆」紙幣（1994）
蘇聯在一九九〇年代初葉解體之後，許多前蘇聯加盟共和國開始推出自己的貨幣。最初發行的紙幣往往都外觀簡陋、印製倉促。這種第二版烏茲別克紙幣上的伊斯蘭裝飾圖案，則已經象徵了民族認同感的重新出現。

〔圖 354-5〕
二〇〇一年的英國反全球化徽章設計者為藝術家諾爾·道格拉斯（Noel Douglas）。

〔圖 356〕
巴西中央銀行的「一千克魯扎多」紙幣（1987）
一九八九年在舊紙幣上面加蓋「1 cruzado novo」的戳記，將面額更改成一個「新克魯扎多」。在一九八〇和九〇年代的時候，巴西一再將舊鈔加蓋戳記並發行新版鈔票，反映出該國嚴重的通貨膨脹。

出巨款之後，經常面臨了債務國拖欠償債的威脅以及批評的聲浪，指責那些國際組織的政策及放款都受到美國和歐洲主導。有些國家努力償還債務，或者至少是把債務的利息還清；有些國家剩下的唯一解決辦法，卻是做出安排由債權國將債務一筆勾銷。縱使如此，還是有一些成功的案例可供參考。像巴西就是債台高築的國家之一，在一九七〇年代末葉積欠了巨額外債，於是必須承受國際貨幣基金會所強加的嚴酷方案。這意味著巴西雖有能力償付貸款所衍生的利息，但同時將苦於經濟衰退和通貨膨脹。儘管一九八〇年代多次進行了改革，該國一九九三年的年通貨膨脹率仍幾乎高達百分之五千〔圖356〕，於是一九九四年採用「里爾計畫」，將本國貨幣釘住美元以便穩定幣值。在憲政改革的配合下，這些經濟改革措施終於奏效，而且後續的經濟成長力道強勁。二〇〇三年時，巴西已經名列所謂的「金磚四國」之林（巴西、俄國、印度和中國），被預測將在全球經濟中扮演日益重要的角色。如果這四國果真能夠符合外界對其潛力的期待，它們將會改變全球金錢的面貌，而且里爾、盧布、盧比和人民幣或許將加入美元、歐元與日圓的行列，成為國際性的貨幣。

你口袋裡的金錢

現在將話題從那些全球關注的事項，轉移到人們口袋內的金錢。在二十世紀的時候，每日使用金錢的方式出現了極大改變。尤其重要的是，貴金屬終於遭到放棄，完全退出了日常流通的貨幣〔圖358〕。銅製的信用貨幣在十九世紀時已很常見，到了二十世紀更可發現，所有流通中的硬幣都已經轉型成為信用貨幣。但其中值得玩味的是，貴金屬繼續影響了現代輔幣的外觀：一般來說，中等面額的硬幣繼續以銀色的賤金屬製造〔圖359〕，而一九八三年推出的一英鎊硬幣——那是目前所流通面值最大的硬幣——則是以明顯具有金黃色澤的銅鎳合金製成。用於造幣的金屬不但改變了成分、大幅降低了硬幣本身的價值，同時硬幣價值降低以後，更因為紙幣的大量生產和和紙幣在零售交易中日增的使用比例而相形見絀。一九〇〇年時，五英鎊的鈔票是英國所流通面額最低的紙幣，其價值等於二〇〇〇年最低面額紙幣（同樣是五英鎊）的六十倍以上。由於現在有各式各樣的材料可供使用於製造硬幣和紙幣，因此為特定面額的錢幣選擇材料的時候，取決的因素在於耐用性、生產成本和防偽性，而非更深層的經濟考量。某些國家的硬幣取代了小面額的鈔票；某些國家則不再流通硬幣，而光是使用紙幣。

用塑膠卡片付款

信貸與銀行業的歷史比輔幣更加悠久，但一直要等到二十世紀，塑膠卡片才開始被使用於日常付款。起先開發出來的是僅僅適用於特定公司的賒購卡，接著有了信用卡，可供支付許多不同公司所提供的商品和服務。倫敦在一九六七年六月二十七日安裝了全世界第一台自動提款機，而後簽帳卡在一九八〇年代已開始取代支票的付款功能。時至今日，英美等國已有一半以上的交易使用信用卡，然而現金仍舊在全世界君臨天下。

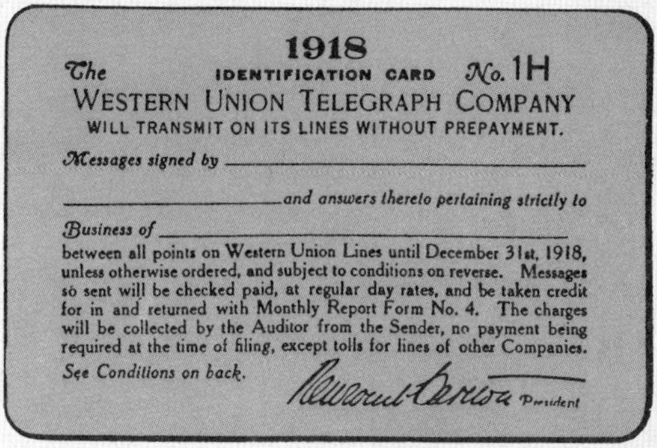
1918
The IDENTIFICATION CARD No. 1H
WESTERN UNION TELEGRAPH COMPANY
WILL TRANSMIT ON ITS LINES WITHOUT PREPAYMENT.
Messages signed by
and answers thereto pertaining strictly to
Business of
between all points on Western Union Lines until December 31st, 1918, unless otherwise ordered, and subject to conditions on reverse. Messages so sent will be checked paid, at regular day rates, and be taken credit for in and returned with Monthly Report Form No. 4. The charges will be collected by the Auditor from the Sender, no payment being required at the time of filing, except tolls for lines of other Companies.
See Conditions on back.
President

〔圖 357a〕
美國的「西聯卡」(1918)
「西聯銀行」在一九一四年推出了一種卡片，讓客戶可以無息延遲付款。那種卡片很快就得到「金屬錢」的綽號，因為它們是以薄金屬片製成。

CREDIT
IDENTIFICATION
CARD
the Diners' Club
SPECIMEN
SIGNATURE OF AUTHORIZED BEARER
EXPIRES JUNE 30, 1951
SUBJECT TO TERMS ON REVERSE SIDE

〔圖 357b〕
大來俱樂部卡(1951)
信用卡的發展，開始於一位名叫法蘭克．麥克納瑪拉的商人在一九四九年某天晚上的窘境。他發現自己身上攜帶的現金不夠支付晚餐，因而痛定思痛立意絕不可讓此等情事再度發生。一九五一年時，已有二萬人成為「大來俱樂部」(Diners Club)的會員。到了一九六七年，接受「大來卡」的國家更已超過了當時聯合國會員國的數目。

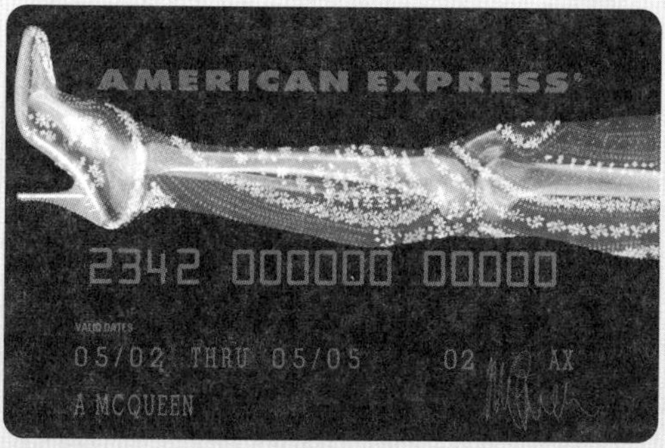
AMERICAN EXPRESS
2342 000000 00000
VALID DATES
05/02 THRU 05/05
02
AX
A MCQUEEN

〔圖 357c〕
隨著簽帳卡與信用卡使用量的增加，發卡公司推出了象徵身分地位的卡片，把它們推銷給高收入的客戶。那些卡片可依顏色或性質被稱做「黃金卡」或「白金卡」，其設計者甚至可以是著名的設計師。但最重要的關鍵並不僅僅繫乎你花費了多少錢，而是在於你花錢時看起來有多少架勢。

〔圖 357d〕
英國的巴克萊卡（1966）
剛開始推出信用卡的時候，零售店和顧客都必須學習如何使用這種嶄新的塑膠貨幣。例如巴卡萊卡在一九六六年成為英國第一種信用卡的時候，廣告和傳單只是其中幾種學習方法之一而已。

〔圖 357e〕
匯豐銀行所發行符合《沙里亞》律法的信用卡（2005）
許多宗教反對在貸款時收取利息。像伊斯蘭的《沙里亞》律法就禁止藉由金錢交易來牟利，亦即只允許無息儲蓄和無息貸款。目前已有越來越多的銀行想方設法向客戶提供信用卡和簽帳卡、抵押和津貼之類的服務，而不涉及關於支付利息那方面的問題。

在二十世紀的時候，許多西方國家的大規模商業活動與金融交易已經越來越不再使用現金，而是透過信用機制、支票和電子轉帳等方式來進行。由於大多數百姓都擁有銀行戶頭，而且從銀行和其他通路取得信貸的做法日益普遍，上述發展也逐漸開始影響到日常生活中的金錢使用。科技的進步促成信用卡和簽帳卡之類的新事物被創造出來，讓人們無需使用現金即可完成大多數的交易。這種改變在某些國家的發展程度高於其他地區，然而其相對發展程度的高低並非經濟複雜度與繁榮度的指標。例如美國和英國的百姓在二十世紀中葉的時候，很快便習慣於開支票來購物和支付各種款項；第二次世界大戰以後的德國人和其他歐陸國家的百姓，在日常購物時則多半仍執著於使用現金。

儘管金錢已經全球化，而且或許正是因為金錢已經全球化的緣故，各國政府和百姓都希望繼續維護本國貨幣，以之做為獨立主權的重要象徵。將歐元制定為歐盟通用貨幣的過程中，新的鈔票和硬幣究竟應該使用何種圖案一事，曾經引發了各種討論。最後做出的決定為：歐洲各地所使用的紙幣圖案必須一致，藉以促進

〔圖 358〕
南非共和國的克魯格金幣 1980）
其價值等於一「金衡盎司」（troy ounce）的高成色黃金。雖然貴金屬幾乎完全不再被使用為可流通貨幣，某些國家仍然製造金幣，以之做為買賣黃金商品的一種方式。這種金幣與可流通貨幣的不同之處在於：它們沒有面額，只標示出黃金的重量與成色。

〔圖 359〕
英國的「一克朗」銅鎳合金幣（1977）
「克朗」原本是大型銀幣，自一九五一年起改用銅鎳合金製造。英國在一九七一年將貨幣改成十進位制以後，仍偶爾發行價值折合五先令的一克朗硬幣。例如一九七七年設計這枚硬幣的目的，是為了慶祝伊莉莎白二世女王登基二十五週年紀念。

歐洲的統一與合作，硬幣的背面則可以出現各成員國自己的圖案〔圖 360〕。有些國家選擇保留本國君主的肖像，有些國家則展示藝術作品或歷史象徵，於是各會員國都在硬幣上面維護了自我認同。這個現象鼓勵了新一代的錢幣收藏者，設法從每一個成員國那邊把每一種面額的硬幣都蒐集過來；但批評者也為此而提出抱怨，表示歐元使得錢幣不再多彩多姿。包括英國在內的一些國家，還繼續討論自己是否也應該加入歐元區。而倡議反對英國加入歐元區的人士，則將焦點放在經濟意涵、國家認同與國家主權等議題上。由此自來，即便金錢的發行與使用方式已經出現了這麼多如此重大的改變，現代世界在某些方面依舊跟過去十分相像。

〔圖 360〕
歐元區各會員國互不相同的硬幣背面圖案設計
當初十二個歐盟會員國預備在二〇〇二年引進歐元的時候，遍布歐洲各地的十六家造幣廠總共使用了二十五萬噸金屬，製造出大約五二〇億枚硬幣。

結論

世界歷史在現代時期的最鮮明特徵，或許就在於變化發生的速率——尤其是關於科技和科學等方面的變化，而過去二百五十年內在此出現的改變，超過了之前的二千五百年。科技與科技專業知識的發達，讓人們成為所處環境及天然資源的支配者；而現代經濟思想的發達，也讓人們獲得相近的地位，看似有能力支配自己的經濟生活。可是這兩方面的支配地位都不完全：正宛如世界已經變成了一個「人定勝天」的成分多於「天有不測風雲」的地方（至少有人如此認為），人們也在現代時期達到了一個可相提並論的階段，彷彿有辦法讓金錢變成一種純粹用於造福社會和經濟的工具。然而就像科技與科技的實際運用都很難加以掌控一般，金錢事務同樣處理不易。金錢的獨立「性格」被喚醒之後（這是經濟學家高伯瑞〔Galbraith, 1908-2006〕的講法），讓金錢的特質與表徵變得更加難以捉摸。到了十九世紀和二十世紀，金錢已不再侷限於漸進式的改變，於是它始終多變的本質往往以前所未見的規模，誘發出難以控制的危機。貿易與通訊在全球各地的突飛猛進——從十九世紀中葉電報的發展乃至於二十世紀的電話和電腦——更加突顯了金錢的演變進程。其發展的極致就是，各國政府與中央銀行的決策者顯得有時跟不上世界金錢市場每日變化的腳步，以致弱勢貨幣極易受到傷害，而且經濟政策可在一夜之間過時。二十世紀固然在科技和知識上帶來了各種重大的進展，可是當它接近尾聲的時候，人們已不像大戰剛結束時那般理所當然地認為，僅僅憑靠經濟學就一定可以保證會有更大能力來預測和支配金錢。

可是對許多人來說，「金錢」這個概念儼然已成為西方文化背後的主要推動因素：儘管金錢的不可測性與日俱增，但正由於它的權勢不斷上升，於是變成了政治辯論與個人努力的主要焦點所在。此類的態度很貼切地被稱作「物神崇拜」，意即賦予受到熱烈追求的物品一種近乎超自然的屬性——在我們的案例中，那個物品就是金錢。閱罷本書以後，讀者或許有充分的理由來質疑：「有何新鮮事可言？」其實，在金錢的歷史上若曾有過任何看似老掉牙的東西，那肯定就是許多道德之士所發出的怨言，旨在責怪金錢對人類文化和社會所產生顯而易見的毀滅性效果。這種評判可謂公允，而發出怨言時的背後動機很可能千百年下來都未曾改變過，尤其如果是將某些神聖的經文拿來做為基準的時候（譬如我們已在前面見過的《福音書》或《古蘭經》等等）。然而金錢的定義在理論概念上所出現的徹底變化、金錢擺脫貴金屬所施加的羈絆，以及銀行業與信貸業在技術上的快速進展，都已經從本質上改變了金錢的運作模式。

社會本身當然也出現了變化。工業時代曾經將「賺取金錢」跟「製造物品」緊密結合在一起——尤其是透過廉價的大量生產來牟利，亦即俗語所稱的「髒活有錢賺」。那種做法在當時是新鮮事，可是到了二十世紀後期就已經風光不再，因為隨著西方世界許多地區的重工業式微，以及「後工業社會」的來臨，賺取金錢的方法似乎已日益與工業生產脫節。股票市場和貨幣市場看來就是能夠讓人賺到大筆金錢的地方，即便

〔圖 361〕
《來自大來俱樂部的男人》電影劇照——現金死於今日（1963）
儘管塑膠卡片和電子金錢交易來勢洶洶，現金仍舊是世界上最重要的金錢類型。

那些市場的運作方式對大多數百姓而言都是一個謎團。人們已普遍意識到它們對國家經濟和貨幣繁榮的重要性，卻只有極少數人士明白它們究竟如何實際發揮功能。太平洋盆地各個新興地區的情況看起來自然很不一樣，因為當地不斷增加的國家財富，與成功進行工業化有著顯而易見的密切關係。可是在第二個千禧年結束時的西方世界（而且本書是以西方觀點來撰寫），金錢無論就自身的形態還是取得的方式來說，都日益具有「非物質化」的風貌。現代金錢的基本矛盾因而就是：那種如此難以捉摸的東西竟可繼續維持如此強大的力道！

洲	1200	1300	1400	1500	1600	1700	1800	1900	2000
非洲	斯瓦希里王國在東非發行錢幣。十二至十五世紀之間亦流通使用從中國進口的錢幣 歐洲拷貝北非的伊斯蘭銀幣（公元十一至十三世紀）			葡萄牙人報導了非洲西部將貝殼和銅環使用為貨幣的情形（十五世紀） 葡萄牙人開採非洲的黃金（十五世紀）			西非引進歐洲的殖民地貨幣（十八世紀末葉至十九世紀） 歐洲旅行家針對非洲部分地區將鐵鋤、貝殼、布料、牛隻……使用為通貨的情形做出報導（十九世紀） 英屬印度的盧比在東非流通（十九世紀） 開始以出產於南非的黃金製作金幣（1883）		傳統形式的金錢在衣索比亞、奈及利亞和賴比瑞亞一直使用到一九三〇和四〇年代，與紙幣和硬幣一起流通。
美洲					西班牙人在十六世紀帶來錢幣之前，北美將貝殼和貝殼串用為通貨，南美則使用銅斧和可可豆 西班牙人開採美洲銀礦，並開始向全球輸出「八里爾」銀幣（十六世紀）	英國殖民者率先在北美製作錢幣（十七世紀初） 巴黎為魁北克的法國殖民地製造錢幣（十七世紀）	巴西出現淘金熱。葡萄牙將金幣出口至歐洲（十八世紀） 美國於獨立戰爭結束後推出一美元硬幣（1794）	西班牙結束在美洲的帝國統治；八里爾銀幣普遍流通使用於各地（十九世紀初） 一八四八年在加利福尼亞發現金礦，促成金幣的擴張	華爾街崩盤，美國股市崩潰（1929） 信用卡開始出現（1950） 尼克森將美元的價值與美國的黃金儲備脫鉤（1971-73）
亞洲	印尼將中國的錢幣使用為貨幣（十二至十五世紀）				印度和東印度群島引進歐洲錢幣（十六世紀） 蒙兀兒帝國推出盧比銀幣（十六世紀中葉至末葉）	日本採用紙幣（十七世紀） 英國開始在印度推出殖民地錢幣（十七世紀）	印度在加爾各答製作了第一批以機器壓製的錢幣（1790）	中國（元）和日本（圓）在十九世紀推出歐洲式的銀元 中國的錢幣製造開始機械化（1890） 伊朗和土耳其引進紙幣（十九世紀末）	中國停止實施銀本位制（1935） 中國推出人民幣（一九五〇年前後）
澳洲		美拉尼西亞與密克羅尼西亞將貝殼與珠串使用於支付				歐洲探險家發現澳大利亞和紐西蘭（十七世紀）	英國建立新南威爾斯殖民地。蘭姆酒在殖民初期被用為貨幣（1788）。	新南威爾斯使用南美洲的銀元（1815） 太平洋諸島開始製作錢幣（夏威夷，一八四〇年代） 澳大利亞的金礦促成金幣的製造（1851）	澳大利亞推出聯邦貨幣（1910-11） 紐西蘭推出本國貨幣（1933-40） 澳大利亞與紐西蘭分別推出十進位的澳元和紐元（1966-67）
歐洲		恢復使用金幣，並引進大面額的銀幣（十三世紀）		引進銅幣做為零錢使用（十五世紀末）	十六世紀發明螺旋壓印器以後，錢幣的製造開始機械化	瑞典率先在歐洲印製紙幣（1661） 英格蘭銀行成立（1694）	彼得大帝在俄國推出歐洲第一種十進位錢幣（1710） 博爾頓發明蒸汽壓幣機，使得錢幣能夠大量生產	法國推出拿破崙金幣（1806）；英國推出沙弗林金幣（1817） 成立拉丁貨幣聯盟。一些歐洲國家共同將貨幣標準化，以利相互兌換（1865）	第一次世界大戰（1914-18）導致紙幣使用量的增加和金本位制的崩潰 歐洲推出第一種信用卡（1966），裝設第一批自動提款機（1967） 歐洲單一貨幣（歐元）開始流通使用（2002）

1200	1300	1400	1500	1600	1700	1800	1900	2000

年表

	早於西元前 500	西元前 500-0	西元 500	600	700	800	900	1000	1100
非洲	按重量計價的金屬在埃及被使用為貨幣	利比亞出現希臘錢幣（約西元前500） 北非出現迦太基錢幣（西元前五世紀末葉） 托勒密王朝在埃及引進希臘錢幣（西元前四世紀末）	一些北非王國仿造羅馬錢幣（西元一世紀） 衣索比亞的「阿克蘇姆」王國開始製作錢幣（西元三世紀） 汪達爾人在迦太基仿造羅馬錢幣（西元五世紀）		北非開始製作伊斯蘭錢幣（西元七世紀）				
美洲			雖然美洲或許曾出現過某種形式的金錢，但現有資料無法說明它們在西元一〇〇〇年以前的樣貌						諾威國王奧拉夫三世（1067-95）的銀便士成為最早在美洲出現的歐洲錢幣。
亞洲	穀物與白銀在美索不達米亞被使用於付款 中國將瑪瑙貝使用為貨幣 小亞細亞的呂底亞開始使用琥珀金幣；中國開始使用製作成工具形狀的青銅幣（約西元前600）	印度從波斯引進希臘式的錢幣（西元前四世紀） 中國開始將方孔圓錢使用為標準貨幣（約西元前221）	薩珊王朝統治者在中東製作大型「德拉克馬」銀幣（227-62）		中國在唐朝引進標準銅幣（627-49） 公元七世紀出現最早期的伊斯蘭錢幣；從公元六九六年開始，錢幣只有文字而無圖案	日本推出中國式的銅幣（西元七〇八年）		中國推出紙幣（十世紀）	
澳洲									
歐洲	希臘與希臘的殖民地開始使用銀幣（西元前六世紀）	羅馬開始使用銀幣（約西元前300） 不列顛開始使用錢幣（約西元前75） 奧古斯都統治時期開始發行羅馬帝國錢幣（西元前31－西元14）	內戰導致羅馬幣制出現危機（三世紀中葉及末葉）。戴克里先在二九〇年前後重定穩定幣制 西羅馬帝國滅亡。新成立的各個「蠻族」王國起初仿造羅馬金幣，而後開發出自己的錢幣類型（五至六世紀）			歐洲使用伊斯蘭的錢幣（西元八至十世紀） 查理曼大帝重建「羅馬帝國」；歐洲廣大地區內引進了銀便士（西元八世紀末）		斯堪的那維亞及東歐各王國開始使用銀便士（十至十一世紀）	

早於西元前 500 西元前 500-0 西元 500 600 700 800 900 1000 1100

參考書目

通論

Burnett, A.,*Interpreting the Past: Coins* (London 1991)
Casey, J., and Reece, R.,*Coins and the Archaeologist* (2nd edn, London 1988)
Cooper, D. R., *The Art and Craft of Coin Making* (London 1988)
Cribb, J. (ed.),*Money: From Cowrie Shells to Credit Cards* (London 1986)
Cribb, J., Cook, B., and Carradice, I., *The coin Atlas* (London 1990)
Cribb, J., *Eyewitness Guide: Money* (London 1990)
Crump, T., *The Phenomenon of Money* (London 1981)
Dodd, N., *The Sociology of Money* (London 1994)
Grierson, P.,*Numismatics* (Oxford 1975)
Orna-Ornstein, J.,*The Story of Money* (London 1997)
Porteous, J,*Coins in History* (London 1968)
Price, M. (ed.), Coins:*An Illustrated Survey* (London 1980)
Simmel, G.,*The Philosophy of Money* (London 1978)

期刊

A Survey of Numismatic Research (International Numismatic Commission)
Numismatic Chronicle (The Royal Numismatic Society, London)
Numismatic Circular (Spink and Son Ltd, London)
Numismatic Literature (The American Numismatic Society, New York)

第一章 美索不達米亞、埃及與希臘

Carradice, I. (ed.),*Coinage and Administration in the Athenian and Persian Empires* (Oxford 1987)
Carradice, I.,*Greek Coins* (London 1995)
Carradice, I., Price, M,*Coinage in the Greek World* (London 1988)
Finley, M. I.,*The Ancient Economy* (London 1973)
Howgego, C,*Ancient History from Coins* (London 1995)
Jenkins, G. K., Ancient Greek Coins (2nd edn, London 1990)
Kemp, B. J.,*Ancient Egypt: Anatomy of a Civilisation* (London 1989)
Kraay, C. M.,*Archaic and Classical Greek Coins* (London 1976)
Millett, P., *Lending and Borrowing in Ancient Athens* (Cambridge 1991)
Morkholm, O.,*Early Hellenistic Coinage* (Cambridge 1991)
Postgate, J. N.,*Early Mesopotamia: Society and Economy at the Dawn of History* (London 1992)
Rostovtzeff, M., *The Social and Economic History of the Hellenistic World* (Oxford 1941)

第二章 羅馬的世界

Abdy, R. A., *Romano-British Coin Hoards* (Shire Archaeology 82, Princes Risborough 2002)
Andreau, J.,*Banking and Business in the Roman World* (Cambridge 1999)
Banaji, J.,*Agrarian Change in Late Antiquity: Gold, Labour and Aristocratic Dominance* (Oxford Classical Monographs, Oxford 2002)
Burnett, A. M.,*Coinage in the Roman World* (London 1987)
Butcher, K., *Roman Provincial Coinage: An Introduction to Greek Imperials* (London 1988)
Casey, P. J.,*Roman Coinage in Britain* (Shire Archaeology 12, 3rd edn, Princes Risborough 1994)
Crawford, M. H.,*Coinage and Money under the Roman Republic* (London 1985)
Duncan-Jones, R,*Money and Government in the Roman Empire* (Cambridge 1998)
Melville Jones, J.,*A Dictionary of Ancient Roman Coins* (London 1990)
Reece, R.,*Coinage in Roman Britain* (London 1987)
Reece, R.,*The Coinage of Roman Britain* (Stroud 2002)

See also:
Crawford, M. H., "Money and exchange in the Roman world",*Journal of Roman Studies* 60 (London 1970), pp. 40-48
Hopkins, K., "Taxes and trade in the Roman Empire, 200 BC – AD 400",*Journal of Roman Studies* 70 (London 1980), pp. 101-25
Howgego, C., "The supply and use of money in the Roman world, 200 BC to AD 300",*Journal of Roman Studies* 82 (London 1992), pp. 1-32

第11章　中世紀的歐洲

Blackburn, M. A. S. (ed.),*Anglo-Saxon Monetary History: Essays in Memory of Michael Dolley* (Leicester 1986)
Cipolla, C. M.,*Money, Prices and Civilisation in the Mediterranean World* (Princeton 1956)
Cook, B. and Williams, G.,*Coinage and History in the North Sea World c. 500-1250: Essays in Honour of Marion Archibald* (Leiden 2006)
Corpus of Early Medieval Coin Finds (Sylloge of Coins of the British Isles), (www.fitzmuseum.cam.ac.uk/dept/coins/emc/)
Day, J.,*The Medieval Market Economy* (Oxford 1987)
Graham-Campbell, J. and Williams, G. (eds.),Silver Economy in the Viking Age (London 2006)
Grierson, P. and Blackburn, M. A. S.,*Medieval European Coinage 1: The Early Middle Ages (Fifth to Tenth Centuries)* (Cambridge 1986)
Grierson, P. and Travaini, L.,*Medieval European Coinage 14: Italy 111 (South Italy, Sicily, Sardinia)* (Cambridge 1998)
Grierson, P.,*Byzantine Coins* (London 1982)
Grierson, P.,*Coins of Medieval Europe* (London 1991)
Grierson, P.,*Dark Age Numismatics* (London 1979)
Grierson, P.,*Later Medieval Numismatics* (London 1979)
Hahn, W.,*Moneta Imperii Byzantini* (3 vols, Vienna 1973-80)
Hendy, M. F.,*Coinage and Money in the Byzantine Empire, 1081-1261* (Dumbarton Oaks Studies XIII, Washington DC, 1969)
Hendy, M. F.,*Studies in the Byzantine Monetary Economy* (Cambridge 1985)
Holmes, N. M. McQ, Williams, G. (ed.),*British Numismatic Journa*l, 73 (2003)

Lane, F. O., Mueller, R.,*Money and Banking in Medieval and Renaissance Venice, I: Coins and Money of Account* (Baltimore 1985)
Lopez, R. S.,*The Shape of Medieval Monetary History* (London 1986)
Malmer, B.,*The Anglo-Scandinavian Coinage, c. 995-1020* (Stockholm 1997)
Malmer, B.,*The Sigtuna Coinage, c. 995-1005* (Stockholm 1989)
Mayhew, N. J.,*Coinage in France from the Dark Ages to Napoleon* (London 1988)
Metcalf, D. M., and Edbury P. (eds.),*Coinage in the Latin East* (Oxford 1980)
Metcalf, D. M.,*Coinage in South-East Europe* (London 1979)
Metcalf, D. M.,*Coinage of the Crusades and the Latin East in the Ashmolean Museum* (London)
Miskimin, H. A.,*Cash, Credit and Crisis in Europe, 1300-1600* (London 1989)
Miskimin, H. A.,*Money and Power in Fifteenth-Century France* (Yale 1984)
Problems of Medieval Coinage in the Iberian Area (vol. 1, ed. M. G. Marques, Santarem 1984; vol. 2 ed. M. G. Marques and M. Crusafont i Sabatier, Aviles 1986; vol. 3, ed. M. G. Marques and D. M. Metcalf, Santarem 1989)
Richards J. F. (ed.),*Precious Metals in the Later Medieval and Early Modern Worlds* (Durham, North Carolina, 1983)
Spufford, P. and Mayhew, N. J.,*Coinage in the Low Countries* (Oxford 1979)
Spufford, Peter, *Monetary Problems and Policies in the Burgundian Netherlands* (Leiden 1978)
Spufford, Peter,*Money and its Uses in Medieval Europe* (Cambridge 1988; paperback reissue 2006)
Spufford, Peter,*Power and Profit: The Merchant in Medieval Europe* (London 2002)
Stahl, Alan,*Zecca: The Mint of Venice in the Middle Ages* (John Hopkins University 2000)
Wood, D. (ed.), *Medieval Money Matters* (Oxford 2004)

第四章　伊斯蘭諸國

Album, S. and Goodwin, T., *Sylloge of Islamic Coins in the Ashmolean, I. The Pre-Reform Coinage of the Early Islamic Period* (Oxford 2002)
Album, S.,*A Checklist of Popular Islamic Coins* (Santa Rosa 1993)
Album, S., *Sylloge of Islamic Coins in the Ashmolean, 9. Iran after the Mongol Invasion* (Oxford 2001)
Bosworth, C. E.,*The New Islamic Dynasties* (Edinburgh 1996)

Broome, M.,*A Handbook of Islamic Coins* (London 1985)
Gyselen, R., *Arab-Sasanian Copper Coinage* (Vienna 2000)
Kolbas, J.,*The Mongols in Iran. Chingiz Khan to Uljaitu 1220-1309* (London and New York 2006)
Lane Poole, S.,*Catalogue of the Oriental Coins in the British Museum* (London 1875-90)
Lowick, N. L.,*Islamic Coins and Trade in the Medieval World* (ed. J. Cribb, Aldershot 1990)
Malek, H. M.,*The Dabuyid Ispahbads and Early Abbasid Governors of Tabaristan: History and Numismatics* (London 2004)
Plant, R.,*Arabic Coins and How to Read Them* (London 1973)
Spengler, W. F. and Sayles, W. G.,*Turkoman Figural Bronze Coins and their Iconography* (Lodi, Wisconsin 1992 and 1996)
Treadwell, L, *Buyid Coinage: A Die Corpus (322-445 A. H.)* (Oxford 2001)
Walker, J.,*A Catalogue of the Arab-Byzantine and Post-Reform Umaiyad Coins* (London 1956)
Walker, J., A*Catalogue of the Arab-Sassanian Coins* (London 1941)

See also:
Abdullah Yusuf, Ali,*The Meaning of the glorious Qur'an* (London 1976)
Ashtor, E.,*A Social and Economic History of the Near East in the Middle Ages* (London 1976)
Balog, P.,*The Coinage of the Ayyubids* (London 1980)
Bates, M. L., "Islamic numismatics",*Middle East Studies Associations Bulletin*, in five sections from vol. 12:2 (May 1978) to vol. 13:2 (December 1979)
Ehrenkreutz, A. S.,*Monetary Change and Economic History in the Medieval Muslim World* (Aldershot 1992)
Ibn Hanbal, Ahmad,*Musnad al-Imam Ahmad ibn Hanbal*, ed. Samir Taha al-Majzub (Beirut 1993)
Ibn Khaldun,*An Arab Philosophy of History: Selections from the Prologema of Ibn Khaldun of Tunis (1332-1406)*, translated and arranged by C. Issawi (London 1950)
Lowick, N. L.,*Coinage and History of the Islamic World*, ed. J. Cribb (Aldershot 1990)
Mayer, L. A.,*A Bibliography of Moslem Numismatics* (London 1954)
Mitchiner, M.,*Oriental Coins and their Values: The World of Islam* (Sanderstead 1976)

第五章 印度與東南亞

Allan, J.,*Catalogue of the Coins of Ancient India* (London 1936)
Bopearachchi, O. and Rahman, A.,*Pre-Kushana Coins in Pakistan* (Islamabad 1995)
Bruce, C. R. et al.,*Standard Guide to South Asian Coins and Paper Money since 1556* AD (Iola 1981)
Carter M. L. (ed.),*A Treasury of Indian Coins* (Bombay 1994)
Cowell, E. B. (tans.),*The Jataka, or Stories of the Buddha's Former Rebirths* (London 1981)
Cribb, J., *The Indian Coinage Tradition: Origins, Continuity and Change* (Nasik 2005)
Deyell, J.,*Living without Silve*r (Delhi 1990)
Errington, E. and Cribb, J. (eds.), *The Crossroads of Asia* (Cambridge 1992)
Goron, S., Goenka, J. P.,*The Coins of the Indian Sultanates* (New Delhi 2001)
Gupta, P. L. and Hardaker, T. R.,*Ancient Indian Silver Punchmarked Coins of the Magadha-Maurya Karshapana Series* (Nasik 1985)
Gupta, P. L.,*Coins* (New Delhi 1969)
Kangle, R. P.,*The Kautilyan Arthashastra* (Bombay 1960-65)
Lath, Mukund (trans.),*Ardhakathanaka: Half A Tale* (Jaipur 1981)
Pridmore, F.,*Coins of the British Commonwealth of Nations* (4 vols, London 1960-75)
Prinsep, J. *Essays on Indian Antiquities, Historic Numismatic, and Palaeographic* (ed. E. Thomas, 2 vols, London 1858)
Scholten, C.,*The Coins of the Dutch Overseas Territories* (Amsterdam 1953)
Wicks, R. S.,*Money, Markets and Trade in Early Southeast Asia* (Ithaca 1992)

第六章 中國與東亞

Brown, D. M.,*Money Economy in Medieval Japan: A Study in the Use of Coins* (New Haven 1951)
Coole, A. R.,*An Encyclopaedia of Chinese Coins I: A Bibliography on Far Eastern Numismatology and a Coin Index* (Kansas 1967)
Cribb, J., A*Catalogue of Sycee in the British Museum: Chinese Silver Currency Ingots c. 1750-1933* (London 1992)
Cribb, J.,*Money in the Bank: An Illustrated Introduction to the Money Collection of The Hongkong and Shanghai Banking Corporation* (London 1987)

Glahn, Richard von,*Fountain of Fortune: Money and Monetary Policy in China 1000-1700* (Berkeley, Los Angeles and London 1996)

Hartill, D.,*Qing Cash* (London 2003)

Hewitt, V.*The Banker's Art* (ed.), (London 1995, pp. 94-117)

Hu, Jichuang, *A Concise History of Chinese Economic Thought* (Beijing 1988)

Kann, E.,*The Currencies of China* (Shanghai 1926, rev. edn 1927)

Mandel, E. J.,*Cast Coinage of Korea* (Racine, Wisconsin, 1972)

Munro, N. G.,*Coins of Japan* (Yokohama 1904)

Peng, Xinwei,*A Monetary History of China (Zhongguo Huobi Shi)* (trans. E. H. Kaplan, 2 vols, Bellingham, Washington, 1994)

Thierry, F.,*Amulettes de Chine et du Vietnam: rites magiques et symboliques de la Chine ancienne* (Paris 1987)

Thierry, F.,*Catalogue des monnaies vietnamiennes* (Paris 1987)

Thierry, F.,*Monnaies de Chine* (Paris 1992)

Ting, Fu-Pao (Ding Fubao),*A Catalog of Ancient Chinese Coins (including Japan, Korea and Annan)* (Shanghai 1940)

Wang, H., Cowell, M., Cribb, J. and Bowman, S.,*Metallurgical Analysis of Chinese Coins at the British Museum* (London 2005)

Wang, Helen. and Stein, Aurel,*Money on the Silk Road: The Evidence from Eastern Central Asia to c. AD 800* (London 2004)

Yang, Lien-Sheng,*Money and Credit in China: A Short History* (Cambridge, Massachusetts, 1952)

第七章　近代早期

Attman, A.,*American Bullion in the European World Trade 1600-1800* (Goteborg 1986)

Attman, A.,*The Bullion Flow between Europe and the East 1000-1750* (Goteborg 1981)

Besly, E.,*Coins and Medals of the English Civil War* (London 1990)

Cauwenberghe, E. H. G. van,*Money, Coins and Commerce: Essays in the Monetary History of Asia and Europe* (Louvain 1991)

Cauwenberghe, E. H. G. van,*Precious Metals, Coinage and the Change of Monetary Structures in Latin America, Europe and Asia* (Louvain 1989)

Challis, C. E.,*New History of the Royal Mint* (London 1992)

Challis, C. E.,*The Tudor Coinage* (Manchester 1978)
Checkland, S. G.,*Scottish Banking: A History, I: 1693-1973* (Glasgow 1975)
Clain-Stefanelli, E. E. and Clain-Stefanelli,V.,*Monnaies euroéennes et monnaies coloniales américaines entre 1450 et 1789* (Fribourg 1978)
Clapham, J.,*The Bank of England: A History, I: 1694-1797* (Cambridge 1944)
Cottrell, P. L. and Anderson, B. G.,*Money and Banking in England: The Development of the Banking System, 1694-1914* (London 1974)
Green, E.,*Banking: An Illustrated History* (Oxford 1989)
Hamilton, E. J.,*American Treasure and the Price Revolution in Spain* (1501-1650) (Cambridge, Massachusetts, 1934)
Hewitt, V. (ed.),*The Banker's Art: Studies in Paper Money* (London 1995)
Mayhew, N.,*Sterling: The History of a Currency* (London 2000)
McCusker, J. J.,*Money and Exchange in Europe and America, 1660-1773: A Handbook* (North Carolina 1978)
Newman, E. P.,*The Early Paper Money of America* (3rd edn, Iola 1990)
Sargent, T. J. and Velde, F. R.,*The Big Problem of Small Change* (Princeton 2002)
Spooner, F. C.,*The International Economy and Monetary Movements in France, 1493-1725* (Harvard 1972)
Vilar, P.,*A History of Gold and Money, 1450-1920* (London 1976; paperback reprint 1991)
Wee, H. van der, "Monetary, credit and banking systems", in E. E. Rich and C. Wilson, *Cambridge Economic History of Europe*, vol. 5 (Cambridge 1977)

第八章　非洲與大洋洲

Bisson, M. S., "Copper currency in central Africa: the archaeological evidence", *World Archaeology* 6:3 (London, February 1975)
Dalton, G. (ed.),*Tribal and Peasant Economics: Readings in Economic Anthropology* (Austin, Texas, 1967)
Douglas, M., "Raffia cloth distribution in the Lele economy",*Africa* xxv (1950), pp. 109-22 (reprinted in Dalton,*op. cit.*, pp. 103-22)
Einzig, P.,*Primitive Money* (London 1948)
Guyer, J. I.,*Money Matters: Instability, Values and Social Payments in the Modern History of West African Communities*

(London 1995)
Herbert, E. W.,*Red Gold of Africa: Copper in Precolonial History and Culture* (Wisconsin 1984)
Humphries, O. and Hugh-Jones, S. (eds.),*Barter, Exchange and Value: An Anthropological Approach* (Cambridge 1992)
Melitz, J.,*Primitive and Modern Money: An Interdisciplinary Approach* (Reading, Massachusetts, 1974)
Optiz, C.,*Ethnographic Study of Traditional Money* (Ocala 2001)
Perry J. and Bloch, M. (eds.),*Money and the Morality of Exchange* (Cambridge 1989)
Quiggin, A. H.,*A Survey of Primitive Money* (London 1949)

See also:
Ben-Amos, P. G.,*The Art of Benin* (2nd edn, London 1995)
Mack, J.,*Madagascar: Island of the Ancestors* (London 1986)
O'Hanlon, M.,*Paradise: Portraying the New Guinea Highlands* (London 1993)
Rivallain, J.,*Echanges et pratiques monétaires en Afrique: Du XVe au XIXe siécles àtravers les récits de voyageurs* (Paris 1994)

第九章　現代時期

Anderson, W. G.,*The Price of Liberty: The Public Debt of the American Revolution* (Charlottesville 1983)
Angell, N.,*The Story of Money* (London 1930)
Business History at*www.eh.net*
Davies, G.,*A History of Money from Ancient Times to the Present Day* (Cardiff 2002)
Dowle, A. and Clermont, A. de,*Monnaies modernes, 1789 à nos jours* (Fribourg 1972)
Galbraith, J. K.,*A History of Economics* (London 1987)
Galbraith, J. K.,*Money: Whence it Came, Where it Went* (Boston 1975)
Galbraith, J. K.,*The World Economy since the Wars* (London 1995)
Keynes, J. M.,*The General Theory of Employment, Interest and Money* (London 1936)
Krause Publications annually,*Standard Catalog of World Coins*
Krause Publications annually,*Standard Catalogue of World Paper Money*

Lafaurie, J.,*Les assignats et les papiers monnaies émis par l' état au XVIIIe siècle* (Paris 1981)
Marx, Karl,*Das Kapital: Kritik der politischenökonomie*, ed. F. Engels (1867)
Pressnell, L. S.,*Country Banking in the Industrial Revolution* (Oxford 1956)
Ricardo, David,*On the Principles of Political Economy and Taxation* (3rd edn, London 1817)
Roll, E.,*A History of Economic Thought*(4th edn, London 1973)
Sayers, R. S. (ed.),*Banking in Western Europe* (Oxford 1962)
Smith, Adam,*An Inquiry into the Nature and Causes of the Wealth of Nations* (5th edn, 1789)
Standish, D,*The Art of Money: The History and Design of Paper Currency from around the World* (San Francisco 2000)
Wie, P. D. van,*Image, History and Politics: The Coinage of Modern Europe* (Lanham, Maryland, 1999)

譯名對照表

一劃

《一九三三年淘金客》（好萊塢歌舞片） Gold Diggers of 1933
一八三七年經濟大恐慌 Panic of 1837

二劃

七宗罪 Seven Deadly Sins
《七宗罪》 De Septem Vitis
二德拉克馬（希臘銀幣） Didrachm
八里爾（西班牙相當於「塔勒」的銀幣） Piece of eight（8-real, 8 reales）
八德拉克馬 Octodrachm
刀幣 Knife money
十二伊瑪目教義（回教什葉派的主流教義） Twelver Shiism
十二銅表法（羅馬最古老的法典） Twelve Tables
十字圖案便士（錢背為十字圖案的銀便士） Crux-type penny

三劃

三優耐特（英國國王查理一世的金幣） Triple unite
凡斯，修（《論金錢的本質與用法》之作者） Hugh Vance
《凡爾賽和約的經濟後果》（凱因斯的名著） Economic Consequences of the Peace
乞立赤・阿爾斯蘭四世（十三世紀塞爾柱王朝統治者） Qilij Arslan IV（Kilij Arslan IV）
于闐（新疆和闐的舊名） Khotan
士麥那（小亞細亞西部城市） Smyrna（Izmir）
大力羅摩（印度教神明，「黑天」之兄） Balarama
大吉祥天（毘濕奴之妻，即「吉祥天女」） Shri（Sri Devi; Mahasri; Lakshmi）
大來俱樂部 Diner's Club
大流士（波斯國王） Darius
大流克（波斯金幣，或譯為「達利克」） Daric
大英博物館 The British Museum
大夏（阿富汗北部古國） Bactria
大馬士革 Damascus
大陸紙幣（美國獨立戰爭時發行的紙鈔） Continental bills
大陸會議 Continental Congress
大雅爾茅斯銀行 Great Yarmouth Bank

四劃

《不可兒戲》（王爾德諷刺喜劇，即《認真的重要性》） The Importance of being Earnest
不列顛亞麻公司銀行 British Linen Company（British Linen Bank）
不賽因（十四世紀蒙古伊兒汗國第九任統治者） Abu Sa'id
《中國商務指南》（馬儒翰的名著） Chinese Commercial Guide
丹多洛，喬凡尼（十三世紀威尼斯統領） Giovanni Dandolo
什葉派 Shiite
什魯斯伯里（英格蘭中西部城市） Shrewsbury
內米菲迪烏斯（八世紀普羅旺斯行政長官） Nemfidius

內爾瓦（公元一世紀羅馬皇帝） Nerva
厄立特里亞（東北非瀕臨紅海的國家） Eritrea
厄里奇（位於西班牙東部） Ilici
反全球化運動 Anti-globalization movement
天然自由 Natural liberty
天課（伊斯蘭「五功」之一，即「扎卡特」） Zakat（Alms tax）
太平興寶（越南的古錢） Thaibinh hu'ngbao
太陽埃居（中世紀的法國金幣） Écu au soleil
孔雀王國（公元前四至二世紀的印度古國） Mauryan kingdom
尤米尼斯二世（公元前二世紀帕加馬國王） Eumenes II
巴西琉斯 Basileus
巴克萊卡 Barclaycard
巴拉丁伯爵（神聖羅馬帝國七個選帝侯之一） Count Palatine （Pfalzgraf）
巴拉瓦特（伊拉克北部古城） Balawat
巴拉夏日（古印度修行者） Parashara
巴格達特（波西斯的祭司國王） Bagadat（Bagadates, Baydad）
巴特農神殿 Parthenon
巴勒斯坦 Filistin（Palestine）
巴勒維王朝（二十世紀伊朗王朝） Pahlavis（Pahlavi Dynasty）
巴勒維語（中古波斯語，或譯為「巴列維語」） Pahlavi（Pahlevi）
巴塔克（蘇門答臘以人頭為貨幣的民族） Battech（Batak）
巴爾本，尼古拉斯（十七世紀英國經濟學家） Nicholas Barbon
巴爾米拉（敍利亞中部的古國） Palmyra
巴爾貝克（黎巴嫩西北部古蹟） Baalbeck
巴爾迪（佛羅倫斯的銀行家族） Bardi
巴爾博，尚（十七世紀法國駐非洲代表） Jean Barbot
巴赫拉姆五世（公元五世紀薩珊王朝統治者） Bahram V
巴黎德尼厄爾（法國銀幣名稱） Denier Parisis
戈佐島（馬爾他附近的島嶼） Gozo
戈斯拉爾（德國哈次山脈的古城） Goslar
戈爾迪安三世（公元三世紀羅馬皇帝） Gordian III
戶部造幣廠 Board of Revenue Mint
扎卡特（回教徒每年的施捨捐款，即「課功」） Zakat（Alms tax）
扎希爾（阿拉伯人名，「顯赫者」） Al-Zahir（Az-Zahir）
文久永寶（日本最後鑄造的銅錢） Bunkyu eiho
文德錢幣同盟（中世紀德國北部的貨幣同盟） Wendish Monetary Union（Wendischer Münzverein）
文德蘭達（英格蘭北部羅古要塞） Vindolanda
《方法與手段》（色諾芬的著作） Ways and Means
木司塔辛（十三世紀阿拔斯王朝末代哈里發） al-Musta'sim
比哈爾（印度東北部邦國） Bihar
比爾（衣索比亞貨幣單位） Birr
火之祭壇 Fire-altar
王室銀行（即「通用銀行」） Banque Royale
王家非洲公司（英國在非洲買賣黃金和奴隸的公司） Royal Africa Company
王爾德，奧斯卡（十九世紀愛爾蘭劇作家） Oscar Wilde

五劃

丘爾戴爾（蘭開郡的考古地點） Cuerdale
以弗斯（小亞細亞西岸希臘城邦） Ephesus
以實瑪利人（舊約聖經中的民族） Ishmaelites
以蘭（印度中部古城） Eran
代書銀行家 Scrivener banker
加列努斯（公元三世紀羅馬皇帝） Gallienus
加洛林王朝（取代墨洛溫王朝的法蘭克王朝） Carolingians
加圖（古羅馬政治家） Cato（Cato the Elder）
加爾各答（印度東部城市） Calcutta
半支迦（佛教神明，即「般闍迦」） Panchika

半克朗（英國銀幣名，等於二先令六便士） Half-crown
卡扎爾王朝（十八世紀末至二十世紀初的伊朗王朝） Qajars（Qajar Dynasty）
卡瓦洛（那不勒斯的銅幣） Cavallo
卡米勒（十三世紀阿尤布王朝統治者） al-Kamil
卡里亞（小亞細亞西南沿海地區） Caria
卡帕多西亞（位於小亞細亞） Cappadocia
卡拉卡拉（公元三世紀羅馬皇帝） Caracalla
卡哈巴那（即「嘎夏巴涅」，亦名「迦利沙鉢拏」） Kahapana
卡修斯（刺殺凱撒者） Cassius
卡翁達，肯尼斯（尚比亞第一任總統） Kenneth Kaunda
卡斯托耳與波魯克斯（即「狄俄斯庫里兄弟」） Castor and Pollux
卡萊爾，湯瑪斯（十九世紀英國文學家） Thomas Carlyle
卡瑟爾（德國中部城市） Kassel
卡爾十世古斯塔夫（十七世紀瑞典國王） Carl X Gustav
卡薩帕那（「嘎夏巴涅」的希臘語名稱） Kasapana
古吉拉特（印度西北部地區） Gujarat
古爾丁納（「古爾盾格羅申」的別稱） Guldiner
古爾王朝（十二、十三世紀的阿富汗王朝） Ghurids
古爾盾（德國與荷蘭的金幣與銀幣名稱） Gulden
古爾盾格羅申（「塔勒」銀幣的前身） Guldengroschen
古德弗利德松，奧拉夫（十世紀都柏林維京國王） Anlaf Guthfrithsson（Olaf Guthfrithsson）
《古蘭經》（可蘭經） Qur'an（Koran）
史泰西上校（印度古錢幣收藏者） Colonel Stacy
《史畢茲編年史》（迪伯爾德．席林的名著） Spiez Chronicle
四帝共治體系 Tetrarchic system
四馬雙輪戰車（夸德里加） Quadriga
四葉飾 Quatrefoil
四德拉克馬（古希臘銀幣） Tetradrachm
尼亞波里斯（那不勒斯） Neapolis
尼亞斯島（蘇門答臘西方的島嶼） Nias island
尼亞薩蘭（今日的馬拉威） Nyasaland
尼姆魯德（伊拉克北部古城） Nimrud
尼迦（《本生經》書中的「膩色迦」） Nikkha
尼祿（公元一世紀羅馬皇帝） Nero
尼雷爾（坦桑尼亞總統及國父） Julius Nyerere
尼德蘭（低地國家） The Netherlands（The Low Countries）
布列頓森林協定 Bretton Woods Agreement
布里茲，赫克托（現代英國漫畫家） Hector Breeze
布里斯托（英國南部海港） Bristol
布里斯托市立博物館與畫廊 Bristol City Museum and Art Gallery
布里斯托貴金屬銀行 Bristol Bullion Bank
布拉格格羅申（波希米亞的銀幣） Praguergroschen（Prager Groschen）
布拉班特（位於荷蘭與比利時之間的公國） Brabant
布哈拉（烏茲別克南部城市） Bukhara
布倫瑞克—呂內堡（德境北部的公爵國） Brunswick-Lüneburg（Braunschweig-Lüneburg）
布根地人（日耳曼部落名，或譯為「勃艮第」） Burgundians
布匿克戰爭 Punic War
布萊伯利錢（英國於一戰爆發後發行的紙鈔） Bradburys
布幣 Spade money
布魯圖斯，馬爾庫斯（刺殺凱撒者） Marcus Brutus
平價（與票面價值相等） Par
幼發拉底河 Euphrates
弗里西亞人（尼德蘭北部的民族） Frisians
弗里薩赫（奧地利白銀產地） Friesach
弗里薩赫芬尼（中世紀奧地利的主要貨幣） Friesacher Pfennig

弗賴貝格（德國東南部的銀礦區） Freiberg
弗羅林（佛羅倫斯率先打造的金幣） Florin
《必要及有益於西班牙的政策芻議》 Memorial de la Politica necesaria yùtil a la Repùlica de España
《本生經》（即《闍陀伽經》） Jatakas
本地治里（印度東南部的法國拓殖地） Pondicherry
本都（小亞細亞東北部王國） Pontus
永久付息國債 Fund for Perpetual Interest
瓜納華托（墨西哥中部的銀礦區） Guanajuato
瓦巴拉圖斯（被羅馬人俘虜的巴爾米拉國王） Vabalathus
瓦西特（伊拉克東部的古代商業重鎮） Wasit
瓦特，詹姆斯（英國發明家） James Watt
瓦茨拉夫二世（波希米亞國王，或譯為「文西斯勞斯」） Wenceslas II（Vàclav II）
瓦基（「阿比西尼亞盎司」） Wakea
瓦爾韋立茲（阿富汗北部古地名） Warwayliz
甘多爾福堡（羅馬附近的村落） Castel Gandolfo
甘康普瓦街（巴黎股票交易所所在地） Rue Quincampoix
生丁（百分之一法郎） Centime
用於支付的工具 Means of making payments
白匈奴（嚈噠人） Epthalite Huns（Hephthalite）
白夏瓦（巴基斯坦西北部城市） Peshawar
皮加費塔，菲利波（十六世紀義大利作家） Philippo Pigafetta
皮克（北美印地安人的貝殼串，即「Wampum」） Peak（Peake, Peag, Peage）
皮阿斯特（埃及、敍利亞、蘇丹等國錢幣名稱） Piastre（Piaster）
皮阿斯特拉（義大利的銀幣） Piastra
皮洛士（公元前三世紀以「慘勝」出名的希臘國王） Pyrrhus
皮斯特魯齊，本奈德托（著名的義大利雕版師） Benedetto Pistrucci

六劃

交易媒介 Medium of exchange
伊卡列斯肯（西班牙古城） Ikalesken
伊本．巴圖塔（中世紀最著名的阿拉伯旅行家） Ibn Battuta
伊本．罕百里（公元九世紀伊斯蘭教父） Ibn Hanbal（Ahmad ibn Hanbal）
伊本．豪卡勒（十世紀阿拉伯旅行家及地理學家） Ibn Hauqal（Ibn Hawqal）
伊本．赫勒敦（十四世紀阿拉伯歷史學家） Ibn Khaldun
伊本．穆格拉（十世紀阿拉伯大書法家） Ibn Muqlah
伊兒汗國 Ilkhanids
伊朗中央銀行 Bank Markazi Iran
伊特拉斯坎人（伊特魯里亞人） Etruscans
伊斯法罕（伊朗中西部城市） Isfahan（Esfahan）
伊斯邁爾（十世紀伽色尼王朝統治者） Isma'il
伊斯邁爾二世（十六世紀薩非王朝統治者） Isma'il II
伊斯蘭律法（沙里亞） Sharia
伊瑪目（什葉派政教合一的最高領袖） Imam
伊德伯特（八世紀諾森伯里亞國王） Eadberht
伍德漢姆華爾特（艾塞克斯郡的古蹟） Woodham Walter
伏爾泰（十八世紀法國哲學家） Voltaire
先令（坦桑尼亞的貨幣單位） Shiling（複數為：Shilingi）
先知的封印（即「最後的先知」穆罕默德） Seal of the Prophets
《共產黨宣言》 Communist Manifesto
印地語（北印度語） Hindi
印度事務圖書館（位於倫敦） India Office Library
印度花押體（阿拉伯書法字體） Tughra'i
印度帝國銀行（「孟加拉銀行」的後繼者） Imperial Bank of India
《印度神奇錄》（十一世紀的阿拉伯文著作） Aja'ib al-Hind

印度國家銀行　State Bank of India
印度錢幣兌換商　Shroff
吉瓦達曼（二世紀「薩喀族西部總督」統治者）　Jivadaman
吉利亞托（那不勒斯的大型銀幣）　Gigliato
吉祥化身（印度教對毘濕奴神的敬稱）　Sri Vigraha
吉祥結　Shrivatsa
吉爾瑞，詹姆斯（十八、十九世紀英國漫畫大師）James Gillray
合贊（伊兒汗國第七任統治者）　Ghazan
多不拉（西班牙「達布隆」金幣的前身）　Dobla
多皮亞（衍生自西班牙「達布隆」的二杜卡特金幣）　Doppia（複數為：Doppie）
多佛（英國東南部港口）　Dover
多芬（維埃納伯爵的頭銜，日後法國王儲的稱呼）　Dauphin
夸德里加圖斯銀幣　Quadrigatus
夸德蘭斯（四分之一「阿斯」青銅幣）　Quadrans
安那（印度銅幣名稱）　Anna
安那托利亞（小亞細亞）　Anatolia
安東尼　Antony
安東尼尼安銀幣　Antoninianus
安東尼努斯，馬爾庫斯·奧瑞利烏斯（卡拉卡拉）Marcus Aurelius Antoninus
安娜貝格（德國薩克森的古代銀礦）　Annaberg
安息（帕提亞）　Parthia
安格韋（尚比亞的貨幣單位）　Ngwee
安特衛普（比利時北部城市，亦稱「央凡爾」）　Antwerp（Antwerpen; Anvers）
安茹（法國西部的伯爵國）　Anjou
安提阿（土耳其南部城市，或譯為「安條克」）　Antioch
安提阿古六世（敍利亞國王，或譯為「安條克六世」）　Antiochus VI
安達魯斯（哥多華）　al-Andalus（Cordoba）

托勒密，奧瑞利烏斯（俄克喜林庫斯省長）Aurelius Ptolemaeus
托勒密二世（公元前三世紀埃及國王）　Ptolemy II
托曼（伊朗舊貨幣單位，等於一萬「第納爾」）　Toman
托斯卡納（義大利西北部地區）　Tuscany（Toscana）
朱古達（公元前二世紀努米底亞國王）　Jugurtha
此外另有天地（西班牙的國家格言）　Plus ultra
死神　Mors（拉丁文）
江浦爾（印度北部的蘇丹國）　Jaunpur
百分之七棉花債券　7 percent cotton bond
《百官志》（羅馬帝國後期的官銜表）　Notitia Dignitatum
米伊洛（大夏語的「米特拉」）　Miiro
米利阿倫西斯（羅馬帝國晚期的大型銀幣）　Miliarensis
米利都（小亞細亞西岸希臘城邦）　Miletus
米甸（舊約聖經中的游牧民族）　Midianites
米坦尼（美索不達米亞北部王國）　Mitanni
米拉雷西翁（十二分之一「諾米斯瑪」）　Milaresion
米南德一世（公元前二世紀印度西北部希臘國王）　Menander I
米哈拉布（清真寺內面向麥加的祈禱壁龕）　Mihrab
米洛斯（愛琴海島嶼）　Melos
米特拉（古伊朗的太陽神）　Mithra
米特拉達特斯二世（公元前三世紀本都國王）　Mithridates II（Mithradates II）
米特拉達特斯六世（本都國王）　Mithradates VI（Mithridates VI）
米納斯吉拉斯（巴西東南部的金礦區）　Minas Gerais
羽毛幣卷（聖克魯斯群島的貨幣）　Feather money roll
考底利耶（《政事論》的作者，或譯為憍底利耶）　Kautilya
自由銀幣　Free coinage of silver
色雷斯（希臘東北部地區）　Thrace
色諾芬（古希臘歷史學家）　Xenophon
艾克賽蘭提（十六世紀的西班牙金幣）　Excelente

（複數為 Nummi）
努爾丁．穆罕默德（阿爾圖格王朝統治者） Nur al-Din Muhammad
努爾特魯姆（不丹貨幣單位） Ngultrum
呂北克（德國北部海港） Lübeck
呂底亞（小亞細亞西部王國） Lydia
君士坦丁大帝 Constantine the Great
君士坦提烏斯二世（公元四世紀羅馬皇帝） Constantius II
君士坦斯二世（七世紀拜占庭皇帝） Constans II
吠陀經（印度教的聖典） Vedas
夾盔（古日耳曼人有框架的頭盔） Spangenhelm
希卡盧比（新打造的盧比） Sicca Rupee
希吉拉（即「聖遷」） Hijra（Hijrah, Hejira, Hegira）
希吉拉曆（伊斯蘭曆、回曆） Hijra calendar（Hijri calendar）
希伯倫山地（位於巴勒斯坦） Hebron hills
希佩培隆（東羅馬帝國最後發行的金幣） Hyperperon
希森凱法（土耳其東部底格里斯河畔的古城） Hisn Kayfa（Hasankeyf）
希爾多爾神學院（撒馬爾罕三大神學院之一）Shir Dar madrasah
希德拉凱西（鄂圖曼在塞爾維亞的造幣地點） Sidra Keysi
希羅多德（古希臘歷史學家） Herodotus
庇特，威廉（十八／十九世紀之交的英國首相） William Pitt
廷布克圖（非洲馬利共和國的古代黃金交易中心） Timbuktu
廷科馬魯斯（不列顛南部的國王） Tincomarus
《我們在錢堆內》（《一九三三年淘金客》主題曲） We're in the money
李嘉圖（英國政治經濟學家） David Ricardo
李維（古羅馬歷史學家） Livy
李錫尼（被君士坦丁大帝俘虜的羅馬皇帝） Licinius
杜卡托尼（義大利的銀幣單位） Ducatone（複數為：Ducatoni）
杜卡特（威尼斯金幣名稱，或譯為「達克特」） Ducat
沙加緬度（加州首府） Sacramento
沙弗林（英國的一點五英鎊金幣） Sovereign
沙希（薩菲王朝的銀幣） Shahi
沙里亞（伊斯蘭律法） Sharia
沙瑪什（美索不達米亞的太陽神） Shamash
沙赫（伊朗國王） Shah
沙赫．阿拉姆二世（蒙兀兒帝國倒數第三位皇帝） Shah Alam II
汪達爾人（日耳曼部落名） Vandals
沃特福德（赫特福德郡的城市） Watford
狄更斯，查爾斯（英國小說家） Charles Dickens
狄俄斯庫里兄弟（古希臘羅馬神話中的孿生神明） Dioscuri
狄奧多西一世（公元四世紀羅馬皇帝） Theodosius I
甫嚕斯（「法勒斯」的複數形式） Fulus
私掠船 Privateer
貝內文托公國（位於義大利南部） Duchy of Benevento
貝占特（拜占庭金幣的別稱） Bezant
貝弗利，羅伯特（十八世紀英國歷史學家） Robert Beverley
貝勒，亞歷克西．西蒙（十七／十八世紀法國畫家） Alexis Simon Belle
貝婁娜（羅馬戰爭女神） Bellona
貝殼串（北美印地安人的錢幣及飾物，即「皮克」）Wampum
貝寧王國（奈及利亞南部的西非古國） Kingdom of Benin
貝齊米薩拉卡（馬達加斯加的第二大族群） Betsimisaraka
辛博（榧螺，比屬剛果使用為貨幣的小貝殼） Simbo（olive shell）
那瓦爾（西班牙北部的王國） Navarre
那格利字體（梵文「天城體」的前身） Nagari script
里加（拉脫維亞首都） Riga

里卡爾迪（盧卡的銀行家族） Riccardi
里弗爾（法國舊貨幣單位，地位相當於「鎊」） Livre
里伯（丹麥南部古城） Ribe
里亞爾（伊朗貨幣單位） Rial
里爾（西班牙的銀幣） Real
里爾計畫（巴西穩定幣值的方案） Real Plan
佉盧文（佉盧虱吒文，印度西北部的古代文字） Kharoshthi

八劃

亞丁（葉門的經濟中心） Aden
亞力加（智利北部海港） Arica
亞伯丁銀行公司 Banking Company in Aberdeen
亞克興（公元前一世紀著名海戰的發生地點） Actium
亞希莫夫（「聖約阿希姆斯塔爾」的捷克語名稱） Jachymov
亞拉岡（西班牙東北部的王國） Aragon
亞奎丹（位於法國西南部） Aquitaine
亞述 Assyria
亞爾銀行 Ayr Bank
亞維農（十四世紀教廷所在的法國城市） Avignon
亞歷克西斯一世（彼得大帝之父）Alexis I（Alexei Mikhailovich）
亞歷克修斯一世．康姆尼努斯（十一世紀東羅馬皇帝） Alexius I Comnenus
《來自大來俱樂部的男人》（美國喜劇片名） Man From the Diner's Club
佩魯奇（佛羅倫斯的銀行家族） Peruzzi
協定塔勒（南德邦國的銀幣） Conventionsthaler
協議會（漢撒同盟的大會） Rezess
卑路斯（五世紀伊朗薩珊王朝國王） Piruz
呼圖白（伊斯蘭教的星期五「聚禮日」講道）Khutba（Khutbah）
和平城（巴格達，「報達」） Madinat al-Salam（Baghdad）
和同（和銅） Wado
和同開寶（日本的古錢） Wado kaiho
固定平價 Fixed parity
坦叉始羅（巴基斯坦古城，亦名「塔克西拉」） Taxila
坦干伊卡（坦尚尼亞的主要部分） Tanganyika
坦布（新不列顛島的貝殼錢幣） Tambu
坦志麥特（十九世紀鄂圖曼帝國的「再次改革」） Tanzimat
奉至仁至慈的真主之名（《古蘭經》每一章的開頭）Bismillah
姆布翁（比屬剛果的部落） Mpuun（Mpuon）
孟加拉管轄區（英國東印度公司的行政區） Bengal Presidency
孟加拉銀行（東印度公司位於加爾各答的銀行） Bank of Bengal
孟尼利克（十九世紀阿比西尼亞國王） Menelik
孟族（緬甸和泰國中部的民族） Mon
帖木兒（十四世紀的韃靼征服者） Timur（Tamberlaine）
帕加馬（小亞細亞西北部古城） Pergamum
帕西翁（公元前四世紀雅典銀行家） Pasion
帕克托洛斯河（位於小亞細亞西部） Pactolus
帕姆史特魯赫錢（歐洲最早的紙幣） Palmstruchers
帕提亞人（安息人） Parthians
帕維雍（法國的金幣） Pavillon
帛琉（太平洋島國） Pelew（Palau）
底比斯（古代上埃及的都城） Thebes
底格里斯河 Tigris
征服者威廉 William the Conqueror
征服者穆罕默德（鄂圖曼蘇丹穆罕默德二世） Mehmed the Conqueror
彼拉多（猶地亞總督） Pontius Pilate（Pontius Pilatus）
拉丁貨幣聯盟 Latin Monetary Union
拉文納（西羅馬帝國末期的首都） Ravenna

拉布蘭旗（羅馬帝國後期的軍旗） Labarum
拉林（以彎曲銀絲壓製而成的伊朗錢幣） Larin
拉迪斯拉斯五世（十五世紀匈牙利國王）Ladislaus V（Ladislas V）
拉莫賽科（「乾樹枝」青銅塊貨幣） Ramo secco
拉菲亞纖維布（酒椰葉纖維布） Raffia cloth
拉爾（伊朗南部城市） Lar
拉默爾斯貝格（被列為世界遺產的德國古礦區） Rammelsberg
拉蘇勒王朝（十二至十五世紀葉門的統治者）Rasulid Dynasty
抹大拉的馬利亞 Mary Magdalene
《放債者與其妻》（昆丁・馬西斯的畫作） A Moneylender and his Wife
昔蘭尼加（位於今日利比亞） Cyrenaica
《東方的匯兌、貨幣與金融》 Eastern Exchange, Currency and Finance
東加群島（西南太平洋島國） Tonga Islands
東哥德人（日耳曼部落名） Ostrogoths
武藏國（今日的東京與埼玉縣） Musashi
河中地區（烏滸水和藥殺水之間的中亞地區） Transoxiana
波列斯拉夫二世（公元十世紀波希米亞公爵） Boleslav II
波托西（玻利維亞的古代大銀礦） Potosi
波西斯（伊朗西南部古國） Persis
波利比斯（公元前二世紀希臘歷史學家） Polybius
波旁島（即留尼旺島） Isle de Bourbon
波斯體（阿拉伯書法字體） Nasta'liq
波瑞斯塔的烏爾夫（勒石記功的維京海盜） Ulf of Borresta
波膩尼（古代梵語文法學家） Panini
波羅王朝（八至十二世紀印度王朝） Palas
法利賽人 Pharisee
法辛（英國的四分之一便士硬幣） Farthing
法侖（瑞典中部的銅礦區） Falun
法勒納斯葡萄酒（古羅馬人喜愛的南義大利葡萄酒）Falernian wine
法勒斯（阿拉伯衍生自「福利斯」的青銅幣） Fals（複數為：Fulus）
法塔里斯（羅馬人名） Fatalis
法塔赫・阿里・沙赫（十九世紀卡扎爾王朝統治者） Fath Ali Shah
法蒂瑪王朝（十至十二世紀的伊斯蘭什葉派王朝） Fatimids
法爾他（加爾各答南郊的城市） Falta
法赫爾丁・卡拉・阿爾斯蘭（阿爾圖格王朝統治者） Fakhr al-Din Qara Arslan
法蘭西島（即模里西斯島） Isle de France
法蘭克人（日耳曼部落名） Franks
《法蘭克人史》 History of the Franks
法蘭德斯 Flanders; Flemish
泛希臘化時代 Hellenistic period
物神崇拜 Fetishistic
物價詔令 Price Edict
臥亞（印度西岸的葡萄牙殖民地） Goa
舍客勒（古希伯萊重量單位，合 8.4 公克） Shekel
舍特康努格，奧洛夫（率先信仰基督教義的瑞典國王） Olof Skötkonung
舍衛城（憍薩羅國都城） Sravasti（Savatthi）
花押體（阿拉伯書法字體） Tughra
芬尼（德國的錢幣單位） Pfennig
《金本位法案》 Gold Standard Act
金甲蟲（主張控制金錢供應量的共和黨人） Gold-bugs
金剛杵 Vajra（thunderbolt）
金銀通貨主義（重金銀主義） Bullionism
金衡盎司（貴金屬的重量單位） Troy ounce

阿格里真托（即「阿克拉加斯」） Agrigento
阿納斯塔修斯（公元五、六世紀東羅馬帝國皇帝） Anastasius
阿基（英屬黃金海岸的貨幣單位） Ackey
阿傑梅爾（印度北部城市） Ajmer
阿富汗尼（阿富汗貨幣單位） Afghani
阿提卡（位於雅典周圍） Attica
阿提拉（被稱作「上帝之鞭」的匈奴國王） Attila
阿斯（羅馬的青銅幣） As
阿斯塔納（新疆吐魯番附近的古墓葬區） Astana
阿斯塔爾特（腓尼基人的月亮女神） Astarte
阿善提（迦納的古王國） Ashanti
阿塔拉里克（六世紀東哥德國王） Athalaric
阿塔盧斯，普里斯庫斯（公元五世紀西羅馬偽皇帝） Priscus Attalus
阿道夫二世（十五世紀美因茲大主教） Adolf II von Nassau
阿爾巴隆加（羅馬附近的古城） Alba Longa
阿爾加威（葡萄牙最南部的行政區） Algarve
阿爾瓦雷斯，法蘭西斯（十六世紀葡萄牙傳教士） Francis Alvarez
阿爾多克修（中亞的豐收女神） Ardochsho
阿爾西諾伊（公元前三世紀埃及王后） Arsinoe
阿爾忒彌斯（希臘神話中的月亮女神） Artemis
阿爾科特（印度東南部的城鎮） Arcot
阿爾圖格王朝（十一、十二世紀的土庫曼王朝） Artuqid Dynasty
阿爾摩拉維德王朝（十一、十二世紀西北非的王朝） Almoravids
阿爾摩哈德（十二、十三世紀的北非王朝） Almohad
阿瑪拉瓦提（印度中南部的古蹟） Amaravati
阿瑪拉松塔（東哥德女王，或譯為「阿瑪拉遜莎」） Amalasuntha
《阿維斯陀經》（古波斯祆教的聖書） Avesta
阿齊茲（十世紀法蒂瑪王朝哈里發） al-Aziz
阿德海特（奧圖三世的祖母） Adelheid
阿澤斯一世（公元前一世紀印度西北部塞族國王） Azes I
阿踰陀（印度北部古國，即「阿約提亞」） Ayodhya
《非洲記述》 Description de l'Afrique
非洲紫檀 Camwood
咀蜜（鐵爾梅茲） Tirmidh

九劃

信用券（瑞典率先在歐洲引進的紙幣） Credit notes
信用貨幣 Fiduciary money
侯塞因·沙赫（十六世紀孟加拉的阿拉伯國王） Hussein Shah
侯賽因一世（十八世紀伊朗薩非王朝統治者） Hussein I（Soltan Hosein）
保大通寶（越南最後鑄造的銅錢） Baodai thongbao
俄克喜林庫斯（埃及中部古代遺跡） Oxyrhynchus
《俄克喜林庫斯紙草文書》 Oxyrhynchus Papyri
南方邦聯 Confederate States
南方艦隊（西班牙在南美洲的船隊） Armada del Sur
南海公司（英國史上最著名的股票投機騙局） South Sea Company
哈夫西德王朝（十三至十六世紀的北非王朝） Hafsid
哈次山脈（位於德國中北部） Harz mountains
哈里里（十一、十二世紀阿拉伯文學家） al-Hariri
哈里發（回教國家的統治者） Caliph
哈拉吉（伊斯蘭的土地稅） Kharaj
哈查只·伊本·優素福（倭馬亞帝國東半部總督） al-Hajjaj bin Yusuf
哈桑盧土丘（伊朗西北部古蹟） Tepe Hasanlu
哈基姆（十一世紀法蒂瑪王朝哈里發） al-Hakim
哈爾（奧地利西部城市） Hall
哈德良長城 Hadrian, s Wall

哈魯巴（埃及法蒂瑪王朝的小金幣） Kharuba
奎那留斯（半個「德納留斯」銀幣） Quinarius
威尼斯統領（威尼斯共和國的統治者） Doge of Venice
威金森，約翰（英國工業家） John Wilkinson
威斯瑪（德國北部海港） Wismar
威爾頓（英國諾福克郡的村落）Wilton（Hockwold cum Wilton）
威騰（漢撒同盟的銀幣，意為「白幣」） Witten
室利差呾羅（緬甸中部的驃族王國） Shrikshetra
屋大維（即奧古斯都） Octavian
帝王谷 Valley of the Kings
後工業社會 Post-industrial society
扁豆樹星期四 Thursday of the Lentils
拜占庭帝國（東羅馬帝國） Byzantine Empire
拜拉祖里（九世紀阿拉伯歷史學家） Baladhuri
指券（法國大革命時期發行的紙鈔） Assignat
《政事論》（印度古籍，或譯為《政治經濟理論》） Arthashastra
《政治經濟學及賦稅原理》（李嘉圖的名著） Principles of Political Economy and Taxation
《政治經濟學原理研究》（詹姆斯．斯圖亞特的名著） An Inquiry into the Principles of Political Economy
施力克伯爵史蒂芬（聖約阿希姆斯塔爾銀礦的擁有者） Stephen, count of Schlick
施瓦茨（奧地利西部的古代銀礦） Schwaz
《昨日的世界》（斯提凡．茨威格的自傳） The World of Yesterday
柯利（印度人對瑪瑙貝的稱呼） Cori（cowrie, cowry）
柯利波（希臘銅幣名稱，等於半個「查柯」） Kollyboi
柯斯丘什科，塔德烏什（十八世紀波蘭革命領袖） Tadeusz Kosciuszko
查士丁尼一世（拜占庭皇帝） Justinian I
查柯（希臘銅幣名稱，合八分之一「奧波勒斯」） Chalkoi（Chalkous）
查理一世（十三世紀西西里國王） Charles I
查理二世（十七世紀英國國王） Charles II
查理二世（十三世紀那不勒斯國王） Charles II
柏金斯與奚斯印刷廠 Perkins and Heath
柏勒洛豐（希臘傳說中馴服飛馬的英雄） Bellerophon
派薩（百分之一盧比，或譯為「派司」、「披索」） Paisa（複數為：Paise）
珍珠貝 Kina
珀伽索斯（飛馬） Pegasus
看不見的手 Invisible hand
祇樹給孤獨園（祇園、祇園精舍） Jatavana Gardens
科林斯（希臘南部城邦） Corinth
科斯馬斯（曾航海前往印度的東羅馬旅行家）Cosmas Indicopleustes
科塔（印度中北部邦國） Kotah
科德林頓（率先研究美拉尼西亞的英國人類學家） Robert Henry Codrington
《穿越土耳其前往波斯與東印度採風錄》 Collections of Travels through Turkey into Persia and the East Indies
約克（位於英格蘭北部） York
約阿希姆斯塔爾古爾盾格羅申（即「塔勒」） Joachimsthaler Guldengroschen
約阿希姆斯塔爾銀幣（即「塔勒」） Joachimsthaler
約瑟（聖經人物） Joseph
約瑟一世（十八世紀葡萄牙國王） Jose I
約翰．帕姆史特魯赫（歐洲紙幣的發明者） Johan Palmstruch
約翰二世（十五世紀葡萄牙國王） João II
約翰牛（英國人的綽號） John Bull
美元化 Dollarisation
美因茲（德國西部的大主教區） Mainz

《美拉尼西亞人與玻里尼西亞人》 Melanesians and Polynesians
美索不達米亞 Mesopotamia
美國殖民協會 American Colonization Society
美國銀行紙幣公司 American Bank Note Company
美國錢幣學會 American Numismatic Society
耶戶（聖經中的以色列國王） Jehu
胡爾希德（八世紀塔巴里斯坦的統治者） Khursid
胡薩姆丁·尤魯克·阿爾斯蘭（十二世紀阿爾圖格王朝統治者） Husam al-Din Yuluk Arslan
《致羅馬》 To Rome
英國獅子山公司 British Sierra Leone Company
英國樞密院 The Privy Council
英諾森八世（十五世紀羅馬教宗） Innocent VIII
《英屬印度硬幣、重量及尺寸實用圖解》 Useful Tables illustrative of the Coins, Weights and Measures of British India
英屬印度盧比 British India rupee
軍事長官（西羅馬帝國後期的最高軍銜） Magister militum
迦太基必須毀滅！（加圖的戰爭口號） Delenda est Carthago!
迦拉（尼姆魯德在聖經中的名稱） Calah
迦絺吉夜（印度神話中六頭十二臂的戰神） Karttikeya
迦樓羅（人面鳥身的神物、毘濕奴神的坐騎） Garuda
迦膩色迦一世（公元前二世紀貴霜國王） Kanishka I
迪瓦拉（即「坦布」） Diwarra
迪拉姆（阿拉伯錢幣單位，或譯為「第漢」） Dirham
迪奧（公元二世紀羅馬歷史學家） Dio
限制期（1797-1821） Restriction Period
香港上海匯豐銀行 Hongkong & Shanghai Banking Corporation
香檳伯爵（法國香檳地區的伯爵） Count of Champagne
毘奈耶（佛教的戒律） Vinaya
毘盧（印度中北部古城） Bharhut
毘盧窣堵波 Bharhut Stupa
毘濕奴（印度教三大主神之一） Vishnu

十劃

修昔底德斯（公元前五世紀希臘歷史學家） Thucydides
修斯提底斯（公元前五世紀雅典歷史學家） Thucydides
倭馬亞王朝（伊斯蘭第一個哈里發王朝） Umayyads
倫巴底人（日耳曼部落名） Lombards
《剛果王國報導》 Report of the Kingdom of Congo
哥瓦爾丹（北印度的聖山） Govardhana
哥多華（西班牙南部城市） Cordoba
埃什努納（美索不達米亞北部城邦） Eshnunna
《埃什努納法典》 Eshnunna code
埃伊納（愛琴海島嶼） Aegina
埃提烏斯（西羅馬帝國末期的「岳飛」） Aetius
埃斯庫多（西班牙和葡萄牙的金幣） Escudo
埃斯格拉維（重銅幣） Aes grave
埃斯盧德（粗製的青銅塊貨幣） Aes rude
埃雷特里亞（埃維亞島上的城市） Eretria
埃爾—阿瑪爾納（位於埃及中北部） El-Amarna
埃爾賓（今日位於波蘭的波羅的海沿岸城市） Elbing
埃維亞（希臘第二大島，或譯為「尤比亞」） Euboea（Evvoia）
埃赫那頓（埃及法老王，或譯為「阿肯納頓」） Akhenaten
《埃德溫聖詩集》（坎特伯里聖詩集） Eadwine Psalter
埃諾（比利時西南部地區） Hainaut
夏普斯，羅琳達（十九世紀英國女畫家） Rolinda Sharples
宰比德（葉門西部古城） Zabid
席林，迪伯爾德（十五世紀瑞士史家） Diebold Schilling
庫巴人（比屬剛果的原住民部落） Kuba
《庫拉卡理家本生》（即《理家本生》） Cullaka-Setthi Jataka

庫法（伊拉克中部城市） Kufa
庫法體（阿拉伯書法字體） Kufic
庫特，W（十九世紀英國旅行家） W. Coote（Walter Coote）
庫特納霍拉（中世紀波希米亞大銀礦所在地） Kutna Hora
庫齊庫斯（小亞細亞西部城市） Cyzicus
庫魯什（鄂圖曼的銀幣） Qurush
庫薩和（十一世紀伊朗旅行家） Nasir-i Khusrau
庫薩和二世（薩珊王朝皇帝，或譯為「庫斯老」） Khusrau II
拿巴提文字（古代閃族文字） Nabatean script
旁遮普（今日巴基斯坦的省分） Punjab
桑海王國（非洲西部古國） Songhay kingdom
栽德王朝（信仰什葉派支系「栽德派」的統治者） Zaydis
格里夫納（俄羅斯古代錢幣名稱） Grivna
格洛索（即「格洛索德納羅」） Grosso（複數為：Grossi）
格洛索德納羅（中世紀義大利大型銀幣） Grosso denaro
格洛斯特（英格蘭南部城市） Gloucester
格雷戈里三世（羅馬教宗，或譯為「額我略三世」） Gregory III
格羅申（德境的小銀幣） Groschen
格羅特（昔日英國的四便士銀幣） Groat
泰利那（義大利南部的希臘城市） Terina
泰姬（希臘神話的命運女神） Tyche
泰特里庫斯一世（公元三世紀「高盧帝國」皇帝） Tetricus I
泰隆內（希臘北部城邦） Terone
泰奧弗拉斯托斯（公元前四世紀希臘哲學家） Theophrastus
海合都（十三世紀伊兒汗國第五任統治者） Geikhatu (Gaykhatu)
海克力斯（大力神） Hercules
海克力斯之柱（直布羅陀海峽的南北兩個海岬） Pillars of Hercules
海東通寶（朝鮮的古錢） Haedong t'ongbo
海勒（奧地利貨幣單位） Heller
海爾·塞拉西（衣索比亞皇帝） Haile Selassie
烏古思部落（昭武九姓） Ogus tribe（Oghuz tribe）
烏特勒支（荷蘭西部城市） Utrecht
烏普蘭（瑞典東南部地區） Uppland
烏賈因（印度中部古城） Ujjain
烏爾（美索不達米亞南部城邦） Ur
特里恩斯（三分之一「阿斯」青銅幣） Triens
特里爾（德國西部城市） Trier
特提尤斯（羅馬人名） Tertius
特雷米西斯（東羅馬金幣，合三分之一索利都斯） Tremissis
班克斯群島（隸屬於萬那杜） Banks Islands
留尼旺島（法國在印度洋的屬地） Rèunion
盎西亞（十二分之一「阿斯」青銅幣） Uncia
真主的使者（哈里發） The Caliph of God
真主獨一 The oneness of God
矩伽戈摩耶（公元一世紀的于闐國王，亦稱「秋仁」） Gurgamoya
神聖大賚長官（羅馬帝國後期的財務長官） Comes Sacrarum Largitionum
神聖宗教（阿克巴大帝自創的宗教） Din Ilahi
素可泰（泰國南部的古城） Sukhotai（Sukhothai）
索利都斯（羅馬帝國的小型金幣） Solidus（複數為：Solidi）
索那拉品德窣堵波（位於瑪尼恰拉的佛教神龕） Sonala Pind stupa
索姆（烏茲別克的貨幣單位） Sum
索爾多（中世紀義大利大型銀幣，地位相當於先令） Soldo（複數為 Soldi）
索羅門群島（南太平洋島國） Solomon Island
紐約美國銀行（經濟大蕭條時期率先倒閉的大銀行）（The New York）Bank of the United States
納西克（印度西部的聖城） Nasik（Nashik）
納西爾（十五世紀拉蘇勒王朝的蘇丹） al-Nasir

納西爾丁．沙赫（伊朗卡扎爾王朝統治者） Nasir al-Din Shah
納克索斯（愛琴海島嶼） Naxos
納哈帕納（公元一世紀西部總督王朝的統治者） Nahapana
納迪爾．沙赫（十八世紀伊朗統治者） Nadir Shah
納塔爾（南非東北部的英國殖民地） Natal
耆那教徒 Jain
茵斯布魯克（奧地利提洛爾的首府） Innsbruck
茲羅提（波蘭的貨幣單位） Zloty
茨威格，斯提凡（奧地利作家） Stefan Zweig
虔誠的路易（法蘭克皇帝，查理曼大帝之子）Louis the Pious
馬木路克王朝（十三至十六世紀埃及奴隸兵王朝） Mamluks
馬尼拉大帆船（航行於墨西哥與菲律賓之間的西班牙帆船） Manila Galleon
馬西斯，昆丁（十五、十六世紀法蘭德斯畫家） Quentin Matsys
馬克（中世紀英國的計價單位） Mark
馬克西米努斯（公元三世紀羅馬皇帝） Maximinus
馬利王國（非洲西部古國） Kingdom of Mali
馬利克（伊斯蘭統治者的頭銜之一） Malik
馬拉加西（馬達加斯加） Malagasy
馬拉維迪（西班牙古代的金幣或銅幣） Maravedi
馬林諾夫斯基，布羅尼斯拉夫（英國人類學家） Bronislaw Malinowski
馬哈法利族（馬達加斯加南部的部落） Mahafaly
馬倪拉（西非使為通貨的銅製手鐲） Manilla
馬庫塔（西非的貨幣單位） Macuta（Makuta）
馬格里布字體（北非及西班牙使用的阿拉伯字體） Maghribi script（Maghrebi script）
《馬斯垂克條約》 Maastricht treaty
馬達加斯加（即馬拉加西） Madagascar
馬爾斯（羅馬戰神） Mars
馬蒙（阿拔斯王朝哈里發，或譯為「麥蒙」） al-Ma’mun
馬赫迪（阿拔斯王朝的哈里發，或譯為「麥海迪」） al-Mahdi
馬儒翰（著名蘇格蘭在華傳教士「馬禮遜」之子） J. R. Morrison（John Robert Morrison）
馬蘇第（十世紀阿拉伯歷史學家） Mas’udi
高伯瑞（加拿大裔美國經濟學家） Galbraith
高洛斯（戈佐的舊名） Gaulos
高盧帝國 Gallic Empire
旃陀羅笈多．孔雀（阿育王的祖父） Chandragupta Maurya
旃陀羅笈多二世（四、五世紀之交的笈多王朝國王） Chandragupta II
笈多（四至六世紀的印度王朝） Gupta

十一劃

偽帝國幣（日耳曼國王打造的東羅馬帝國錢幣） Pseudo-imperial
健吉（俄國古代小型銀幣；俄語的「錢」） Dengi
剪邊與搖擺時期（三十年戰爭爆發後的財政危機期） Kipper- und Wipperzeit
勒克瑙（阿瓦德王國的大城市） Lucknow
曼吉爾（鄂圖曼帝國的銅幣） Manghir
曼利烏斯，奧魯斯（公元前一世紀羅馬執政官） Aulus Manlius
曼圖亞（義大利北部城市） Mantua
曼蘇爾（阿拔斯王朝的哈里發） Al-Mansur
國民公平勞動交換所 Equitable Labour Exchange
《國民財富的性質和原因的研究》（《國富論》） Inquiry into the Nature and Causes of the Wealth of Nations
國立肖像畫廊（位於倫敦） National Portrait Gallery
國立金錢歷史博物館王家錢幣展覽室（位於斯德哥爾摩） Kungl. Myntkabinettet, Statens Museum för Mynt Medalj och

Penninghistoria
國立博物館錢幣展覽室（位於柏林市）Münzkabinett der Staatlichen Museen
國立藝術收藏館（位於德國卡瑟爾）Staatliche Kunstsammlungen
國家達爾德（荷蘭的貿易銀幣，或譯為「里克斯元」）Rijksdaalder
《國富論》 Inquiry into the Nature and Causes of the Wealth of Nations
國際貨幣基金會 International Monetary Fund
基尼（英國古代的金幣） Guinea
基西族（西非民族） Kissi
基西錢（賴比瑞亞原住民的鐵錢） Kissi penny（複數為 Kissi pennies）
基那（巴布亞紐幾內亞的貨幣單位） Kina
基特（十分之一「德本」） Kite
基雅特（緬甸貨幣單位） Kyat
基爾什（「庫魯什」的別名） Qirsh
婆羅米文（古印度文字） Brahmi
婆羅門（印度教的祭司與印度四個種姓之首） Brahmins
寇茲，道森（十八世紀愛爾蘭銀行家） Dawson Coates
密克羅尼西亞聯邦 Federated States of Micronesia
密斯卡爾（伊斯蘭重量單位，合四點二五公克） Mithqal
常平通寶（朝鮮最後鑄造的銅錢） Sang p'yong t'ongbo
康丘（倫敦市中心的街道） Cornhill
康迪篤斯（古羅馬人名） Candidus
康提，尼可羅．德（十五世紀威尼斯旅行家） Nicolo de' Conti,
康斯坦茲（德國南部城市） Konstanz
捷其諾（威尼斯「杜卡特」和「西昆」金幣的別名） Zecchino
梭倫（雅典政治家） Solon
梅西納（西西里島東北角城市） Messina
梅里納王國（位於馬達加斯加島中部） Merina kingdom
梅勒（法國亞奎丹的銀礦區） Melle
梅瑞拉瓦（位於班克斯群島） Meralava（Mere Lava）
梅薩納（梅西納的舊名） Messana
《清真言》 Shahada（Shahadah）
現金流通券 Running cash note
畢沙普爾（伊朗西南部古城） Bishapur
《盛世危言》 Words of Warning to a Flourishing Generation
第二合眾國銀行 Second Bank of the United States
第二期錢幣（英國國王詹姆斯一世在位中期的錢幣） Second Coinage
第納爾（伊斯蘭世界的金幣） Dinar
符合《沙里亞》律法的信用卡 Sharia law-compliant card
缽拏（古印度錢幣名稱） Pana
莫乎爾（蒙兀兒帝國的金幣） Mohur
莫拉貝提諾（西班牙北部仿造的「第納爾」金幣） Morabetino
莫爾登（艾塞克斯的海濱小城） Maldon
莫德納（義大利中北部城市） Modena
荷姆茲（伊朗南部的古王國） Hormuz
荷姆斯（敘利亞中西部城市，即「霍姆斯」） Hims（Homs）
蛇行浮動匯率 The "Snake"（currency snake）
袋鼠辦事處 Kangaroo Office
許內貝格（德國薩克森的古代銀礦） Schneeberg
《貨幣》（羅伯遜的名著） Money
貨幣主義 Monetarism
貨幣數量說 Quantity theory of money
通用銀行（約翰．勞創辦的法國銀行） Banque Générale
麥加 Mecca
麥地那 Medina
麥西亞（盎格魯撒克遜七王國之一） Mercia

麥克納瑪拉，法蘭克（大來卡的創辦人） Frank McNamara
麥格里齊（十五世紀埃及歷史學家） Maqrizi
麥勒卡特（腓尼基主神） Melqart
麥森（德國東南部薩克森的城市） Meissen
麻薩諸塞灣州 State of Massachusetts Bay
麻薩諸塞灣殖民地 Massachusetts Bay Colony

十二劃

傑吉拉（底格里斯河與幼發拉底河之間的地區） Jazira
傑克遜，湯瑪斯「石牆」（南北戰爭時的南軍名將） Thomas “Stonewall” Jackson
凱里麥（即《清真言》） Kalima
凱奇，傑克（英國劊子手的渾名） J. Ketch（Jack Ketch）
凱胡斯勞二世（十三世紀塞爾柱土耳其的蘇丹） Kaykhusrau II
凱撒，尤利烏斯（凱撒「大帝」） Julius Caesar
凱撒利亞（小亞細亞古城） Caesarea
凱樂標誌（天主教會的ＸＰ標誌） Chi-rho symbol
勞，約翰（率先在法國發行紙幣的蘇格蘭人） John Law
勞合喬治，大衛（一戰後期的英國首相） David Lloyd George
勞里厄姆（希臘東南海港） Laurium
勞勒斯，尼古拉斯（十八世紀愛爾蘭銀行家） Nicholas Lawless
勞動價值論 Labor Theory of Value
勝利女神像銀幣 Victoriatus
《博物誌》（普林尼的名著） Natural History
博爾頓，馬修（英國實業家） Matthew Boulton
博爾頓壓幣機 Boulton coining press
博德利圖書館（位於牛津大學） Bodleian Library
喀坦加（剛果民主共和國南部省分） Katanga
《就業、利息和貨幣通論》（凱因斯最重要的著作） The General Theory of Employment, Interest and Money
彭代（比屬剛果的部落） Pende
彭亨蘇丹國（位於馬來半島東部） Pahang Sultanate
提比留斯（公元前一世紀羅馬皇帝） Tiberius
提波二世（香檳伯爵） Thibaut II
提洛爾（奧地利西部與義大利北部地區） Tyrol（Tirol）
提耶波羅，吉亞科莫（十三世紀威尼斯統領） Giacomo Tiepolo
提奧達哈德（東哥德國王，或譯為「西奧達哈德」） Theodahad
提奧德貝爾特一世（公元六世紀法蘭克國王） Theodebert I of Metz
提圖斯（公元一世紀羅馬皇帝） Titus
提爾（黎巴嫩西南部港，或譯為「泰爾」） Tyre
斯瓦希里（坦桑尼亞的官方語言） Swahili
斯列布廉尼克（基輔公國的銀幣） Srebrennik
斯托默，馬提亞斯（十七世紀荷蘭畫家） Matthias Stomer
斯伯丁，W．F．（《東方的匯兌、貨幣與金融》之作者） W. F. Spalding
斯坦因（匈牙利猶太裔英國考古學家） Sir Aurel Stein
斯庫多（十九世紀以前的義大利銀幣單位） Scudo（複數為：Scudi）
斯基泰人（即「塞族」，亦譯為「西徐亞人」） Scythians
斯密，亞當（蘇格蘭經濟學家） Adam Smith
斯堪的那維亞貨幣聯盟 Scandinavian Monetary Union
斯塔特（呂底亞的錢幣名稱） Stater
斯圖亞特，詹姆斯（十八世紀蘇格蘭政治經濟學家） James Steuart
斯福爾札，加萊亞佐．馬里亞（十五世紀米蘭公爵） Galeazzo Maria Sforza
斯德哥爾摩銀行 Stockholm Banco
普林尼（公元前一世紀的羅馬學者） Pliny
普林塞普，約翰（詹姆斯之父，印度的英國商人） John Prinsep

十三劃

塞米斯（半個「阿斯」青銅幣） Semis
塞克斯坦斯（六分之一「阿斯」青銅幣） Sextans
塞哥維亞（西班牙中部城市） Segovia
塞席爾群島（印度洋島國） Seychelles
塞琉古斯二世（公元前三世紀敍利亞希臘國王） Seleucus II
塞斯特爾提烏斯（古羅馬銀幣，或稱「塞斯特斯」）Sestertius（Sesterce）
塞維魯斯，謝普提米烏斯（公元二、三世紀羅馬皇帝）Septimius Severus
塔巴里斯坦（古代伊朗北部地區） Tabaristan
塔卡（孟加拉貨幣單位） Taka
塔里（西西里的小金幣） Tari
塔兒麻失里（十四世紀河中地區察合台汗國統治者） Termashirin (Tarmashirin)
塔波拉（坦尚尼亞中西部城市） Tabora
塔倫特（六千枚德拉克馬銀幣，或譯為「他連得」） Talent
塔格哈扎（馬利共和國北部的古蹟） Taghaza
塔勒（德境在馬克之前的標準銀幣） Thaler（Taler）
塔維尼耶，J.B.點（十七世紀法國旅行家） J. B. Tavernier（Jean-Baptiste Tavernier）
塔赫特依巴依（巴基斯坦古地名） Takht-i-Bahi
塔赫馬斯普二世（十八世紀薩非王朝統治者） Tahmasp II
奧古斯都（即屋大維） Augustus
奧古斯塔里斯（腓特烈二世皇帝發行的西西里金幣）Augustale（Augustalis）
奧多瓦卡（滅亡西羅馬的蠻族軍閥，或譯為「奧多亞塞」）Odovacar（Odoacer）
奧里烏斯（古羅馬金幣，或譯為「奧里斯」） Aureus（複數為：Aurei）
奧波勒斯（六分之一德拉克馬銀幣） Obol（Obolus, Obolos）
奧格斯堡（德國南部城市） Augsburg
奧馬爾（第二位正統哈里發） Omar（Umar）
奧馬爾．伊本．哈塔布（第二位正統哈里發） Umar ibn al-Khattab
奧勒利安（公元三世紀光復羅馬世界的皇帝） Aurelian
奧斯曼（第三位正統哈里發） Uthman
奧登納圖斯（巴爾米拉王國的統治者） Odenathus
奧發（公元八世紀的麥西亞國王） Offa
奧達果斯特（茅利塔尼亞東南部古代貿易城市） Audaghost
奧雷姆，尼古拉斯（十四世紀法國哲學家和通才） Nicholas Oresme
奧雷斯特斯（東哥德統治下的羅馬執政官） Orestes
奧圖三世（德意志國王，神聖羅馬皇帝） Otto III
奧爾比亞（黑海北岸古城） Olbia
慈善山（天主教會向窮人發放低利貸款的機構） Monti di pietà（Montes pietatis）
慈善的撒瑪利亞人 The Good Samaritan
愛奧尼亞（小亞細亞西海岸中段地區） Ionia
搖擺壓印器 Rocker press
新不列顛島（巴布亞紐幾內亞東北方的島嶼） New Britain
新教宗教改革 Protestant Reformation
新造幣廠（東印度公司位於加爾各答的造幣廠） New Mint
《新潮派的金匠或銀行家之謎》 Mystery of the New Fashioned Goldsmiths or Bankers.
殿內杜卡特（教皇國發行的金幣） Ducato di camera
獅子柱頭（由阿育王創製的印度國徽） Lion capital
獅徽達爾德（荷蘭的貿易銀幣） Leeuwendaalder
瑟（埃什努納的重量單位，等於二十四分之一公克） Se
矮子丕平（加洛林王朝的創立者） Pepin the Short
萬那杜（大洋洲島國） Vanuatu

十四劃

瑣羅亞斯德教的（祆教的、拜火教的）　Zoroastrian
《瑪卡梅》（哈里里編著的阿拉伯傳聞軼事集）　Maqamat
瑪尼恰拉（旁遮普省的犍陀羅古蹟）　Manikyala
瑪拉瓦提窣堵波（印度南部古蹟）　Amaravati Stupa
瑪莉安娜（法國的擬人化象徵）　Marianne
瑪麗亞．特蕾莎（神聖羅馬帝國皇后，奧地利女大公）　Maria Theresa
瑪麗亞．特蕾莎塔勒(奧地利的國際貿易銀幣) Maria Theresa thaler
福西亞（小亞細亞西岸希臘城邦）　Phocaea
福利斯（羅馬帝國後期的青銅幣）　Follis
福斯塔特（法蒂瑪王朝的首都）　Fustat
福雷維安圓形劇場（羅馬的大競技場）　Flavian amphitheatre
種植者銀行　Planters Bank
窩立克郡（位於英格蘭中部）　Warwickshire
綠背紙幣　Greenback
綠背勞工黨　Greenback Labor Party
維也納市銀行　Wiener Stadt-Banco
維多利亞和艾伯特博物館(位於倫敦) Victoria and Albert Museum
維埃納（法國東南部的小諸侯國）Vienne（Viennois; Dauphinè）
維埃納「多芬」洪貝爾二世（法國東南部的諸侯）　Humbert II, Dauphin of Vienne
維蘇威火山　Vesuvius
蒙兀兒帝國（莫臥兒帝國）　Mughal Empire（Mogul Empire）
蒙內宏兄弟（法國大革命時期的工商銀行家）Monneron brothers
蒙巴薩（肯亞東部海港及英屬東非首府）　Mombasa
賒購卡　Charge card
赫拉克里斯（希臘神話中的大力神）　Heracles（Hercules）
赫拉克留斯（拜占庭皇帝，或譯為「希拉克略」）　Heraclius
赫拉克留斯．君士坦丁，（赫拉克留斯之子）Heraclius Constantine
赫特福德郡（位於倫敦北側）　Hertfordshire
赫勒斯滂（達達尼爾海峽）　Hellespont
赫爾莫波利斯（埃及中北部的古城）　Hermopolis
赫爾墨斯（希臘神話的商業之神與信使之神）　Hermes
遜尼派（伊斯蘭正統教派，即「素尼派」）　Sunni
銀行限制券（克魯克香克的諷刺漫畫）　Bank Restriction Note
《銀行停止支付》　The Stoppage of the Bank
銀幣派（主張增加貨幣供應量的民主黨人）　Silverites
銀鬚希特里克三世（十一世紀都伯林維京國王）　Sihtric III Silkbeard（Sigtrygg Silkbeard）
銅帶（尚比亞和剛果的銅礦地帶）　Copper Belt（Copperbelt）
銅鎳合金（白銅）　Cupro-nickel
鳶尾花　Fleur-de-lis

十五劃

墮和羅（泰國中部的古代孟族王國）　Dvaravati
德．阿凡，尚（十三世紀埃諾伯爵）　Jean d. Avesnes Count of Hainaut
德尼厄爾（法國古銀幣，或譯為「丹尼爾」）　Denier
德本（古埃及重量單位，合 91 公克）　Deben
德米特里一世（大夏國王）　Demetrius I
德拉克馬（希臘銀幣單位）　Drachma
德拉馬（源自「德拉克馬」的古印度錢幣名稱）　Dramma
德埃爾麥地那（底比斯附近的村落）　Deir el-Medina
德納留斯（羅馬銀幣單位）　Denarius（複數為：Denarii）
德納留斯奧里烏斯（即「索利都斯」金幣）　Denarius aureus
德納羅（中世紀義大利銀幣名稱，相當於便士）　Denaro（複數為：Denari）
德納羅公司（英國的印鈔公司）　De La Rue
德爾菲（著名希臘神廟所在地）　Delphi
《摩奴法典》（古印度婆羅門教的法規彙編）　Laws of Manu

摩第烏斯（羅馬「斗」，合八點七五公升） Modius（複數為：Modii）
摩訶吠羅（耆那教的創立者，亦稱「筏馱摩那」） Mahavira
摩澤爾河（位於德國西部） Moselle
摩醯邏矩羅（公元六世紀初的嚈噠國王）Mihiragula（Mihirakula）
撒馬爾罕（烏茲別克第二大城） Samarqand
撒縵以色三世（亞述國王） Shalmaneser III
模里西斯（印度洋島國） Mauritius
歐元區 Eurozone
歐文，羅伯特（英國的烏托邦社會主義者） Robert Owen
潔諾比雅（被羅馬俘虜的巴爾米拉女王） Zenobia
潘傑希爾（喀布爾北方的古銀礦） Panjshir
潘蒂卡皮翁（克里米亞的希臘城市） Panticapaeum
熱瓦克（和闐附近的佛教遺址） Rawak
熱那亞（義大利北部的銀行業重鎮） Genoa
熱那維諾（熱那亞的金幣） Genovino
熱薩巴達塔（納哈帕納的女婿） Rsabhadatta
衛城 Acropolis
《衛報》 The Guardian
談卡（緬甸驃族王國的銀幣） Tanka
《論金錢之本質與用法》 An Inquiry into the Nature and Use of Money
《論金錢的起源、本質、法則與變革》 A Treatise on the Origin, Nature, Law and Alterations of Money
輪轉壓印器 Rotary press
遮婁其王朝（印度西部的古王朝，或譯為「遮盧迦」） Chalukyas
鄧尼金將軍（俄國內戰時期的白軍指揮官） General Denikin
鋁青銅（製幣材料） Aluminum bronze
魯巴伊（法蒂瑪王朝的四分之一「第納爾」金幣） Ruba’i
魯坎（公元一世紀的羅馬詩人） Lucan
墨丘利的節仗（和平的象徵物） Caduceus
墨洛溫王朝（法蘭克人建立的第一個王朝） Merovingian dynasty
憍賞彌（印度中北部古城，即「拘睒彌」） Kausambi（Kosambi）
憍薩羅王國（古印度北部王國） Kingdom of Kosala

十六劃

《憲章運動》 Chartism
《歷史》（希羅多德的名著） The Histories
獨裁官（古羅馬臨時國家元首） Dictator
盧比（印度的貨幣單位） Rupee
盧比亞（印尼貨幣單位） Rupiah
盧卡（義大利中北部城市） Lucca
盧恩碑文（以古日耳曼盧恩文字鐫刻的石碑） Runic inscription
盧格杜蒙（今日法國里昂） Lugdumum
盧馬卡（安哥拉和剛果使用為貨幣的小貝殼） Lumache（單數為：Lumaca）
盧菲亞（馬爾地夫貨幣單位） Rufiyaa
穆民的領袖（哈里發） Commander of the believers
穆民的領袖位於漢志的礦區（麥地那的古金礦） Ma’dan Amir al-Mu’minin bi’l Hijaz
穆伊茲—阿德—丁．穆罕默德．賓．薩姆（古爾王朝統治者） Mu’izz-ad-Din Muhammad bin Sam（Muhammad of Ghor）
穆罕默德 Muhammad
穆罕默德「馬赫迪」（「十二伊瑪目」最後一人） Muhammad al-Mahdi
穆拉德一世（十四世紀鄂圖曼帝國蘇丹） Murad I
穆哈泰希卜（市場監督官，或譯為「穆哈台斯布」） Muhtasib
穆斯坦綏爾（阿拉伯人名，「求助於真主者」） al-Mustansir
穆塔米德（公元九世紀的哈里發） Al-Mu’tamid
膩色迦（古印度頸部飾物及錢幣單位） Nishka
興都庫什（喜馬拉雅山脈在中亞的餘脈） Hindu Kush

諾夫哥羅德（俄羅斯西北部古城） Novgorod
諾伊馬根（德國西部小鎮） Neumagen
諾米斯瑪（拜占庭主要金幣，即索利都斯） Nomisma（Solidus）
諾伯（英國古代的金幣） Noble
諾森伯里亞（盎格魯撒克遜七王國之一） Northumbria
諾福克郡（位於英格蘭東部） Norfolk
諾維歐馬古斯（諾伊馬根） Noviomagus
錢幣打造，錢幣 Sikka（阿拉伯語）
錫瓦斯（土耳其中部城市） Siwas（Sivas）
錫南（十六世紀著名的鄂圖曼建築師） Sinan
錫帽錢（彭亨蘇丹國的錫錠） Tin hat money
雕母錢 Master coin
霍梅尼（伊朗伊斯蘭革命後的國家領導人） Khomeini
頭像硬幣（英文） Testoon
頭像銀幣（義大利文） Testone（複數為：Testoni）
澳大拉西亞（Australasia）

十七劃

優西比烏斯（巴勒斯坦主教及教會史家） Eusebius
優耐特（英國斯圖亞特王朝的「聯合金幣」） Unite
彌里納（小亞西亞西部城市） Myrina
彌納（已知最早重量單位，等於六十舍客勒） Mina
戴克里先（公元三、四世紀之交的羅馬皇帝） Diocletian
濕婆（印度教三大主神之一） Shiva
濕婆達陀娑（公元前一世紀阿踰陀國王） Shivadattasa
聯合國貨幣及金融會議 United Nations Monetary and Financial Conference
聯邦準備銀行 Federal Reserve Bank
聯邦準備體系 Federal Reserve System
聯邦儲備券 Federal Reserve note
《聯邦儲備法案》 Federal Reserve Act
螺旋壓印器 Screw press
謝特（盎格魯撒克遜人使用的小銀幣） Sceat（複數：Sceattas）
謄抄體（阿拉伯書法字體） Naskhi
賽克斯塔留斯（羅馬液體容量單位，約合半公升） Sextarius
賽羅里哥，聳薩雷斯．德（近代西班牙經濟學家）（Martin） Gonsalez de Cellorigo
邁沃島（隸屬於萬那杜） Maewo

十八劃

薩母陀羅笈多（四世紀印度笈多王朝國王） Samudragupta
薩姆尼特人（古代義大利南部民族，或稱薩謨奈人） Samnites
薩拉丁（十二世紀埃及和敘利亞的蘇丹） Saladin
薩非王朝（十六至十八世紀的伊朗王朝） Safavids
薩珊王朝（公元三至七世紀的波斯王朝） Sasanians（Sassanids）
薩曼王朝（九至十世紀的中亞波斯王朝） Samanid
薩喀族（印度對「塞族」或「斯基泰人」的稱呼） Shaka（Saka）
薩喀族西部總督（即「西部總督王朝」） Shaka Satrap（Kshatrapas, Western Satraps）
薩隆（古暹羅銀幣） Salung
薩塔瓦哈那王朝（公元前三世紀至三世紀印度中部的統治者） Satavahanas
薩頓胡（英格蘭東部的古代船葬遺址） Sutton Hoo
薩德瓦薩（公元前一世紀阿踰陀國王） Sadevasa
薩摩斯（愛琴海島嶼） Samos
薩魯托（西西里王國的金幣） Saluto
薩盧斯特（公元前一世紀羅馬歷史學家） Sallust
薩穆阿（希伯倫山地南部地區） Samu'ah
豐德納爾（「古爾丁納」前身的銀幣） Pfundner
轉輪聖王（古印度人觀念中的世界統治者） Chakravartin（Cakravartin）

World Money Museums

Most archaeological museums have coins in their collections, many art museums have collections of coins and medals, and a significant number of central banks have museums or visitor centres attached to them. Therefore, the listing of money museums that follows is necessarily selective, and could easily have been two or three times its current length and still not been complete. More information about money museums is available from ICOMON, the ICOM international committee which looks after their interests and maintains lists of money museums of the world, t http://ieam.museum/ internationallicomon.html

Europe

Here there is perhaps the greatest concentration of money museums and museums with displays of coins, medals or paper money. *Austria* has the money museum at the National Bank and the coin cabinet of the Kunsthistorisches Museum, both in Vienna, as well as collections and displays in Graz and the Tirol. In *Belgium* are the collections of the Bibliothèque Royale in Brussels and the money museum of the National Bank of Belgium. Archaeological museums in *Bulgaria* and *Croatia* have collections of coins, and the rich monetary history of *Cyprus* is reflected in the displays at the Bank of Cyprus. The *Czech Republic's* rich heritage can be seen at the mint museum in Kutna Hora, as well as in the Czech National Bank museum in Prague. The National Museum of *Denmark* in Copenhagen has large and important collections; in *Estonia* there are displays at the Bank of Estonia and the Estonian History Museum in Tallinn; and in *Finland* there are displays and collections at the Bank of Finland Museum and the National Museum of Finland. *France*has several excellent collections and displays, including the Musèe de la Monnaie and the Bibliothèque Nationale in Paris, and local museums and archives. *Germany* is similarly well provided for, with money museums and important collections in Cologne, Dresden, Frankfurt, Halle and Hannover, among other places. In *Greece*, the National Numismatic Museum in Athens has significant collections from antiquity to the present day. The National Bank of *Hungary* opened a redesigned visitor centre in 2004, and *Iceland's* Numismatic Museum was established jointly by the Central Bank and the National Museum of Iceland. At the National Museum of *Ireland*, Collins Barracks, there are displays tracing 1, 000 years of Irish monetary history. Many museums in *Italy* have coin collections, thanks to the country's rich history and archaeological heritage, most notably in Rome and Naples, as well as at important sites including Syracuse. The Bank of *Latvia* has a visitor centre, as does the Bank of *Lithuania*, and in *Luxembourg* there is the Bank Museum, opened in 1995. On the island of *Malta*, the, 'monetarium' at the National Museum of Fine Arts in Valletta can be viewed by appointment. In the *Netherlands*, the merging of three museums and collections has led to the foundation of a new money museum in Utrecht, which opens in 2007. In *Norway*, nunusmatlc collections are on display in Oslo at the Historical Museum, and in *Portugal* there are a number of collections, including those at the Calouste Gulbenkian Foundation in Lisbon and in the museum of the Bank of Portugal, as well as a specialist paper money museum in Porto. In *Romania* there are collections and displays at the National Museum of Antiquities and at the National Bank of Romania, in Bucharest. *Russia* has some very substantial collections, notably at the State Historical Museum in Moscow and the Hermitage Museum in St Petersburg. In *Serbia*, museums in Belgrade and Sabac are among those with coin collections and displays; in *Slovakia*, the Museum of Coins and Medals in Kremnica is among the oldest museums in the country; and coins are among the many objects in the collections of the National Museum of *Slovenia* in Ljubljana. In *Spain*, the Spanish mint museum in Madrid, the Casa de la Moneda, has several rooms of displays on the history of money, and there are also many interesting objects in the money collections on display in Barcelona in the Palau de la Virrena. *Sweden* boasts the Royal Coin Cabinet in Stockholm, which has a large collection and display area, and is linked to the Tumba paper mill museum just outside Stockholm. *Switzerland*, thanks to its cantonal structure, is blessed with several interesting coin collections and money museums, in Basel, Lausanne Neuchâtel and Zürich, among others, and archaeological museums in the *Ukraine* and the former *Yugoslav Republic of Macedonia* feature coins among their collections Finally, in the *United Kingdom* there are several major collections and displays relating to money, including the British Museum, the Bank of England Museum, the Royal Mint Museum, and university collections including the Ashmolean Museum (Oxford), the Fitzwilliam Museum (Cambridge), Manchester Museum, and the Hunterian Museum (Glasgow)

America

In the past, money museums in America were dominated by those in North America, and in particular in the USA. Inthe past few decades, however, increasing numbers of Central and South American central banks have developed museums and cultural centres. Among these are the national bank museum in Buenos Aires, *Argentina*, which also boasts a Museum of Foreign Debt dealing with the country's sometimes troubled relationship with international trade and finance. *Arbua*, *Belize* and *Bermuda* all have museums attached to their central banks, featuring the moneta?b, history of those countries. In *Bolivia*, the Potosi mint, which produced many thousands of coins, is now a money museum. The Casa da Moeda in Brasilia is home to a money museum set up by the Central Bank of *Brazil*, and there are significant collections and displays at the Museum of National History in Rio de Janeiro. The Currency Museum of the Bank of *Canada* has significant collections relating in particular to Canadian currency, including archives and objects transferred from other organisations. In *Chile*, there is a museum in the old mint building in Santiago, the Casa de la Moneda, and important collections in the National History Museum, also in Santiago. In *Colombia*, the Central Bank of Colombia runs the Gold Museum in Bogota, and the National Museum of Colombia also has collections and displays relating to money. In *Costa Rica*, there are exhibitions of money in the underground displays at the Museum of the Central Bank in San Josè, and the Numismatic Museum in *Cuba* is housed in the former headquarters of the Banco Mendoza in Havana. In the *Dominican Republic*, the Numismatic and Philatelic Museum houses significant collections of coins and stamps from the Caribbean, and in *Ecuador* the National Museum of the Central Bank of Ecuador houses important art and archaeological collections. The national banks of *Jamaica*, *Mexico* and *Panama* all have money museums attached to them, and coins and paper money are among the objects on display at the museum of the Central Bank of *Peru*. In *Suriname*, the Central Bank of Suriname has a Numismatic, and in *Trinidad and Tobago* a new money museum opened at the Central Bank in 2004, developed as part of the fortieth anniversary celebrations of the bank. In the United states there are a large number of money collections and displays, including those at branches of the Federal Reserve Bank and the Bureau of Engraving and Printing. The Smithsonian Institution in Washington has money collections containing more than one million object, and the collections and displays of the American Numismatic Association in Colorado Springs and the American Numismatic Society in New York include important objects relating to the history of money. Smaller museums also have interesting displays relating to aspects of monetary history, including the American Museum of Financial

History in New York, which focuses on economics and finance. Finally, the Central Bank of Uruguay has a money museum, as does the Central Bank off,*Uruguay* has a money museum, as does the Central Bank of *Venezuela*, at its offices in Caracas

Africa

Africa currently has the fewest money museums, but there are nonetheless significant collections of money in museums across the continent and temporary displays sometimes bring these out on show. Over the coming decades, increased investment in museums and cultural activities will hopefully lead to more these important and interesting collections being on display. In *Egypt*, the Egyptian Museum in Cairo includes coins and other money objects among its many treasures. To the south, *Ethiopia's* rich history is showcased at the archaeological site of Axum, which has a museum to display the small artefacts, including coins, and the University of Addis Ababa has a collection of coins, banknotes and postage stamps. In West Africa there is a currency museum at the Central Bank of the *Gambia*, and the National Museum of *Ghana* in Accra has displays about the history of money. Representing its important role in the Indian Ocean trade, *Kenya* has interesting and important money collections held at the National Museums of Kenya in Nairobi. In *Morocco*, the Bank al-Maghrib has a collection of currency which was transferred from Casablanca to a new Numismatic Museum in Rabat in the 1990s. In *Mozambique*, there is a money museum in a landmark building in Maputo known as the 'yellow house', which displays the history of currency in Mozambique. There have in the past been temporary exhibitions arranged by museums in *Nigeria*, and there are significant collections in museums there. In *Senegal*, there is a money museum in Dakar, based at the Central Bank of the West African States, which covers the monetary history of West Africa. In *South Africa*, there are a number of bank museums, as well as the Coin World museum at the South African mint, between Johannesburg and Pretoria. Finally, moving from the far south to the far north of Africa, the Central Bank of *Tunisia's* Currency Museum displays objects from antiquity to the present day.

Asia and Oceania

From Turkey in the West to Japan in the East, Asia is the largest and most populous continent. Home to several of the world's great ancient civilizations - including those of Mesopotamia, the Indus Valley and ancient China - Asia has a rich trading and monetary history, reflected in museums across the continent. Australia and Oceania, usually considered to be a separate continent, are included here with Asia. In *Afghanistan*, the National Museum has animportant collection of coins spanning thousands of years of the country's history, many of which survived the wars of the past few decades only because they were hidden away by museum staff. In *Australia*, the numismatic and philatelic collections of Museum Victoria include early Australian coins as well as meterial from the Sydney and Melbourne mints, and the Western Australia Maritime Museum has collections of shipwreck coins. There are specialist money museums in Kadina, South Australia, at the Reserve Bank of Australia in Sydney, and at the visitor centre of the Royal Australian Mint in Canberra. The Museum of the History of *Azerbaijan* has in its collection many thousands of coins, and the Bahrain National Museum in Manama has coins among its art, archaeological and historical collections and exhibits. The Bangladesh National Museum was founded when the Shillong coin cabinet was transferred to Dhaka, and the coin collections remain an important resource. China's rich monetary history is reflected in its museums, particularly the Gallery of Ancient Chinese Coins in the Shanghai Museum and the China Numismatic Museum in Beijing. *India* is similarly well provided with money museums and collections and displays of coins and paper money, including at the National Museum in Delhi, the Indian Museum in Kolkata and the Government Museum in Chennai The Bank of *Indonesia* has a museum, and in *Iran* there is an important coin collection at the National Museum of Iran, as well as a specialist Money Museum in Tehran. The collections of the *Iraq* National Museum are significant, and although unfortunately a small number of gold coins were looted during 2003, the main coin collection remained intact. In *Israel*, several museums have displays and collections relating to money, including the Israel Museum and Bank of Israel Museum in Jerusalem, the Eretz Israel Museum in Tel Aviv and the National Maritime Museum in Haifa.*Japan* has money museums at some of its banks, including the Bank of Japan and the UFJ Bank, as well as a display on paper money at the Printing Bureau Museum in Tokyo. The Central Bank of *Jordan* museum covers money in Jordan over the past two thousand years, and the National Bank of *Malaysia* has a money museum and art centre at its base in Kuala Lumpur. In *New Zealand*, both Te Papa (the National Museum of New Zealand) and the Bank of New Zealand in Wellington have collections of money objects. The *Pakistan* National Museum in Karachi has a significant collection of coins, and the State Bank of *Pakistan* is in the process of developing its collections and displays. In the *Philippines*, the Central Bank in Manila has a money museum, and in the *Republic of Korea* several banks have museums of money and banking, including the Woori Bank, Bank of Korea and Chohung Bank. There is a specialist money museum in Riyadh, Saudi Arabia, at the Saudi Arabian Monetary Agency, and the Saudi National Museum also has collections of coins. In *Singapore* there are displays about money at the Mint Coin Gallery at the Singapore mint. *Sri Lanka* has several money museums and money displays, with important collections at the National Museum in Colombo and at the Central Bank of Sri Lanka in Kotte. *Syria's* long monetary history is reflected in the collections and displays of the National Museum in Damascus. The Bank of *Thailand* has collections and displays about Thailand's monetary history in the Bangkhunprom Palace in Bangkok, a historic building and former royal palace. In Istanbul, *Turkey*, there is a city museum and cultural centre in the old Imperial Mint building,and the Turkish State Mint has displays of coins and other objects relating to the mint. Since Turkey was among the first places in the world to mint coins, there are significant coin collections in its archaeological museums, most notably the Hall of Coins at the Antalya Archaeological museum Finally, there are money collections and displays in the *United Arab Emirates* at the Shatjah Numsimatic Museum, and in *Uzbekistan* at the State Museum of the History of Uzbekistan and the National Bank of Uzbekistan

ILLUSTRATION ACKNOWLEDGEMENTS

The authors and publishers are grateful to the following for permission to reproduce illustrations of which they own copyright:

American Express: 357C; American Institute of Indian Studies, Ramnagar, India: 176; American Numismatic Society, New York 131, 150; Aphrodisias Archive, Institute of Fine Arts, New York: 80g; Bank of England 274, 32Ia; Barclays Group Archives: 357d; Steve Bell: 353; Bibliothèque Nationale, Paris: 160(MS 5847,f. 105); Bildarchiv Preussischer Kulturbesitz, Berlin: 81; Bodleian Library, Oxford: 82 (MS Canon Mise. 378,f. I42V); Hector Breeze: 5; Bristol Museums and Art Gallery: 320; British Library: 105 (MS 70560 Add. 28162, f. 9v), II8, 171 (India 0ffice Library),243 (Add. MS 19927,ff.12v-13); Burgerbibliothek, Bern: 254a; Corbis Images UK, Ltd: 349 (© Bettman/CORBIS), 350 (© JP LatTont/Sygma/Corbis);Joe Cribb: 20IC; Diners Club: 357b, 361 Elizabeth Errington: 97i; HSBC Holdings pic: 215, 357e; Kungl Myntkabinettet, Statens

Museum for Mynt-, Medalj- och Penninghistoria, Stockholm: 97b; Mansell Collection: 71; Mary Evans Picture Library 348; National Portrait Gallery, London: 270; The New York Public Library, Rare Books Division, Astor, Lenox and Tilden Foundations: 279d; M. O'Grady: 276, 341; Michael O'Hanlon: 296; PhotosI2.com- Collection Cinèma/Mervyn Le Roy: 2; Venetia Porter: 144;Rèunion des Musèes Nationaux, Paris: 3, 8; Rosgarten Museum, Konstanz: 254b; Simmons and Simmons, London: 172; Staatliche Museen, Kassel: 260;Trinity College, Cambridge: 94f (Trinity MS R. 17. I Canterbury Psalter, f. 230);Victoria and Albert Museum, London:94b; Western Union Holdings, Inc. (The Western Union name, logo and related trademarks and service marks, owned by Western Union Holdings, Inc., are registered and/or used in theU.S. and many foreign countries): 357a

Original Title "**Money: A History**"

Published by The British Museum Press
A division of The British Museum Company Ltd

歷史迴廊 009

金錢的歷史

作者　大英博物館（The British Museum）
凱薩琳・伊格頓（Catherine Eagleton）、
喬納森・威廉斯（Jonathan Williams）撰寫
譯者　周全
發行人　楊榮川
總編輯　龐君豪
企劃主編　歐陽瑩
責任編輯　吳尚潔
特約編輯　譚鍾瑜
封面設計　王璽安

出版　博雅書屋有限公司
地址　106台北市和平東路二段339號4F
電話　（02）2705-5066
傳真　（02）2709-4875
劃撥帳號　01068953
戶名　五南圖書出版股份有限公司
網址　http://www.wunan.com.tw/
電子郵件　wunan@wunan.com.tw
法律顧問　元貞聯合法律事務所 張澤平律師
出版日期　2009年11月初版
定價　新台幣450元

國家圖書館出版品預行編目資料

金錢的歷史 / 凱薩琳 . 伊格頓 (Catherine Eagleton), 喬納森 . 威廉斯 (Jonathan Williams) 撰寫 ; 周全譯 . -- 初版 . -- 臺北市 : 博雅書屋 , 2009.10
面 ;　公分 . -- (歷史迴廊 ; 9)
譯自 : Money : a history
ISBN 978-986-6614-39-2(平裝)

1. 金錢 2. 貨幣史

561.09　　98015236